城市轨道交通职业教育系列教材——城市轨道交通通信信号技术

城市轨道交通
信号基础设备运行与维护（第2版）

主编 ○ 高嵘华　吴广荣
主审 ○ 刘金叶

西南交通大学出版社
·成都·

内容简介

本教材根据我国城市轨道交通信号的发展情况，系统地介绍了城市轨道交通主流信号基础设备的结构、运行原理和维护规则。全书分为八个项目，包括城市轨道交通信号控制系统的总体认知、信号基础设备（继电器、信号机、轨道电路及计轴设备、转辙机、车-地通信设备、防雷与接地设备）的运行与维护，以及联锁与闭塞的认知。

本教材可作为高等职业院校、中等职业学校城市轨道交通通信信号技术专业教学用书，也可作为城市轨道交通工程技术人员和信号维护人员的培训教材。

图书在版编目（CIP）数据

城市轨道交通信号基础设备运行与维护 / 高嵘华，吴广荣主编. —2 版. —成都：西南交通大学出版社，2022.3（2024.2 重印）
ISBN 978-7-5643-8486-9

Ⅰ.①城… Ⅱ.①高… ②吴… Ⅲ.①城市铁路–铁路信号–信号设备–运行–高等职业教育–教材②城市铁路–铁路信号–信号设备–设备检修–高等职业教育–教材 Ⅳ.①U239.5

中国版本图书馆 CIP 数据核字（2021）第 267501 号

Chengshi Guidao Jiaotong Xinhao Jichu Shebei Yunxing yu Weihu

城市轨道交通信号基础设备运行与维护（第 2 版）

主编 高嵘华 吴广荣

责 任 编 辑	穆 丰
封 面 设 计	何东琳设计工作室
出 版 发 行	西南交通大学出版社 （四川省成都市金牛区二环路北一段 111 号 西南交通大学创新大厦 21 楼）
发行部电话	028-87600564　028-87600533
邮 政 编 码	610031
网　　　　址	http://www.xnjdcbs.com
印　　　　刷	四川森林印务有限责任公司
成 品 尺 寸	185 mm × 260 mm
印　　　　张	20.75
字　　　　数	517 千
版　　　　次	2017 年 2 月第 1 版　2022 年 3 月第 2 版
印　　　　次	2024 年 2 月第 6 次
书　　　　号	ISBN 978-7-5643-8486-9
定　　　　价	45.00 元

课件咨询电话：028-81435775
图书如有印装质量问题　本社负责退换
版权所有　盗版必究　举报电话：028-87600562

出版说明

城市轨道交通凭借快捷、准时、舒适、运量大、能耗低、污染小、占地少等优点，日益成为城市现代化建设进程中重要的公益性基础设施项目。城市轨道交通涉及面广、综合性很强，其发展状况已被当成一个城市综合实力和现代化程度的重要评判指标。由此，城市轨道交通建设正在我国兴起一个新的浪潮，社会对城市轨道交通专业人才的需求巨大，给城市轨道交通类专业的职业教育发展带来了良好契机。

西南交通大学出版社与国内诸多交通院校一直保持友好往来，并整合他们在轨道交通领域的尖端科技优势和人才集成优势，致力于为国家轨道交通教育事业做出贡献，形成了以"轨道交通"为核心的出版特色，在教育界、学界都拥有良好的口碑和较高的品牌知名度。

本套丛书从满足快速增长的城市轨道交通专业实用型人才培养需求出发，从校企合作、教学内容直接面向岗位需求这一特点出发，精心组织国内相关专业优秀教育工作者或优秀教育工作高校，分"运营管理""工程技术""车辆""控制""供电技术"五大类，系统地为读者呈现城市轨道交通教育课程全景。在编写时，力求体现如下特点：

◎ **适用性**

理论知识够用即可，在讲述专业知识的基础上，突出实际操作技能的训练，注重岗位关键能力的培养。

◎ **专业性**

图书的顶层设计从国家高职高专专业目录规范出发，内容编排紧密结合岗位应用实际，体现专业性和主流设备前沿特征，体现教学实际需求。同时，在编写或修改时，尽可能地让一线用人单位参与进来，根据生产现场实际提出建议。

◎ **生动性**

在架构设计和版式设计上，力求简洁生动，图文并茂；努力体现二维码技术等移动互联网时代元素在图书中的应用，尽可能把生产实际和研究成果，用立体生动的形式予以表达，便于读者理解掌握。

这套书可作为高等职业院校、中等职业学校城市轨道交通相关专业的教学用书，也可作为城市轨道交通企业新职工的培训教材。有关教材的课件资料等，可以登录出版社官网下载。

西南交通大学出版社

第 2 版前言

城市轨道交通是城市公共交通系统的骨干，是城市综合交通体系的重要组成部分。截至 2021 年末，我国共有 51 个城市开通城市轨道交通运营线路 269 条，运营里程达 8708 km（不含港澳台统计的数据）。与 2017 年本书 1 版出版时的数据相比，增幅较大，因此城市轨道交通是现代大城市交通的发展方向，是解决大城市病的有效途径，也是建设绿色城市、智能城市的有效途径。

第 2 版基本保持了原书的编写思想和体系结构，随着信息化技术的广泛应用，本教材的主编单位西安铁路职业技术学院承担了陕西省"城市轨道交通通信信号技术"专业教学资源库的建设任务，在"智慧职教"教学资源库网站平台有本课程相关的教学资源，可为在校师生、企业员工及其他社会学习者提供学习支持，以期达到良好的效果。

本书主要参考的是广州地铁和西安地铁的信号维护规则，与其他地铁公司的维护规则存在着一定的差异，在此予以说明。

西安铁路职业技术学院高嵘华担任本书第一主编，编写了项目四和项目六，并负责全书统稿；辽宁铁道职业技术学院吴广荣担任第二主编，编写了项目五；上海申通地铁集团有限公司刘金叶编写了项目一；郑州铁路职业技术学院常仁杰编写了项目二的任务一和任务二；郑州铁路职业技术学院卢伟编写了项目二的任务三；西安铁路职业技术学院雷锡绒编写了项目三和项目八；西安铁路职业技术学院马小玲编写了项目七。

上海申通地铁集团有限公司刘金叶对全书进行了审定。

由于编者水平有限，书中难免有疏漏和不足之处，恳请读者批评指正。

编　者

2022 年 2 月

第 1 版前言

随着我国城市化进程的加快，优先规划和发展轨道交通，是保证城市经济、社会发展的重要战略措施，也是越来越多的城市解决交通运输问题、推动城市化进程的最佳选择。截止到 2015 年年末，我国共有 26 个城市开通了城轨交通，共计 116 条线路，运营线路总长度达 3 618 km（不含港澳台地区的统计数据）。其中，地铁有 2 658 km，其他制式城轨交通有 960 km。还有 44 个城市规划获批，在建线路总长达 4 448 km（七种制式同时在建）。20 个城市拥有 2 条以上城轨交通线路，逐步形成网络化运营格局。因此，培养城市轨道交通领域的运营、维护和管理人才是当务之急。

在城市轨道交通基础设备中，信号控制系统是十分重要的技术装备，是保证城市轨道交通运行安全、提高运输能力和效率的基础，也是城市轨道交通调度指挥和运营管理的大脑神经。城市轨道交通信号控制系统由于专用性较强，技术含量高，且涵盖通信、计算机网络和智能控制等多个领域，因此，对相关从业人员提出了较高的业务要求。

目前，各城市引进了多国信号公司的列车运行控制系统，虽然信号控制的原理是相同的，但是实现相同信号控制功能的系统和设备千差万别。本教材以目前在各城市地铁和轻轨交通中使用的主流产品为主进行阐述。

本教材通过对地铁企业信号岗位典型工作任务进行分析归纳，将其转换成信号基础设备运行与维护的八个教学情境，并按项目教学的方式进行编写。每个项目尝试从完成岗位任务所需技能角度出发，组织理论知识和专业技能的叙述条理，以期既能对学生的实际专业能力进行有针对性的训练，又能为学生奠定一定的理论基础。

由于我国城市轨道交通信号系统没有统一的维护规则，本教材主要参考的是广州地铁和西安地铁的信号维护规则，与其他地铁公司的维护规则存在着一定的差异，在此予以说明。

全书分为城市轨道交通信号控制系统总体认知、信号基础设备的运行与维护、认识联锁与闭塞三个部分，共八个项目。

第一部分是城市轨道交通信号控制系统总体认知（项目一），介绍了城市轨道交通信号控制系统的特点、基本组成和维修管理的相关知识，帮助读者搭建信号控制系统的整体框架，理解信号基础设备在整个框架中的作用，并初步建立信号设备维护管理的概念。

第二部分是信号基础设备的运行与维护（项目二～项目七），包括继电器、信号机、列车检测设备、转辙机、车-地通信设备、防雷和接地设备的运行与维护，主要介绍各设备的组成结构、基本运行原理和维护流程、内容及标准，建立故障—安全意识和标准化作业及安全防护的基本职业素养。

第三部分是认识联锁与闭塞（项目八），介绍了信号控制的两大基本核心技术联锁与闭塞的基本概念，联锁的内容及常用设备。

西安铁路职业技术学院高嵘华担任本教材第一主编，编写了项目四和项目六，并负责全书统稿；辽宁铁道职业技术学院吴广荣担任第二主编，编写了项目五；上海申通地铁集团有限公司刘金叶编写了项目一；郑州铁路职业技术学院常仁杰编写了项目二的任务一和任务二；郑州铁路职业技术学院卢伟编写了项目二的任务三；西安铁路职业技术学院雷锡绒编写了项目三和项目八；西安铁路职业技术学院马小玲编写了项目七。

上海申通地铁集团有限公司刘金叶对全书进行了审定。

本教材在编写过程中得到中铁第一勘察设计有限公司赵岩的大力支持和帮助，并参考了大量的相关资料，在此本教材所有编者对参考文献中所列专著、教材等的作者以及互联网上未署名的作者表示最诚挚的谢意。由于编者水平有限，书中难免有疏漏和不足之处，恳请读者批评指正。

编 者

2016 年 7 月

目 录

项目一　城市轨道交通信号控制系统总体认知 ·· 1
　　任务一　认识城市轨道交通信号控制系统 ··· 1
　　任务二　城市轨道交通信号设备的维护制度认知 ··· 17
　　思考题 ·· 22

项目二　继电器的检修与应用 ·· 23
　　任务一　认识继电器 ··· 24
　　任务二　继电器的测试与检修 ·· 52
　　任务三　继电器的应用 ·· 64
　　思考题 ·· 74

项目三　信号机的运行与维护 ·· 76
　　任务一　认识色灯信号机 ··· 76
　　任务二　色灯信号机的运用 ··· 91
　　任务三　色灯信号机的测试与检修 ··· 99
　　思考题 ·· 106

项目四　列车检测设备的运行与维护 ·· 107
　　任务一　认识轨道电路 ·· 107
　　任务二　50 Hz 相敏轨道电路的运行与维护 ··· 121
　　任务三　FTGS 型数字编码式轨道电路的运行与维护 ····································· 137
　　任务四　计轴设备的运行与维护 ··· 156
　　思考题 ·· 174

项目五　道岔转辙设备的运行与维护 ·· 176
　　任务一　认识道岔转辙设备 ··· 176
　　任务二　直流道岔转辙设备的运行与维护 ·· 181
　　任务三　S700K 交流道岔转辙设备的运行与维护 ··· 205
　　任务四　ZD(J)9 交流道岔转辙设备的运行与维护 ·· 216
　　任务五　ZYJ7 交流道岔转辙设备的运行与维护 ··· 228
　　思考题 ·· 241

项目六　车-地通信设备的运行与维护 ·· 243
　　任务一　认识车-地通信设备 ·· 244
　　任务二　应答器（信标）的运行与维护 ·· 247

任务三　感应环线的应用及维护 ………………………………………………… 255
　　任务四　轨旁无线 AP 设备的应用及维护 ……………………………………… 260
　　思考题 …………………………………………………………………………… 267

项目七　防雷和接地装置的应用与维护 ………………………………………… 268
　　任务一　防雷装置的应用与维护 ………………………………………………… 268
　　任务二　接地装置的应用与维护 ………………………………………………… 284
　　思考题 …………………………………………………………………………… 296

项目八　认识联锁与闭塞 ………………………………………………………… 298
　　任务一　认识联锁及联锁设备 …………………………………………………… 298
　　任务二　认识闭塞及其闭塞制式 ………………………………………………… 314
　　思考题 …………………………………………………………………………… 321

参考文献 …………………………………………………………………………… 322

项目一　城市轨道交通信号控制系统总体认知

【岗位工作任务描述】

城市轨道交通信号基础设备是信号系统的重要基本装备。地铁企业信号专业现场维护人员需要了解信号系统的整体架构、信号设备的地域分布及维护制度等，理解信号基础设备在系统内的作用，以及信号设备的维护管理程序，从而为后续各分立项目知识和技能的学习奠定基础，防止知识的支离。

【知识目标】

1. 了解城市轨道交通对信号控制系统的基本要求；
2. 理解城市轨道交通信号控制系统的特点；
3. 了解我国城市轨道交通信号系统的发展历程和趋势；
4. 掌握城市轨道交通信号控制系统的组成，了解信号设备的地域分布；
5. 掌握列车运行控制模式；
6. 了解地铁企业信号系统维护管理基本制度。

【技能目标】

1. 能说出本城市城市轨道交通信号系统的发展历程；
2. 乘坐地铁时，知道正线上有哪些基本信号设备；
3. 知道地铁企业信号维护岗位的设置及每个岗位的基本工作任务。

任务一　认识城市轨道交通信号控制系统

城市交通肩负着市民日常生活必需的"行"的任务，是城市服务最重要的基础设施之一。随着城市化发展进程的推进，城市的范围越来越大，城市人口的增长速度越来越快。传统的城市道路交通因其自身的特点，如占地面积大、运量小、能耗大、污染大、道路建设跟不上汽车增长速度等，已无法适应现代城市的发展。

城市轨道交通是指以轮轨运输方式为主要技术特征，以城市客运公共交通为服务形式的交通运输方式。国际上对城市轨道交通并没有统一的定义，我国的国家标准《城市公共交通常用名词术语中》中，将城市轨道交通定义为："通常以电能为动力，采取轮轨运转方式的大运量公共交通的总称。"城市轨道交通一般包括地铁、轻轨、单轨、有轨电车等。自1863年位于英国伦敦的世界上第一条地铁建成以来，经过一个半世纪的发展，地铁技术日趋成熟，由于其安全可靠、形式多样、用途广泛，已成为城市交通的重要组成部分。

根据国内外城市交通发展的经验，城市轨道交通因其运量大、快捷、准时、安全、环保等优势，已成为解决交通拥挤的有效手段，充分发挥了公共交通的优势，促进了城市交通发展与经济、社会发展的协调。

城市轨道交通的信号控制系统统称为列车运行控制（Automatic Train Control，ATC）系统。先进的列车运行控制系统是在交通运量大、运行密度高的运营条件下，保证城市轨道交通安全、高效、有序的关键基础设备。

一、城市轨道交通对信号控制系统的要求

城市轨道交通信号控制系统是城市轨道交通的重要技术装备，对于确保行车安全、提高运输效率、改善工作条件、促进管理现代化起着至关重要的作用。

就目前的技术水平而言，无论是新建还是改建的线路，在运行高峰期的追踪运行间隔最小可达 80~90 s，这对信号控制系统提出了较高的要求。

（一）可靠性、可用性和安全性要求高

首先，城市轨道交通作为城市大运量客运系统，具有列车运行速度快，高峰期发车间隔时间短，车站间距离较小等特点，只依靠行车调度员、车站值班员、车站站务员和列车司机等来防止运行事故的发生已远不能满足运行安全的要求。其次，城市轨道交通地下和高架线路的设备出现故障后排除难度大，发生行车事故后救援困难，易造成重大影响或损失。因此，城市轨道交通对信号控制系统的可靠性、可用性和安全性要求都较高。凡涉及行车安全的子系统、设备或器材必须满足相应的安全完整度等级的要求，符合"故障—安全"原则，普遍采用硬件或软件冗余及安全编码技术。另外，为满足现代化维护管理和快速排除故障的需求，信号控制各子系统应具有自检测、故障诊断定位和报警功能。

（二）信号控制技术高度自动化

由于城市轨道交通的行车间隔短，列车密度大，行车频繁，所以必须采取高度自动化的信号控制技术。同时，城市轨道交通的列车运行交路比较单一，使得调度指挥系统能根据城市轨道交通系统的实际运行情况，借助先进的计算机控制技术及时自动调整列车运行，从而实现列车的自动驾驶或无人驾驶，使整个城市轨道交通系统达到最优化。这样既提高了运行效率，也大大降低了劳动强度。信号控制技术的高度自动化主要包括以下4个方面：

（1）城市轨道交通信号控制系统包括列车自动监控（Automatic Train Supervision，ATS）系统，可实现运行管理及调度指挥的自动化。当列车运行偏离运行图时，信号控制系统能自动进行纠正和控制。

（2）城市轨道交通信号控制系统一般都具备实现自动驾驶（Automatic Train Operation，ATO）的功能，以便最大限度地提高效率。

（3）城市轨道交通信号控制系统提供站台精确停车功能，使停车精度满足停站、折返和存车作业的要求。安装站台门（即屏蔽门和安全门，以下简称"屏蔽门/安全门"）的车站，要求列车停站时车门的位置与站台屏蔽门/安全门的位置相对应，以保证乘客有序候车及车门与屏蔽门/安全门的开度相适应，误差一般控制在 ±0.25~±0.5 m 的范围内。

（4）列车运行控制系统在设备发生故障时，能自动或人工转为降级运行模式下的信号控制系统。

（三）行车控制信息网络化

信息网络化使得城市轨道交通系统的各类信息能够迅速上通下达，以便于相关部门获取系统运营的各类实时信息。地面局域网及车-地无线通信网将城市轨道交通的控制中心、车站及列车连成一个有机整体，使控制中心能够全面了解辖区内的各种情况，灵活配置系统资源，在保证城市轨道交通安全、高效运营的同时，大大提高为旅客服务的智能化程度。

二、城市轨道交通信号控制系统的特点

虽然城市轨道交通信号控制系统沿袭了铁路的技术制式，但它还是有一些固有的特点，主要反映在以下几个方面：

（1）城市轨道交通承担了巨大的客流量，最小行车间隔的要求远高于铁路干线。这就对列车速度监控提出了极高的要求，要求其能提供更高的安全保证。

（2）城市轨道交通的列车运行速度远低于铁路干线上的列车运行速度，前者一般为 80~120 km/h，而后者最高可达 350 km/h。因此，在城市轨道交通信号控制系统中可以采用较低速率的数据传输系统。

（3）由于城市轨道交通的大多数车站仅有上下客的功能，并不设置道岔，地面信号机较少，因此联锁设备的监控对象远少于一般铁路干线车站。但是，城市轨道交通信号控制系统将列车自动防护（Automatic Train Protection，ATP）系统与联锁功能结合，且包含了一些特殊功能，如自动折返、自动进路、紧急关闭、跳停、扣车、催发车等，这在一定程度上增加了技术难度。

（4）城市轨道交通车辆段/停车场的行车组织工作主要是接发、调车及编解，因此其信号控制设备远多于车站，通常采用一套独立的联锁设备。

（5）城市轨道交通的线路长度、站间距离都较短，同一线路上的列车种类较少，运行图的类型少（注：一般采用4套运行图，周一至周四采用工作日1号图，周五采用工作日2号图，双休日采用节假日1号图，国家法定节假日采用节假日2号图。4套运行图的主要区别在于上线列车数量和早晚高峰的起止时间。）且规律性很强，日复一日地按照相同的运行计划周而复始地运行。因此，若在城市轨道交通信号系统内按事先预定的程序自动排列进路，控制中心调度员就只需要在规定日期的运营开始前激活相应的运行图即可。

（6）城市轨道交通信号控制系统中运用了大量的通信技术，从而完成了信号自动控制过程，使轨旁（地面）与列车紧密结合。控制中心及轨旁及时准确获得系统运营所需的各种实时数据，并且车-地通信采用统一标准协议后，易于实现不同线路间不同类型列车的互联互通。通信信号一体化及基于通信的列车控制（Communication Based Train Control，CBTC）系统，是目前国际上最先进的列车运行控制技术的代表。

三、我国城市轨道交通信号控制系统的发展

（一）我国城市轨道交通信号控制系统的发展历程

我国第一条城市轨道交通线路是1965年7月1日动工修建的北京地铁一期工程，这也标志着我国城市轨道交通信号控制系统的起步。该线采用的是我国自主研制的基于移频轨道电路的固定闭塞系统。但这之后，由于我国城市轨道交通线路建设发展较慢，国产信号设备的

技术水平较低，只能提供配套设备，不能提供一体化的完整系统，无法适应我国在20世纪90年代掀起的城市轨道交通建设高潮，因此全国各条地铁线路纷纷引进国外先进的地铁信号设备，主要以基于音频无绝缘轨道电路的列车运行控制系统为主。例如，北京地铁1号线、13号线、八通线及天津地铁1号线引进了英国西屋公司（Westinghouse）基于FS-2500型音频无绝缘轨道电路的列车运行控制系统；上海地铁1号线引进了美国GRS公司[现为法国阿尔斯通（Alstom）美国公司]基于音频无绝缘轨道电路的列车运行控制系统，上海地铁2号线和天津滨海线引进了安萨尔多公司（Ansaldo）美国USSI公司基于AF-904型数字轨道电路的列车运行控制系统；上海地铁3号线、4号线及香港机场快线引进法国阿尔斯通（Alstom）公司基于DTC921轨道电路的列车运行控制系统；广州地铁1号线、2号线、深圳地铁1号线、南京地铁1号线、上海地铁5号线均引进德国西门子公司（Siemens）基于FTGS音频无绝缘轨道电路的列车运行控制系统等等。

基于音频无绝缘轨道电路的准移动闭塞信号系统在20世纪90年代开始被大量采用，如我国广州地铁1、2号线，深圳地铁1号线，南京地铁1号线，均采用的德国西门子公司FTGS轨道电路及LZB-700M列车运行控制系统，上海地铁3号线和4号线及香港机场快线使用的法国阿尔斯通公司DTC921轨道电路及SACEM（ATP/ATO）列车运行控制系统等。

基于音频无绝缘轨道电路的列车运行控制系统，主要以轨道电路作为列车检测的手段，以钢轨作为车-地信息传输的媒介，能实现连续的轨旁至车载设备的单向通信，但无法实现连续的车对地的信息传输，通信能力也有限，因此轨旁和中央无法连续、实时地获得列车及车载设备的运行状况信息，也就无法实现对列车的连续监测和实时的列车运行调整。此外，由于其需在轨道沿线安装较多信号设备，同时大部分设备与钢轨均有直接联系，从而导致直接施工成本相对提高，施工阶段互相干扰，所需工期难以压缩，而且在后期维修保养作业上也会互有影响。另外，以轨道区段作为列车占用/空闲的凭证，列车定位精度不高，列车追踪运行间隔无法进一步缩短，且轨道电路易受电化牵引回流干扰。

随着计算机技术、通信技术和控制技术的快速发展，城市轨道交通列车控制技术又经历了重大变革，以信号控制为核心的传统轨道交通信号系统已演变成基于通信技术的运行控制系统CBTC。CBTC是新一代智能列车控制系统，它不依靠轨道电路，而是根据列车的实际位置来确定前后列车间的行车间隔。CBTC系统采用现代通信技术，以基于"通信"技术的感应环线、漏泄电缆、裂缝波导管以及无线电台等任一方式来实现车-地双向数据的传输和列车位置的检测。较高的列车定位分辨率，车-地间连续、双向、高速、大容量的数据通信以及实时跟随的速度控制是CBTC系统的主要技术特点。通过准确定位，系统实时更新列车地图，经逻辑运算后及时更新列车的移动授权，并传送到相对应的在线列车，从而使列车最小正常追踪运行间隔为在当前速度下使用紧急制动直至停车的制动距离加安全保护距离，并由前后列车的动态关系确定，从而提供更大的线路通过能力。

到目前为止，我国引进的CBTC核心系统如下：

法国泰雷兹公司（Thales）的SelTrac S40系统（原属加拿大Alcatel公司），应用于武汉地铁1号线、广州地铁3号线。它通过感应环线通信系统来提供列车与地面间的通信，无后备模式。后来改进的SelTrac CBTC系统，提供了后备模式，应用于上海地铁6、8、9号线等。

德国西门子公司（Siemens）的 TrainGuard MT 系统，应用于广州地铁 4 号线、北京地铁 10 号线等。

意大利安萨尔多公司（Ansaldo）美国 USSI 公司的 CBTC 系统，应用于西安地铁 2 号线，成都地铁 1 号线，郑州地铁 1 号线，杭州地铁 1 号线、2 号线和 4 号线，沈阳地铁 1 号线、2 号线等。

加拿大庞巴迪公司（Bombardier）的 CITYFLO 650 信号系统，采用漏泄电缆作为车-地传输介质，应用于天津地铁 2、3 号线及深圳地铁 3 号线。

法国阿尔斯通公司（Alstom）的 Urbalis CBTC 系统，它通过裂缝波导管或无线 AP 来提供列车与地面间的通信，应用于北京地铁机场线、北京地铁 1、2 号线改造，武汉地铁 6 号线，上海地铁 3 号线、4 号线、10 号线等。其中，北京地铁机场线已于 2008 年 7 月开通运营，是目前国内第一条具备无人自动驾驶功能的线路。

随着轨道交通及相关技术的发展，国内信号系统商加强与国外信号系统商的引进合作，并逐步尝试进行国内外系统组合应用。例如，阿尔斯通与中国卡斯柯（CASCO）的合作，ATP/ATO 采用的是法国阿尔斯通公司的技术设备，联锁（CI）采用中国卡斯柯 CASCO 公司的 iLock 计算机联锁及 iTS 智能列车监控系统（ATS）。西门子与北京通号的合作，北京通号提供 DS6 型计算机联锁及具备集中和本地操作设施的 ATS 系统，西门子公司提供 ATP/ATO 设备。

我国城市轨道交通引进国外成熟的 ATC 系统后，大大缩短了运行间隔，提高了安全程度和通过能力，但也带来以下一些问题：

（1）造价昂贵，耗资巨大，同时要花费大量资金用于设备维修和更新，经济效益和社会效益有限，同时也受制于人。

（2）返修渠道不畅，维修成本太高，备品备件得不到保证，维修十分困难。

（3）制式混杂，给路网的扩展、管理带来极大的困难。

为摆脱长期依赖国外进口技术的局面，在国家政策及国内城市轨道交通蓬勃发展的背景推动下，我国的信号系统生产商紧跟国际技术发展，走自主创新研发道路，经过技术攻关，研制出具有独立知识产权的、先进的 CBTC 系统。

FZL300 型 CBTC 系统是北京全路通信信号研究设计院在基于数字轨道电路 FZL100 型列车运行控制系统生产基础上升级而成的，是完全自主研发、具有自主知识产权的 CBTC 系统。该系统目前在北京地铁 8 号线改造中实现工程化应用。

MTC-I 型 CBTC 系统是中国铁道科学研究院和广州地铁公司联合开发研制的，已依托广州地铁实际工程实现工程化应用。

LCF-300 型 CBTC 系统是北京交控科技有限公司依托北京交通大学自主创新研发，目前已在长沙、成都、天津地铁线路上实现工程化应用。

iCMTC 是卡斯柯信号有限公司在阿尔斯通公司技术基础上自主研发的，目前已在上海地铁 10 号线开展工程化应用。

还有浙大网新集团（浙江众合机电股份有限公司）研制的 BiTRACON 城轨交通列车运行控制系统，拟在温州 S1、S2 线及杭州地铁使用。

（二）我国城市轨道交通信号控制系统的发展趋势

城市轨道交通信号控制系统的发展趋势主要体现在以下几个方面：

1. 基于通信的 ATC 系统（即 CBTC 系统）

作为信号基础设施的轨道电路将被日新月异的现代通信技术所代替，形成以通信为基础的 ATC 系统。由于无线具有设置灵活、双向传输、信息量大、易于维护、成本低等特点，目前在我国 CBTC 系统已进入实际应用中。

2. 全程无人 ATO 系统

随着通信安全性、可靠性的提高和通信手段的多样化，目前普遍采用的站间 ATO 方式将向全程无人 ATO 方式发展。应用全自动化的先进系统，可消除人为因素的不利影响，缩短追踪间隔，提高通过能力，使系统运行准时、可靠。

3. 集成的综合轨道交通控制系统

随着通信技术的发展，ATC 系统中 ATS 子系统的功能越来越强，已不仅仅是传统意义上的"列车自动监督"，而是正在向集成化方向发展。城市轨道交通系统的其他子系统如电话系统、无线通信系统、公共广播系统、闭路电视系统、环控系统、电力监控系统、自动售检票系统、火灾报警系统及保安系统等的监督和控制功能，都可与乘客信息系统、列车自动监督系统等功能集成在一个系统中，成为综合监控系统。

4. 维修管理更加重要

为了提高系统的可靠性，减少维护费用，信号控制系统的监控管理以及维修管理信息系统都非常重要，如发达国家的地铁 ATC 系统大都具有在线维护计算机、综合测试试验车、维护管理信息系统、设备维修基地等。

四、城市轨道交通信号控制系统的组成

城市轨道交通信号控制系统通常由车辆基地（即车辆段/停车场）信号控制系统和正线 ATC 系统两大部分组成，后者又由 ATS、ATP、ATO 三个子系统组成。各部分的功能如图 1.1 所示。

（一）车辆基地信号控制系统

对于城市轨道交通而言，列车在车辆基地和正线上运营的目的不同。依照对列车实现控制的技术的不同，城市轨道交通信号控制系统分为车辆基地信号控制系统和正线 ATC 系统。车辆基地是列车停放及维修保养的场所，车辆基地内设有运用和检修库线、镟轮线、洗车线、试车线、待修车和修竣车存放线等。车辆段根据其作业范围分为大、架修段和定修段，停车场主要承担列检和停车作业。车辆段、停车场内线路的统称为车场线。列车在车场线上行驶时，没有客运任务。一般情况下，车辆段、停车场内允许列车运行的最高速度为 25 km/h。因此，车场线路的等级低于正线线路。相对于正线而言，车场线路的特点是道岔多、线路多，列车运行所经过的线路分支多。因此，在车场范围内对列车运行的控制主要是实现列车路径的控制，即为了使列车按照正确的路径（进路）安全行驶，必须要确认指定线路没有被车辆占用，线路上的道岔锁定在正确位置，以及可能与其发生冲突的进路没有建立。只有满足上述条件，防护进路的信号才能开放，传递给司机明确的行车指令，控制列车驶入计划的正确进路。上述对列车运行的路径控制是由联锁技术实现的。车辆基地采用独立的联锁系统。联锁系统是保证列车运行安全，实现进路、道岔、信号之间相对制约关系的系统，具有高可靠性、高安全性和可维护性。国内各城市轨道交通车辆基地的信号控制系统设备都选用国产设备。

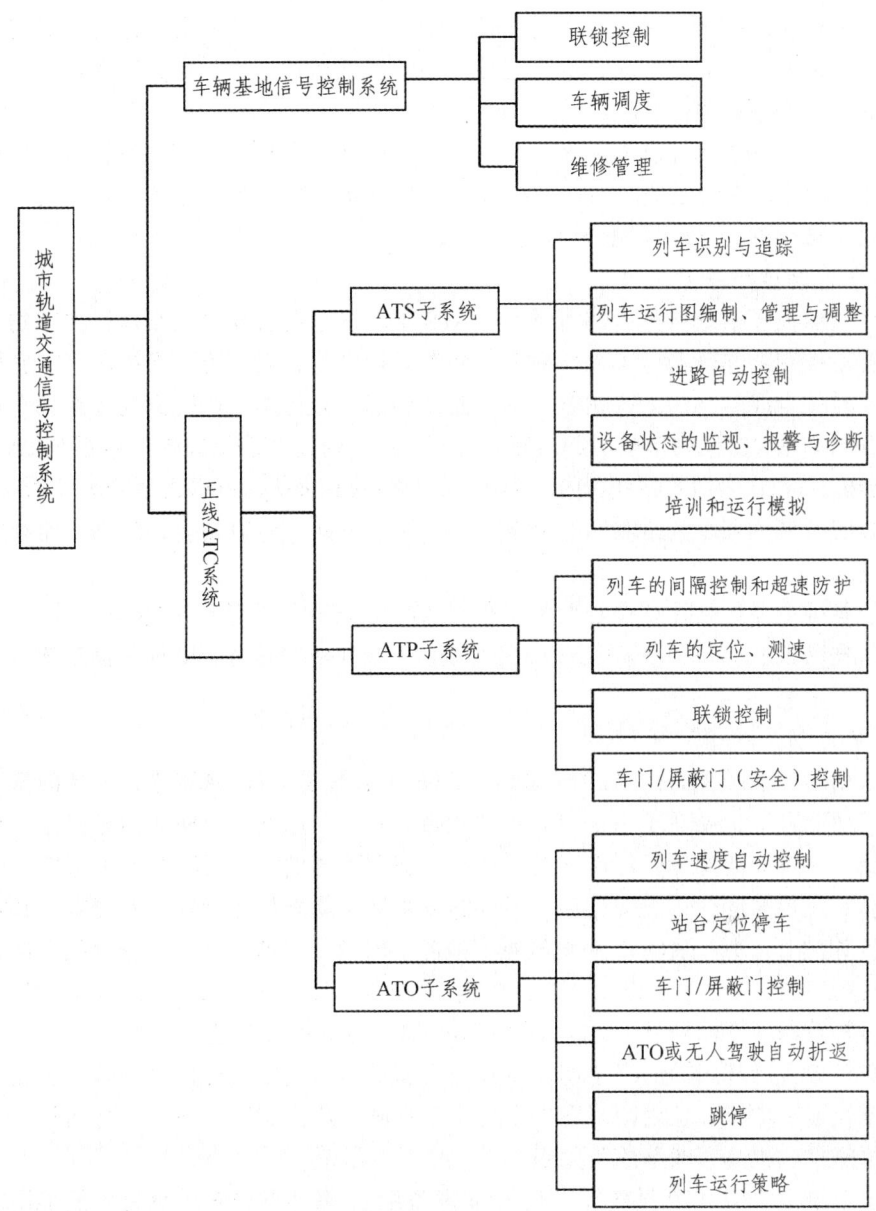

图 1.1 城市轨道交通信号控制系统的组成

列车在车辆基地内的作业主要有：出入段/场的列车作业、段/场内的调车作业及试车线的试车作业。车辆段/停车场内的所有作业均由车辆基地联锁系统控制。车辆基地内的试车作业须在信号楼控制室与试车线控制室完成控制权的交接后方可进行。

（二）正线 ATC 系统

正线是列车完成客运任务的主要区域，其线路等级较高，仅在部分车站才设置道岔和地面信号机，大多数车站没有侧线。因在正线上列车运行密度较高，为了提高运营能力，除在有岔车站设置联锁设备以确保列车折返和转线作业的安全外，正线主要采用对列车实现空间间隔（闭塞）控制的技术来确保列车的追踪安全，保证列车在任一实时速度下与前车保持安全行车间隔，从而满足运营需求，提高运输效率，降低运营成本，提高服务水平，以获得较好的社会效益和经济效益。

ATC 系统是采用技术手段对列车运行方向、运行间隔和运行速度进行控制，从而保证运行安全、提高运输效率的系统。ATC 系统包括列车自动监控 ATS 子系统、列车自动防护 ATP 子系统、列车自动驾驶 ATO 子系统。

1. 列车自动监控子系统

列车自动监控子系统简称 ATS 子系统。ATS 子系统主要实现对列车运行状态的监督和各种功能的自动控制，并辅助行车人员对全线列车运行进行管理，统一指挥调度。它可以为行车指挥人员提供全线列车的运行状态显示，监督和记录运行图的执行情况，在列车运行偏离运行图时自动调整，保证列车按时刻表正点运行，还可通过系统接口向广播系统 PAS（Public Address System）和乘客信息系统 PIS（Passenger Information System）发送列车实时运营信息，从而向乘客实时提供列车到站时间、出发时间、运行方向、停靠站名、各条线路乘客流量状况等运行信息。

ATS 子系统主要包括控制中心设备、车站 ATS 设备和车辆基地 ATS 设备等。

车辆基地联锁系统与 ATS 车辆段分机有接口，交换所需信息，实现车辆基地内车组号的跟踪、显示等功能。

2. 列车自动防护子系统

列车自动防护子系统简称 ATP 子系统。ATP 子系统是 ATC 系统中最重要的部分，属于安全相关类功能系统，ATP 子系统须满足"故障—安全"原则，以防止列车碰撞、超速和其他危害。城市轨道交通列车运行速度高，在高峰期列车密度大，运输对象为乘客，因此安全性能要求高。仅依靠运行人员防止运行事故的发生远不能满足运行安全的要求，必须使用列车自动防护 ATP 子系统。ATP 子系统根据"故障—安全"原则实现列车安全间距的控制、列车的超速防护控制、车门和屏蔽门/安全门的联动和监督等功能。ATP 子系统不断从地面获得列车安全运行控制所需的信息，例如前行列车位置信息、线路信息、目标距离、目标速度等，由车载计算机单元计算当前的安全速度，并与列车的实时速度进行比较判断，进而对列车速度实现动态控制和监督，使之始终在安全速度下行驶，从而缩短了列车运行间隔，保证了行车的安全可靠性，提高了线路的利用率。

ATP 子系统由轨旁 ATP 设备和车载 ATP 设备组成,其主题逻辑计算机一般采用二乘二取二或三取二的安全冗余结构或具备安全算法体系的双机热备系统。

正线计算机联锁功能可以集成在轨旁 ATP 子系统功能内，有独立的正线联锁设备，并同 ATP 子系统一样，采用二乘二取二或三取二的安全冗余结构或具备安全算法体系的双机热备系统。计算机联锁子系统主要负责确保进路上道岔、信号机和轨道区段的联锁。联锁条件不符时，禁止进路开通。敌对进路必须相互照查，不得同时开通。计算机联锁必须满足"故障—安全"原则。

联锁的主要控制内容包括：列车进路、引导进路、进路的解锁和取消、信号机的开放和关闭、道岔的进路操纵及锁闭、站台紧急关闭和取消等。

3. 列车自动驾驶子系统

列车自动驾驶子系统简称 ATO 子系统。ATO 子系统负责非安全相关类功能。ATO 子系统是在 ATP 的安全防护下实施列车的自动驾驶功能，实现对列车驱动、惰行和制动的控制，传送车门和屏蔽门同步开关信号，执行车站之间的列车运行、列车在车站的定点停车及列车自动折返功能，并可根据 ATS 的指令，实现列车运行的自动调整等。ATO 子系统的优点是自动运行下的列车经常处于最佳运行状态，避免了不必要的、过于剧烈的加速和减速，因此明显提高了乘客的舒适度，提高了列车正点率，并减少了能量消耗和轮轨磨损。

ATO 子系统由轨旁设备和车载设备构成。轨旁设备主要包括定位设备和 ATO 接口设备，也可利用 ATP 轨旁设备，但不应影响 ATP 系统的安全性。车载设备主要包括车载计算机及相关接口设备。

ATP 子系统功能的优先级高于 ATO 子系统和 ATS 子系统的功能。

列车在正线运行的作业主要包括：区间运行、车站作业及折返作业（折返站）。

列车在运行交路折返站需进行列车折返作业。

列车在正线的所有作业由 ATC 系统控制。

（三）列车运行控制系统与车辆段信号控制系统的关系

1. 车辆基地与列车自动监控系统

中央 ATS 系统通过通信传输网，与车辆基地车辆调度员室和信号楼控制室的服务工作站连接，向车辆基地行车调度人员提供必要信息。车辆基地调度员根据当天采用的列车计划运行图编制车辆运营计划和行车计划，并传送到中央 ATS 系统。车辆基地信号值班员根据车辆运营计划及采用的列车计划运行图办理相应进路，以满足列车出入段/场及库内停车作业需求。

ATS 子系统实现车辆基地内车组号的跟踪、显示功能，并在车辆基地控制室及车辆调度工作站显示相关信息，以便车辆基地行车及车辆调度人员掌握车辆段库内停车线的停车状况，方便对列车的管理和运用。

2. 列车在车辆基地信号控制系统与列车运行控制系统间的转换

在车辆基地与正线线路联络处设置一段"转换轨"，作为 ATC 控制区域和非控制区域的分界。转换轨安装正线信号设备，其长度一般不小于一列车的长度。列车从车辆基地驶往正线必须在"转换轨"上实现对其控制区域和驾驶模式的转换。

1）列车由车辆基地进入正线

列车由车辆基地驶入正线前，先驶入"转换轨"，系统利用转换轨处的设备自动办理进入正线的"登录"手续，并经中央 ATS 系统确认和赋予相应的车次号后，可采用人工方式或自动方式将列车驾驶模式转换为 ATP 监督下的人工驾驶模式或 ATO 驾驶模式。当正线防护信号机开放，车载设备收到有效的 ATP 报文信息后，列车才被允许进入正线运行。

列车根据中央 ATS 分配的列车车次号，按照预先存储的时刻表在正线上运行。ATS 对其运行进行追踪，在控制中心的显示屏上以移动的红色光带和车次号标识列车。

ATS 系统可通过 ATS 工作站对车辆基地值班员进行出库列车自动预先通知，在规定时间尚无列车在车辆基地转换轨时能自动进行提示及报警。

2）列车由正线驶入车辆基地

列车驶入车辆基地前，ATC 系统向司机和车辆基地值班员发出列车回库信息。当转换区段空闲时，正线车站相应列车信号机及进段信号机开放，列车按 ATO 自动运行驾驶模式或 ATP 防护人工驾驶模式运行，至进段信号机内方"转换轨"后，车载设备自动掉码（ATP 报文信息),采用人工方式或自动方式将驾驶模式转换为限制人工驾驶模式,列车进入车辆基地。ATS 系统仍能与车辆基地联锁系统共同实现车辆基地内车组号的跟踪、显示功能,并在车辆基地信号楼控制室及车辆调度员室的相应工作站上显示相关信息。

五、城市轨道交通信号控制系统的设备分布

城市轨道交通信号控制系统的设备按地域分布一般可分为四部分:控制中心系统、地面设备系统、车载设备系统、车辆基地系统等,有时还包括维护及培训中心设备。

(一)控制中心系统

控制中心设备属于 ATS 子系统,是 ATC 的核心。ATS 子系统通过数据通信网络与其他子系统交换数据和命令。中央 ATS 系统主要配置 ATS 中央计算机系统、主任/调度员工作站、运行图工作站、维护工作站、DCS(Data Communication System,数据通信系统)设备、运行综合显示屏接口服务器、与其他系统接口的通信服务器、培训工作站、电源设备等,以及报告输出和系统运行状态信息打印设备和运行综合显示屏。各设备分设于中央控制室、信号 ATC 设备室、运行图编辑室、培训室以及控制中心信号电源室中。控制中心设备如图 1.2 所示。

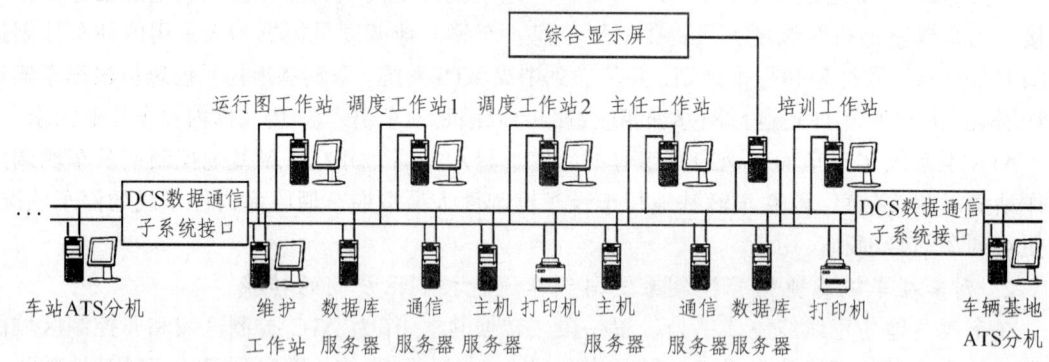

图 1.2 控制中心设备示意图

中心 ATS 服务器采用的是主备双机冗余结构,当主服务器故障,系统会自动切换到备用服务器工作,切换过程对运营没有干扰。

1. 中央控制室设备

中央控制室一般设置 3 个行车调度工作站,其中 1 个行车调度工作站用于主任调度,另外 2 个行车调度工作站用于行车调度。有些 ATC 系统可根据在线列车对数、线路长度和车站数量等因素合理配置调度员工作站的数量。ATS 系统能在多台调度员工作站间对信号控制区域进行动态划分。中央控制室还设置有 1 个控制中心(Operation Control Center,OCC)运行综合显示屏。工作站人机界面对话窗口包括以下几部分:列车运行监控、联锁控制、列车调度管理、系统监测、现场信号状态再现、职责和授权、报警等。在相应的对话窗口中可对选定的控制对象进行监控。各调度工作站采用双液晶屏显示,一屏用于显示计划、实际运行图的比较,另一屏用于显示列车运行监控。OCC 运行综合显示屏用于显示全线列车位置、车次号、信号显示、道岔状态、进路情况等。ATS 系统具有对行车调度人员身份识别及记录管理功能,防止非法登录操作。

2. 信号 ATC 设备室设备

信号 ATC 设备室设备主要包括：ATS 系统主机服务器、通信服务器、数据库服务器、网络交换机及网络传输设备、系统接口、维护工作站等。

为了提高 ATS 系统的可靠性，ATS 局域网采用双局域网冗余结构，通信骨干传输网采用热备冗余双通道结构，关键网络设备如主机、通信、数据库等服务器采用热备冗余结构。

3. 运行图室设备

运行图室设置运行图工作站及打印设备，通过人-机对话设备完成对运行时刻表的编辑、修改及管理。

4. 培训室设备

培训室设置培训工作站及打印设备，用于行车调度人员的培训。它与调度员工作站显示相同的内容，有相同的控制功能，能仿真列车在线运行及各种异常情况。培训工作站与调度员工作站的区别在于登录的用户名和密码不同，从而用户权限不同，因而不参与实际的列车控制。实习操作员可通过它模拟实际操作，培养系统控制和各种情况下的处理能力。

5. 控制中心信号电源室设备

控制中心信号电源室设置有智能电源屏、UPS 设备，为控制中心设备提供在线 UPS 及 30 min 后备电源的蓄电池组。

（二）地面设备系统

地面设备系统包括车站信号设备和轨旁线路层设备。

车站分为设备集中站和非设备集中站。设备集中站一般为有道岔车站。设备集中站设有车站 ATS 分机、车站联锁设备、ATP/ATO 系统地面设备、电源设备、维修终端、信号机、转辙机、列车检测设备、发车指示器、紧急停车（关闭）按钮、自动折返按钮等。各设备分设于车站控制室、车站信号设备室、车站站台层及轨旁线路层。非设备集中站设有发车指示器、紧急停车（关闭）按钮等。

ATC 系统包括中央控制（简称中控）和车站控制（简称站控）两个控制等级。ATS 系统故障或车站作业需要时，经 OCC 调度员与车站值班员办理必要的手续后，可实现站控与中控转换。在紧急情况下，车站值班员也可强行办理站控作业，也称紧急站控。站控与中控转换过程中，不影响列车运行。

1. 车站信号设备

1）车站控制室设备

全线所有车站控制室设置一台远程 ATS 工作站，用于采集车站设备的信息，传送中心的控制命令，以及存储由中心下载的时刻表，并实现车站进路自动控制的功能。在中央 ATS 授权后，设备集中站的 ATS 分机可实现对本地联锁区域的控制功能，即实现站控功能。

在设备集中站的车站控制室还要设置正线联锁系统的本地控制工作站，提供列车运行的本地显示。当中心和本地 ATS 发生故障时，可以通过本地控制工作站进行设置进路、扳动道岔等的基本操作。

在每站设置的综合控制盘 IBP（Integrated Backup Panel）上，设有"扣车/终止扣车""跳停""紧急停车/取消紧停"等按钮及相应表示灯和蜂鸣器，以实现相关功能的本地控制。

有些 ATC 系统集成了 ATS 工作站/本地控制工作站的功能，称为现地控制工作站。设备集中站的现地控制工作站显示其监控范围内的线路上的列车运行状态、信号设备状态、列车进路状态、列车车次等信息，并可在获得控制权后通过键盘及鼠标控制列车进路。非设备集中站的车站现地工作站，显示本站范围内和相邻站间的列车运行状态、列车车次等信息，可具有扣车、人工取消运营停车点的功能。

2）车站信号设备室

设备集中站室内主要设有联锁设备、ATP/ATO室内设备、轨旁控制设备、列车检测室内设备、车-地通信室内设备、电源设备、接口设备、电缆柜/架、防雷设备等。

其他非设备集中站信号设备室将主要设置电缆柜/架、车站接口、电源设备、防雷设备等。

3）车站站台层

车站站台层设置发车指示器、自动折返按钮（具有自动折返功能的车站设置）、紧急停车按钮等行车和旅客安全设备。

发车指示器一般设置于发车正方向站台端部，每侧站台1个，采用闪光或倒计时显示方式，显示发车时刻。当列车在站台停车后，发车指示器按系统给定的停站时分倒计时间，闪光后点亮稳定灯光或倒计时牌显示为零时允许列车发车，倒计时牌显示正计时为发车晚点，并提供扣车、催发车等指示功能。

在每一车站站台上，分别按上、下行各设置两个或两个以上站台紧急停车按钮。车站站务员在紧急情况下按压此按钮，可使进入或驶出车站的列车紧急停车。联锁设备检查车站IBP盘上和站台紧急停车按钮的状态，一旦检测到按钮被按下，立即关闭相应的列车进路，同时ATP子系统通过车-地通信设备向列车发送相应的列车控制命令信息。

无人自动折返车站的列车运行正方向站台端部设置自动折返按钮箱，实现列车无人驾驶自动折返。

2. 轨旁线路层设备

轨旁线路层上设置信号机、转辙机、列车检测设备及车-地通信设备等。

信号机用于向司机发出信号显示，表示是否已为列车准备好相应的进路，以保证所防护区段内列车运行安全。在正线道岔区段、降级运行时的列车进路始终端、其他需防护的特殊位置（如从车辆段进入正线ATC控制范围入口等处）以及为满足后备模式下间隔要求，设置防护信号机，其余地点原则上不设置地面信号机。为减少维修工作量，提高设备的可靠性和可用性，正线信号机一般采用发光二极管（Light Emitting Diode，LED）铝合金信号机。

道岔转辙设备是转换道岔，实现列车从一股道转换到另一股道的设备，是轨道交通线路中最关键的信号基础设备，直接关系到行车安全。城市轨道交通的正线上一般采用9号道岔，通常一组道岔需一台转辙机牵引。若是9号AT尖轨（由矮型特种断面钢轨制成的尖轨，A——矮型，T——特种），因其为弹性可弯尖轨，需要两台转辙机牵引。正线一般采用三相交流电动转辙机或三相交流电动液压转辙机，其锁闭方式可根据线路列车速度采用联动内锁闭或分动外锁闭。

列车检测设备用于检测线路占用情况，并可以向列车传输控制信息，将列车运行与信号显示联系起来，是信号系统的重要基础设备，直接影响行车安全和运输效率。列车检测设备主要包括轨道电路和计轴设备。

轨旁车-地通信设备包括点式通信设备和连续式通信设备。点式通信设备用于系统初始化、列车定位、轮径校核、定位停车等功能的通信，可在线路上某些特定位置安装固定的应答器或信标进行通信。连续式通信设备包括轨道电路、感应环线、漏泄电缆、裂缝波导管以及无线电台等。

（三）车载设备系统

车载设备系统即车载 ATP/ATO 计算机单元，用来接收轨旁设备传送的 ATP/ATO 信息，计算列车运行曲线，测量列车的运行速度及走行距离，实现列车运行超速防护及列车自动运行，保证行车安全和为列车提供最佳运行方式。每套车载 ATC 设备包括车载 ATP/ATO 计算机单元、司机盘、人机界面、测速传感器、定位补偿设备、发送/接收天线、应答器（信标）天线等车-地通信设备。

车载 ATP 设备的车内信号是行车的主体信号。车内信号至少包括列车实际运行速度、列车运行前方的目标速度，在两端司机室内均应设速度显示、报警装置和必要的切换装置。

（四）车辆基地系统

车辆基地系统包括 ATS 车辆基地分机、计算机联锁设备、计算机监测设备、信号机、转辙机、轨道电路、电源设备等，如图 1.3 所示。

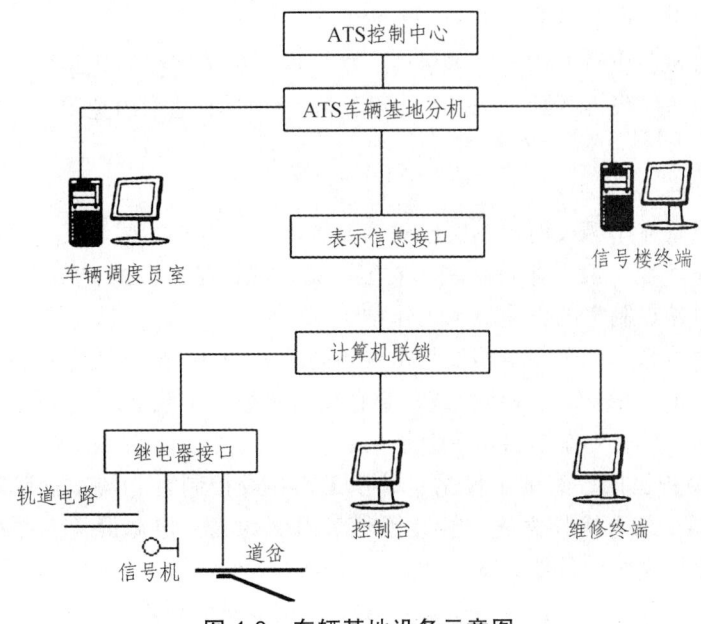

图 1.3 车辆基地设备示意图

1. ATS 车辆基地分机设备

在车辆基地信号楼信号设备室设置 ATS 车辆基地分机设备，分别在信号楼控制室及车辆调度员室设置 ATS 工作站，与 ATS 车辆基地分机相连。ATS 车辆基地分机用于采集车辆基地内线路的占用及信号机的状态，以便在控制中心的显示屏上给出相应的显示，此外还与控制中心 ATS 主机交互列车计划运行图与车辆运营计划和行车计划。

2. 联锁设备

车辆基地设一套独立的联锁设备，实现车辆基地内信号控制（进路控制），并通过 ATS 车辆基地分机与控制中心交换信息。

3. 计算机监测设备

计算机监测设备主要实现对车辆基地范围内基础设备状态的实时监测、存储及再现。例如，信号灯丝、轨道电路、转辙机、电源、电缆绝缘等的实时状态监测，是信号设备实现"状态修"的必要手段。

计算机监测设备应具有良好的隔离措施，在任何情况下不得影响被监测设备的正常工作。

4. 信号机

在车辆基地的入口处设进段（场）信号机，出口处设出段（场）信号机，存车库线中间进段方向设列车阻挡信号机，段内其他地点根据需要设置调车信号机。

5. 轨道电路

车辆基地内多采用 50 Hz 相敏轨道电路或计轴设备，用来检查轨道的占用和空闲状态。

6. 转辙机

车辆基地内一般采用 50 kg/m 钢轨 7 号道岔，一组道岔只需一台转辙机牵引。一般采用直流电动转辙机。

7. 电源设备

信号系统供电负荷等级应为一级负荷，应由两路独立电源供电，并具有自动切换功能。主副电源切换时，电源中断时间应不大于 0.15 s。

车辆基地信号设备设有专用电源屏供电，电源屏一般采用模块化结构。对有不间断供电和抗干扰要求的设备应设不间断（UPS）电源设备。UPS 电池采用免维护电池，其后备时间一般按 30 min 设计。

8. 试车线设备

试车线一般设置在车辆段内。车辆段联锁设备能对其所辖的试车线上的道岔、信号机实行集中控制。对试车线一般设非进路调车功能。试车线道岔区段的占用/空闲、信号机开放/关闭能反映至信号楼控制室的操作显示工作站上。

试车线按照信号系统试车要求装设与正线相同的 ATP 和 ATO 轨旁设备，为列车提供与正线相同的工作环境，在列车完成维修或长期存放后对列车车载 ATC 设备进行动态试验以评估车辆的动态性能，检查列车是否可安全投入运营。

室内及现场设备包括：测试工作站、试车工作站及控制台、与车辆段联锁系统接口、ATP/ATO 室内设备、列车检测设备、车-地通信室内/外设备、电源设备（含 UPS 及蓄电池）、继电接口、精确停车现场设备等。

试车线满足对车载信号设备进行双方向 ATC 功能测试的要求，基本测试功能包括：ATP 防护、ATO 自动驾驶、ATO 精确停车、车门监控、车-地通信及驾驶模式的转换等。

六、列车驾驶模式

列车在不同的区域完成不同的作业时常选用不同的驾驶模式。驾驶模式的不同会导致信号控制系统对列车的控制方式不同。

列车在正线及辅助线按正常运行方向进行追踪运行及折返作业时，均以自动驾驶（ATO）模式为常用模式，当 ATO 设备发生故障或因某种原因需要时，可改为 ATP 监督下的人工驾驶模式。上述两种模式均为正常的运营模式，而限制人工驾驶模式和非限制人工驾驶模式为非正常的运营模式（车辆基地除外）。

（一）正线线路上列车的驾驶模式

1. 自动驾驶（ATO）模式

正线上运营的列车在模式选择开关置于"ATO"位置时采用此驾驶模式。在此模式下，车载 ATO 系统根据接收到的 ATP/ATO 报文信息，自动地控制列车启动、加速、巡航、惰行、制动，控制列车在安全停车点前和规定的站台停车位置停车，并自动或人工控制车门、屏蔽门的开启。司机只负责对车载 ATP/ATO 设备的状态显示进行监督，并注意列车运行时状态、显示的变化，必要时可人工进行干预。司机操作的优先级高于 ATO 操作的优先级。

自动驾驶模式下的关门方式分为自动关门和人工关门两种方式，它们之间的区别在于：

（1）自动关门方式，当列车在车站的运营停站时间终止时，自动发出车门、屏蔽门关闭命令，列车不需司机操作（司机按压 ATO 启动按钮无效），自动关闭车门、屏蔽门/安全门后启动离站。一旦进入自动关门的 ATO 模式，只要没有人为干预，这种方式的自动驾驶控制模式维持不变。

（2）人工关门方式，当列车在车站的运营停站时间终止时，车门、屏蔽门的关闭是由司机根据发车时间及旅客上下车情况按压关门按钮完成，并且需司机按压 ATO 启动按钮后列车才以 ATO 自动驾驶模式启动运行。

2. ATP 监督下的人工驾驶模式

当列车处于 ATP 监督下的人工驾驶模式时，列车由司机人工驾驶，列车的运行速度受到 ATP 系统的实时监督，并由人工操作控制车门、屏蔽门的开启和关闭。ATP/ATO 车载设备在司机室的人机界面上给出列车的实际速度、限制速度、目标速度以及目标距离等参数。当列车速度接近 ATP 限制速度时，系统将给出声、光报警信号，提醒司机注意。当速度达到了 ATP 防护速度曲线的限制速度时，ATP 系统将对列车实施制动。

3. 限制人工驾驶模式

在限制人工驾驶模式下，司机根据地面信号机的显示，驾驶列车以不超过预先确定的安全速度（如 25 km/h）运行，并随时准备停车。此安全速度由车载 ATP 防护，一旦发现列车超速，ATP 将实施制动。

4. 非限制人工驾驶模式

当列车车载设备故障或车载信号设备无法发送列车位置和接收轨旁信息时，司机可以通过切除或旁路 ATC 系统进入该模式。在此模式下，ATC 系统将不起任何作用，列车运行及安全完全由调度员、车站值班员和司机人工保证。采用该驾驶模式，必须严格按照行车规则执行。

（二）列车的折返

列车运行交路折返站需进行列车折返作业。列车折返作业方式有：自动折返、ATO 驾驶折返和人工驾驶列车折返。

1. 自动折返

自动折返又分为无人自动折返和有人自动折返。下面以某一城市地铁的折返模式为例进行说明。

1）无人自动折返

无人自动折返，即列车在有人或无人监督的情况下以较高的速度（接近 ATP 最大允许速度），从到达站台按自动驾驶模式进入和驶出折返线，最后进入发车站台。在整个折返过程中无须人工操作。其折返过程为：

列车到达折返站，在规定的停站时间结束及旅客下车完毕清客后，处于"自动折返"状态。司机按下"自动折返"按钮，切断主控台后，下车操纵设在站台上的"无人自动折返"钥匙，列车以 ATO 自动驾驶方式启动进入折返线并停车；车载信号设备自动关闭本驾驶端信号设备，启动反向驾驶端信号设备，自动改变列车运行方向；自动反向启动列车，列车按 ATO 自动驾驶方式进入发车股道并停车，自动打开车门、屏蔽门。

2）有人自动折返

列车到达折返站，在规定的停站时间结束及旅客下车完毕清客后，处于"自动折返"状态。司机按下"自动折返"按钮后，下车操纵设在站台上的"无人自动折返"钥匙，再上车切断主控台，列车以 ATO 自动驾驶方式启动进入折返线并停车；车载信号设备自动关闭本驾驶端信号设备，启动反向驾驶端信号设备，自动改变列车运行方向；自动反向启动列车，列车按 ATO 自动驾驶方式进入发车站台停稳后，接车端司机上车激活本端主控台，并人工打开车门、屏蔽门。

2. 有人 ATO 驾驶模式折返

列车到达折返站，在规定的停站时间结束且司机确认旅客下车清客完毕后，列车处于 ATO 状态。司机按压列车上的 ATO 启动按钮，列车以 ATO 自动驾驶方式启动进入折返线并自动对标停车。端部司机与尾部司机联系，确定发车条件成立后，端部司机切断主控台，尾部司机激活本端主控台，并按下 ATO 按钮。于是，列车自动从折返轨驶入发车站台，对标后自动停车，自动打开车门、屏蔽门。

3. 人工驾驶列车折返

在 ATP 监督下的人工驾驶模式折返时，列车将在司机驾驶下从到达站台进入和驶出折返线，最后进入发车站台。当列车进入折返线停车时，列车运行将自动转换为由反方向驾驶室的车载设备控制。其折返过程为：

列车到达折返站，在规定的停站时间结束且司机确认旅客下车清客完毕后，使列车处于 ATP 折返状态。在 ATP 监督下人工驾驶列车进入折返线并停车；由司机关闭本驾驶端车载信号设备，并激活反向驾驶端信号设备，并在 ATP 监督下人工驾驶列车进入发车站台并定位停车；司机按压开门按钮打开车门和屏蔽门。

（三）列车驾驶模式转换规则

在正线区段，司机可根据线路、设备状态及运营要求，以任一种驾驶模式驾驶列车运行。在车辆基地列车仅能按限制人工驾驶或非限制人工驾驶模式运行。

（1）ATC 系统控制区域与非 ATC 系统控制区域的分界处，应设驾驶模式转换区（或称转换轨），转换区的信号设备应与正线信号设备一致。

（2）驾驶模式转换可采用人工方式或自动方式，并应予以记录。当采用人工方式时，其转换区域的长度应大于一列车的长度。当采用自动方式时，应根据 ATC 系统的性能特点确定转换区域的设置方式。

（3）转换区域的长度宜大于最大编组列车的长度，并设置在缓坡区段。

（4）为保证行车安全，在 ATC 控制区域内使用限制模式或非限制模式时应有破铅封、记录或特殊控制指令授权等技术措施。

（5）ATC 系统具有防止列车在驾驶模式转换区域未将驾驶模式转换至列车自动运行驾驶模式或列车自动防护驾驶模式，而错误进入 ATC 系统控制区域的能力。

任务二　城市轨道交通信号设备的维护制度认知

信号控制系统的正常运行是保证城市轨道交通安全、有序、高效运行的基础。信号设备的维护是保证信号系统正常运行的必要措施和手段。信号设备的维护是对信号设备进行日常养护与检修，通过维护保持设备性能，预防设备故障，使设备处于良好的运用状态。各地铁公司选用的信号设备由于制式与类型不同，其信号设备的维修模式、修程及维护内容也不同。

一、信号设备维修模式

一般情况下，信号设备的维修模式以预防性检修为主，故障纠正性维修为辅。

（一）预防性检修

预防性检修体制是目前国内外城市轨道交通信号系统普遍采用的一种按信号设备运行周期进行计划检修的信号设备检修体制。

预防性检修包括计划修和状态修。

1. 计划修

计划修是根据设备的可靠性预先制定设备的检修周期、检修内容及技术标准，并按照相应的年度检修计划及月度检修计划来进行的维修作业。

2. 状态修

状态修是指对设备采取连续监视或定期监测，当设备状态量或其变化量超过规定范围时，及时进行更换或在线维修的维修方法。这是一种以设备实际技术状态为基础的预防性维修制度。状态修的基本条件是该设备具备有效的自检、监测、报警、冗余等功能和手段，能够随时掌握该设备的工作状态及变化趋势，预防可能出现的故障。

预防性检修是提高系统可靠性和可用性的重要手段。预防性检修的定期检修不能影响列车的正常运营，对于中央及正线地面设备的维修在非运营时段内进行。

（二）故障纠正性维修

故障纠正性维修是根据信号设备的实际技术状况来确定检修时机的检修体制，它不对设备规定固定的拆卸分解范围和检修期限，以及当信号设备有故障时进行维修或更换的维修办法，其最重要的要求是尽快恢复系统的正常运行，并通过维修监测终端及远程服务与诊断系统提高故障纠正修的准确性，缩短故障修复时间，提高维修效率。

故障检修体制是建立在先进实时的状态监控、完善的故障分析、配件的寿命管理规律，以及信号设备运转性能稳定的基础上的一种体制。

在信号设备维修模式中，上述模式可以根据具体情况配合选用。定期检修和状态检修属于预防性的，故障检修则是非预防性的。对故障发生与工作时间有密切关系且无法监控的设备板块，宜采用定期检修方式；对故障发生能以参数或者标准进行状态检查的零部件，宜采用状态检修方式；对故障发生不危及安全，且通过连续监控可以在故障发生后进行检修的零部件，或者发生事故后的修理，宜采用故障检修方式。

二、信号设备修程

信号设备的修程以预防性维修为原则，根据设备的可靠性来确定维修周期和维修内容的制度。我国几个主要城市的轨道交通信号设备的修程如下：

1. 北京地铁

北京地铁信号系统设备的修程可分为日巡视、月检、季检、半年检、年检、故障维修。

2. 上海地铁

上海地铁信号系统设备的修程可分为日检、周检、月检、季检、年检、故障维修。

3. 广州地铁

广州地铁信号系统设备的修程可分为日常保养、二级保养、小修、中修、大修、故障维修。

信号中修是为保证信号设备达到规定的工况，在大修周期中间对系统中部分薄弱环节进行统一的整治维修。

信号大修是指设备到了规定年限，对全套设备进行的大规模检修。一般大修伴随着比较多的器件、部件、设备的更换。

三、信号设备维护方式

信号设备的维护一般采用自主维护与委外维护相结合的方式。

（一）自主维护

从降低维护成本、掌握核心技术及培养专业技术人员的角度出发，城市轨道交通信号设备的维修方式宜采用自主维护方式。

目前，全国轨道交通的建设势头迅猛，大量的轨道交通线路在近几年集中投入运营，同时，以信号 CBTC、计算机与网络为代表的新科技、新技术在城市轨道交通中大量应用，其特征是技术含量高、集成化程度高、对资源配置要求高，尤其是人才技术要求更高，自主维护所需的信号维护人员的缺乏成为近几年各地铁公司面临的一个突出问题。推行自主维护为主、委外维护为辅的维护模式，是探索精简高效的地铁维护模式的路径之一。

（二）委外维护

地铁公司可以根据运营保障需要，在维护技术条件或维护能力不能满足运营对维护任务要求的前提下，将维护任务委托给具有维护能力的单位（主要指设备专业维护单位、专业设备制造单位等）进行维护。

1. 委外维护模式的分类

（1）按照设施设备维护系统的不同，委外维护模式分为完全委外维护、部分委外维护两种。

完全委外维护指各地铁公司将设施设备委托给设备专业维护单位、专业设备制造单位等进行维护。

部分委外维护指专业维护单位、专业设备制造单位按各地铁公司的要求，负责执行设施设备的部分维护、应急抢修等工作。

（2）按照委外维护单位参与设施设备维护修程的不同，委外维护模式分为所有修程委外和部分修程委外两种。

所有修程委外指各地铁公司将设施设备所有维修修程交由委外维护单位执行。

部分修程委外指各地铁公司将设施设备部分维修修程交由委外维护单位执行。

（3）按照维护材料购买方的不同，委外维护模式分为全包、清包和半包等方式。

全包是指耗材和备件的采购、设备的维护都由委外维护单位负责。

清包是指各地铁公司提供耗材和备件，委外维护单位只负责维护。

半包是介于清包和半包之间的一种方式。备件由各地铁公司提供，耗材由委外维护单位采购并维护。

地铁公司可根据设备的维护成本、核心技术的掌握、人力资源的实际状况，决定采用何种委外维护模式。

2. 委外维护单位的选择

地铁公司在选择委外维护单位时，一般应遵循以下原则：

（1）应确保对委外维护的设施设备的核心技术予以掌握，加强对委外维护单位的管理，对其维护的质量、安全和时间进行有效的监督和控制，同时在条件具备时有能力采取自主维护。

（2）应确保设备委外维护后，线路的正常运营和服务水平不降低。

（3）应确保委外维护单位服从于地铁公司整体管理原则，委外维护单位受其统一协调和领导。

（4）委外维护单位应有相应的设备维护资质和实力，并能承担相应的责任。

四、维修工区设置

城市轨道交通信号设备维修管理机构，除了正线工班，一般都设置在车辆基地和控制中心内，负责完成信号设备的日常养护、维修及管理。信号工班是负责信号设备维修工作的基本生产组织，根据线路长度、设备数量及维修值班点的设置进行工班的设置和工班人员的配置。

（一）工班设置

不同的城市地铁公司中，信号系统设备维修组织机构及维修内容不同。一般情况下的设置如下：

1. 正线工班

除 ATS 及车载设备外，正线上其他信号设备的维修（包括试车线），根据线路的实际状况可设置多个正线工班，分管各自的里程。一般正线工班在折返车站设 24 h 人员覆盖的值班点，并配备工具和备品备件，随时做好抢修准备，以确保地铁正常运营。正线工班根据维修计划或当日运营情况，在运营结束后，进行日常养护、检修与故障（运营期间处理难度大，可维持运营的故障）处理工作。

2. 控制中心 ATS 工班

负责全线 ATS 设备的养护与维修。对应不同的线路可设置各自分管的 ATS 工班。

3. 车载设备测试工班

负责车载设备的维修、日常测试,车辆库修时车载设备的装卸及动态测试。车载工班一般设置在停车库内,运营结束后,进行日常养护、检修与故障(运营期间处理难度大,可维持运营的故障)处理工作。车载工班也可根据需要在正线设置驻站点,运营期间列车发生故障后,可跟车随检。

4. 车辆基地信号工班

负责车辆基地内(包括试车线)的信号设备的养护与维修。

5. 综合检修工班

负责对能够更换下来的设备进行轮检和维修,如电源设备、继电器等国产设备的轮检和维修。

6. 电子设备检修工班

负责全线 ATP、ATO、ATS 系统等进口设备的检测。一般进口 ATC 设备都返回原设备供应商处维修。

7. 机械检修工班

负责转辙机(包括安装装置)、信号机等的轮检和维修。

8. DCS 工班

负责全线 DCS 设备的养护检修工作。DCS 工班可以单独设置,也可并入 ATS 工班。

(二)工班性质

工班按照各自维护检修的设备、器材对运营的影响,又可分为信号现场工班和设备集中检修工班。

1. 信号现场工班

信号现场工班负责在线运营设备的日常养护、检修与故障处理工作。地铁由于运行间隔短,行车密度大,因此室外设备的巡检与维修以及故障的处理,都会安排在夜间的非运营时间进行(室内故障需及时处理)。信号现场工班按轮班制实行昼夜值班。一般的做法是将设备全部包保到人,检修和巡视均由包保者完成,并在一个检修周期内对该设备的安全和故障负责。

由于线路上各专业的设备都有,信号设备的巡检与检修就会与其他专业设备发生联系。例如,设备检修完成后要进行试验,需运营部门的配合;又如,有些设备的检修需使用检修车(如供电专业接触网的检修),就会对在线路上作业的人员造成危险。因此,室外设备的巡检与检修工作的组织必须按标准化流程进行,以确保检修工作的顺利完成及检修人员的人身安全。

2. 集中检修工班

集中检修工班主要负责室内外设备(如继电器、转辙机及各种电子板件等)的集中检修工作,将按计划轮修的设备、器材更换下来后送往专门检修场所进行检修。集中检修工班对运营没有影响,不实行昼夜值班制度,实行设备检修质量包保责任制。

设备维护及维修需要仪器仪表和专用工具。

各信号工班均设置工班长 1 人,负责组织完成本工班所辖设备的养护与检修任务和工班各项日常事务的管理工作,以及落实本工班人员的培训、考核等相关工作。

五、维护作业管理制度

（一）维修组织流程

通常的维修组织流程如下：

先由工班制订出年度和月度维修计划，再由车间进行汇总、审核，并形成车间的年度和月度维修计划，最后由车间批准报上级主管部门（如运营公司通号部）。维修计划经上级主管部门调整审批后下发。车间生产调度根据下发的维修施工作业令附上相应的维修作业任务书，并安排相应的工班派人领取并登记。维修施工作业令上由于已按计划明确了维修施工负责人，因此，工班在得到维修施工作业令和检修作业任务书后就可以安排相关人员进行检修作业了。工班维修人员到达现场后，按施工维修计划表在行车设备维修登记本上记录联系人姓名、检修设备名称及影响范围、申请检修时间，经行车人员签字认可后，方可进行工作。如果是在线路作业，在作业过程中维修人员要按照施工作业管理规定做好安全防护，在作业完成后要按照施工管理规定出清线路。设备检修完毕后必须进行认真试验，确保设备完好，并经行车人员试验、确认良好后按照登记、销记手续进行销记，同时通知车间生产调度室作业已完成。

（二）工班检修作业管理制度

以某城市地铁信号工班为例，其设备维护检修作业管理实行交接班制度。每天早晨由工班长组织工班工作人员召开交班会，总结前一工作日生产任务完成情况，布置落实工班当日生产任务，通报近期工作要点，尤其是设备维护检修作业要点。

1. 交班会内容

（1）工班长按照月度生产计划任务和检修计划，安排当日工作内容。

（2）针对当日工作内容，安排专职防护人员，强化班前人身安全教育，制定当日作业安全卡控措施，禁止违章作业。

（3）强调检修过程中，注意与带电物保持一定距离，手腕上不要佩戴金属物品，以免触电。注意防范工具、材料砸伤身体。

（4）规范施工、检修登记簿的登记与销记，禁止违反上级相关调度命令运作设备。

（5）作业人员必须穿好安全防护用品（如按规定着装，穿绝缘鞋等），准备好工具、仪表和对讲机，准备上道作业。

2. 室外防护人员注意事项

（1）来回作业途中严禁走道心。

（2）加强执行标准化作业用语。

（3）道岔检修作业时断开安全接点，防止夹伤。扳动试验时，注意提醒，作业人员手脚离开道岔转动范围，防止造成人身伤害。

（4）注意天气温度的防护（天热时注意防暑，若地面有冰要注意防滑）。

3. 工长填写作业派工单

日常作业派工单的重点内容包括：作业内容、作业影响范围、作业组员及分工、安全注意事项及相关要求等。

工长在派工人处及教育人处签字。当天作业负责人、楼内安全防护员和室外安全防护员在确定了相关作业内容和安全注意事项及要求后，在作业派工单上签字。

4. 作业负责人填写完工报告单

设备维护检修作业完成后，由作业负责人填写完工报告单，主要内容包括：

（1）携入、携出作业现场的工器具、仪器、仪表清点单。

（2）作业批准时间及批准人姓名。

（3）作业安全情况。

（4）现场清理情况。

（5）作业完成情况，如有未完成作业，进行情况说明。

（6）零部件更换情况。

（7）作业存在问题说明等。

思考题

1. 简述城市轨道交通信号控制系统的特点。
2. 简述城市轨道交通信号控制系统的组成。
3. 列车在车辆基地与正线之间的信号控制方式是如何转换的？
4. 列车运行自动控制系统 ATC 包括哪些子系统？简述各自的功能。
5. 城市轨道交通信号控制系统的设备在哪些地域有分布？
6. 试述控制中心有哪些信号设备？
7. 试述车站及轨旁有哪些信号设备？
8. 试述车辆基地有哪些信号设备？简述其各自的功能。
9. 试车线的功能是什么？一般设置在什么地方？其信号设备的装置的要求是什么？
10. 列车在正线上的驾驶模式有哪几种？各自的特点是什么？
11. 在正线上及车辆基地内正常行驶时，应采取哪些驾驶模式？
12. 列车的折返方式有几种？简述各种方式下控制列车折返的过程。
13. 简述信号控制系统设备维修的模式。
14. 一般情况下，信号系统设备维修工区是如何设置的？
15. 简述你所在城市的地铁公司信号设备的修程。
16. 简述值班工班的通常维修组织流程。

项目二 继电器的检修与应用

【岗位工作任务描述】

继电器是城市轨道交通信号控制系统必不可少的基本部件。企业现场综合检修工班应根据修程规定制订对所管辖线路内所有继电器的检修计划，由综合检修工班根据月度维修工作计划表（月表），按照标准化流程及技术标准在规定时间内对更换下来并送到工班的继电器进行检修，以确保系统设备的正常运用，保证城轨运输安全、高效。

【知识目标】

1. 掌握无极、偏极、有极、整流继电器的结构区别及工作原理；
2. 了解时间继电器的结构和工作原理；
3. 了解二元二位继电器的结构和工作原理；
4. 了解加强接点的应用；
5. 了解信号继电器各种特性参数的含义；
6. 深刻理解安全型继电器的特点；
7. 掌握改变继电器时间特性的方法；
8. 熟练掌握继电器的检修测试项目与标准；
9. 了解 JWXC-1700 型继电器的检修程序与标准；
10. 掌握继电器图形符号的含义及继电器电路的基本分析方法；
11. 理解自闭电路特点；
12. 了解信号继电器的选用原则；
13. 理解继电器电路的安全措施。

【技能目标】

1. 能够根据继电器外观区分不同继电器；
2. 能够熟练地说出各种继电器的部件名称；
3. 能够识读继电器的型号含义；
4. 能够正确判别继电器插座的接点编号；
5. 能正确拆装 JWXC-1700 型继电器；
6. 能读懂安全型继电器检修规则，并能按照检修规则要求对 JWXC-1700 型继电器进行检修；
7. 能够熟练测量安全型继电器的电气参数，并能通过查阅相关资料判断其参数是否符合标准；
8. 能够根据继电器的故障现象，分析其故障原因，并给出故障处理方法；
9. 建立安全作业和标准化作业意识；
10. 会分析简单的继电器电路；
11. 能按照设计目标选择继电器；
12. 会根据继电器电路图施工（焊接电路）。

任务一 认识继电器

一、继电器的基本原理

继电器是一种电励开关。继电器的类型很多，性能各不相同，结构形式多种多样，但绝大多数继电器由电磁系统和接点系统两大主要部分组成。其中电磁系统由线圈、固定的铁心和轭铁以及可动的衔铁构成，是继电器的感受机构，专门用来接受和反映输入量。接点系统由动接点和静接点构成，是继电器的执行机构，用来实现控制的目的。当线圈中通入一定大小的电流后，由线圈产生磁场，吸引衔铁，由衔铁带动接点系统，改变其状态，从而反映输入电流的状况。

最简单的电磁继电器如图 2.1 所示。它实质上是一个带接点的电磁铁，其动作原理也与电磁铁相似。当给线圈中通以一定大小的电流后，在衔铁和铁心之间就产生一定数量的磁通，该磁通经铁心、衔铁、轭铁和气隙形成一个闭合磁路，铁心对衔铁就产生了吸引力。吸引力的大小取决于通过继电器的线圈电流 I_x 的大小。当电流 I_x 由 0 增加到某一定值 I_{x_2} 时，吸引力增大到能克服衔铁向铁心运动的阻力，衔铁就被吸向铁心。由衔铁带动的动接点也随之运动，与动合接点（前接点）接通，接点回路中的电流 I_y 从 0 突然增大到 I_{y_2}。此后，若 I_x 继续增大，由于接点回路中阻值不变，I_y 保持不变。当线圈中电流 I_x 减小时，吸引力随电流的减小而减小。当电流 I_x 减小到 I_{x_1} 时，吸引力减小到不足以克服衔铁重力，衔铁靠自重落下（释放），动接点也随着衔铁落下，与动断接点（后接点）接通，与前接点断开，输出电流 I_y 突然从 I_{y_2} 减小到 0。此后，I_x 再减小，I_y 保持为 0(I_{y_1})不变。可见，继电器具有开关特性（二值性），也称为继电特性。具有继电特性的元件就被称为继电器，可利用它的接点通、断电路，构成各种控制和表示电路。

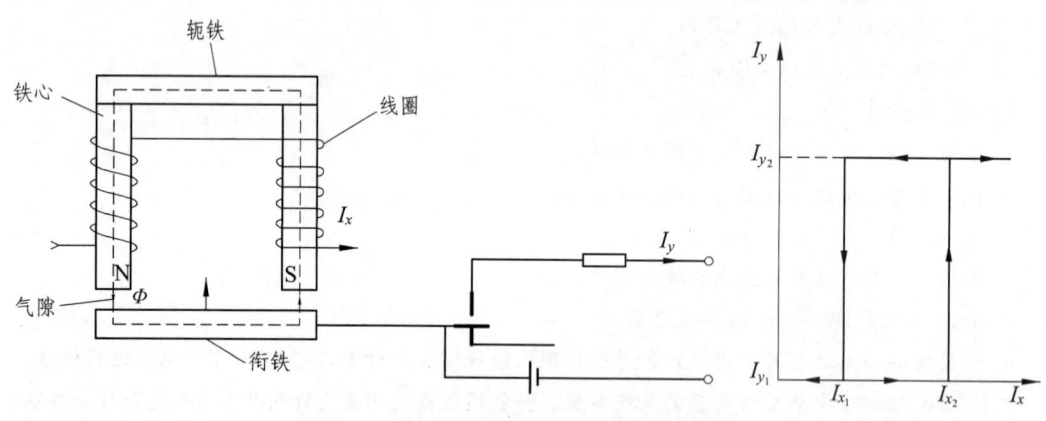

图 2.1 继电器的基本原理和继电特性

二、继电器的作用

继电器具有继电特性，能以极小的电信号来控制执行电路中功率相当大的对象，能同时控制数个对象和数个回路，也能控制远距离的对象。继电器的这种性能，给自动控制和远程控制创造了便利的条件。因此，它广泛应用于国民经济各部门的生产过程控制和国防系统的自动化和远程控制，也广泛应用于城市轨道交通及铁路信号的各个方面。

随着电子技术的迅速发展，电子器件尤其是微型计算机以其速度快、体积小、容量大、功能强等技术优势，在相当大程度上逐渐取代了继电器，构成自动控制和远程控制系统，使控制系统技术水准大大提高。但是，继电器与电子器件相比，仍具有一定的优势，因此它仍然具有广阔的应用空间，仍将长期存在。它们的特性比较见表2.1。

表2.1 微电子器件与继电器的特性比较

比较内容	微电子器件	继电器
速度	快	慢
自身功耗	小	大
体积	小	大
容量	大	小
功能	强	弱
闭合阻抗	大	小
断开阻抗	小	大（∞）
防雷击	弱	强
自保	不能	能
噪声	有	无
温度影响	有	无
用于放射性的地方	不能	能
控制回路	1个	多个
驱动能力	小	大
故障—安全	无	有

信号继电器在以继电技术构成的系统（如继电集中联锁）中起着核心作用。而在以电子元件和微型计算机构成的系统（如计算机联锁系统）中，继电器作为其接口部件，将系统主机与信号机、轨道电路、转辙机等执行部件结合起来，是不可或缺的部分。虽然已出现全电子化的系统，但要全部取消继电器仍然非常难。因此，不论是在现在还是未来，信号继电器在城市轨道交通信号控制领域仍将起着重要的作用。

三、继电器的分类

继电器的类型繁多，分类方法也是多种多样的。

（一）按继电器输入量的物理性质分类

按继电器输入量的物理性质分类可将继电器分为电流继电器、电压继电器、功率继电器、频率继电器和非电量继电器。

其中：电流继电器的吸起和落下反映电流的变化，电压继电器的吸起和落下反映电压的变化，功率继电器的吸起和落下反映功率的变化，频率继电器的吸起和落下反映交流电的频率变化，非电量继电器的吸起和落下反映非电量（有温度、压力、速度等）的变化。

（二）按继电器动作电流的性质分类

按继电器动作电流的性质分类可将继电器分为直流继电器、交流继电器和交直流继电器。

直流继电器是由直流电源供电的。按所通电流的极性，它又可分为无极、偏极和有极继电器。直流继电器都是电磁继电器。

交流继电器是由交流电源供电的。按动作原理，它又可分为电磁继电器（如灯丝转换继电器）、感应继电器（如二元二位继电器）。

整流式继电器虽然用于交流电路中，但它用整流元件将交流电整流为直流电，其实质还是直流继电器。

（三）按继电器执行部件的构造原理分类

按继电器执行部件的构造原理（有、无接点）可将继电器分为有接点继电器和无接点继电器（如铁磁无接点继电器和半导体无接点继电器等）。

（四）按继电器动作原理分类

按继电器动作原理分类可将继电器分为电磁继电器、感应继电器、热力继电器（双金属片继电器）、固态继电器。

其中：电磁继电器，其原理是流过继电器线圈的电流产生磁场，吸引可动的衔铁，带动接点系统改变接点的状态，如 JWXC-1700 信号继电器；感应继电器，是利用一个交变磁场与另一交变磁场在可动翼片中感应的涡流和交变磁场相互作用，使翼片产生转矩，带动接点动作，如二元二位继电器；热力继电器，是利用两种膨胀系数不同的双金属片加热后单向弯曲的物理特性，使接点动作；固态继电器，它是一种无触点电子开关，由分立元器件、膜固定电阻网络和芯片采用混合工艺组装而成，实现输入电路与输出电路的电隔离及信号耦合，由固态器件实现负载的通断切换功能，内部无任何可动部件。

（五）按继电器动作速度分类

按继电器动作速度分类可将继电器分为快动作继电器、正常动作继电器和缓动继电器。

快速动作继电器的动作速度非常快，动作时间一般小于 0.1 s。正常动作继电器衔铁的动作时间为 0.1~0.3 s。大部分信号继电器属于此类，一般无须加此称呼。缓动继电器衔铁的动作时间超过 0.3 s。缓动继电器又分为缓吸、缓放两种类型。时间继电器是利用脉冲延时电路或软件设定使之缓吸。缓放型继电器则利用铜线圈架产生感应磁通使之缓动，主要取其缓放特性。

（六）按继电器接点结构分类

按继电器接点结构分类可将继电器分为普通接点继电器和加强接点继电器。

普通接点继电器具有开断功率较小的接点的能力，以满足一般信号电路的要求。多数信号继电器为普通接点继电器，但一般不加此称呼。

加强接点继电器具有开断功率较大的接点的能力，以满足电压较高、电流较大的信号电路的要求。

（七）按工作可靠程度分类

按工作可靠程度分类可将继电器分为安全型继电器和非安全型继电器。

四、安全型继电器概述

城市轨道交通信号控制系统的信号继电器，是城市轨道交通信号设备中最主要且大量采用的元器件之一。为了确保城市轨道交通运输安全与提高运输效率，信号设备的工作性能必须可靠，所以要求信号继电器必须安全可靠。

我国在 20 世纪 50 年代初采用的是不同类型的座式继电器，20 世纪 50 年代末到 60 年代初采用的是大插入式继电器。这些继电器不仅体积大、笨重、结构复杂，而且有色金属消耗多，并且座式继电器还存在施工、维修不方便等缺点，因此这些继电器现已被淘汰，并停止生产。随着生产力的发展，技术水平的提高，在 20 世纪 60 年代中期，我国技术人员在座式继电器和大插入式继电器的基础上，自主设计制造了一种体积较小的 AX 系列安全型继电器，它与座式和大插入式相比，结构新颖、重量轻、体积小。AX 系列安全型继电器经受住了铁路现场几十年的运用考验，安全可靠，性能稳定，能满足信号电路对继电器提出的各种要求。AX 系列安全型继电器是我国城轨信号继电器的主要定型产品，其应用也最为广泛。

（一）AX 系列安全型继电器的特点

AX 系列安全型继电器是指它的结构必须符合"故障—安全"原则，即发生安全侧故障的可能性远远大于发生危险侧故障的可能性（处于禁止运行状态的故障有利于行车安全，称为安全侧故障；处于允许运行状态的故障可能危及行车安全，称为危险侧故障），在故障情况下前接点闭合的概率远小于后接点闭合的概率。这样，就可以用前接点代表危险侧信息，用后接点代表安全侧信息。因此，安全型继电器在结构上有以下特点：

（1）前接点采用熔点高、不会因熔化而使前接点粘连的导电及导热性能良好的材料。

（2）增加衔铁重量，采用"重力恒定"原理在线圈断电时强制将前接点断开。

（3）采用剩磁极小的电工纯铁构成磁路系统，并在衔铁与极靴之间设有一定厚度的非磁性止片，当衔铁吸起时仍有一定的气隙以防止剩磁吸力将衔铁吸住。

（4）衔铁不会因机械故障而卡在吸起状态。

（二）AX 系列安全型继电器的安装方式

AX 系列安全型继电器可分为插入式和非插入式。

插入式继电器多为单独使用，非插入式继电器常用于有防尘外壳的组匣中。两者的区别仅在于，插入式继电器带有透明性能很好的外罩（由聚甲基丙烯酸甲酯或聚碳酸酯制成），用以密封防尘。同时，为了与插座配合使用，插入式继电器安装在酚醛塑料制成的胶木底座上。

（三）AX 系列安全型继电器的种类

常见的 AX 系列安全型继电器有无极（包括无极、无极加强接点、无极缓放、无极加强接点缓放）、整流式、有极（包括有极、有极加强）、偏极 4 种。常见的 AX 系列安全型继电器的基本情况见表 2.2。

表 2.2 常见 AX 系列安全型继电器的基本情况

品种序号	规格序号	继电器名称	型号	接点组数	鉴别销号码	线圈连接	电源片连接 连接	电源片连接 使用
1	1	无极继电器	JWXC-1000	8QH	11、52	串联	2、3	1、4
	2		JWXC-1700	8QH	11、51			
	3		JWXC-2.3	4QH	11、54			
	4		JWXC-2000	2QH	12、55			
	5	无极加强接点继电器	JWJXC-480	2QH、2QHJ	15、51	串联	2、3	1、4
	6		JWJXC-160	2QHJ	11、52			
	7		JWJXC-300/370	4QHJ	22、52	单独	—	1、2 3、4
	8	无极缓动继电器	JWXC-H310	8QH	23、54			
	9	无极缓放继电器	JWXC-H600	8QH	12、51	串联	2、3	1、4
	10		JWXC-H1200		14、42			
	11	无极加强接点缓放继电器	JWJXC-H125/0.13	2QH、2QJ、2H	15、43	单独	—	1、2 3、4
	12		JWJXC-H125/80		31、52			
	13		JWJXC-H80/0.06		12、22			
2	14	整流式继电器	JZXC-480	4QH、2Q	13、55	串联	1、4	7、8
	15		JZXC-H18	4QH	13、53			5、6
	16		JZXC-H142					
	17		JZXC-H0.14/0.14	2QH、2H	22、53	单独	—	32、42 53、63
	18		JZXC-H18F	4QH	13、53			5、6
3	19	有极继电器	JYXC-660	6DF	15、52	串联	2、3	1、4
	20		JYXC-270	4DF	15、53			
	21	有极加强接点继电器	JYJXC-X135/220	2DF、2DFJ	12、23	单独	—	1、2 3、4
	22		JYJXC-J3000	2F、2DFJ	13、51	串联	2、3	1、4
4	23	偏极继电器	JPXC-1000	8QH	14、51			

注：表中，Q 表示前接点，H 表示后接点，D 表示定位接点，F 表示反位接点，J 表示加强接点。例如，8QH 表示 8 组普通前后接点组，2DFJ 表示 2 组加强定反位接点组。

（四）AX 系列安全型继电器的型号表示法

AX 系列安全型继电器的型号用汉语拼音字母和数字表示，其中字母表示继电器的种类，数字表示线圈的电阻值，单位为欧姆（Ω）。例如，JWJXC-H125/80，具体含义如下：

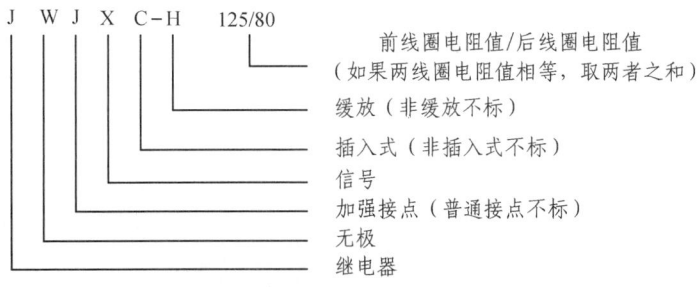

继电器的文字符号含义见表 2.3。

表 2.3 继电器文字符号含义表

代号	含义		代号	含义	
	安全型	其他类型		安全型	其他类型
A	—	安全	R	—	二元
B	—	半导体	S	—	时间、灯丝、双门
C	插入	插入、传输、差动	T	—	通用、弹力
D	—	单门、动态	W	无极	
H	缓放	缓放	X	信号	信号、小型
J	继电器、加强接点	继电器、加强接点、交流	Y	有极	
P	偏极		Z	整流	整流、转换

五、各类安全型继电器

（一）无极继电器

安全型继电器是直流 24 V 系列的重弹力式直流电磁继电器，有很多类，它们的特性和线圈电阻值各不相同，在信号电路中有不同的作用。其典型结构为无极继电器，其他各型继电器均由无极继电器派生。因此，绝大部分零件都能通用。现就 JWXC-1700 型直流无极继电器的结构和动作原理做介绍，其他类型的无极继电器和它结构类似。

1. 无极继电器的结构

JWXC-1700 型直流无极继电器的结构如图 2.2 所示。

无极继电器由直流电磁系统与接点系统两大部分组成。

电磁系统的线圈 1 水平安装在铁心 2 上，分为前圈和后圈，可连接或单独使用，增强了控制电路的适应性和灵活性。衔铁 3 靠蝶形钢丝卡 5 固定在轭铁 4 的刀刃上，动作灵活。在衔铁的传动部分铆上重锤片 6，以保证继电器衔铁主要靠重力返回。重锤片的数量根据继电器接点系统的结构来确定，使衔铁的重量满足后接点压力的需要。一般八组接点用六片，四组用两片，两组不用。铁心、衔铁和轭铁都是由电工纯铁软磁性材料制成，导磁好，剩磁少。铁心端部有镦粗的极靴，便于导磁。极靴上有两小孔，便于拆装铁心。衔铁上有止片 23，止片增加磁阻，减小剩磁的影响，能确保继电器可靠落下。

接点系统处于电磁系统的上面，通过接点架 7、螺钉 8 紧固在轭铁上，使两者成为一个整体。用螺钉9将下止片10、电源片单元11、银接点单元12、动接点单元13以及压片14按顺序组装在接点架上。在紧固螺钉以前，应将推杆15、绝缘轴16、动接点轴17与动接点组装好。衔铁通过推杆的传动来带动动接点运动。

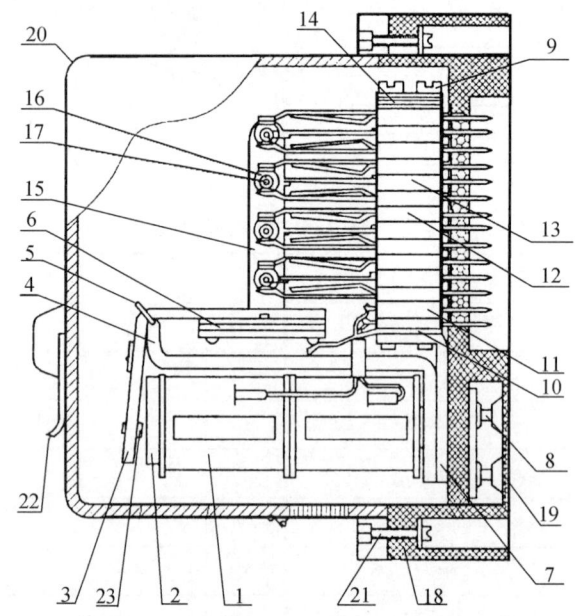

1—线圈；2—铁心；3—衔铁；5—蝶形钢丝卡；4—轭铁；6—锤片；7—接点架；8、9—螺钉；10—下止片；11—电源片单元；12—银接点单元；13—动接点单元；14—压片；15—推杆；16—绝缘轴；17—动接点轴；18—胶木底座；19—型别盖板；20—外罩；21—加封螺钉；22—提把；23—止片。

图2.2　JWXC型直流无极继电器的结构

插入式继电器是通过螺钉8将继电器安装在胶木底座18内。外罩20通过加封螺钉21紧固在胶木底座上。型别盖板19通过螺钉8固定在胶木底座下端。提把22由弹簧钢丝做成，安装于外罩的正面。继电器插在继电器上架时，提把与挂簧配合使插接牢固。

JWXC型直流无极继电器接点系统采用两排纵列式联动结构，因此，接点组数只能成偶数增减。拉杆传动中心线与接点中心线一致，以减少不必要的传动损失。为减少接点组组装时的积累公差，将接点片与托片组合压在酚醛塑料内以形成单元块。单元块之间为平面接触，易于控制公差，同时提高了接点组之间的绝缘强度。

银接点单元由锡磷青铜带制成的接点片与由黄铜制成的托片构成，两组对称地压制在胶木内。在接点簧片的端部焊有银接点。

接点接触时碰撞会产生颤动，颤动将形成电弧，对接点有较大的破坏作用。为消除这种颤动必须设置托片。在调整继电器时，可在接点片和托片间加一个初压力，保证接点刚接触时可动部分的动能被接点片吸收，这样既可消除颤动，又可缩短接点的完全闭合时间，大大降低了接点烧损的概率。

动接点单元由锡磷青铜带制成的动接点簧片与黄铜板制成的补助片压制在酚醛塑料胶木内。动接点簧片端部焊有动接点。动接点由银氧化镉制成。

电源片单元由黄铜制成的电源片压在胶木内。

拉杆有铁制的和塑料制的，常见是塑料制成的。衔铁通过拉杆带动动接点组。

绝缘轴用冻石瓷料（一种新型陶瓷材料）制成，有足够的抗冲击强度。动接点轴由锡磷青铜线制成。

压片由弹簧钢板冲压成弓形，分上、下两片，其作用是保证接点组的稳固性。

下止片由锡磷青铜板制成，外层镀镍。它在衔铁落下时起限位作用。

接点架由钢板制成，用螺钉与轭铁固定，保证接点架不变位。接点架的安装尺寸是否标准，角度是否准确，对继电器的调整有很大影响。

2. 无极继电器的动作原理

无极电磁继电器采用的电源是直流电源，而且无论什么极性只要达到它的规定电压（或电流）值，继电器就励磁吸起，因此称这种继电器为直流无极电磁继电器，简称无极继电器，如图 2.2 所示。这种继电器可以做成电压型的或电流型的。电压型的继电器，其线圈直接与电源相连，线圈的匝数较多，线径较细，线圈的电阻也较大，如常见的 JWXC-1700 和 JWXC-1000 等继电器就属于电压型继电器。电流型继电器，其线圈与负载串联，线圈的匝数少，线径较粗，线圈的电阻也较小，如 JWXC-7 和 JWXC-2.3 等继电器就属于电流型继电器。

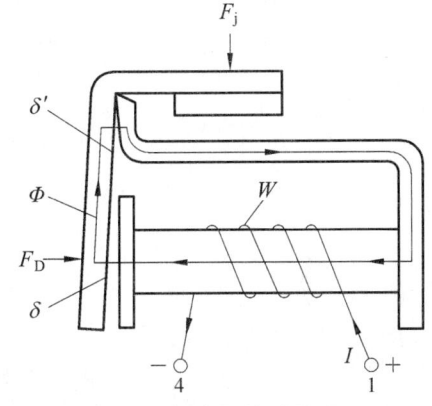

图 2.3 继电器的动作原理

如图 2.3 所示，在线圈上加上直流电压后，线圈中的电流 I 使铁心磁化，在铁心内产生工作磁通 Φ，它由铁心极靴处经过主工作气隙 δ（单位符号为 mm）进入衔铁，又经过第二工作气隙 δ' 进入轭铁，然后回到铁心，形成一闭合磁路。在工作气隙 δ 处，由于磁通 Φ 的作用，铁心与衔铁间产生电磁吸引力 F_D，当 F_D 大到足以克服衔铁转动的机械力 F_j（主要是衔铁自重）时，衔铁即与铁心吸合。此时衔铁通过拉杆带动动接点运动，使后接点断开，前接点闭合。

当线圈中的电流 I 减小时，铁心中的磁通 Φ 按一定规律随之减小，吸引力 F_D 也随着减小。当电流小到一定值时，它所产生的吸引力 F_D 小于机械力 F_j 时，衔铁离开铁心，被释放。此时拉杆带动动接点运动，使之与前接点断开，与后接点闭合。

3. 无极加强接点继电器

加强接点继电器是为通断功率较大的信号电路而设计的。常见的无极加强接点继电器有 JWJXC-480 型和缓放的 JWJXC-H125/0.13 等类型。无极加强接点继电器的电磁系统具有加大尺寸的无极磁路，但原理是一致的。加强接点与无极继电器的接点不同，加强接点具有特殊设计的大功率接点和磁吹弧器，如图 2.4 所示。

从图中可知加强接点组由加强动接点单元和带磁吹弧器的加强静接点单元组成。为了防止接点组间的飞弧短路，在两组加强接点间安装既耐高温又具有良好绝缘性能的云母隔弧片。隔弧片铆在拉杆上。为保证加强接点的安装空间，增加了空白单元。

由锡磷青铜片冲压成型的加强动接点片头部，铆有由银氧化镉制成的动接点。而加强静接点片头部，同样铆接由银氧化镉制成的接点，在接点的同一位置点焊了安装磁钢的熄弧器夹。

熄弧磁钢由铝镍钴合金或铁镍铝合金制成。其熄弧原理是，利用电弧在磁场中受洛伦兹力产生偏转运动而产生吹弧作用，使电弧由于拉长而迅速冷却熄灭。其示意图如图 2.5 所示。

为避免电弧烧损接点及对磁钢去磁,加强接点端部设有导弧角,使电弧迅速移到接点及磁钢的前部位置。

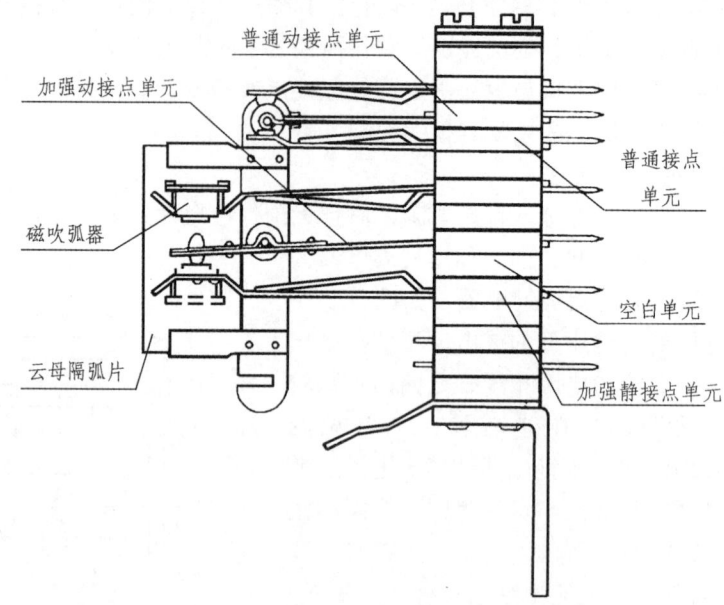

图 2.4　无极加强接点继电器的接点系统

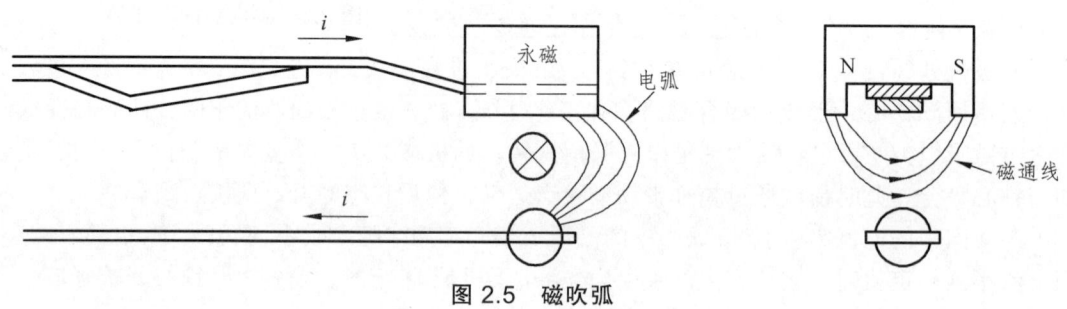

图 2.5　磁吹弧

磁吹弧的方向根据左手定则确定,如图 2.6 所示。此时要求通过接点电流的方向,应符

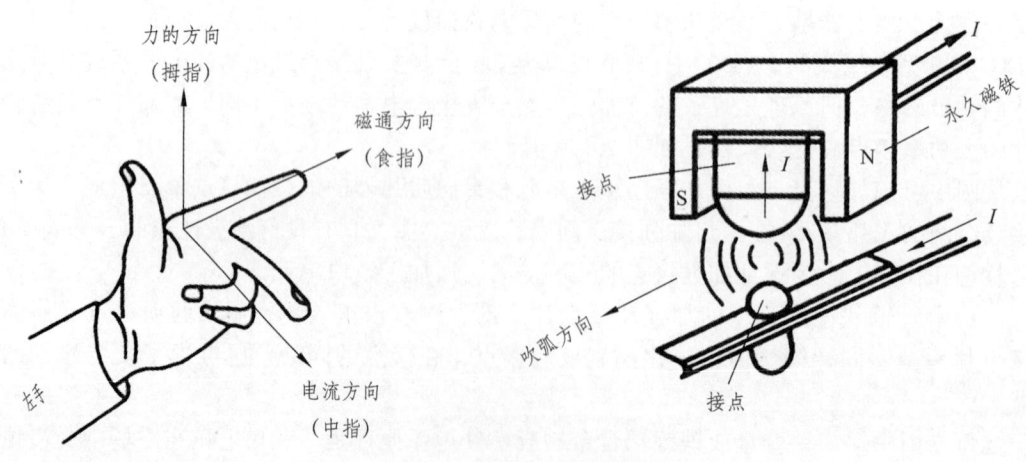

图 2.6　磁吹弧方向示意图

合使接点间电弧向外吹的原则。否则,向内吹弧,非但不会熄灭电弧,还会造成接点的损伤。因此,加强接点上用磁吹弧的继电器,如 JWJXC-480、JWJXC-H125/0.44、JWJXC-H125/0.13、JYJXC-125/220 等都规定了接点的正负极性,使用中要注意磁吹弧的方向。这样,接点电流产生的磁场方向与磁钢的磁场方向一致,还保证不会产生对磁钢的去磁作用。因此,使用时要注意加强接点继电器插座上标注的电流(电压)极性。

用永久磁钢作磁吹弧有许多优点:可节省铜线和绝缘材料,灭弧系统结构简单;灭弧功能较稳定;没有电能消耗;可使接点开距缩小。

(二)偏极继电器

常见的偏极继电器是 JPXC-1000 型,它是为了满足信号电路中鉴别电流极性的需要而设计的。它与无极继电器不同,衔铁的吸起与线圈中电流的极性有关,只有通过规定方向的电流时,衔铁才会被吸起,而电流方向相反时,衔铁不动作。这类继电器一般用在道岔表示电路中。

1. JPXC-1000 型偏极继电器的结构

偏极继电器的接点系统与无极继电器基本相同,电磁系统有所不同,如图 2.7 所示。铁心的极靴是方形的,在方极靴下方用两个螺钉固定一个 L 形的永久磁钢,使衔铁处于极靴和永久磁钢之间,受永久磁钢的作用力处于落下位置。由于永磁力的存在,衔铁只安装一块重锤片,后接点的压力由永磁力和重锤片共同作用产生。

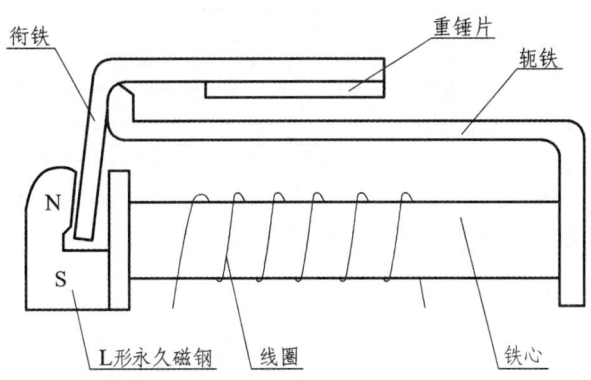

图 2.7 偏极继电器的电磁系统

铁心由电工纯铁制成,方形极靴是先冲压成型后再与铁心焊接成整体的。由于铁心端部为方形极靴,衔铁也由半圆形改为方形,以增加受磁面积,降低气隙磁阻。永久磁钢由铝镍钴合金材料制成,其上部为 N 极,下部为 S 极。

2. JPXC-1000 型偏极继电器的工作原理

JPXC-1000 型偏极继电器由铁心、衔铁、轭铁和 L 形永久磁钢组成,如图 2.7 所示。

永久磁铁产生的极化磁通有两条路径:一是 Φ_{T_1} 从 N 极出发经 δ_2、衔铁、δ_3、轭铁、铁心回到 S 极,二是 Φ_{T_2} 从 N 极出发经 δ_2、衔铁、δ_1、方形极靴回到 S 极。Φ_{T_1} 的大小随气隙 δ_2 和 δ_3 的大小变化而变化。由于 ($\delta_2 + \delta_1$) 不随衔铁位置变化而变,所以 Φ_{T_2} 基本上是一个常数。

气隙 δ_2 中的极化磁通为 ($\Phi_{T_1} + \Phi_{T_2}$),而气隙 δ_1 中的极化磁通为 Φ_{T_2},因此,衔铁左边永久磁铁 N 极对衔铁的吸力大于右边极靴对衔铁的吸力。气隙 δ_3 中的 Φ_{T_1} 对衔铁也有吸力,但由于力臂小,其力矩远小于衔铁下端的力矩。所以,线圈无电时无论衔铁在什么位置(装有止片的情况下），在极化磁通的作用下，衔铁总是被吸向左边，再加上衔铁上的机械力，更确保了在断电时衔铁可靠落下和无电时保持在落下状态。

当线圈中通以正向电流（1正4负）时，在铁心中产生如图2.8（a）所示的磁通Φ_X。在δ_1处Φ_X和Φ_{T_2}方向相同，总磁通为两者之和，相应的总电磁吸引力增大；在δ_3处Φ_X和Φ_{T_1}方向相反，总磁通为两者之差，相应的总电磁吸引力减小。由于力臂相差较大，在δ_1处增大的电磁力作用较在δ_3处减小的电磁力作用要大得多，因此，对衔铁的总吸引力增大。当δ_1处（$\Phi_X+\Phi_{T_2}$）产生的吸力大于δ_2处磁通产生的吸力和机械力的总和时，继电器的衔铁就被吸合。

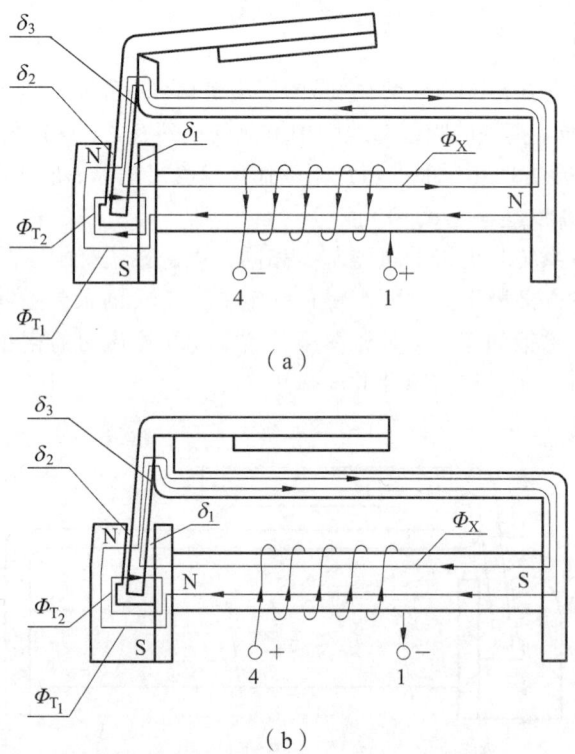

图2.8 偏极继电器的磁路及工作原理图

断开线圈电源时，衔铁靠重力和接点的反作用力返回。在衔铁返回的过程中，δ_1增大，δ_2减小，δ_2中的永磁磁通Φ_T迅速增加，加速衔铁的返回，直到衔铁被下止片阻挡为止。

当线圈中通以反极性电流时，如图2.8（b）所示，由于电磁磁通Φ_X改变了方向，在δ_1处与Φ_{T_2}相减，而在δ_3处与Φ_{T_1}相加，但总的电磁吸引力的力矩反而下降，因此衔铁不会吸合，从而具有鉴别电流极性的功能。

但是，反极性不吸起是有条件的，如果不断增大反极性电流，使电磁磁通足以克服永磁的作用，则衔铁可在反极性电流作用下吸合，这是不允许的。因此，在偏极继电器的电气特性上加上一条特殊的标准，即反向加200 V电压，衔铁不能吸起，这个电压也就是反向不吸起值，以保证其工作的可靠性。

（三）有极继电器

有极继电器是一种能反映电流极性，并能保持其极性状态的继电器，故又称极性保持继电器。它的结构特点是磁系统中增加了永久磁钢。在线圈中通以规定极性的电流时，继电器吸起，断电后仍保持在吸起位置；通以反方向电流时，继电器打落，断电后保持在打落位置。它的结构除了磁路有特殊部分之外，其余部分都与无极继电器基本相同。常见的有极继电器有加强接点的 JYJXC-135/220 型等继电器。

1. 有极继电器的结构

有极继电器的磁路结构中用一块端部呈刃形的长条形永久磁钢代替无极继电器的部分轭铁。磁钢与轭铁间用螺钉连接。永久磁钢的外形如图 2.9 所示。在与轭铁相连的部位有两个大于螺钉截面面积的圆孔，便于与轭铁安装时适当地调节磁钢的前后位置。磁钢上部的中间位置有一台面，以形成均匀的第二工作气隙。台面的中间

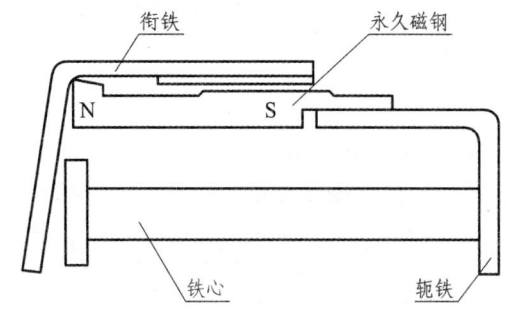

图 2.9　有极继电器的永久磁钢结构

有一凹槽，使拉杆下部不致与磁钢抵触而影响第二工作气隙的调整。

有极继电器有保持原来状态的性质，因此，就不好再用吸起和落下来表示继电器的状态了，常用定位和反位来表示继电器的状态。有极继电器衔铁位置的定位、反位规定为：衔铁与铁心极靴之间的间隙最小时（即吸起状态）的位置规定为定位，此时与动接点闭合的接点叫作定位接点（符号为 D，相当于前接点）；衔铁与铁心极靴之间的间隙最大时（即打落状态）的位置规定为反位，此时与动接点闭合的接点叫作反位接点（符号为 F，相当于后接点）。

有极继电器的线圈引线与电源片的连接与无极继电器相同。对于两线圈串联使用的有极继电器，如 JYXC-660 型和 JYJXC-J3000 型继电器，电源片 1 接电源正极，4 接电源负极时为定位吸起，反之为反位打落。对于分线圈使用的有极继电器，如 JYJXC-135/220 型继电器，则规定前圈的电源片 3 接电源正极，4 接电源负极时为定位吸起；而后圈的电源片 2 接电源正极，1 接电源负极时为反位打落。有极继电器的接点系统与无极继电器相同。改进型的 JYJXC-J3000 有极型继电器的接点系统有较大改变，加强接点片加厚，取消接点托片，动接点片改为面接触以增大接触面积。

2. 有极继电器的工作原理

有极继电器的磁路系统由两部分组成，一是永磁铁产生的磁路，二是线圈产生的磁路。其磁路系统如图 2.10 所示。

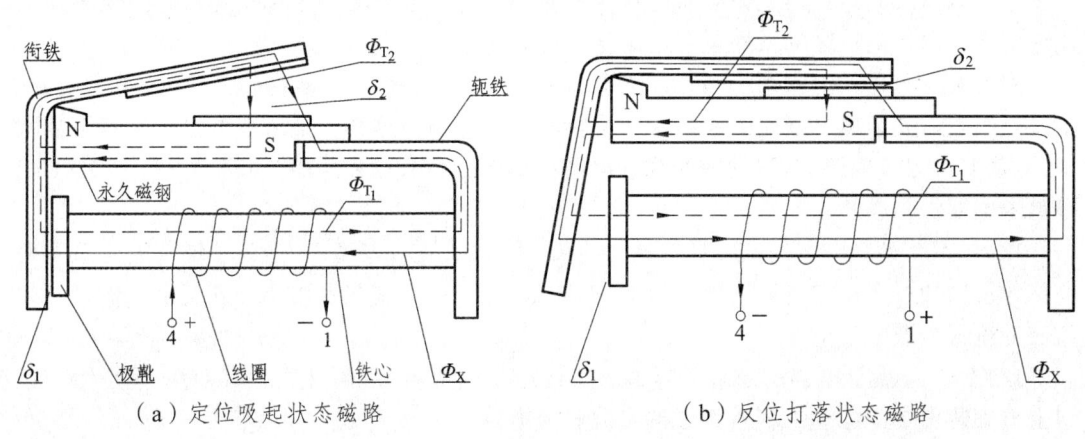

（a）定位吸起状态磁路　　　　　　　　（b）反位打落状态磁路

图 2.10　有极继电器的磁路

永久磁钢的磁通分为 Φ_{T_1} 和 Φ_{T_2} 两条并联支路。Φ_{T_1} 从 N 极出发，经衔铁、第一工作气隙 δ_1、铁心、轭铁到 S 极；Φ_{T_2} 从 N 极出发，经衔铁上部、重锤片、第二工作气隙 δ_2 到 S 极。这两条支路不对称，磁路的不平衡就形成有极继电器的正向转极值与反向转极值的较大差别。

当衔铁处于定位状态（吸合）时，由于 $\delta_1 \ll \delta_2$，因此，$\Phi_{T_2} \ll \Phi_{T_1}$，由 Φ_{T_1} 产生的吸引力将克服由 Φ_{T_2} 产生的吸引力、衔铁重力及接点的反作用力等力的合力，使衔铁处于稳定的吸合位置。反之，当衔铁处于反位状态（打落）时，由于 $\delta_2 \ll \delta_1$，因此，$\Phi_{T_1} \ll \Phi_{T_2}$，由 Φ_{T_2} 产生的吸引力与衔铁重力、动接点预压力之和大于由 Φ_{T_1} 产生的吸引力与后接点压力之和，使衔铁保持在稳定的打落位置。

显然，有极继电器要改变其位置只有依靠线圈产生的电磁通的电磁力的作用。如图 2.10 所示，线圈产生的电磁通 Φ_X 是一个无分支的磁路，即由铁心、极靴、δ_1、衔铁、重锤片、δ_2 到轭铁。磁通的方向由线圈中的电流极性决定。对于线圈产生的电磁通来说，永久磁钢是一个很大的磁阻，如同气隙一般。

图 2.10（a）表示有极继电器由定位转换到反位的磁路。继电器原处于定位状态，现在线圈中通以极性电流，产生的电磁磁通 Φ_X 的方向是极靴处为 N 极。这时在 δ_1 处 Φ_X 与 Φ_{T_1} 方向相反，磁通是削弱的，等于（$\Phi_{T_1} - \Phi_X$）。而在 δ_2 处 Φ_X 与 Φ_{T_2} 方向一致，磁通是加强的，等于（$\Phi_{T_2} + \Phi_X$）。当 Φ_X 增加到足够大时，在 δ_2 处产生的吸力和机械力之和大于在 δ_1 处产生的吸力时，衔铁返回到打落位置，变成图 2.10（b）所示的状态。

如果改变线圈中电流的极性，如图 2.10（b）所示，则在铁心中的电磁磁通 Φ_X 的方向随之改变，极靴处为 S 极，这时在 δ_1 处 Φ_X 与 Φ_{T_1} 方向一致，磁通是加强的，等于（$\Phi_{T_1} + \Phi_X$）。而在 δ_2 处 Φ_X 与 Φ_{T_2} 方向相反，磁通是削弱的，等于（$\Phi_{T_2} - \Phi_X$）。当 Φ_X 增加到足够大时，在 δ_1 处产生的吸力大于在 δ_2 处产生的吸力和机械力之和时，衔铁由打落位置返回到定位吸起位置，变成图 2.10（a）所示的状态。

（四）整流式继电器

整流式继电器用于交流电路中。它通过内部的半波或全波整流电路将交流电变为直流电，再供给继电器线圈。这样是为了避免在 AX 系列安全型继电器中采用结构形式完全不同的交流继电器，以提高产品的系列化、通用化程度。

整流式继电器的电磁系统与无极继电器相同，只是磁路结构参数有所不同。更主要的是，在接点组上方安装由二极管组成的半波或全波整流电路。这样，整流继电器的接点组数就少了，一般有六组或四组。常见的整流式继电器有 JZXC-480、JZXC-0.14、JZXC-H156、JZXC-H18 等型继电器。

JZXC-480 型继电器的磁路具有加大的尺寸（加大止片厚度），是为了增大返还系数而不使工作值增加过多。它具有不规则的 4QH 与 2Q 接点组。在接点组上，安装由二极管 2CP25 组成的桥式全波整流电路。

JZXC-0.14 型继电器的磁系统与 JZXC-480 型相同。两线圈并联，有 4QH 接点组，接点组上方安装由 2CZ-1 型二极管组成的半波整流电路。

JZXC-H156 与 JZXC-H18 型继电器是具有缓放特性的整流式继电器，它采用铜线圈架，继电器的接点系统为 4QH 接点组。在接点组上方，安装由二极管 2CP25 组成的桥式全波整流电路。JZXC-H18F 是 JZXC-H18 的派生型号，具有防雷性能，以保护整流二极管免遭击穿。

整流式继电器的线圈、整流器与电源片的连接如图 2.11 所示。

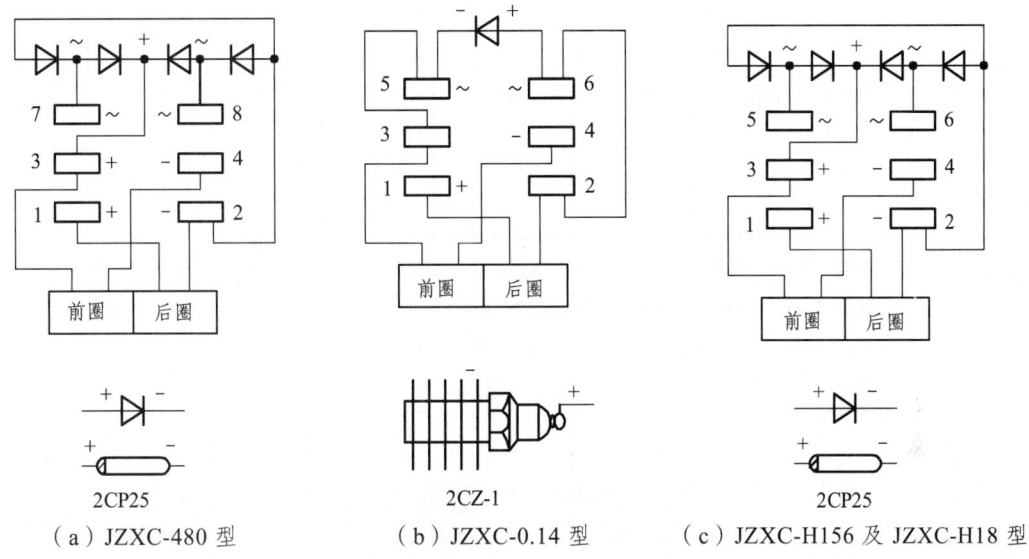

图 2.11 整流继电器的线圈、整流器与电源片连接

整流式继电器接点系统的结构与无极继电器相同，零部件全部通用，只是接点的编号有区别，使产品系列化、通用化，便于生产、维修。

整流式继电器的动作原理与无极继电器相同，但由于交流电源通过整流后再使继电器动作，在线圈上加的是全波或半波的脉动直流电，其中存在交变成分，使电磁吸引力产生脉动，工作时发出响声，对继电器正常工作带来不利影响。

（五）继电器插座

常见的 AX 系列安全型继电器是插入式的，需加装继电器插座板，其结构如图 2.12 所示。

插座插孔旁所注接点编号是继电器的接点编号，其他各型继电器的接点系统的位置及使用编号与之不同，而实际使用的插座仅此一种，所以必须按图 2.13 所示编号对照使用。

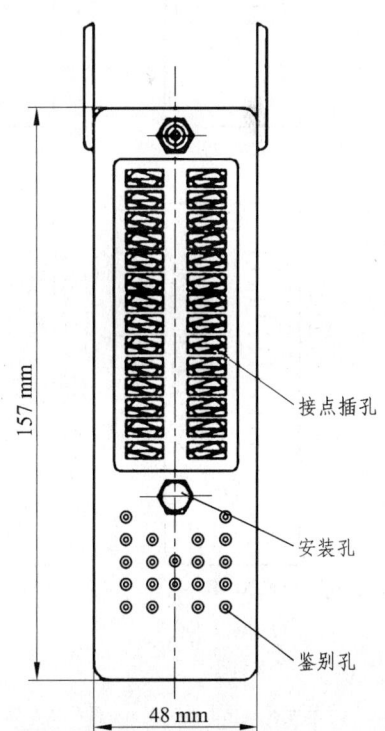

图 2.12 AX 系列安全型继电器插座

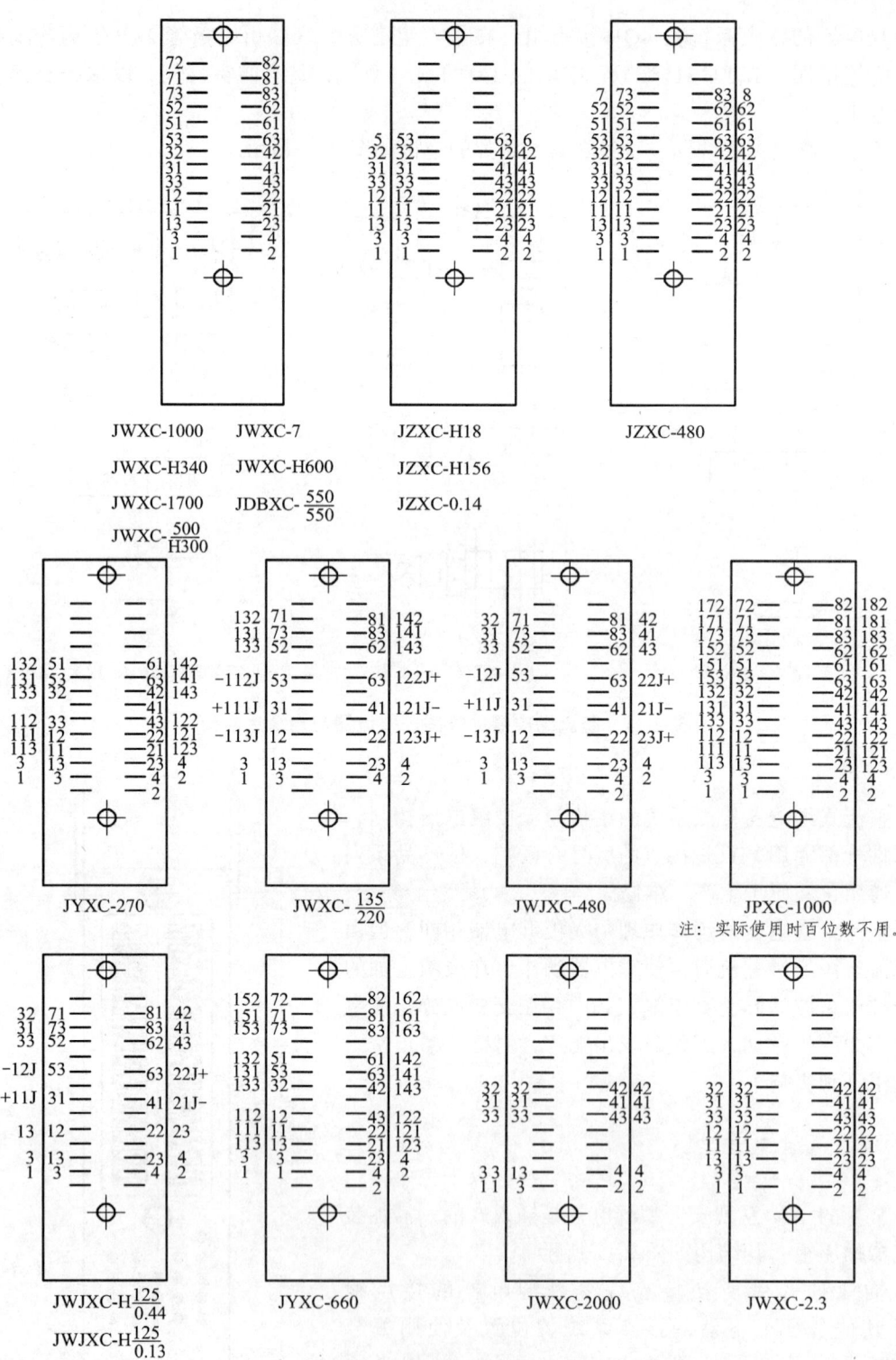

图 2.13 插座接点编号对照

注：① 继电器插座上的"+"号表示电流流入端，"-"号表示电流流出端，也就是"+"接高电位，"-"接低电位。
② 继电器插座编号中的"J"表示其接点是加强接点。
③ 继电器插座编号中的百位数字"1"表示是有极或者偏极继电器的接点编号。

AX 系列安全型继电器有多种类型，为防止不同类型的继电器错误插接，在插座下部鉴别孔内铆以鉴别销。鉴别销号码见表 2.2。

不同类型的继电器由型别盖上的鉴别孔进行鉴别，根据规定的鉴别孔逐个钻成，以与鉴别销相吻合。鉴别孔位置及型别盖外形如图 2.14 所示。

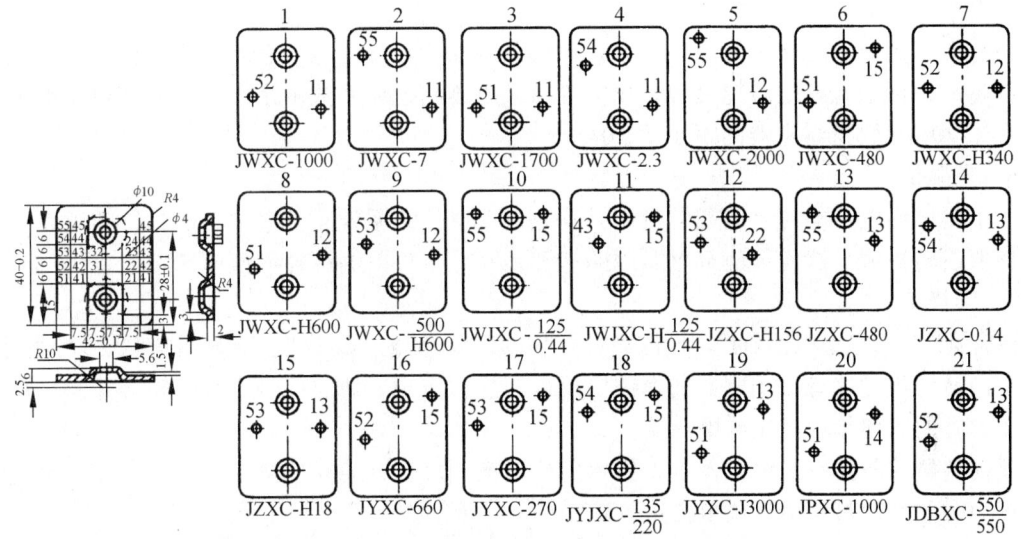

图 2.14　型别盖外形及鉴别孔的位置

（六）安全型继电器的特性

安全型继电器的特性包括电气特性、时间特性、牵引特性和机械特性。这些特性用来表征继电器的性能，是使用和检修继电器的重要依据。

1. 电气特性

电气特性是安全型继电器的基本参数，也是在设计和实现信号逻辑电路时选用继电器的依据。电气特性包括额定值、工作值、反向工作值、吸起值、释放值、充磁值、转极值、反向不工作值。

1）额定值

额定值是满足继电器安全系数要求所必须接入的电压或电流值，也是继电器正常使用时的电压或电流值。

AX 系列安全继电器的额定电压为直流 24 V，作为轨道继电器、灯丝继电器、道岔启动继电器时除外。

2）工作值

工作值是向继电器线圈通电，直到衔铁止片与铁心接触，全部前接点闭合，并满足规定接点压力需求的最小电压或电流值。此值使继电器的磁系统及接点系统处于刚好能工作的状态。一般规定工作值不大于额定值的 70%。

3）反向工作值

反向工作值是向继电器线圈反向通电，直到衔铁止片与铁心接触，全部前接点闭合，并满足接点压力需求的最小电压或电流值。一般来说反向工作值略大于工作值。造成反向工作值大于工作值的原因是磁路剩磁影响。反向工作值一般不大于工作值的 120%。

4）吸起值

吸起值是使继电器动作（动接点与前接点接触）所需要的最小电流或电压值。

5）释放值

释放值是向继电器通以规定的充磁值，然后逐渐降低电压或电流，至全部前接点断开时的最大电压或电流值。

释放值与工作值之比称为返还系数。返还系数对于信号继电器有着特别重要的意义，返还系数越高，标志着继电器越灵敏。规定普通继电器的返还系数不小于30%，缓放型继电器的不小于20%，轨道继电器的不小于50%。

6）充磁值

为了测试继电器的释放值或转极值，预先使继电器磁系统充分磁化，向其线圈通以4倍的工作值或转极值。这样可使继电器磁路饱和，在此条件下测试释放值或转极值。

7）转极值

转极值是使有极继电器衔铁转换位置的最小电压或电流值，又分为正向转极值和反向转极值。

正向转极值是使有极继电器的衔铁由反位转换到定位，使定位接点全部闭合并满足规定接点压力时的正向最小电压或电流值。

反向转极值是使有极继电器的衔铁由定位转换到反位，使反位接点全部闭合并满足规定接点压力时的反向最小电压或电流值。

8）反向不工作值

反向不工作值是向偏极继电器线圈反向通电，继电器不动作的最大电压值。

2. 时间特性

电磁继电器的电磁系统主要是具有铁心的电感线圈，它的电感量大，而且是非线性的电感。在接通或断开电源时，在电磁感应作用下，铁心中会产生电涡流，在线路中产生感应电流。由楞次定律可知，这些电流产生的磁通阻碍铁心中原有磁通的变化，所以电磁继电器或多或少地都具有一些缓动的时间特性。

在各种继电器控制的电路中，由于它们发挥的作用不一样，对继电器的时间特性要求也不一样，如果不能满足对时间特性的要求，控制电路便不能正常工作。因此，不仅要了解继电器固有的时间特性，而且要按电路的要求，设法改变继电器的时间特性。

1）继电器的时间特性

从线圈通电到衔铁动作，带动动接点与后接点断开而与前接点接通，需要一定的时间，即吸合时间；从线圈断电到衔铁动作，带动动接点与前接点断开而与后接点接通，也需要一定的时间，即返回时间。

虽然继电器都是缓动的，但其缓吸、缓放时间都非常短。如 JWXC-1000 型继电器的吸合时间为 0.15 s，返回时间为 0.015~0.02 s。如需较长的吸合和返回时间，就要对继电器本身或控制电路进行处理。

2）改变继电器时间特性的方法

继电器用于控制电路中，要满足不同控制对象对时间特性的要求，光依靠继电器的固有时间特性是不行的，必须根据需要改变继电器的时间特性。改变继电器的时间特性，一是通过改变继电器的结构来实现，二是通过电路来实现。

（1）用改变继电器结构的方法来改变继电器的时间特性。

在继电器铁心上套短路铜环，利用其电磁感应可使继电器缓动，构成缓放型继电器。安全型继电器多采用铜线圈架作为铜环，如图2.15所示。

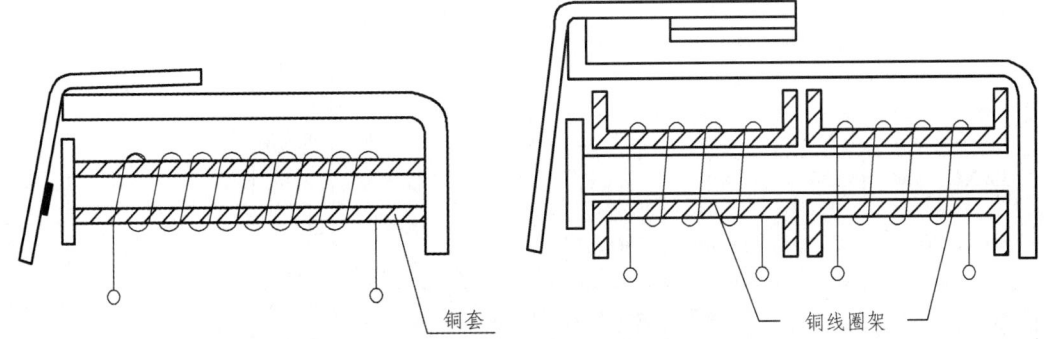

图2.15　缓放型继电器的铜套及铜线圈架

在图2.15所示的继电器中，当其线圈接通电源或断开电源时，铁心中的磁通发生变化，在铜线圈架中产生比较大的感应电流（涡流），感应电流所产生的磁通阻止原磁通的变化，使铁心中的磁通变化减慢，从而使继电器缓吸缓放。在具体电路中，利用得最多的是它的缓放特性。值得注意的是，同样的继电器在不同的工作电压下，缓放时间是不同的，如JWXC-H340型继电器在18 V时缓放时间为0.45 s，而在24 V时为0.5 s。

另外，也可以通过以下方法来微调继电器的时间特性：改变衔铁与铁心间的止片厚度，从而减少继电器的返回时间；选用磁导率较高的铁磁材料，以缩短继电器的动作时间；增大线圈导线的线径，从而缩短继电器的吸合时间。

（2）构成缓放电路以实现继电器的缓放。

构成缓放电路以实现继电器缓放的方法有：提高继电器端电压使其快吸；将继电器线圈与RC并联电路串联，使其快吸，如图2.16（a）所示；在继电器线圈两端并联电阻或二极管，使其缓放，如图2.16（b）、（c）所示；让继电器的一个线圈短路，使其缓放等等。采用得最多的方法是在继电器线圈两端并联RC串联电路，使继电器缓吸缓放，如图2.16（d）所示。在继电器断电时，依靠电容器C的放电，使继电器缓放。

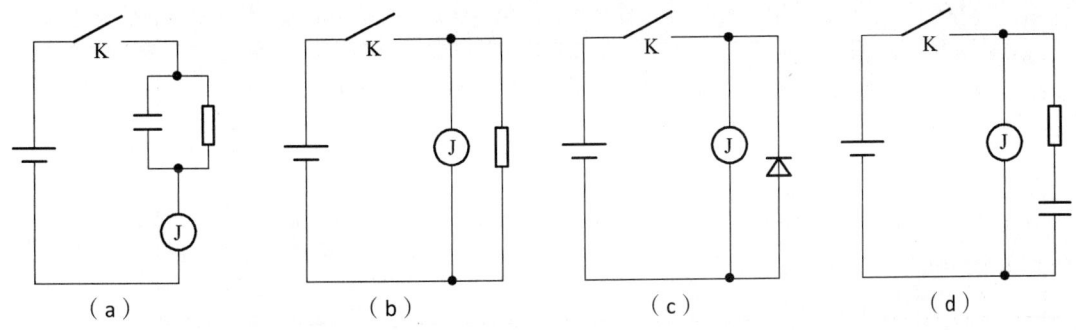

图2.16　构成继电器的缓放电路图

缓放时间的长短与电容器的容量、放电回路中的电阻值及继电器的释放值有关。可通过改变C的电容量和R的电阻值来获得所需要的缓放时间。

AX系列常用继电器的电气特性及时间特性如表2.4所示。

表 2.4 AX 系列常用继电器的电气特性和时间特性

序号	继电器型号	线圈电阻/Ω	电气特性						时间特性	
			额定值	充磁值	释放值不小于	工作值不大于	反向工作值不大于	转极值不小于	缓放时间不小于/s	
									18 V	24 V
1	JWXC-1000	500×2	24 V	58 V	4.3 V	14.4 V	15.8 V			
2	JWXC-1700	850×2	24 V	67 V	3.4 V	16.8 V	18.4 V			
3	JWXC-2.3	1.15×2	280 mA	750 mA	实际工作值的50%	170~188 mA	206 mA		—	—
4	JWXC-370/480	370/480	18 mA/17.2 mA	48 mA/46 mA	3.8 mA/3.6 mA	12 mA/11.5 mA	14.4 mA/13.8 mA			
5	JWXC-H310	310×1		60 V	4 V	15 V	—		见注②	
6	JWXC-H340	170×2	24 V	46 V	2.3 V	11.5 V	12.6 V		0.45	0.50
7	JWXC-H600	300×2		52 V	2.6 V	13 V	14.3 V			0.32
8	JWXC-H1200	600×2		66 V	4 V	16.4 V	18 V		见注③	
9	JWJXC-H125/0.44	125/0.44	24 V/2A	48V	2.5 V	12V	13.2 V		0.35 后线圈电流由5 A降至1.5 A断电时0.3	0.45
10	JWJXC-H125/80	125/80	24 V	48 V/48 V	2.5 V/2.5 V	12V/12V	13.2 V/13.2 V		0.4/0.4	0.5/0.5
11	JZXC-480	240×2	AC 18 V	AC 37 V	AC 4.6 V	AC 9.2V			—	
12	JZXC-H18	9×2	AC 150 mA	AC 400 mA	AC 40 mA	AC 100 mA			AC 100 mA 时0.15	
13	JZXC-H142	71×2	AC 50 mA	AC 180 mA	AC 23 mA	AC 45 mA			AC 50 mA 时0.15	
14	JZXC-H18F	480/16	AC 155 mA	AC 400 mA	AC 40 mA	AC 140 mA			AC 140 mA 时0.15	
15	JYXC-660	330×2	24 V	60 V				10~15 V	—	
16	JYJXC-135/220	135/220	24 V	64 V/64 V				正向10~16 V 反向10~16 V		
17	JPXC-1000	500×2	24 V	64 V	4 V	16 V	反向不吸起电压>200 V		—	

注：① JWXC-H340 型继电器当电压在 18 V 时缓吸时间不大于 0.35 s，24 V 时不大于 0.3 s。
② JWXC-H310 型继电器在 24 V 时缓放时间（0.8±0.1）s，缓吸时间（0.4±0.1）s。
③ JWXC-H1200 型继电器在 24 V 时缓吸时间 0.65 s。
④ JYJXC-3000 型继电器的临界不转极值应大于 120 V，JYJXC-J3000 型继电器的临界不转极值应大于 160 V。

3. 安全型继电器的机械特性与牵引特性

在继电器衔铁的动作过程中，衔铁上受到电磁吸引力和反作用力。电磁吸引力又称牵引力。反作用力与之方向相反，对于安全型继电器来说是由衔铁（及重锤片）的重力和接点簧片的弹力组成的，所以称为机械力。要使继电器可靠工作，牵引力必须大于机械力。因此牵引力的大小要根据机械力来确定。

1）机械特性

AX 系列安全型继电器机械力的大小与接点片的数量、重锤片的数量、衔铁的质量及动程等有关，而且在衔铁的整个运动过程中机械力不是恒定的，而是在一个很大的范围内变化的。也就是说，继电器的机械力 F_j 是随着衔铁与铁心间的气隙 δ 的变化而变化。$F_j = f(\delta)$，它们的这种变化关系称为继电器的机械特性。表示它们之间变化关系的曲线，称为机械特性曲线。不同类型的继电器，由于其结构不同，机械特性也不同。

图 2.17 所示为 AX 型无极继电器的机械特性曲线。图中，纵坐标表示衔铁运动时所克服的机械力 F_j，横坐标表示衔铁与铁心间的工作气隙 δ，横轴上线段 Oa 代表整个气隙值，线段 $O\delta_0$ 代表止片厚度，线段 $a\delta_0$ 代表衔铁动程值。

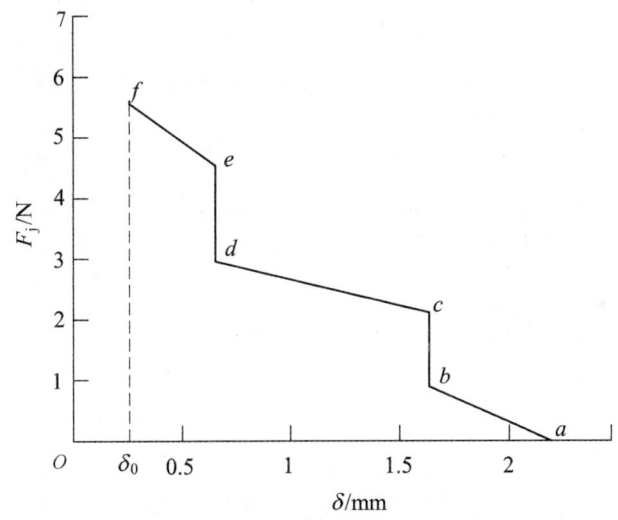

图 2.17 无极继电器的机械特性曲线

继电器衔铁释放时气隙最大，这时在衔铁重力和动接点片的预压力（动接点片预先向下弯曲变形所产生的弹力）的作用下，动接点片与后接点片间保持一定的压力，使接触良好。衔铁重力及动接点片预压力之和与后接点片的预压力相平衡，使衔铁上的重锤片悬在空间，不与下止片相碰，衔铁上的机械力 F_j 为零，在机械特性曲线上用 a 点表示。

当衔铁开始运动后，工作气隙从 a 点逐渐减小，后接点片的挠度随之逐渐减小，使后接点片与动接点片之间的压力逐渐减小。这时后接点片给予动接点片的作用力也逐渐减小，动接点片的挠度逐渐增大。因此，随着气隙的减小，机械力 F_j 逐渐增大，如图中线段 ab 所示。该线段的陡度由后接点片和动接点片的弹性模量决定。

当后接点接触下托片，动接点与后接点刚分离时，动接点片失去了后接点片对它的作用力，使机械力突然增大，如图中线段 bc 所示。其值决定于衔铁重量和动接点片的预压力之和。

动接点离开后接点后，衔铁继续运动，使动接点片逐渐向上弯曲，由于动接点片的挠度加大，动接点片对衔铁的压力逐渐上升，如图中线段 cd 所示。上升的陡度由动接点片的弹性模量决定。

当动接点片与前接点片接触并使前接点片刚离开上托片时，动接点片上增加了前接点的预压力，使机械力突然加大，如图中线段 de 所示。其值决定于动接点片的弯曲挠度所产生的弹力及前接点的预压力之和。

为使动接点片与前接点片间接触良好，必须要求它们之间有一定的压力，所以衔铁仍需运动，直至衔铁运动完毕。在这一过程中由于动接点片和前接点片同时弹性变形，弹力增大，所以机械力较快上升，如图中线段 ef 所示。

由此可见，继电器的机械特性曲线是一条折线，它表示了衔铁运动在不同位置时的机械反作用力 F_j。折线上 c、e 两个折点突出向上，它们反映了衔铁运动在这两个位置的机械反作用力变化最大。如果继电器的牵引力在这两个位置均能大于机械反作用力，该继电器就能吸起。所以 c、e 两个点中的一个，一般作为确定牵引力的依据，称为临界点。

2) 牵引特性

当无极继电器线圈上加上直流电源后，铁心中就产生磁通，磁通经过铁心与衔铁间的气隙 δ 时，就会对衔铁产生电磁吸引力，称为牵引力 F_q。牵引力 F_q 与线圈的磁势（所加电流和线圈的匝数的乘积 IW，通常称为安匝）及气隙大小有关。当 δ 一定时，F_q 与安匝（IW）的平方成正比；当安匝一定时，F_q 与 δ 的平方成反比。即 F_q 随 δ 的变化呈双曲线规律。牵引力 F_q 随工作气隙 δ 变化的关系 $F_q=f(\delta)$，称为牵引特性。牵引特性曲线如图 2.18 所示。从图中可看出，当安匝一定时，牵引力 F_q 随 δ 的减小呈双曲线规律急剧增大，而相同的工作气隙，在不同的安匝下，牵引力 F_q 也不同，安匝大，牵引力也大，曲线 $F_q=f(\delta)$ 位置就高。

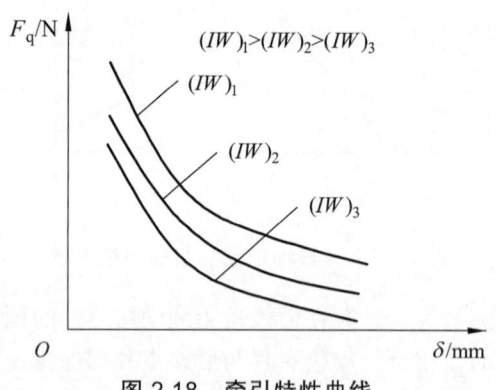

图 2.18 牵引特性曲线

3) 牵引特性曲线与机械特性曲线的配合图

将一组牵引特性曲线和机械特性曲线用同一比例尺绘在同一坐标上，如图 2.19 所示。这一组牵引特性曲线对应于不同的继电器安匝。显然，要使继电器吸起，就必须要求继电器在衔铁的整个运动过程中，牵引力处处大于或等于机械力。也就是说，牵引特性曲线必须在机械特性曲线上面，至少也要与机械特性曲线相切。如前所述，机械特性曲线上的 c 和 e 是两个突出的折点，如果衔铁运动到这两点时牵引力都大于或等于机械力，那么在其他点的牵引力也就都能满足要求。因此，只要根据与这两点中的任一点相切并在另一点之上的牵引特性曲线，就能确定该继电器的吸起安匝。如图 2.19 所示，$(IW)_3$ 的牵引特性曲线不能满足要求，因它虽与 e 点相切，上部分处于机械特性曲线之上，但下部分处于机械特性曲线之下，说明下部分的牵引力小于机械力，继电器不能吸起。而与 c 点相切的 $(IW)_2$ 牵引特性曲线，除 c 点牵引力等于机械力外，其余都大于机械力，所以能使继电器吸起，$(IW)_2$ 就是吸起安匝。又因为 c 点的牵引力等于机械力，所以这个吸起安匝称为临界安匝，切点 c 称为临界点。为使继电器可靠吸起，继电器的安匝应大于临界安匝，在临界安匝上再加上一个储备量，即乘以储备系数 K，就成为工作安匝 $(IW)_G$。

$$(IW)_G = K \times (IW)_2$$

式中，$(IW)_G$ 表示工作安匝，单位为安匝；K 表示储备系数；$(IW)_2$ 表示吸起安匝，单位为安匝。

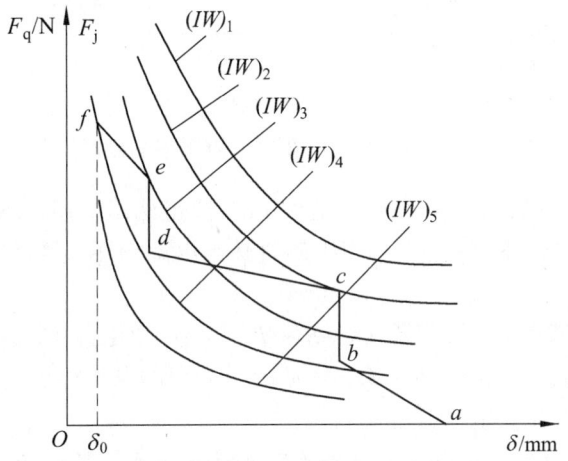

图 2.19 无极继电器牵引特性曲线与机械特性曲线的配合图

储备系数 K 越大，牵引力越大，吸起时间越短。但 K 不能过大，否则不但会造成不必要的功率消耗，而且因吸引力过大造成接点在闭合时发生剧烈震动，影响接点稳定工作，甚至产生强烈的电弧或火花使接点损坏。K 值一般为 1.1~1.3。

六、时间继电器

JSBXC-850 型和 JSBXC$_1$-850 型时间继电器是一种缓吸继电器，借助电子电路，能获得 180 s、30 s、13 s、3 s 等几种延时，以满足信号电路的需要。时间继电器由时间控制单元与 JWXC-$\frac{370}{480}$ 型无极继电器组合而成。时间控制单元制作在印刷电路板上，安装在接点组的上方。

（一）JSBXC-850 型半导体时间继电器

1. 延时电路

JSBXC-850 型半导体时间继电器（型号中 S 代表时间，B 代表半导体，850 是 370 和 480

之和）的时间控制电路如图 2.20 所示，其核心是由单结晶体管等组成的脉冲延时电路。

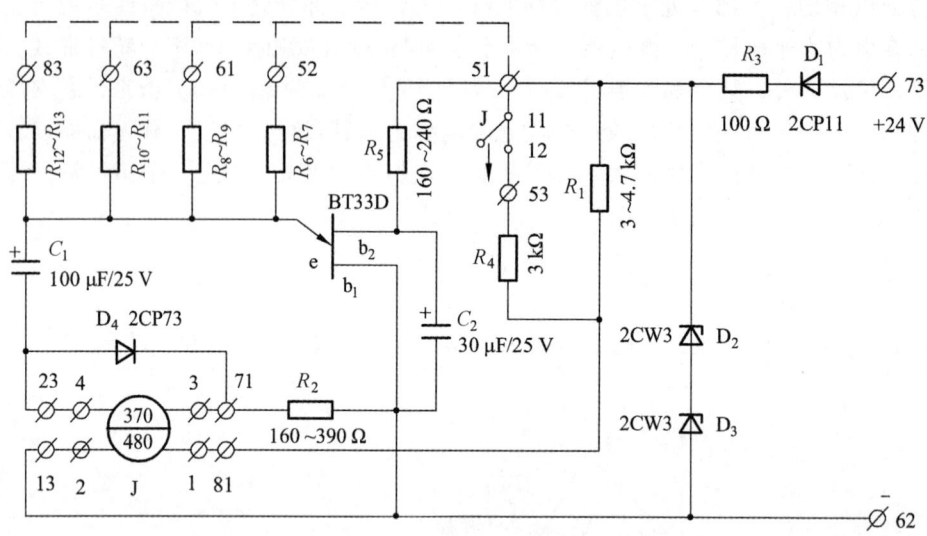

图 2.20 JSBXC-850 型时间继电器的延时电路

在单结晶体管 BT 的发射极 e 和第一基极 b_1 的放电回路中接入继电器 J 的前圈（3-4，370 Ω），它的后圈（1-2，480 Ω）通过电阻 R_1 直接与电源相连。接通电源时，后圈有电流通过，其电路为：

+24 V 电源（73 端子）—二极管 D_1—R_3—R_1—J_{1-2}—负电源（62 端子）

但是，R_1 的阻值很大，为 3~4.7 kΩ，因此流过后圈的电流很小，继电器 J 不会动作。与此同时，电容器 C_1 也开始充电，其电路为：

+24 V 电源（73 端子）—D_1—R_3—R_6~R_7（或 R_8~R_9、R_{10}~R_{11}、R_{12}~R_{13}）—C_1—D_4（和 J_{4-3}）—R_2—电源（62 端子）

此电流流过前圈的方向正好与后圈的相反，继电器更不会动作。

当电容器 C_1 充电电压上升至高于单结晶体管 BT 的击穿电压时，BT 的发射极 e 与第一基极 b_1 之间导通，C_1 放电，其电路为：

$C_1(+)$—BT_{eb1}—R_2—J_{3-4}—$C_1(-)$

此时电流流过前圈的方向与后圈的相同，当两者之和达到继电器的工作值时，继电器吸起，其前接点 11-12 构成了自闭电路，电路为：

+24 V 电源（73 端子）—D_1—R_3—R_1（或 J_{11-12}—R_4）—J_{1-2}—负电源（62 端子）

由于 R_4 的接入，电路的电阻值降低近一半，流过后圈的电流大于继电器的落下值，继电器吸起。

2. 延时时间

由前面分析可知，由于 BT 和 C_1 组成的脉冲延时电路的存在，继电器从接通电源到完全吸起经过了一段时间，这段时间就是继电器的缓吸时间。缓吸时间与充电电路的时间参数有关，C_1 的电容量越大，充电至单结晶体管 BT 击穿电压的时间越长，缓吸时间越长；充电电路的电阻值越大，电容器的充电电流越小，充电时间也必然延长，缓吸时间也越长。在端子 52、61、63、83 上分别接入不同阻值的电阻，即可获得四种不同的延时时间。另外，缓吸时间还与单结晶体管的击穿电压有关，而击穿电压又取决于单结晶体管的分压比，分压比越大，击穿电压越高，缓吸时间越长。

在半导体时间继电器中，C_1 和单结晶体管选定后，要改变延时时间，就要靠接入不同阻值的电阻来完成。一般情况是：分别连接端子 51-52、51-61、51-63、51-83，可获得 180 s、30 s、13 s、3 s 的延时。此外，通过连接不同的端子还可获得其他延时时间，以满足电路的特殊需要。例如，51 与 61、63 相连，为 9 s；51 与 61、63、83 相连，为 23 s。

3．JSBXC-850 型时间继电器中其他元件的作用

1）稳压管 D_2、D_3

D_2、D_3 与 R_3 串联后构成稳压电路，稳压值为 9.5～20.5 V，使继电器电源电压在 21～27 V 间变化时保持标准的吸起时间，以消除电源电压波动对延时的影响。

2）二极管 D_1

D_1 是为防止电源极性接错而设置的，在电源接错时它可使电路不通，从而起到保护电路不被烧坏的作用。

3）二极管 D_4

D_4 并联在继电器前圈两端，构成继电器断电时产生的反电势的电流回路，以免击穿单结晶体管。

4）电容器 C_2

C_2 是单结晶体管第二基极的平滑电容，也是稳压电路的滤波电容，用于消除电源噪声对电路延时的干扰。

5）电阻 R_5

电阻 R_5 是单结晶体管的基极电阻。

4．JSBXC-850 型时间继电器的特性

JSBXC-850 型继电器的电气特性与 JWXC-$\dfrac{370}{480}$ 型相同，但另有以下补充规定：

（1）继电器的延时误差不能超出标准值的 ±15%。

（2）在通电瞬间至继电器吸起的缓吸时间内，后接点的压力为 0.098～0.147 N。

5．接点使用

JSBXC-850 型继电器的接点编号与无极继电器相同。在图 2.20 中，除 73、62 外，时间控制单元的端子号与继电器接点完全相同。除 73 接正电源，62 接负电源以及按所需时间连接对应接点外，继电器内部尚需连接 1-81、2-13、3-71、4-23、11-51、12-53。因此，可供使用的接点只有第三、第四组两组接点组和第二组前接点。

（二）JSBXC_1-850 型时间继电器

JSBXC-850 型时间继电器采用 RC 延时电路，延时精度为 ±15%。在使用中，由于电阻、电容器老化和环境温度的变化，其延时时间有漂移。为了保证城轨信号控制设备的可靠工作和行车安全，电务人员要对其进行定期检修和时间常数调整，这不但增加了工作人员的劳动，而且会给设备带来人为因素造成的故障。

随着单片机技术的越来越完善，单片机也被广泛应用于城轨信号中。JSBXC_1-850 型可编

程时间继电器，就是单片机控制的新一代时间继电器。它通过单片机软件设定不同的延时时间，采用动态电路输出，延时精度高（可达±5%），而且不需要调整，电路安全可靠，不改动 JSBXC-850 型继电器的外部配线，代用非常方便。

JSBXC$_1$-850 型时间继电器的内部电路如图 2.21 所示。电路由 4 部分组成，即输入电路、控制电路、电源电路和动态输出电路。

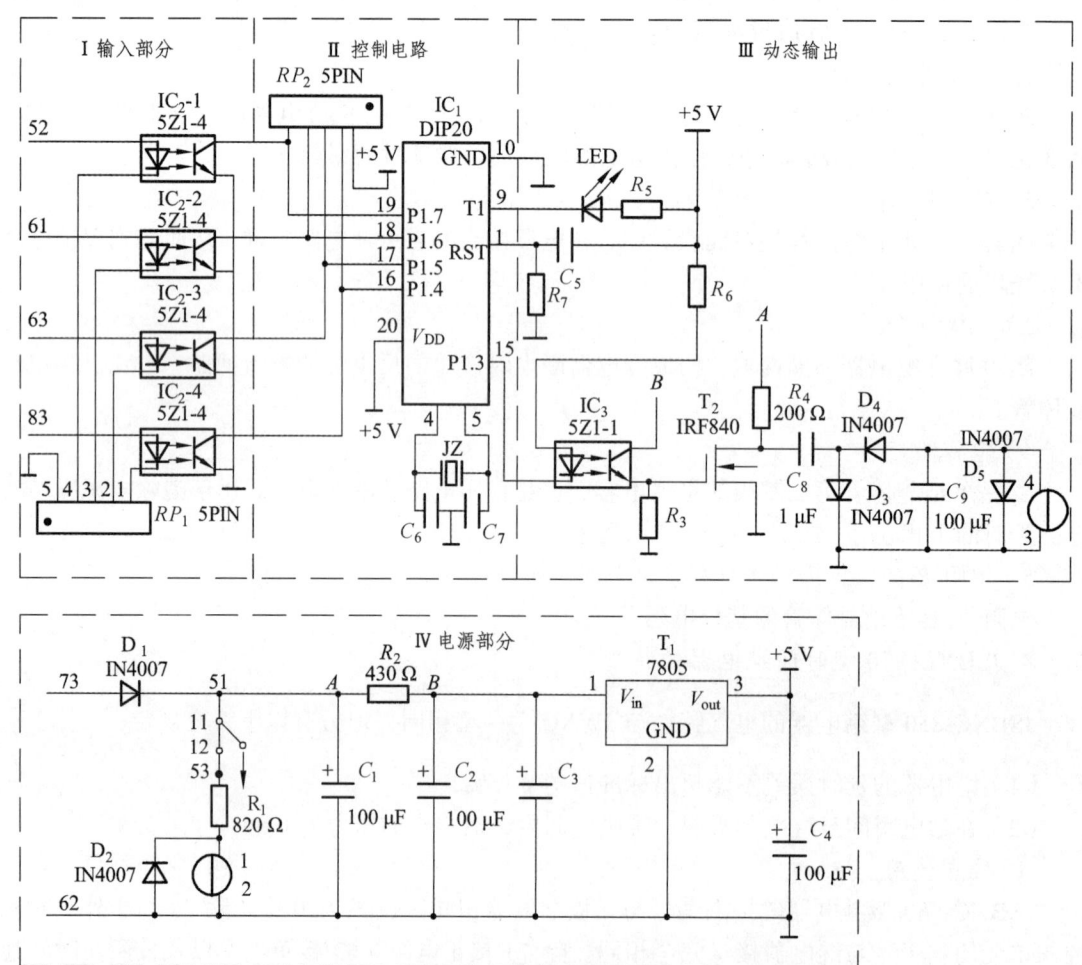

图 2.21 JSBXC$_1$-850 型继电器延时电路图

Ⅰ 为输入部分，经 4 个光电耦合器 IC$_2$-1～IC$_2$-4（5Z1-4 型）输入端的不同连接，设定不同的延时时间，其连接方法同 JSBXC-850 型继电器。光电耦合器起隔离作用，将外部电路和单片机隔离开，起到保护单片机的作用。当光电耦合器的发光二极管有输入电流导通时，其光敏三极管就导通，否则就截止。

Ⅱ 为控制电路，由单片机 IC$_1$（AT89C$_2$051）、晶体振荡器 JZ、C_5、C_6、C_7、R_5、LED 等组成。JZ 和 C_6、C_7 为 IC$_1$ 提供振荡时钟源，接在 IC$_1$ 的 4 脚和 5 脚，产生 4 MHz 的时钟信号；C_5 和 R_7 构成单片机的简单上电复位电路；R_5 和 LED 构成工作指示电路，在延时过程中发光二极管 LED 每秒闪亮 1 次；当 IC$_1$ 的输入端 P1.4～P1.7（16～19 脚）之一有输入时，通过软件编程设定，在经过不同的延时时间后从 P1.3（15 脚）输出脉冲序列，送到动态输出电路。

Ⅲ 为动态输出部分。单片机的输出，通过光电耦合器 IC_3 接至 MOS 管 T_2（IRF840 型）栅极。在脉冲序列的作用下，T_2 反复导通和截止。当 T_2 截止时，直流 24 V 电源通过 R_4 和 D_3 对 C_8 充电；当 T_2 导通时，C_8 通过 T_2 和 D_4 对 C_9 放电，同时对 C_9 进行上负下正地充电。当 C_9 上电压充至继电器工作值时，通过前圈 J_{3-4}（370 Ω）使继电器吸起。继电器吸起后，其前接点 11-12 闭合，使后圈 J_{1-2}（480 Ω）通过 R_1 励磁，于是继电器得以可靠吸起。

Ⅳ 为电源部分，由 D_1、C_1、R_2、C_2、T_1、C_3、C_4 组成。从 73（+）和 62（−）输入的直流 24 V 电源经 D_1 进行极性鉴别后，由 C_1、R_2、C_2 组成的滤波电路滤除交流成分，再由三端稳压器 T_1（7805 型）稳压输出 5 V 电源，经 C_4 再次滤波，为单片机提供稳定的直流工作电源。

$JSBXC_1$-850 型继电器在使用时应注意以下各点：
（1）继电器线圈两端并联有二极管，所以线圈的 1、3 端应接正极，2、4 端接负极。
（2）如果继电器缓吸时间出现误差，应更换控制电路中的晶振或单片机。
（3）如果继电器通电后工作正常，但发光二极管不亮，可更换发光二极管。
（4）如果继电器通电后不吸起，但发光二极管每秒闪 1 次，应检查动态输出电路中的元件是否有损坏的。若发光二极管不闪，则首先应检查 5 V 电源是否供至单片机的 20 脚和 10 脚，复位是否正常，晶振是否正常，然后检查输入条件是否构通，即 P1.4～P1.7 应有一端为低电平；否则就要对单片机进行程序重写或更换单片机。

七、交流二元二位继电器

交流二元二位继电器中的二元是指有两个互相独立又互相作用的交变电磁系统，二位是指继电器有吸起和落下两种状态。根据频率不同，交流二元二位继电器分为 25 Hz 和 50 Hz 两种。

JRJC-40/265、JRJC-45/300 和 $JRJC_1$-42/275 型 50 Hz 交流二元二位继电器主要用于城市轨道交通等直流牵引区段的轨道电路中，具有可靠的频率选择性和相位选择性，对于轨端绝缘破损和不平衡造成的干扰能可靠地防护，另外还有动作灵活的翼板转动系统、紧固的整体结构，不仅经久耐用，而且便于维修。

JRJC-66/345 型和 $JRJC_1$-70/240 型二元二位继电器用于铁路交流电气化区段的 25 Hz 相敏轨道电路中作为轨道继电器，它们由专设的 25 Hz 铁磁分频器供电。其结构和动作原理与 50 Hz 交流二元二位继电器基本相同，只是线圈参数有所不同，接点组数不同。

（一）交流二元二位继电器的结构

交流二元二位继电器的结构如图 2.22 所示，由电磁系统、翼板、接点等主要部件组成。JRJC-45/300 型继电器插座的外形尺寸为 126 mm×165 mm，要占两个安全型继电器的位置。

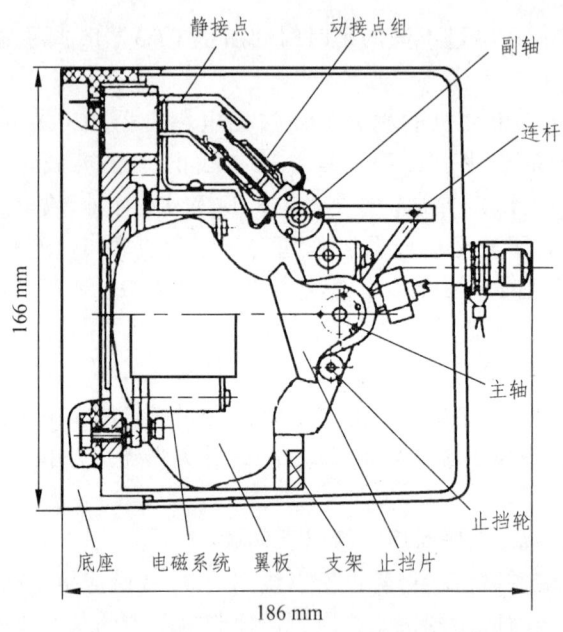

图 2.22 JRJC-45/300 型继电器结构

1. 电磁系统

电磁系统包括轨道电磁系统和局部电磁系统。轨道电磁系统由轨道铁心和轨道线圈组成。局部电磁系统由局部铁心和局部线圈组成。铁心均由硅钢片叠成。线圈是用高强度漆包线绕在线圈骨架上而制成的。

2. 翼板

翼板是将电磁系统的能量转换为机械能的关键部件。翼板由 1.2 mm 厚的铝板裁制而成,安装在主轴上。翼片尾端安装有重锤螺母,对翼板起平衡作用。在翼板一侧的主轴上还安装了一块由 2.0 mm 厚的钢板制成的止挡片,与轴构成一个整体,使翼板转至上、下极端位置时受到限制,避免了卡阻现象。

3. 接点组

动接点固定在副轴上。主轴通过连杆带动副轴上的动杆单元使动接点动作。接点组编号如图 2.23 所示。

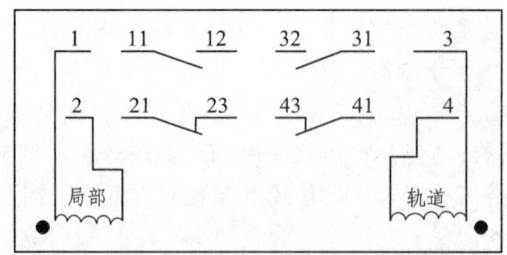

图 2.23 JRJC-45/300 型继电器接点组编号

(二)交流二元二位继电器的工作原理

1. 交流二元二位继电器的相位选择性

交流二元二位继电器的磁系统如图 2.24 所示。当局部线圈和轨道线圈中分别通以一定相

位差的交流电流 i_J 和 i_G 时，形成交变磁通 Φ_J 和 Φ_G，磁通穿过翼板时就形成了磁极 J 和 G，并在翼板中分别产生感应电流，这种电流可看作是由许多环绕磁通的电流环所组成，故称为涡流，以 i_{WJ} 和 i_{WG} 表示。涡流 i_{WJ} 和 i_{WG} 分别与磁通 Φ_G 和 Φ_J 相作用，产生电磁力 F_1 和 F_2。即轨道线圈的磁通 Φ_G 在翼板中感应的电流 i_{WG} 在局部线圈磁通 Φ_J 作用下产生力 F_1；局部线圈的磁通 Φ_J 在翼板中感应的电流 i_{WJ} 在轨道线圈磁通 Φ_G 作用下产生力 F_2。F_1 和 F_2 的方向可由左手法则确定，如图 2.25 所示。

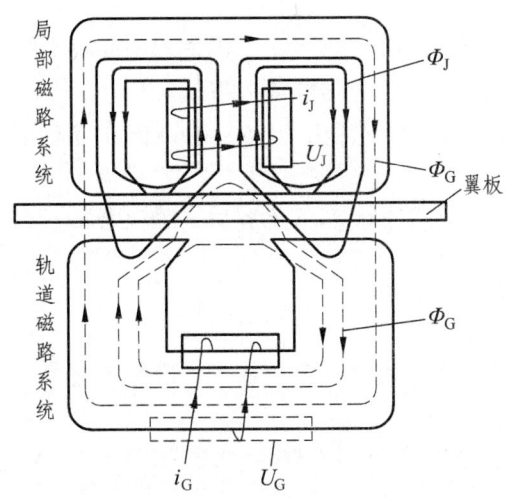

图 2.24　JRJC 型继电器的磁系统

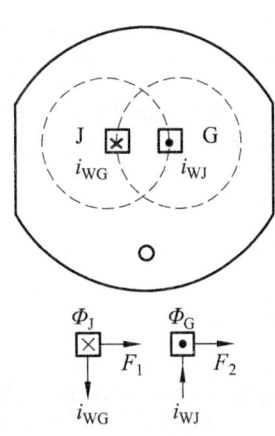

图 2.25　涡流在磁通中产生的作用力

要使 F_1 和 F_2 同方向，必须使 Φ_J 和 Φ_G 方向相反，i_{WJ} 和 i_{WG} 方向相同；或者，使 i_{WJ} 和 i_{WG} 方向相反，而 Φ_J 和 Φ_G 方向相同。只要 Φ_J 和 Φ_G 在相差 90°的条件下，F_1 和 F_2 是同方向的，即任何瞬间翼板总是受一个方向的转动力的作用。当 Φ_J 超前 Φ_G 90°时，在翼板上得到正方向转矩，接通前接点；而当 Φ_J 滞后 Φ_G 90°时，则在翼板上得到反方向转矩，使后接点闭合。如果仅在任一线圈通电，或两线圈接入同一电源，翼板均不能产生转矩而动作，这就是交流二元二位继电器所具有的可靠的相位选择性，由此可解决轨端绝缘破损的防护问题。

2. 交流二元二位继电器的频率选择性

如果牵引电流不平衡，有其他频率的电压加在轨道线圈上，这时所产生的转矩力在一个周期内平均值为零。即轨道线圈混入干扰电流与固定的 50 Hz 局部电流相作用，翼板不产生转矩，不能使继电器误动。同时，由于翼板的惯性较大，使继电器缓动，跟不上转矩力变化的速率，使继电器保持原来的位置而不致误动。

由于交流二元二位继电器具有频率选择性，不仅可以防止牵引电流的干扰，而且对于其他频率的干扰信号也有同样的抗干扰作用。可以证明，当轨道线圈电流频率为局部电流频率的 n 倍时，不论电压有多高，翼板均不能产生转矩使继电器误动。

（三）主要技术特性

（1）翼板在任何位置时，翼板和铁心极面的间隙应小于 0.35 mm。

（2）前接点压力为（0.2±0.05）N（翼板开始接触上滚轮），后接点压力为（0.2±0.05）N

（翼板开始接触下滚轮）。

（3）接点间隙不小于 2.5 mm。

（4）托片间隙不小于 0.2 mm。

（5）翼板在极端位置时，翼板与外罩间的距离应不小于 2 mm。

（6）局部线圈额定电压为 110 V，电流不大于 0.08 A。轨道线圈工作值电压不大于 15 V，电流不大于 0.038 A，释放值电压不小于 7.5 V，轨道电流滞后于局部电压理想相位角（160°±8°）。

（7）接点接触电阻不大于 0.05 Ω。

（8）在大气压力不低于 84 kPa（海拔不超过 1 000 m）的条件下，继电器绝缘耐压应能承受交流正弦波 50 Hz，2 000 V 有效值 1 mm 的耐压试验，无击穿或闪络现象。

（9）在温度为 15～35 ℃，相对湿度为 45%～80%，大气压力为 86～106 kPa 的条件下，其绝缘电阻应不低于 100 MΩ。

（10）局部线圈通以 50 Hz、220 V 电压时，轨道线圈并联 5 μF 电容后其感应电压应不大于 5 V。

（四）使用注意事项

（1）安装继电器时，应注意继电器的正常工作位置，即接点系统在下，磁路系统在上，不可倒置。

（2）将继电器插入插座时，应检查鉴别销的号码是否合乎规定，插入后应拧紧固定螺杆。

（3）继电器在使用前应先将包装时固定翼板的尼龙线从外罩内抽出。

任务二　继电器的测试与检修

一、继电器的测试

继电器的测试是考察继电器检修周期的原始根据。将测试数据与继电器电气特性参数进行对比，可发现问题，为继电器检修提供依据。下面以 XAJ-3C^{++}型继电器测试台为例说明信号继电器的测试方法。

图 2.26 所示为 XAJ-3C^{++}型继电器测试台面板。测试前应做好如下准备工作：将调压器旋钮旋转到零位置，按下"电源通"按钮。此时部分 LED 灯点亮及仪表点亮。根据被测 AX 继电器的型号选择对应的测试插座，并将被测继电器插在测试插座上，根据"功能选择"栏所列功能逐步测试。

（一）线圈电阻测试

（1）将继电器测试台的"测试电源通断选择"开关拨到"断"位。

（2）将"功能选择"旋钮旋转到"线圈电阻"测试挡位，对应指示灯点亮。

（3）将"类型选择"旋钮旋转到"前圈或后圈"挡位，对应指示灯点亮。

（4）根据被测继电器线圈电阻选择"电阻量程"（电阻量程范围包括 200 mΩ、2 Ω、20 Ω、200 Ω、2 kΩ、20 kΩ）。

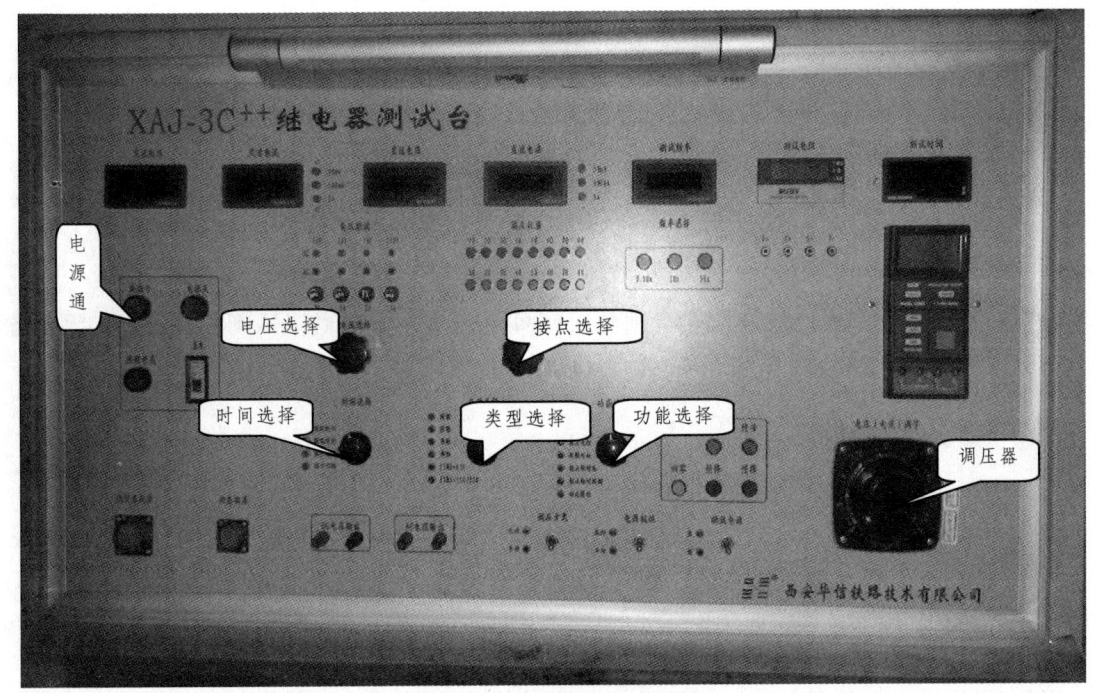

图 2.26 继电器测试台面板

（5）当前电阻表显示电阻值为"前圈或后圈"的电阻值。

无论前圈或后圈，在 20 ℃时，线圈阻值的合格范围是标称值 ± 10%。

（二）绝缘电阻测试

使继电器测试台的"测试电源通断选择"开关保持在"断"的状态，将被测继电器插到相应的转接台上，将功能旋钮旋转到要测的参数上（线圈对地、接点组对地、接点组对线圈），即可进行相应绝缘参数测试。绝缘电阻的测试结果在 100 MΩ以上为合格。

（三）电气特性测试

（1）将"功能选择"旋钮旋转到"电气特性"挡位，对应指示灯点亮。

（2）根据被测继电器，将继电器测试台上的"电压量程选择"及"电流量程选择"，以及"类型选择""极性选择"等开关旋转到对应位置，将"测试电源通断选择"开关拨到"通"位。

① 释放值的测试。

缓慢旋转调压器旋钮，观察直流电压表的读数，使其增至测试继电器的充磁值，再反方向旋转调压器旋钮，使其输出电压减小至继电器的动接点断开前接点的数值即为释放值。

② 工作值的测试。

断开电源 1 s 后，旋转调压器旋钮，使其输出电压从 0 V 增至继电器的动接点与前接点闭合的数值，即为工作值。

③ 反向工作值的测试。

将电源的"极性选择"开关由"正向"扳至"反向"位置，旋转调压器旋钮，使其输出电压从 0 V 增至继电器的动接点与前接点闭合的数值，即为反向工作值。

④ 反向不吸起值的测试。

将电源的"极性选择"开关由"正向"扳至"反向"位置，旋转调压器旋钮，使其电压逐渐增至 200 V，观察其是否处于吸起状态，如果不吸起说明其反向不吸起值满足其电气特性要求。

在进行上述电气特性测试时，可借助测试台面板 LED 指示灯的显示判断前后接点闭合情况。每个电气参数测量完毕，注意将调压器旋钮回至零位。

（四）接点电阻测试

将"功能选择"旋钮转到"接点电阻"测试挡位，选择电阻量程为"200 mΩ"，根据被测信号继电器的型号将"测试电压电流选择"拨到所需挡位，"类型选择"旋钮转到相应位置，极性选择开关拨到"正向"，灯丝参数测试开关拨到"回路电压"挡位，电压调到规定值。将测试电源开关拨到"断"位置，旋转"接点选择开关"可依次测出后 8 组（1H～8H）接点的电阻；将测试电源开关拨到"通"位置，旋转"接点选择开关"可依次测出前 8 组（1Q～8Q）接点的电阻。

（五）时间特性测试

（1）将"功能选择"旋钮旋转到"电气特性"挡位，并根据被测继电器，将继电器测试台上"电压量程选择""电流量程选择"，以及"类型选择"等开关旋转到对应位置，对应指示灯点亮。

（2）将极性选择开关拨到"正向"挡位。

（3）根据被测继电器，将电压或电流调到所规定电流、电压值。

（4）缓吸时间测试：将"时间选择"旋钮旋转到"缓吸"挡位，电子秒表清零，将测试电源选择开关由"断"拨到"通"位置，电子秒表所显示的时间为该继电器吸合时间。

（5）缓放时间测试：将"时间选择"旋钮旋转到"缓放"挡位，电子秒表清零，将测试电源选择开关由"通"拨到"断"位置，电子秒表所显示的时间为该继电器释放时间。

（6）850、820、780 时间继电器时间测试：将"功能选择"旋钮旋转到"电气特性"挡位，"电压选择"开关旋转到"DC 30 V"挡位，电流量程选择"5A 或 500 mA"，"类型选择"旋钮旋转到"JSBXC-850"挡位，"时间选择"旋钮旋转到"缓吸时间"挡位，"测试电源"开关拨到"断"位置；将测试盒时间按钮按下，对应时间指示灯点亮，将电压调到 DC 24 V，依次旋转测试盒时间选择旋钮选择 3 s、13 s、30 s、180 s，将测试电源由"断"拨到"通"位置，电子秒表显示的时间为时间继电器缓吸时间。

为了保证测试台检测精度，测试台每年应进行一次校准工作。手动测试使用的电压表、电流表用 0.5 等级的指针表或 6 位半数字表，按该类型仪表通用标定方法进行标定；其电子秒表不需要标定。

测试注意事项：

（1）用测试台测试 JZXC-H0.14/0.14，扳键可进行"前圈"或"后圈"选择；

（2）开机前不允许插入被测继电器，且调压器处于"零"位置；

（3）每次只允许插入一台被测继电器；

（4）被测继电器只允许插入对应插座；

（5）旋转电压调节旋钮时，必须缓慢增高与降低电压；

（6）测试过程中不允许随意插拔继电器；

（7）关闭总电源之前，取下被测继电器；

（8）每测试完一个继电器，必须关掉测试电源之后再进行更换；

（9）电流表不允许超量程使用，应根据要求进行量程选择；

（10）绝缘电阻外接测试，正负外接线绝不能短接，绝缘电阻表测试端子不允许接触测试台或调试盘任何位置；

（11）低电阻外接测试必须连接牢固可靠；

（12）必须使用同等规格的保险丝，不允许随意增大保险丝容量；

（13）测试继电器时应根据测试盒标注进行开关选择。

按照上述步骤可以对无极继电器、偏极继电器、有极继电器、时间继电器进行测试。需要注意的是：测试 JPXC-1000 型继电器需测试反向不吸起值；有极继电器在测试正向转极值和反向转极值时，都需要进行充磁。

二、继电器的检修

（一）继电器的检修条件

1. 技术条件

熟悉各类继电器的结构、工作原理和特点，明确每部分的功能；掌握继电器的拆装步骤和方法，继电器检修的基本方法和步骤，继电器故障的分析和判断方法；熟悉各类检修工具的性能，能正确使用各类检修工具；掌握继电器的检修标准。

2. 物资条件

（1）必要的技术资料，如继电器的拆装图、原理图、技术标准。

（2）通用工具：调簧钳、尖嘴钳、螺丝刀、活口扳手、套筒扳手、电烙铁、什锦锉、镊子、测牛（克）计、小手锤。

（3）专用工具：AX 型信号继电器综合测试台、启封螺丝刀、叉口螺丝刀、接点爪调整器、铁心紧固扳手、衔铁角度调整仪、黄铜塞尺、卡簧塞尺等。

（4）检修用品：白布带、白绸带、银砂纸、水砂纸、橡皮、酒精、汽油等。

（5）备用元器件和零部件。

（二）继电器的检修思路及方法

在检修与调整作业时，应始终贯彻"先磁路、后接点"的原则。

1. 直观法

（1）看。通过人眼观察继电器的外罩是否破损、裂纹，继电器能否吸起、落下，是否有卡阻现象，各动、静接点是否完全闭合接通，接通、断开的时机是否一致，接通和断开的瞬间是否有电火花，线圈是否破损龟裂，线圈引线与电源片是否焊接良好等。

（2）听。对继电器进行通断电，听听在吸起和落下时是否有异声，判断发声的部位，为后续检查做准备。

（3）闻。闻闻继电器内部是否有异味，特别是烧焦味。

（4）摸。摸摸继电器内部各紧固部件是否松动、电源片是否虚焊、线圈通电是否过热。如果过热，应怀疑内部是否有短路。对于时间继电器和整流继电器，还应注意印刷电路板上的各元器件通电时是否过热，如果过热就应该仔细检查电路是否有短路。

2. 继电器测试台检测法

通过 AX 型信号继电器综合测试台测试线圈电阻、接点电阻、绝缘电阻、电气特性，观察其接点接通、断开的整齐度。在检测时一定要注意对照继电器型号将继电器插入测试台相应的位置。在测试过程中电压的调节速度一定要缓慢，时刻注意指示灯和显示器数值的变化。注意继电器测试台的操作要领及规范。

3. 工具检测法

用测牛（克）计测试动、静接点的接触压力，看看是否符合标准要求；用塞尺检测动、静接点的间距是否符合要求；用量角器测量衔铁的角度是否符合要求等。

（三）继电器的检修步骤

1. 检修前的准备工作

（1）准备好检修工具及用品。

（2）外部清扫、检查。

① 清扫外部尘土及污物。

② 检查外罩及各部有无破损、残缺。

③ 检查接点插片是否间隔均匀，伸出底座外应不小于 8 mm。

④ 检查封印是否完整。

（3）检修前的测试。

① 通过 AX 型信号继电器综合测试台测试线圈电阻、接点电阻、绝缘电阻、电气特性。

② 启封，打开外罩。

2. 继电器的检修

1）电磁系统检查

（1）线圈检查。

线圈架应无破损和龟裂；核对线圈引线与电源片的连接是否符合要求；检查整流继电器的线圈引线与印刷电路板上二极管引线焊接是否牢固、极性是否正确；检查时间继电器的印刷电路板上各元器件是否焊接良好，有无虚焊等；用镊子检查线圈引线应无假焊、断股，发现断股应重新焊接。

（2）磁路检修。

① 卸下钢丝卡检查，钢丝卡应无裂纹，弹力充足。将其放置在平台上，应平整密贴，三点（如图 2.27 中所注 a、b、c 三点）一面，即沿衔铁轴向的三个支点应在同一平面上。

② 检查轭铁。轭铁转角处应无裂纹，衔铁安装处的刀刃应良好。检查铁心，铁心安装应正直、牢固。若铁心松动，则应卸开型别盖板螺丝，从底座上取下继电器，用铁心紧固扳手（见图 2.28）插进极靴面的两圆孔内，然后用活口扳手拧紧铁心螺帽，如图 2.29 所示。

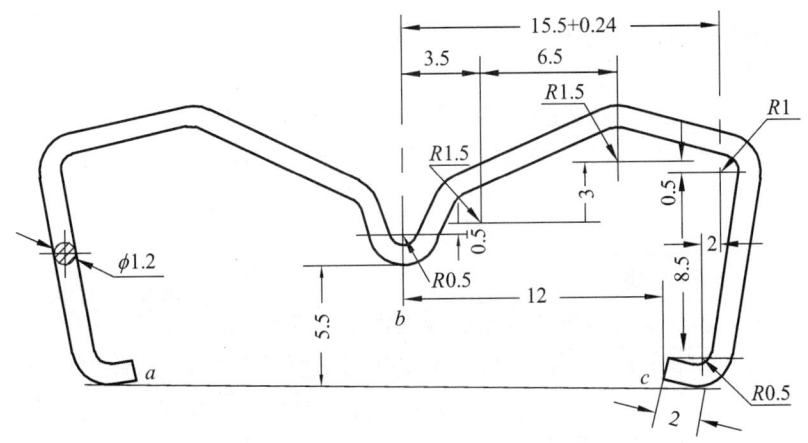

图 2.27 蝶形钢丝卡

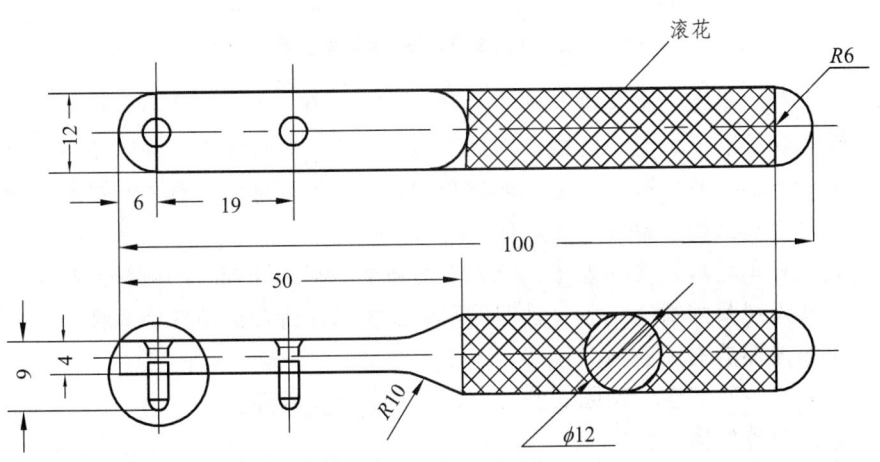

图 2.28 铁心紧固扳手

图 2.29 紧固铁心示意图

③ 检查衔铁。衔铁应镀层完好,无扭曲变形,吸合时应与铁心面平行,以保证气隙均匀,导磁性能良好。止片应无裂纹且安装牢固。衔铁上的拉轴应平直不弯曲,无严重磨耗。衔铁安装在轭铁上,应保证 0.2 mm 的轴向游程。衔铁吸合时止片密贴极靴,衔铁全部盖住极面,不允许极靴边缘露出衔铁外缘。

④ 磁系统擦洗去污。

2)接点系统的检修

(1)检查接点片及托片有无硬伤,镀层是否完好,有影响强度的钳伤时应更换接点单元。

（2）用镊子检查银接点（或碳接点）。银接点与接点片焊接牢固；碳接点与碳杯紧固不活动，且碳头完整无缺损。

（3）检查动接点与银接点的接触位置。银接点位于动接点的中间，若偏离中心时，则接触处距动接点边缘不得少于 1 mm；银接点伸出动接点外也不得少于 1.5 mm（见图 2.30）。

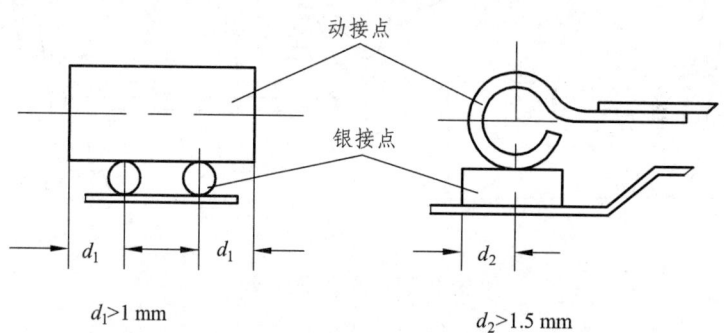

图 2.30　接点接触的正确位置

（4）检查拉杆、动接点轴及绝缘轴。拉杆安装应平直，不允许过分地前倾与后仰。绝缘轴无破裂，应与拉杆靠紧，但不能磨卡别劲。绝缘轴应与拉杆垂直。拉杆应处于轭铁中心，偏差不超过 0.5 mm。同时，拉杆应处于衔铁槽口中心。衔铁运动过程中与拉杆均有一定的间隙，不能产生磨卡和别劲现象。

（5）检查各种单元块的胶木绝缘，应无影响强度的裂纹和较大的破损残缺。

（6）检查接点组紧固螺丝，应有足够的紧固压力以保持接点组的稳固性。

（7）接点系统擦洗去污。

（8）装好防尘垫及底座，紧固底座螺丝，检查确认型别盖。

（9）检查继电器整体动作。

3．继电器的调整

（1）用塞尺检查接点架与轭铁间隙，间隙应为 4 mm。达不到此标准值时应从底座内取出继电器，松开接点架紧固螺丝，取出稳钉并调整安装高度或接点架角度，调整标准后，紧固螺丝并重新打眼安装稳钉，紧固继电器。

（2）检查衔铁角度 α。去掉钢丝卡，取下衔铁，用量角器检查衔铁角度，α 应为 93°30′，但允许 α 值为 91°~94°30′，视接点架与轭铁间隙值而定。改变 α 的办法如图 2.31 所示。

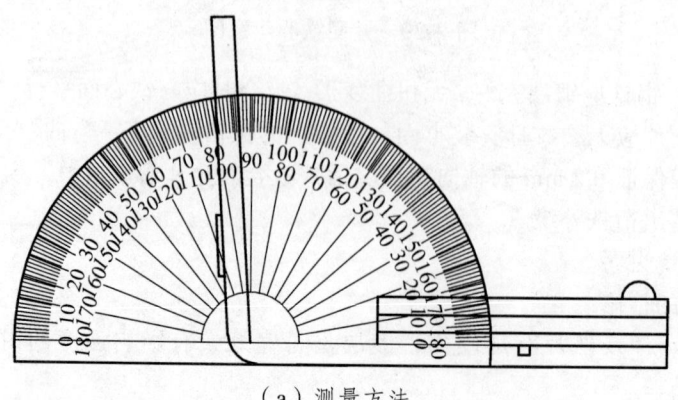

（a）测量方法

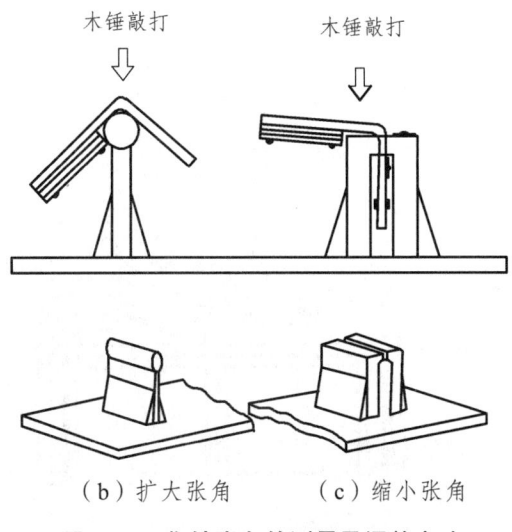

(b）扩大张角　　（c）缩小张角

图 2.31　衔铁张角的测量及调整方法

（3）检查拉杆与轭铁的间隙，间隙值应符合标准。调整的方法是均匀地调整动接点片，使拉杆上升或下降。

（4）将动接点片调平直。用调簧钳调整动接点片，注意不要造成钳伤，并使动接点片无弯背、扭曲，达到平直。

（5）调整动、后接点间隙 δ_2 与后接点位置。将衔铁上好，在衔铁与铁心间夹上 1.3 mm 或 1.5 mm 的塞尺，将衔铁固定。塞尺以放在铁心中间止片处为标准。用调簧钳调整后接点托片，使所有后接点与动接点紧贴，两者吻合无间隙，但又无压力[见图 2.32（a）]。

（6）调整后接点初压力。用调簧钳从根部调整后接点片对托片的压力（不能调托片），达到初压力为 0.10～0.15 N[见图 2.32（b）]。

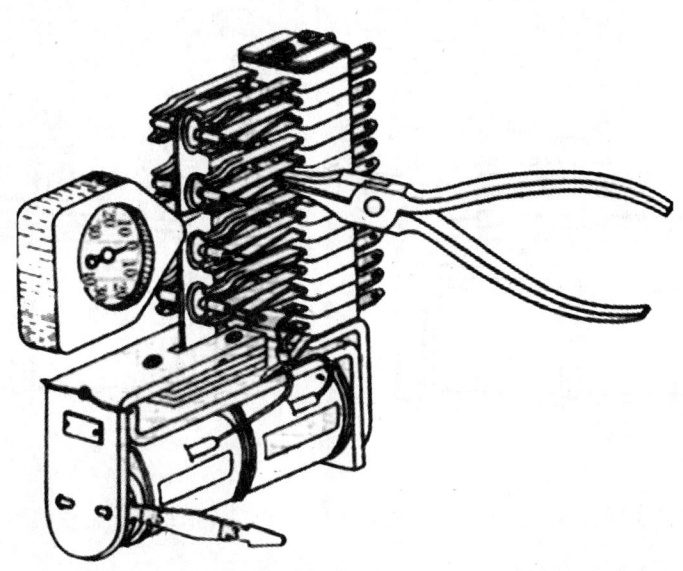

（a）动、后离间隙与后接点位置的调整

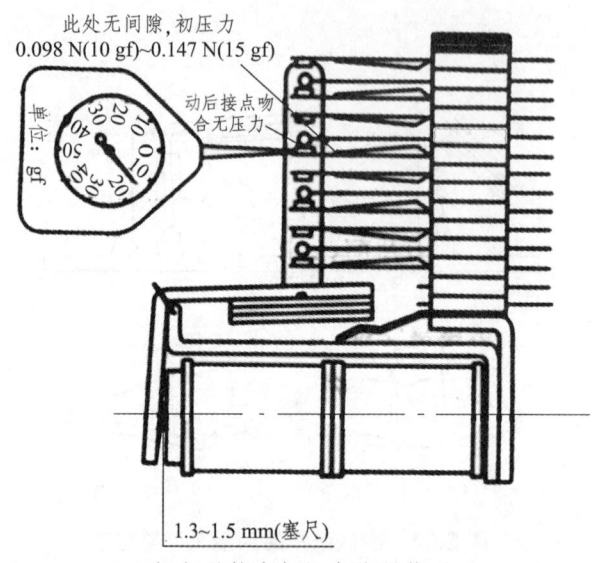

（b）后接点初压力的调整

图 2.32 衔铁动、后离间隙及后接点的调整

（7）松开衔铁，取出塞尺，让衔铁自由落下，用塞尺检查后接点共同行程及衔铁动程，用测牛（克）计测量后接点压力，看是否符合标准（见图 2.33）。

（8）调整动、前接点间隙 δ_1 与前接点位置。在衔铁与铁心间夹上 0.4～0.5 mm 的塞尺，将衔铁固定。调整前接点托片，使所有前接点与动接点紧贴，两者吻合无间隙，但又无压力（见图 2.34）。

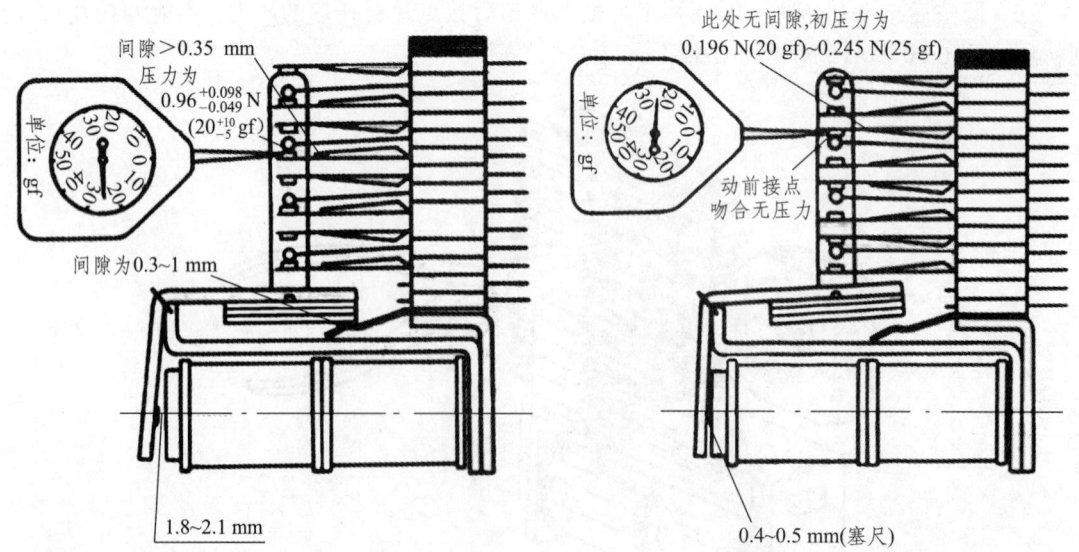

图 2.33 检查后接点共同行程、压力、衔铁动程　　图 2.34 衔铁动、前接间隙和前接点的调整

（9）调整前接点初压力。接点片与托片之间的压力为 0.20～0.25 N，各组接点间初压力不得大于 0.03 N。调整方法与后接点同。

（10）松开衔铁，取出塞尺，用手推动衔铁至闭合位置，检查前接点共同行程，压力及前、后接点间隙，应符合标准（见图 2.35）。

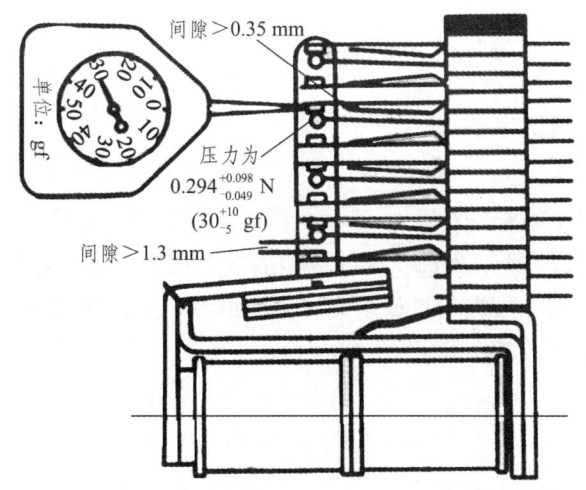

图 2.35 检查前接点共同行程、压力及前后接点间隙

（11）调整接点接触齐度。用调簧钳把前、后接点片调平直，用尖口调整器把接点爪调得上下、左右一致（见图 2.36）。各组接点应同时接触，不齐度应小于 0.2 mm，最好调到 0.1 mm。

（12）检查下止片与重锤片间的间隙，此间隙标准值为 0.3~1 mm。

（13）电气特性测试。完成上述调整后，进行一次全面的电气特性测试，方法与检修前测试相同。

4. 验　收

对继电器在检修后进行验收，是保证检修质量必不可少的环节。验收员应做到：

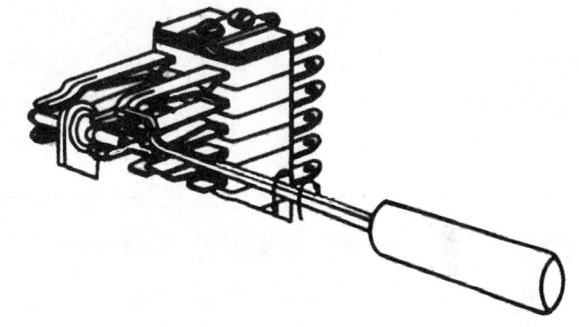

图 2.36 接点接触齐读调整示意图

（1）在综合验收测试台对验收的继电器进行全面的电气、机械特性检查与测试，并按标准严格进行验收工作。

（2）将验收结果认真填入继电器检修卡片，存档。

（3）签发验收合格证。

5. 加　封

由检修者将验收合格的继电器装上外罩，将验收合格证贴在外罩适当位置，紧固螺丝，保证继电器的密封，加上封印，等候送到现场使用。

（四）继电器检修的注意事项

（1）按图纸拆卸顺序进行拆卸。

（2）按图纸组装顺序进行组装。

（3）检修过程中动作要轻，不要带来人为损害，如钳伤等。

（4）检修过程中一定要细心，做到一丝不苟，实现零漏测。
（5）调整一定要符合继电器检修标准。

三、继电器常见电气特性故障的分析及处理

（一）JWXC 型无极继电器

故障举例 1

故障现象：工作值大于释放值标准。

故障原因：衔铁动程过大，引起主工作气隙的磁阻增大，电磁吸力 F_D 显著下降，这样在线圈工作安匝下，电磁力无法克服机械阻力，只有继续增加线圈安匝，才能使衔铁闭合，这样工作值就超过了标准值，如图 2.37 所示。

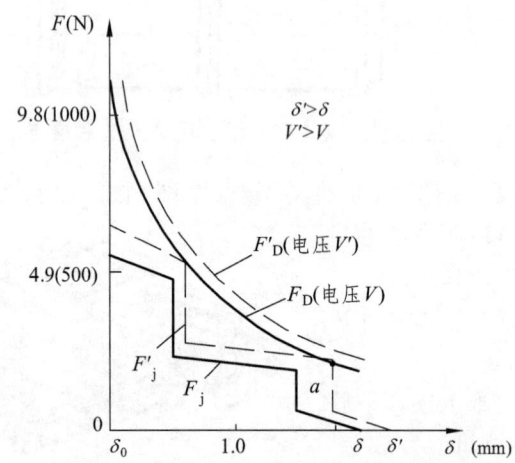

图 2.37 衔铁动程 δ 加大对工作值的影响

图中，F_D（实线）为标准工作安匝（电压 V）下的电磁牵引特性曲线，F_j（实线）为标准衔铁动程 δ 下的机械特性曲线，两者的配合是很好的。而 F'_j（虚线）则是衔铁动程加大到 δ' 以后的机械特性曲线，显然，F_D 曲线与 F'_j 折线在动接点与后接点离开的间隙处 a 点相交，此处 $F'_j > F_D$，衔铁不能吸合；只有继续增加线圈安匝，将电压升至 V'，使电磁牵引特性曲线上升至 F'_D（虚线）位置，衔铁才能工作。而 $V' > V$，因此，继电器工作值大于标准值了。

处理方法：缩小衔铁动程 δ。若衔铁角度 α 为标准值，则可改变后接点位置（向上抬）以减小 δ；若 α 过大，则缩小衔铁张角，使 δ 变小。

故障举例 2

故障现象：缓放时间不够。

故障原因 1：释放值大。通过上面的分析可知，释放值大的原因有：

（1）前接点压力过大。

处理方法：应适量减小前接点压力。

（2）动接点预压力大。

处理方法：应减小预压力。

（3）止片太厚。

处理方法：应更换止片，使止片达到标准值。但调整时应不使释放值低于标准值。

故障原因2：电磁系统存在缺陷。

（1）铁心紧固不牢，在铁心与轭铁接触处间隙过大。

处理方法：应紧固铁心。

（2）衔铁处于吸合状态时，间隙不均匀，止片与铁心呈点接触。

处理方法：应整平衔铁使其不扭曲。特别应注意衔铁与轭铁是否在第二工作气隙处密贴，而使衔铁与铁心在第一工作气隙处离开，遇此情况，应按前述方法检查修理。

（3）铁心材质不良，磁导率低，使磁通小，从而减少了缓放时间。

处理方法：应更换不良的导磁体。

（4）铜线圈架材质不良，电阻率高，使涡流小，缓放时间缩短。

处理方法：应更换铜线圈架。

故障举例3

故障现象：接点电阻大。

故障原因1：接触面不清洁。

处理方法：应用金相砂纸打磨。

故障原因2：接点压力不够，接触面积小。

处理方法：应加大接点压力。

故障原因3：接点初压力太大，使共同行程过小，一方面形成接点虚接，造成接点电阻不稳定，同时，接点面失去了相对滑动所形成的清扫作用，使接点面变脏，增加了接点电阻。

处理方法：应减小初压力，加大共同行程。

故障原因4：接点与接点片假焊，焊接处接触电阻增高。

处理方法：应更换接点片。

故障原因5：炭接点则常发生与炭杯铆接不牢，使接点电阻增大。

处理方法：应用调簧钳轻轻夹紧炭接点与炭杯，使二者铆接牢固。

（二）JY（J）XC 型极性保持（加强接点）继电器

故障举例1

故障现象：反位打落值超过了标准而定位吸起值在标准范围内。

故障原因1：磁钢过强。虽然在磁钢过强的情况下，定、反位保持力都应很大，但是，如果衔铁处于反位时δ_{10}较大，这样就削弱了反位保持力，使定位吸起值达到了标准要求；当衔铁处于定位状态时，衔铁与铁心处的磁间隙无法调整，因此，过强的定位永磁保持力使反位打落值超过了标准。

处理方法：必须更换磁钢，以减少定位永磁保持力，使反位打落值降低。

故障原因2：动接点预压力小，甚至接点片预先向反位方向弯曲，这造成机械特性曲线下移，定位吸起容易，反位打落困难。如图2.38中虚线所示，F'_j与F_{MD}在1、2两点相交，在该处F_{MD}仍大于F'_j，因此衔铁不能打落。

处理方法：适当向反位加大动接点预压力，就可以使反向打落值降低。

故障原因3：定位接点压力不足，共同行程过小，造成机械特性曲线在定位状态时不够陡峭，如图 2.39 中虚线所示 F'_j。在同样的转极安匝下，综合电磁牵引特性曲线与机械特性曲线相交于 1、2 两点，衔铁不能打落。

处理方法：适当增加定位接点压力和共同行程，如图 2.38 中 F_j 曲线所示。

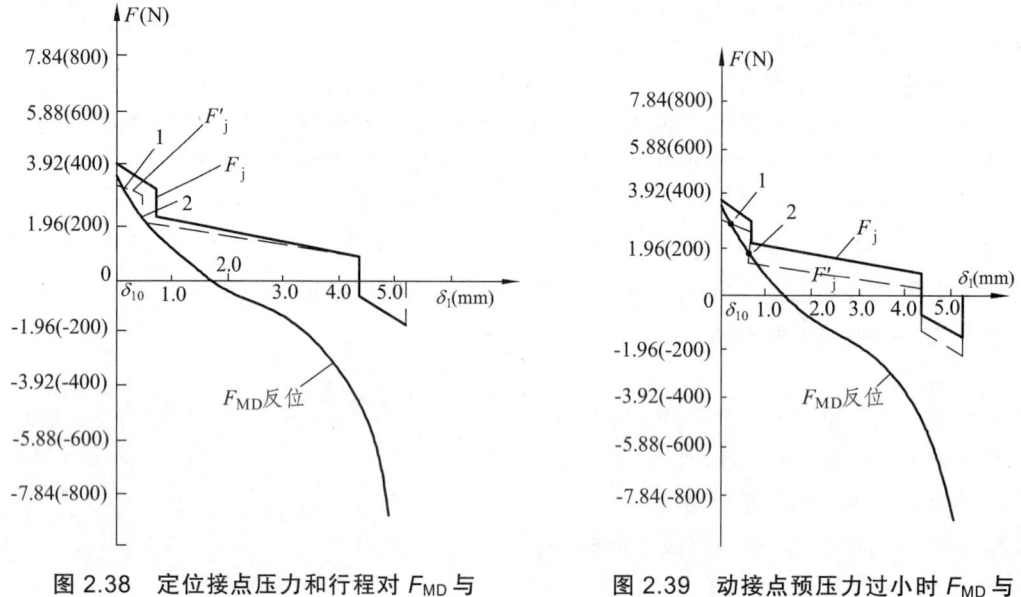

图 2.38　定位接点压力和行程对 F_{MD} 与 F_j 配合的影响

图 2.39　动接点预压力过小时 F_{MD} 与 F_j 的不良配合

故障举例 2

故障现象：反位打落时衔铁在中途停滞。

原因仍然是综合电磁牵引特性曲线与机械特性曲线在转折点处，只是相交点处于动接点与定位接点间隙处。

故障原因 1：定位接点行程不足，使机械特性曲线在定位处很快转折，电磁吸力 F_{MD} 赶不上机械特性的下降，使衔铁中途停滞，与图 2.39 中 F'_j 与 F_{MD} 交于 2 点类似。

处理方法：加大接点共同行程。

故障原因 2：动接点预压力小而定位接点压力大，这样的机械特性曲线转折点处变化太大，容易造成 F_{MD} 与 F_j 相交，与图 2.39 中 F'_j 与 F_{MD} 交于 2 点类似。

处理方法：加大预压力而适当减少定位接点压力。

故障原因 3：继电器可动部分机械阻卡，使衔铁打落过程受到附加阻力而呆滞。

处理方法：应检查出原因后克服。

因此，在调整继电器时应综合分析，统一考虑，然后针对问题进行处理，以达到各种特性都符合标准的规定。

任务三　继电器的应用

继电器可构成各种控制和表示电路，统称继电器电路。在具体的应用过程中，涉及如何识读继电器电路、如何分析继电器电路、如何选用继电器以及如何判断继电器故障等方面。掌握这些知识和技能，有利于正确运用继电器。

一、继电器的图形符号

（一）继电器的名称

继电器一般是根据它的主要用途和功能来命名的。例如，反映按钮动作的继电器称为按钮继电器，控制信号的继电器称为信号继电器。为了便于标记，继电器符号用汉语拼音字头来表示。例如，按钮继电器表示为 AJ，信号继电器表示为 XJ。在一个控制系统中会用到许多继电器，同一作用和功能的继电器也不止一个，它们的名称必须有所区别。例如，以 LZAJ 代表列车终端按钮继电器，DBJ 代表道岔定位表示继电器。

同一个继电器的线圈和接点必须用该继电器的名称符号来标记，以免互相混淆。同一个继电器的各接点组还需用其编号注明，以防重复使用。

（二）继电器的定位

继电器有两个状态：吸起状态和落下状态。在电路图中只能表达这两种状态中的一种，应该有所规定。电路图中继电器呈现的状态称为通常状态（简称常态），或称为定位状态。在城轨信号系统中遵循以下原则来规定定位状态：

（1）继电器的定位状态应与设备的定位状态相一致，信号布置图中所反映的设备状态约定为设备的定位状态。例如，一般信号机以关闭为定位状态，道岔以经常开通位置为定位状态，轨道电路以空闲为定位状态。

（2）根据"故障—安全"原则，继电器的落下状态必须与设备的安全侧相一致。例如，信号继电器的落下应与信号关闭相一致，轨道继电器落下应与轨道电路占用相一致。这样，才能实现电路发生断线故障时导向安全侧。

根据以上两条原则就可以确定继电器的定位状态了。例如，信号继电器 XJ 落下与信号关闭相对应，规定 XJ 落下为定位状态；道岔定位表示继电器 DBJ 吸起与道岔处于定位相对应，规定 DBJ 吸起为定位状态；而道岔反位表示继电器 FBJ 吸起应与道岔处于反位相对应，故规定 FBJ 落下为定位状态。轨道继电器 GJ 吸起与轨道电路空闲相对应，规定 GJ 吸起为定位状态。

在电路图中，凡以吸起为定位状态的继电器，其线圈和接点处均以"↑"符号标记；凡以落下为定位状态的继电器，其线圈和接点处均以"↓"符号标记。

（三）继电器的图形符号

在继电器电路中，涉及继电器线圈和接点组，它们的图形符号分别见表 2.5 和表 2.6。这些图形符号反映了继电器的某些特性，因此绘图时必须正确选用，以免混淆。表中的接点图形符号有工程图用和原理图用两种。工程图用的符号略为复杂，但能准确表达接点的状态，且不致因笔误而造成误解，所以工程图必须采用工程图用符号。原理图用的接点符号比较简单，但稍有笔误即易造成错误，仅限于设计草图和教学中使用。

初学者要注意的是，为绘图方便，一个继电器的线圈符号和它的接点符号可以分别画在电路图的不同位置，也可以画在不同图纸上，当然它们的名称符号要标记清楚。

在继电器线圈符号上要注明其定位状态的箭头和线圈端子号。

表 2.5 继电器线圈的图形符号

序 号	符 号	名 称	说 明
1	⊖	无极继电器	两线圈串接
1	⊖	无极继电器	两线圈分接
2	◐	无极缓放继电器	两线圈串接
3	◔	无极缓放继电器	两线圈分接 单线圈缓放
4	⊖	无极加强继电器	
5	⊘	有极继电器	
6	⊘	有极加强继电器	
6	2⊘1 3⊘4	有极加强继电器	两线圈分接
7	4◔1	偏极继电器	
8	▷|	整流继电器	
9	─(3')─	时间继电器	
10	─(∼)─	交流继电器	
11	─(≈)─	交流二元继电器	
12	─(⊓⊔)─	动态继电器	
12	─(⊓⊔)─	动态继电器	两线圈分接

表 2.6　继电器接点的图形符号

序号	符号		名称	说明
	标准图形	简化图形		
1			前接点闭合	
2			后接点断开	
3			前接点断开	
4			后接点闭合	
5			前、后接点组	前接点闭合 后接点断开
				前接点断开 后接点闭合
6			有极定位接点闭合	
7			有极定位接点断开	
8			有极反位接点闭合	
9			有极反位接点断开	

续表

序号	符号		名 称	说 明
	标准图形	简化图形		

10	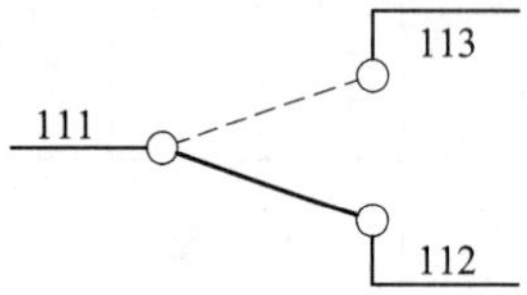 111─○╌╌113
	   ╲○─112
		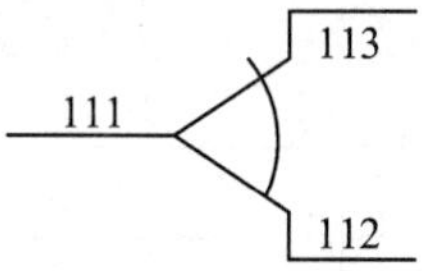 111─◁113
		   ◁112
			有极定、反位接点组	定位接点闭合
				反位接点断开

	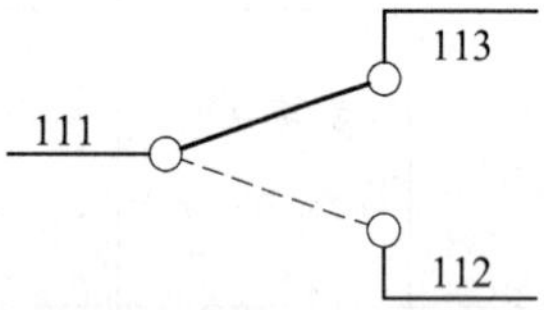 111─○─113
	   ╲╌○─112
		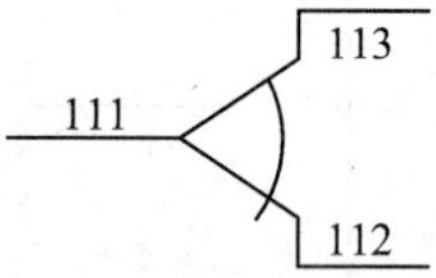 111─◁113
		   ◁112
				定位接点断开
				反位接点闭合

  对于继电器的前接点和后接点，可以只标出其接点组号，而不必详细标明动接点、前接点、后接点号，因为从图中可看出。例如，第一组接点，其动接点片为11，前接点为11-12，后接点为11-13。

  而对于有极继电器，因无法用箭头表示其状态，所以必须表明其接点号，如111-112表示定位接点，111-113表示反位接点，百位数1是为了区别于其他继电器而增加的。

  （四）电路中选择继电器的一般原则

  根据电路要求，按继电器的主要参数和指标进行选择，具体如下：

  （1）继电器类型、线圈电阻，应满足各种电路的具体要求。

  （2）电路中串联使用继电器时，串联的继电器的数量应满足各继电器正常工作电压的要求。

  （3）继电器的接点最大允许电流不应小于电路的工作电流，必要时可采用接点并联的方法。

  （4）继电器的接点数量不能满足电路要求时，应设复示继电器，复示继电器应能及时反映主继电器的动作状态。

  （5）电路中串联继电器接点时，要使串联继电器接点的接触电阻不影响电路的正常工作。

二、继电器线圈的使用

  对于有两个线圈参数相同的继电器，它的线圈有多种使用方法：可以两个线圈串联使用，连接2-3电源片，使用1-4电源片；可以两个线圈并联使用，电源片1-3连接，2-4连接，使用1-2或3-4电源片；也可以两个线圈分别使用或单线圈单独使用。无论哪一种使用方法，都要保证继电器的工作安匝和释放安匝，才能使继电器可靠工作。例如，JWXC-1000型继电器，它的前后线圈均为8 000匝，两个线圈串联使用时，工作电压不大于14.4 V，故工作电流不大于0.014 4 A，工作安匝不大于$2 \times 8\,000 \times 0.014\,4 = 230.4$安匝。当单独使用一个线圈时，为了得到同样的安匝，两线圈的工作电压为：230.4÷8 000×500=14.4（V）。当两线圈并联时，为获得同样的安匝，所需工作电压为：230.4÷16 000×500=7.2（V）。

可见，单独使用一个线圈时，为了保证得到与两线圈串联使用时同样的工作安匝，通过线圈的电流必须比串联时大一倍，所消耗功率也大一倍。此时，电源容量要大，线圈易发热。因此，继电器大多采用两线圈串联使用的方法。但当电路需要时，也采用分线圈使用的方法。两线圈并联使用时，所需电压比串联时低一半，一般使用在较低电压的电路中。

三、继电器基本电路

（一）串联电路和并联电路

根据继电器接点在电路中的连接方式，继电器电路可分为串联、并联和串并联三种基本形式。

1. 串联电路

串联电路指继电器接点串联连接的电路，其功能是实现逻辑"与"运算。图2.40所示为一串联电路，3个接点必须同时闭合才能使继电器DJ吸起。从逻辑功能来看，接点在电路中的串接顺序可以是任意的，而且动接点是否接向电源也是任意的。但从工程角度出发，应考虑接点的有效使用，如AJ的后接点可用在别的电路中。

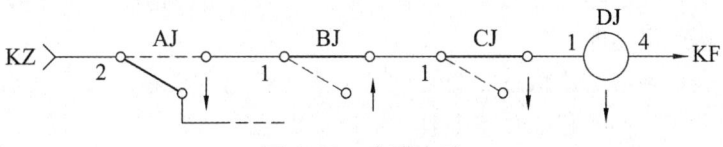

图 2.40 串联电路

2. 并联电路

由几个继电器接点并联连接的电路称为并联电路，它的功能是实现逻辑"或"运算。如图2.41所示为3个接点并联的电路，其中任一个接点闭合都会使继电器DJ吸起。从工程角度看，也要考虑接点组的有效利用。

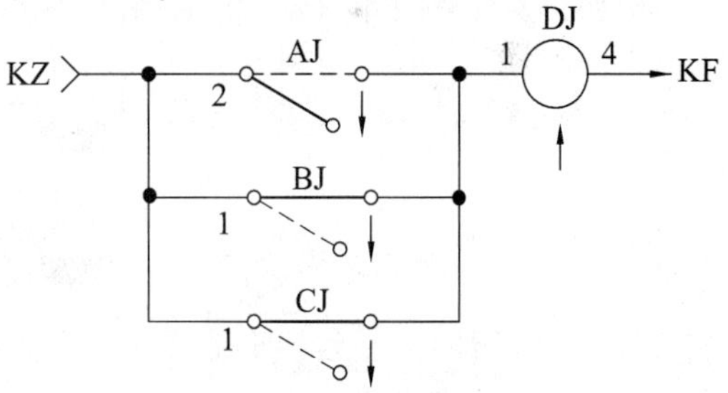

3. 串并联电路

根据逻辑功能的要求，在电路中有些接点串联，有些接点并联，这类电路称为串并联电路，如图2.42所示。

图 2.41 并联电路

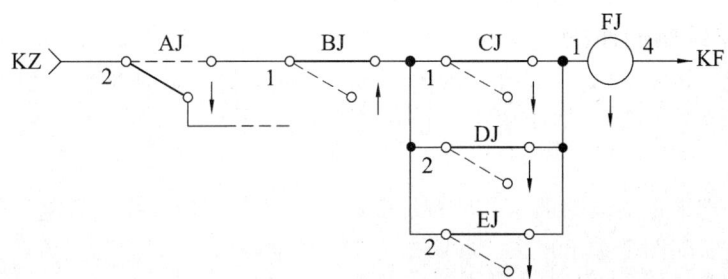

图 2.42 串并联电路

（二）自闭电路

在继电器构成的控制系统中，常需要将某一动作记录下来，为以后的过程做准备。例如，图 2.43 所示的按钮继电器电路，按下自复式按钮 A 后，继电器 AJ 经过励磁电路吸起。但松开按钮后，因增加由自身前接点构成的电路，使按钮松开后，继电器不落下。

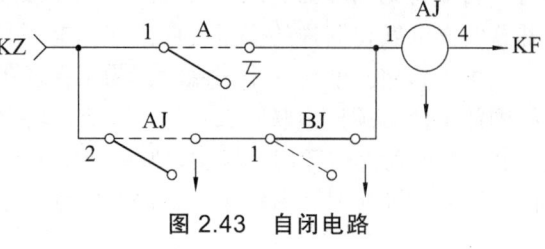

图 2.43　自闭电路

这条由自身前接点构成的电路称为自闭电路。有了自闭电路后继电器就有了记忆功能。当然，当它完成任务后，就必须由表示该任务完成的继电器（BJ）接点使其复原。

四、继电器电路的分析方法

在设计和分析继电器电路时，为了便于认识和掌握电路的逻辑功能、继电器动作顺序、继电器动作时机和继电器励磁回路，需采用一些简便的分析方法，通常有动作程序法、时间图解法和接通径路法。

（一）动作程序法

动作程序法用来表示继电器的动作过程，着重反映继电器电路的时序关系和因果关系，而不能严格地表达逻辑功能。

习惯用符号表示各继电器状态的变化，"↑"表示继电器吸起，"↓"表示继电器落下（这里表示继电器的动作，不要和电路图中表示继电器定位状态的↑、↓相混淆），"→"表示促使继电器吸起、落下，"｜"表示逻辑"与"。

例如，对于图 2.44（a）所示的脉动偶电路，可写出它的动作程序如图 2.44（b）所示。

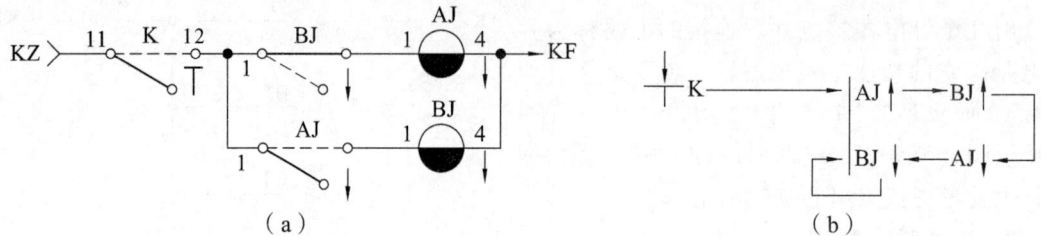

图 2.44　脉动偶电路

（二）时间图解法

有些继电器电路的时间特性要求特别严格，整个电路动作过程与继电器的时间特性（如缓放时间的长短）密切相关。这时，可用时间图解法来较准确地进行分析。时间图解法能很清楚地表示出各继电器的工作情况、相互关系和时间特性，能正确地反映整个电路的动作过程。

时间图解法把继电器线圈通电、后接点断开、前接点闭合、线圈断电、前接点断开、后接点闭合等都在时间图上表示出来，如图 2.45 所示。继电器之间的互相关系，在时间图上用箭头表示。

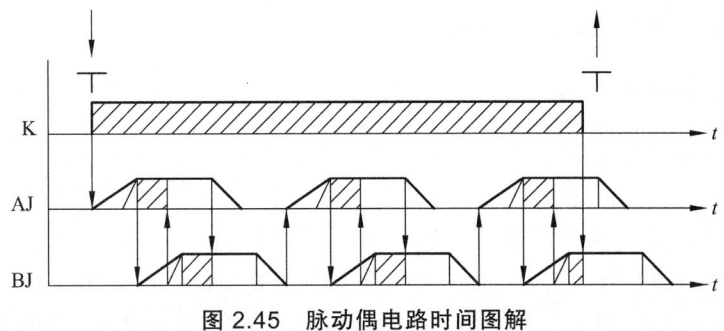

图 2.45 脉动偶电路时间图解

（三）接通径路法

接通径路法（也称接通公式法）用来描述继电器励磁电流的径路，即由电源正极经继电器接点、线圈及其他器件（按钮接点、二极管等）流向电源负极的回路，它是在分析继电器电路中常用的方法（俗称跑电路，但不一定写下来）。

如图 2.44（a）所示的脉动偶电路，其励磁电路如下：

$KZ - K_{11-12} - BJ_{11-13} - AJ_{1-4} - KF$

$KZ - K_{11-12} - AJ_{11-12} - BJ_{1-4} - KF$

式中，各接点及器件的下标是它们在电路中具体连接的接点号或端子号，接点之间用"—"联系，它表示"经由"，而不用"→"，因为没有"促使"的含义，以避免和动作程序法中的"→"相混淆。

一个继电器可能有多条励磁电路，需分别写出接通径路予以描述。接通径路法仅表达了继电器电路的导通路径，而不能反映电路的逻辑功能。对于复杂的继电器电路，在对其逻辑功能不熟悉的情况下，可先用接通径路来加以描述。

在实际应用过程中，往往将动作程序法和接通径路法结合起来使用。一方面，在掌握继电器电路动作程序的情况下，能方便地跑通电路；另一方面，在跑通电路的过程中，加深对动作程序的理解。

五、继电器电路安全措施

城轨信号是保证城轨运输安全的重要设备，因此，对于信号设备的工作必须要求安全可靠。当设备的元件或系统一旦发生故障时仍能确保行车安全，称之为故障倒向安全，也就是城轨信号的"故障—安全"原则。这一概念在前面已讲过，但这一原则在具体设计电路时如何实现呢？例如，信号灯电路，我们必须用信号继电器的前接点构成绿灯电路，用后接点构成红灯电路，一旦发生故障（线路断线或短路），继电器 XJ 失磁落下，信号灯光自动转换为红灯，这就满足了"故障—安全"的原则。

在继电器电路中常见故障有：熔断器熔断、断路器脱扣、断线、脱焊、螺丝松脱、线圈烧坏、接点接触不良、器件失效、插接件接触不良、线间绝缘不良、线路混入电源等，故障种类很多。但就其对电路的影响可以归纳为两大类：一类使电路开路，称为断线故障；另一类使电路短路，称为混线故障。断线故障会导致吸起的继电器错误落下或使应吸起的继电器不能吸起。混线故障可能使不应吸起的继电器错误吸起或使已吸起的继电器不能及时落下。

继电器电路的安全措施主要是解决断线防护和混线防护问题。

（一）断线防护电路

电路的断线故障远多于混线故障，据此必须按闭合电路法（以电路断开对应安全侧，以电路闭合对应危险侧）设计继电器电路，即发生断线故障时使继电器落下以满足"故障—安全"原则的要求。图 2.46 所示的两个电路是等效的，即 AJF 是 AJ 的复示继电器。但两者结构不一样，图 2.46（a）符合闭合电路原理，无论何处发生断线故障都导致 AJF 处在落下状态，具有"故障—安全"性能。图 2.46（b）是利用 AJ 的后接点构成 AJF 线圈的旁路而使 AJF 落下，称为旁路控制电路，其发生断线故障时 AJF 反而错误吸起而导向危险侧，所以安全电路不能采用旁路控制电路。

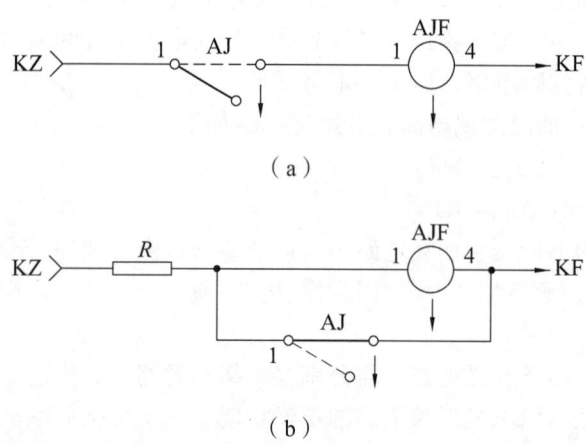

图 2.46 断线防护电路

按闭合电路原理设计的电路是断线保护的基本方法，它能对任何断线故障有反应，故可认为它具有断线故障自检能力。

（二）混线防护电路

继电器电路按闭合电路原理设计，在混线故障情况下就有可能使继电器错误吸起而导向危险侧。因此，尽管混线故障远少于断线故障，也必须慎重地采取防护措施。实际上，要使电路的各点都进行混线防护，是困难的，也是不可能的。室内环境较好，只要采取严格的施工工艺，电路极少发生混线故障，一般不采取防护措施，但如果是室外电路，必须要采用防护措施。

1. 位置法

位置法也称远端供电法，是针对室外电路之间混线而采取的措施。例如，在图 2.47 中两电路的逻辑功能是等同的，但电路结构不同。图 2.47（a）中的继电器和电源均在电路的同一侧，发生混线故障时继电器将无条件地错误吸起，这十分危险。而在图 2.47（b）中，继电器和电源分别设在电路两侧，发生混线故障时，一方面使继电器短路，另一方面在接点 DB（转辙机表示接点）闭合的情况下使电源处的熔断器熔断，从而使继电器落下，导向了安全侧。因此，位置法的关键是继电器和电源必须分别设在可能混线位置的两侧。

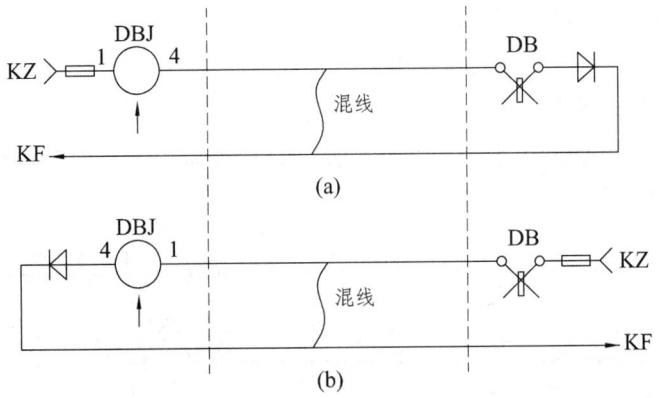

图 2.47 位置法混线防护电路

2. 极性法

极性法是针对室外电路混入电源而采取的措施。如图 2.48 所示,电路中采用偏极继电器。当 Q 线上混入正电时,与电源极性一致,则继电器 1JGJ 仍保持吸起;当 Q 线上混入负电时,则熔断器熔断,使继电器 1JGJ 落下,导向安全侧。在 H 线上混入电源的情况同样如此。如果在列车占用 1JG 时,1GJ↓,导致 1JGJ↓,此时若在 Q 上混入负电,H 线上混入正电,则 1JGJ 因极性不符,不吸起,但如果采用无极继电器就不能达到此目的。

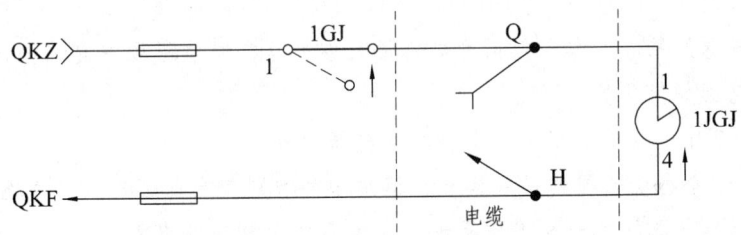

图 2.48 极性法混线防护电路

3. 双断法

双断法是在电路的 Q 线和 H 线上都接入同样的控制接点,来防止混线混电故障。如图 2.49 所示,如不采用双断,则当 a、b 两点同时发生接地或控制接点引出端子间发生短路等故障时,尽管控制接点未闭合,也能使继电器错误吸起。但若采用双断法,用 XJ 继电器的第一和第二组接点同时控制 Q 和 H 线,这种可能性就大大减小。即使 Q 线或 H 线混入电源,也可进行防护作用。

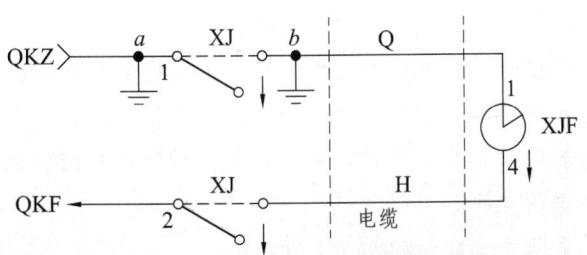

图 2.49 双断法混线防护

4. 分线法

重要的继电器电路，不要与其他继电器电路共用回线。因为共用回线，一旦发生混线等故障时会引起继电器错误励磁。如图 2.50 所示，本来 AJ 励磁前接点闭合控制 1XJ，使其励磁吸起，由于外线 1、2 间发生混线，同时也使 2XJ 错误励磁，从而造成事故。

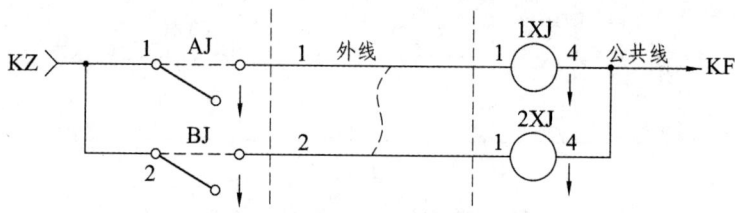

图 2.50 分线法混线防护

对于不太重要的继电器电路，为了节省电线，可以合用公共回线，但也要尽量避免发生这种错误动作。另外，还有独立电源法（也称为电源隔离法），每个继电器电路都用独立的电源，以防止一个故障引起其他故障。

思考题

1. 简述继电器的基本原理。何谓继电特性？继电器在城轨信号中有哪些作用？
2. 信号继电器如何分类？
3. 识读表 1.2 中的常见 AX 系列安全型继电器型号。
4. AX 系列安全型继电器的插座编号、鉴别销和型别盖有什么作用？举例说明。
5. 简述无极继电器的结构和工作原理。它由哪些主要部件组成？各起什么作用？
6. 无极加强继电器在结构上有何特点？
7. 整流式继电器在结构上有哪些特点？其与无极继电器有何异同点？
8. 有极继电器的磁路结构有何特点？简述其工作原理。
9. 偏极继电器的磁路结构有何特点？简述其工作原理。
10. AX 系列安全型继电器的电气特性主要包括哪些？各有什么含义？
11. 直流电磁无极继电器的吸起值为何比释放值大？
12. 什么叫返还系数？作为城轨信号用的继电器，返还系数选用大的好还是小的好？
13. 如何改变 AX 系列安全型继电器的时间特性？
14. 什么是 AX 系列安全型继电器的机械特性和牵引特性？它们应如何配合？
15. 简述时间继电器的结构。它们是如何获得延时的？
16. 交流二元继电器的结构有何特点？用于何处？如何具有相位选择性和频率选择性？
17. 总结各类继电器的异同。
18. 电路中选择继电器有哪些原则？
19. 识读各种继电器的名称和图形符号。

20. 继电器线圈有哪些使用方法？各用于何种场合。
21. 有哪些基本继电器电路？何谓自闭电路？有何作用？
22. 继电器电路采用哪些分析电路的方式？各有什么特点？
23. 继电器电路如何进行断线防护？何谓闭路式原理？
24. 继电器电路如何进行混线防护？各种防护方法各有什么特点？

项目三 信号机的运行与维护

【岗位工作任务描述】

信号机是城市轨道交通信号系统的基础设备。车辆段（场）信号工班或正线信号工班应依据信号设备修程，制订管辖线路上的信号机检修计划，根据维修工作计划表，按照标准化流程及技术标准在规定时间内对信号机进行电气参数调整、灯光显示调整以及Ⅰ级测试、二级保养等检修，以确保信号机设备的正常使用，保证城轨运输安全。

【知识目标】

1. 认识各种色灯信号机的机构组成；
2. 掌握信号机点灯单元的工作原理；
3. 掌握各种信号机的设置、作用和显示意义；
4. 了解现场信号设备维护的标准化流程；
5. 掌握信号机二级保养及Ⅰ级测试等内容。

【技能目标】

1. 能对信号机进行机构及箱盒内部清扫、检查、整治；
2. 能对信号机进行除锈、油饰；
3. 能对信号机进行Ⅰ级测试，并会进行电气参数调整及灯光显示调整；
4. 能按照标准化流程及技术标准对信号机进行二级保养等检修；
5. 进一步建立安全作业和标准化作业意识。

任务一 认识色灯信号机

信号机是用于指挥列车运行的信号设备。为了保证列车行车安全，提高运输效率，在城市轨道交通正线和车辆段线路上设有多种信号机来指挥列车或调车作业。

城市轨道交通信号采用与铁路信号相同的色灯信号机。色灯信号机以其灯光的颜色、数目和亮灯状态来表示信号的含义。

色灯信号机按安装方式不同，可分为高柱、矮型、半高柱及壁挂式，如图3.1所示。

色灯信号机按机构不同，可分为透镜式、组合式和LED式信号机。

图3.1 高柱、矮型、半高柱及壁挂式信号机实物图

一、透镜式色灯信号机

（一）透镜式色灯信号机的组成

透镜式色灯信号机因其具有结构简单、安装方便、运用安全、维修方便等优点，已在全国各条铁路线及城市轨道交通线路上得到广泛应用。

透镜式色灯信号机是以凸透镜为集光器的色灯信号机。机构的每一个灯位固定显示一个颜色的灯光，多种颜色的信号显示由多个灯位完成。

透镜式色灯信号机有高柱和矮型两种类型。高柱信号机的机构安装在钢筋混凝土信号机柱上，一般用于显示距离要求较远的信号机，具有显示距离远、观察位置明确等优点。矮型信号机的机构安装在水泥基础上，一般用于显示距离要求不远的场合。

高柱透镜式色灯信号机如图 3.2（a）所示，它由机柱、机构、托架、梯子等部分组成。机柱用于安装机构和梯子。机构的每个灯位配备有相应的透镜组和单独点亮的灯泡，给出信号显示。托架用来将机构固定在机柱上。梯子用于维修人员攀登作业。

矮型透镜式色灯信号机如图 3.2（b）所示，它用螺栓固定在信号机基础上，没有托架，更不需要梯子。

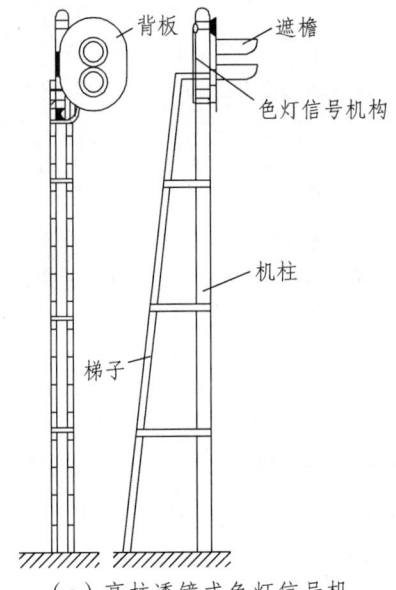

（a）高柱透镜式色灯信号机　　　　（b）矮型透镜式色灯信号机

图 3.2　透镜式色灯信号机

高柱和矮型透镜式色灯信号机有单机构和双机构之分。单机构色灯信号机只有一个机构，可构成二显示、三显示和单显示信号机。图 3.2（a）所示的高柱透镜式色灯信号机即为单机构二显示信号机。双机构色灯信号机可构成四显示、五显示信号机。图 3.2（b）所示的矮型透镜式色灯信号机即为双机构五显示信号机。

（二）透镜式色灯信号机的机构

透镜式色灯信号机的每个灯位由灯泡、灯座、透镜组、遮檐和背板等组成，如图 3.3 所示。

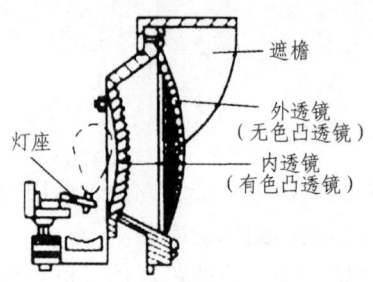

图 3.3　透镜式色灯信号机机构

1. 灯　泡

灯泡是色灯信号机的光源,采用铁路直线双丝灯泡。灯丝为双螺旋直丝。采用双丝是为了保证信号显示不间断,即当点亮的主灯丝断丝时,可改为副灯丝点亮。

主灯丝和副灯丝呈直线状且平行。主灯丝在下,其轴心线与灯头的中心线相垂直。副灯丝在上,其轴心线距离主灯丝轴心线(2.5±0.5)mm。主灯丝在前,副灯丝在后,间距为2.5 mm,以防止副灯丝挡住主灯丝的光,如图 3.4 所示。主灯丝在下可避免主灯丝断丝时,灯丝落下碰到副灯丝,影响副灯丝正常工作,有利于安全使用。

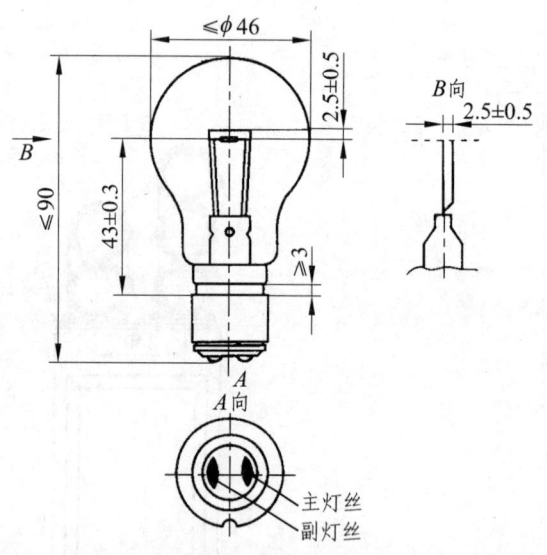

图 3.4　$TX\dfrac{12-25}{12-25}$型直线双丝信号灯泡(单位:mm)

以 $TX\dfrac{12-25}{12-25}$ B 型直丝双丝灯泡为例,T 表示铁路,X 表示信号,$\dfrac{12-25}{12-25}$ 表示双丝灯泡,额定电压均为12V,额定功率均为25W。

$TX\dfrac{12-25}{12-25}$ B 型信号灯泡的光电参数和最低寿命应符合表 3.1 的要求。

信号灯泡必须经过试验方可使用,即在额定电压和额定功率条件下,主灯丝经过 6 h,副灯丝经过 3 h 的点灯试验良好方准使用。发现以下任一情况时均不准使用:主、副灯丝同时点亮,或其中一根灯丝断丝;灯泡漏气、冒白烟、内部变黑;灯口歪斜、活动或焊口假焊。

表 3.1　TX$\frac{12-25}{12-25}$B 型信号灯泡主要参数

灯泡型号	额定值			极限值		寿终光通量 /lm	最低寿命 /h
	电压 /V	功率 /W	光通量 /lm	最大功率 /W	最小光通量/lm		
TX$\frac{12-25}{12-25}$B	12	25	400	27.5	340	218	1000
	12	25	400	27.5	340	218	200

2. 灯　座

灯座用来安放灯泡，采用定焦盘式灯座。该灯座有带切换试验按钮和不带切换试验按钮两种。该灯座安装位置上下、左右、前后可调，从而可以调整信号机的光源位置，使主灯丝位于透镜组的焦点上，获得最佳显示效果。但调好焦后更换灯泡就无须再调整。

定焦盘灯座具有以下特点：

（1）灯泡和灯座是平面接触，可以基本上保证光中心高度的一致性；

（2）灯头冲压成翻边结构，一般不会变形，从而提高了灯泡和灯座的配合精度；

（3）防止电接触片受过压造成变形或弹力减小，从而避免电接触片与灯泡的接触不良或发热、熔化等故障；

（4）灯座与灯泡的连接，用内六方螺丝固定，灯口不易移位；

（5）更换灯泡时，一般不用重新调整显示，信号显示比较稳定。

因此，定焦盘灯座对提高信号显示的稳定性和减少维修工作量起着积极作用。

3. 透镜组

透镜组装在镜架框上，由两块带棱的凸透镜组成，里面是有色带棱外凸透镜（可有红、黄、绿、蓝、月白、无色六种颜色），外面是无色带棱内凸透镜。使用带棱透镜的原因是它比不带棱透镜轻且较薄，光线通过时损失少。使用两块透镜可以缩短焦距，提高光源利用率，增加射出平行光的强度。这样，就能满足信号显示距离远而且具有很好的方向性的要求。信号机构的颜色取决于有色透镜，可根据需要选用。

4. 遮　檐

遮檐用来防止阳光等光线直射时产生错误的幻影显示。

5. 背　板

背板是黑色的，构成较暗的背景，可衬托信号灯光的亮度，改善瞭望条件。只有高柱信号机才有背板。一般信号机采用圆形或椭圆形背板。

（三）透镜式色灯信号机的机构分类

透镜式色灯信号机的机构有高柱二显示、三显示机构，矮型二显示、三显示机构和引导信号机构。二显示机构有两个灯室。三显示机构有三个灯室。每个灯室由灯泡、灯座、透镜组、遮檐等组成。灯座间用隔板分开，以防止相互串光，保证信号显示的正确性。背板是一个机构共用的。机构的每一个灯位固定显示一种颜色，多种颜色的信号显示由多个灯位完成。各种信号机可根据信号显示的需要选用机构，再按灯光配列对信号灯位颜色的规定安装各灯位的有色内透镜。

透镜式色灯信号机的机构型号含义示例如下：

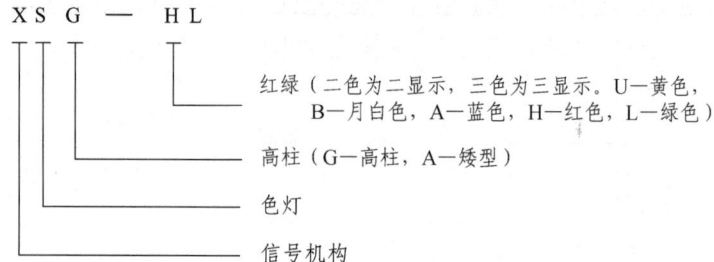

透镜式色灯信号机的主要优点是结构简单，运用安全，维修方便，使用电缆芯线少；缺点是光源利用率低，在曲线上不能保证连续显示，而且在阳光直射下不该亮的灯位会呈现色光显示，干扰司机的辨认，为此需将背板涂成黑色，减少背板反射，并为每一凸透镜组安装遮檐。

（四）透镜式色灯信号机的点灯单元（带灯丝报警及切换功能）

透镜式色灯信号机的点灯和转换装置是由信号变压器和灯丝转换继电器组成。现在一般将点灯和灯丝转换功能结合为一体，构成多功能信号点灯装置（多功能智能点灯单元）。信号机内部结构如图 3.5 所示。

目前地铁使用的主要有 DDXL 型点灯单元和 XDZ-B 型多功能信号点灯装置两种。

图 3.5　透镜式色灯信号机内部结构

1. DDXL 型点灯单元

DDXL 的含义为：D——单元；D——点灯；X——信号；L——防雷。

DDXL 型插接式防雷信号点灯转换单元的点灯变压器采用带防雷装置的 BX2-34 信号变压器，灯丝继电器采用 JZSJC 型继电器。

1）DDXL 型点灯单元的工作原理

图 3.6 所示为 DDXL 型点灯单元原理图。来自信号设备房的 220 V 电源从变压器 T_1 的 1、3 端子输入后，经变压器 T1 后分五路输出，可以通过调整变压器 T_1 次级的不同端子为主副电路提供不同的电压。刚接通电路时，主副电路会有瞬间同时点灯的过程，但随着主灯电路中的 JZSJC 型继电器得电，其第一组后接点（接在副灯丝回路）断开，从而切断副灯丝电路，

使副灯丝熄灭。当主灯丝断丝灭灯时，主灯回路中的 JZSJC 型继电器失电落下，其第一组后接点闭合，从而接通副灯丝电路，使副灯丝点亮并通过表示灯 BD 给出表示。同时，JZSJC 型继电器的第二组前接点也断开，通过 4、6 端子给出主灯丝报警信息。

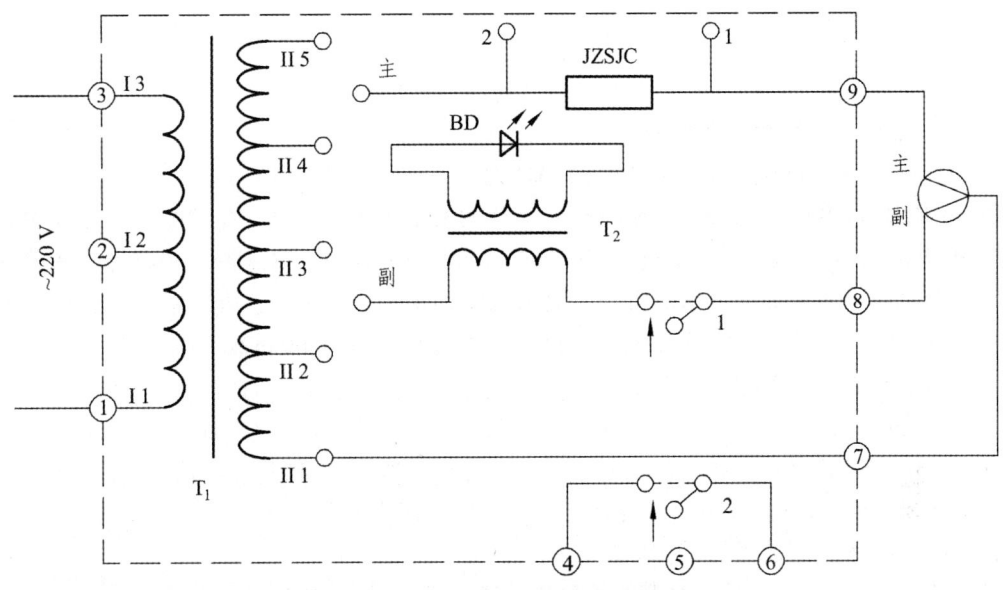

图 3.6　DDXL 型点灯单元原理图

2）DDXL 型点灯单元的功能和特点

DDXL 型点灯单元由变压器、继电器、九位插接件三大部分组成，其中变压器端子板上装有表示灯，配线简单，施工方便。在正常情况下点亮主灯丝，当主灯丝断路，通过灯丝转换继电器 JZSJC 的后接点闭合点亮副灯丝，同时端子板上的表示灯被点亮。如果要检查主、副灯丝转换功能，可用任何导体将表示灯下边 1、2 两个螺钉短路，则 JZSJC 继电器线圈被短路而落下，点亮表示灯，则表示副灯丝回路及继电器转换功能良好。

3）DDXL 型点灯单元的技术参数

（1）变压器部分：

变压器空载及负载特性：当初级 I1-I3 接交流 220 V 电压时，次级空载电压误差不大于额定电压值的 5%，变压器在满载时其次级电压不小于额定电压值的 85%。变压器的主要参数如表 3.2 所示。

表 3.2　DDXL 型点灯单元变压器主要参数

容量/(V·A)	初级		次级	
	额定电压/V	空载电流/A	额定电压/V	满载电流/A
34	220	<0.011	12.5/13.5/15/16.5	2.1

绝缘电阻：在正常的试验大气条件下，变压器各绕组之间及各绕组对铁心之间，初级绕组对屏蔽层间的绝缘电阻应不小于 1 000 MΩ，次级绕组对屏蔽层间的绝缘电阻应不小于 600 MΩ。

绝缘耐压：在正常的试验条件下，变压器的初级绕组与次级绕组、初级绕组与屏蔽层间，应能承受交流 50 Hz、有效值为 3 000 V 的试验电压，历时 1 s 应无击穿或闪络；次级绕组与屏蔽层间应能承受交流 50 Hz、有效值为 2 000 V 的试验电压，历时 1 s 应无击穿或闪络现象。

雷电冲击耐压：初、次级绕组对铁心，初、次级绕组之间，施加电压波形为 1.2/50 μs，幅值为 15 kV，间隔为 1 min 的冲击电压，进行正负极性 5 次试验不发生击穿或闪络。

（2）交流灯丝转换继电器部分：

机械部分：接点间隙不小于 0.8 mm，前后接点压力不小于 150 mN。

电气特性：工作值不大于 1.5 A（交流），释放值不小于 0.35 A。在温度为 −15 ~ +35 ℃、相对湿度为 45% ~ 75%环境中，绝缘电阻应不小于 100 MΩ。绝缘耐压应能承受交流正弦 50 Hz/1 500 V、历时 1 min 的试验电压，无击穿或闪络现象。

（3）插接部分：单片的插入力为 2 ~ 11 N，接触电阻小于 0.03 Ω。

2．XDZ-B 型多功能信号点灯装置

XDZ-B 的含义为：X——信号；D——点灯；Z——装置；B——产品序号。

XDZ-B 型多功能信号点灯装置将信号灯泡的点灯和灯丝的转换结合成为一体，取代了变压器和灯丝转换继电器，采用软启动方式，延长灯泡使用寿命。

1）XDZ-B 型点灯装置的工作原理

图 3.7 所示为 XDZ-B 型点灯装置原理图。来自信号设备房的电源由"输入"端输入变压器 T_1 后分两路，主路以自耦合方式由绕组 W_2 提供交流，经 DC-DC 变换器转为直流，供主灯丝点灯。DC-DC 变换器输出的直流电压 V_{oz} 具有稳压和软启动功能。副路以变压器降压方式由绕组 W_3 提供交流，经桥式整流器整流为全波直流电压 V_{of}，供副丝点灯。由于主灯丝点

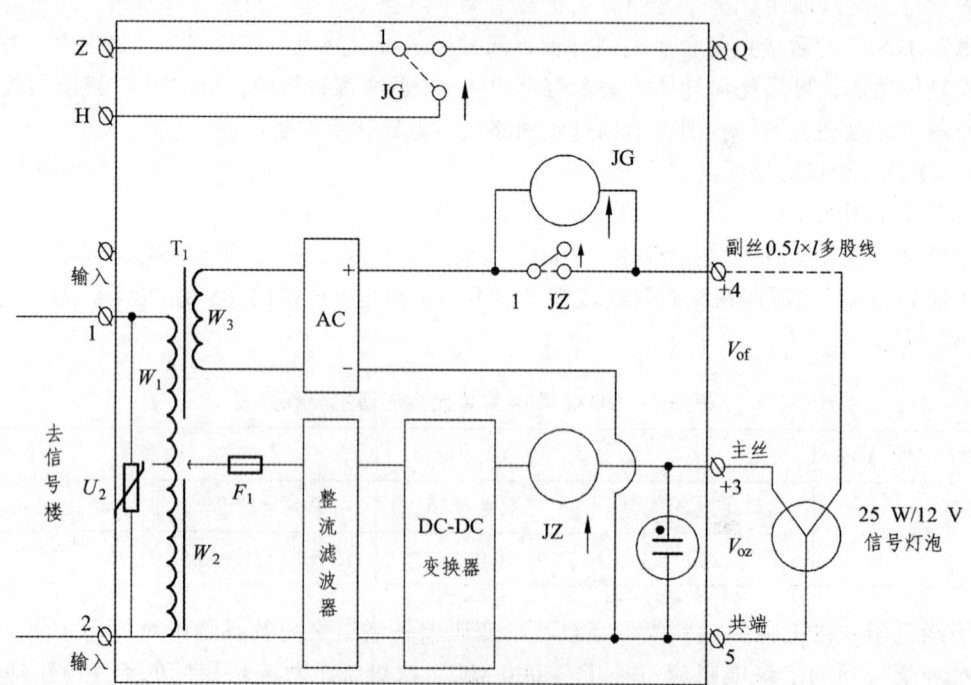

图 3.7　XDZ-B 型点灯单元电路原理框图

亮时，副灯丝虽不工作，但仍在点亮主灯丝的高温烘烤下严重氧化，所以，从可靠性出发，此副灯丝电压较低，且没有经过任何处理。副灯丝电压为全波整流电压，在正弦波下其有效值为平均值（数字表直流挡测值）的1.11倍。考虑到波形等因素，为方便起见，实际副灯丝电压可由表测值加1.0 V计算。

软启动为在灯丝点亮瞬间加在灯丝上的电压远低于额定电压（本装置仅为3 V），然后经过 0.05～0.2 s 上升至额定值，此时间称为软启动时间。

主灯丝电路中的灯丝转换继电器 JZ 为电流型继电器，与主灯丝串联，主灯丝断丝时失电，其后接点 JZ-1 闭合接通副灯丝电路，完成灯丝转换。副灯丝电路中的告警继电器 JG 为电压型继电器，与副灯丝串联，副灯丝断丝时失电，由此提供副灯丝断丝告警。如上所述，在副灯丝完好而主灯丝断丝时，灯丝转换继电器 JZ 失电，通过 JZ-1 闭合完成灯丝转换，同时短路了告警继电器 JG 使之失电，所以主灯丝与副灯丝两者任一断丝，JG 都及时失电告警。JG 的一组接点组被引接在单元的三个接线柱上，用于组成断丝报警。为区别起见，告警端子比其他端子短 5 mm 以示区别。

如果共端断路，信号机灭灯。由于此时 V_{of} 与 V_{oz} 方向相反，JZ、JG 以及信号设备房内的灯丝继电器均落下，故障导向安全。

XDZ-B 型多功能信号点灯装置的结构如图 3.8 所示。

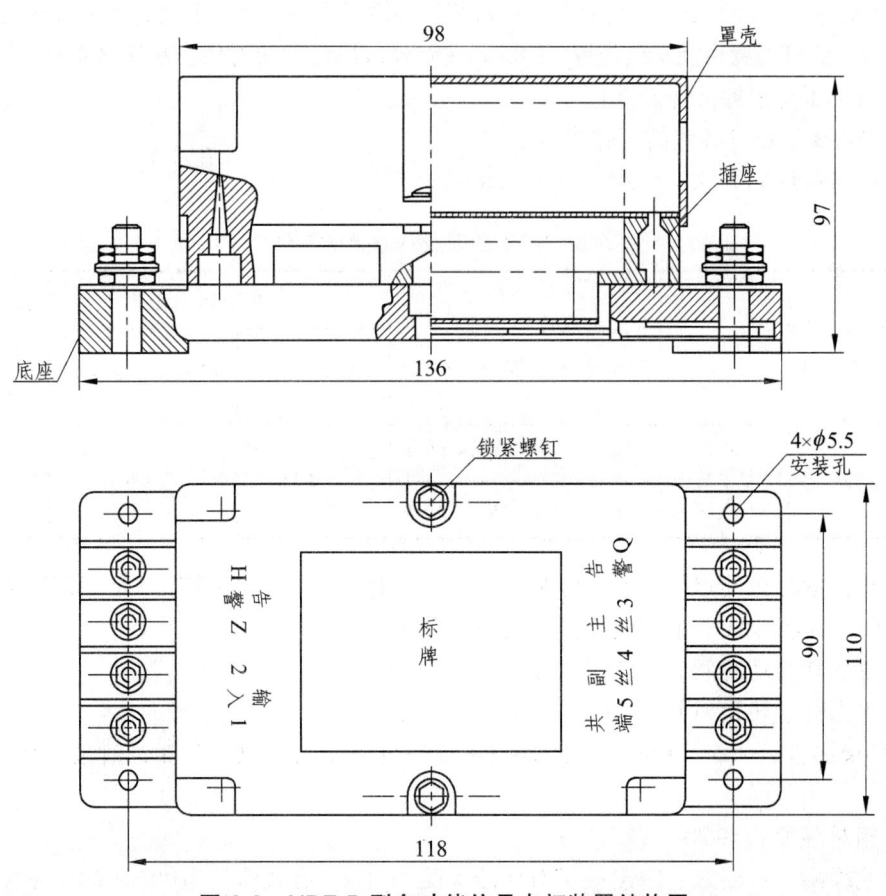

图 3.8　XDZ-B 型多功能信号点灯装置结构图

XDZ-B 型多功能信号点灯装置的端子编号排列如下：

1 号端子为输入 1；　　　　　　5 号端子为共端；
2 号端子为输入 2；　　　　　　Z 号端子为告警 Z（中接点）；
3 号端子为主灯丝；　　　　　　H 号端子为告警 H（下接点）；
4 号端子为副灯丝；　　　　　　Q 号端子为告警 Q（上接点）。

2）XDZ-B 型点灯装置的功能和特点

（1）把点灯与灯丝转换结合在一起的一体化结构，配线简单，施工方便。

（2）采用插入式安装方式，便于检修和更换，并且不需要现场调整。

（3）采用新型高集成化开关稳压电源作为点灯电源，具有许多线性电路无法比拟的优点，如体积小、重量轻、稳压范围宽，同时设计中考虑了电源初、次级之间的隔离，确保用户的安全。

（4）电路具有软启动功能，当主灯丝和副灯丝刚点亮时，使冷丝冲击电流限制在 6 A 以下，从而大大延长了灯丝的寿命。

冷丝冲击电流为点灯开始瞬间，灯丝处于冷态时所经过的电流。信号灯灯丝冷态电阻约为 0.5 Ω，如开启时输出电压瞬间全额加在灯丝上，此时的冷丝线冲击电流在 10 A 以上，影响灯丝寿命。

（5）具有主、副灯丝断丝告警接口，点灯装置增设了副灯丝断丝监测，当主灯丝完好，而副灯丝断丝时，点灯装置也能发出告警，因此，主灯丝或副灯丝两者任一断丝都能及时发出告警。

（6）增设了防浪涌的保护功能。

3）XDZ-B 型点灯装置的工作参数

（1）电气特性如表 3.3 所示。

表 3.3　XDZ-B 型点灯单元电气特性

输入电压范围（单相 50 Hz 交流）/V	额定负载	输出电压波动范围（在输入电压范围内）/V	在最高输入电压下		输入输出端子对地绝缘电阻/MΩ
			空载电流/mA	冷丝冲击电流/A	
176～253	12 V、25 W	（高柱）DC 10.7～11.9	≤16	≤6	≥25
		（矮型）DC 10.2～11.4			

用于高柱信号机的点灯单元，其输出电压较用于矮柱信号机的高 0.5 V，以抵消高柱信号机导线（0.5×7 多股线）上的电压降，无其他区别。

（2）主丝软启动时间：0.05～0.2 s。

（3）主副灯丝转换时间：<0.1 s。

（4）环境温度：−25～+60 ℃（TB1433-821 室外电子产品规定）。生产时按 −40～+85 ℃ 考核。

（5）相对湿度：<90%（25 ℃）。

（6）绝缘耐压：输入、输出端子对地能承受 50 Hz、有效值为 1 000 V 的正弦交流电压，历时 1 min。输入、输出端子对地能承受 1.2/50 ns 波形 10 kV 冲击无闪络和击穿现象。

二、组合式色灯信号机

透镜式色灯信号机构的光系统射出的平行光线,两侧分别只有 2°的散角,覆盖面很窄,在整个曲线范围内无法连续显示。组合式色灯信号机是为了克服透镜式信号机的缺点而研制的新型信号机,其特点是光系统设计合理,光能利用率高,显示效果好,曲线折射性能强,偏散角度大,可见光分布均匀,能见度高,有利于司机瞭望。它适用于瞭望困难的线路,能在曲线半径为 300～20 000 m 的各种曲线上实现连续信号显示。

组合式信号机显示距离远,直线可达 1 500 m 以上,弯道可达 1 000 m 以上。

组合式信号机每个机构只有一个灯室,一个灯室为一个独立单元,配一种颜色,使用时根据信号显示要求可以组装成单显示、二显示及三显示机构,故称为组合式。其实物外观如图 3.9 所示。

图 3.9 组合式色灯信号机实物图

组合式色灯信号机灯室间无串光的可能。

组合式信号机采用重量轻的铝合金材料,便于安装、维护和调整。

(一)组合式信号机的机构

组合式色灯信号机构由光系统、机构壳体、遮檐、瞄准镜插孔四部分组成,如图 3.10 所示。

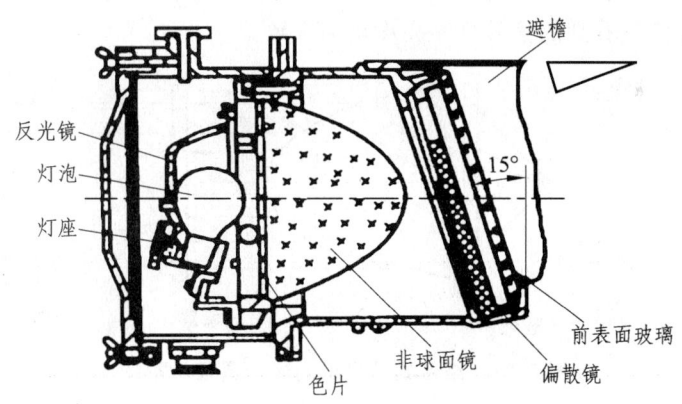

图 3.10 XSZ-135 型组合式信号机构

1. 光系统

组合式信号机构的光系统由反光镜、灯泡、色片、非球面镜、偏散镜及前表面玻璃组成。

(1)反光镜是椭球面镜,将光源发出的光反射后聚焦起来。

(2)灯泡采用 TX$\frac{12-30}{12-30}$ 型信号直丝灯泡。

(3)色片颜色取决于信号显示的颜色。

（4）非球面镜用于聚光，能提高光能利用率。

（5）偏散镜使部分光线按所需方向偏散一定角度。偏散镜有 4 种型号：1 型、2 型、3 型、4 型。根据线路曲线半径范围正确选用偏散镜，能增强部分近距离能见度，使得在距信号机 5 m 处也能看到信号显示。

（6）前表面玻璃罩设计成向后倾斜 15°，可防止信号机因反光造成的信号误认现象。

2. 机构壳体

机构的外壳用硅铝合金压铸而成，内外表面涂上无光黑漆，可防止光反射。其机构合理，密封性好，体积小，重量轻。

3. 遮檐

遮檐采用玻璃纤维增强不饱和聚酯制造，重量轻，耐腐蚀，强度高。它既能遮挡阳光，又能满足偏散光显示的需要。

4. 瞄准镜插孔

信号机构右下方有一个瞄准镜插孔，用于调整信号机显示方向。

（二）组合式色灯信号机的光学原理

组合式色灯信号机的光学原理如图 3.11 所示。由信号灯泡发出的光，通过滤色片变成色光，经过非球面透镜将散射的色光会聚成平行光，再经过偏散镜进行折射偏散，将其中的一部分光保持原方向射出，称为主光，用于远距离显示，光强较高；另一部分光按偏散镜的偏散角度射出，称为偏光，用于曲线部分。随着列车运行接近信号机，对于光强的需要也逐渐减弱，偏光的光强也随着偏散角度的加大相应地逐渐减弱，从而充分、有效地利用了光源，使得在曲线上各个位置看到的信号灯光亮度均匀一致。

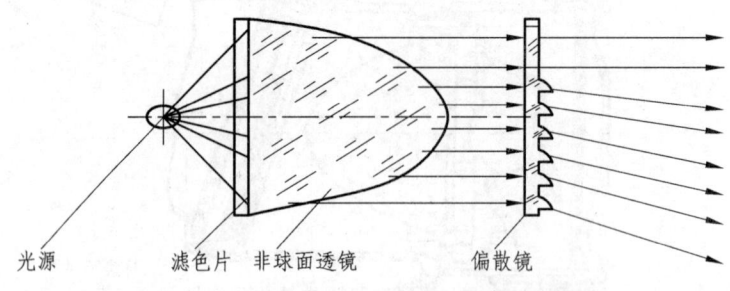

图 3.11　组合式信号机的光学原理示意图

（三）组合式色灯信号机的机构分类

组合式信号机的机构按非球面透镜的直径分为 XSZ-135 型、XSZ-150 型和 XSZ-200 型，其中应用最早、最多的是 XSZ-135 型。

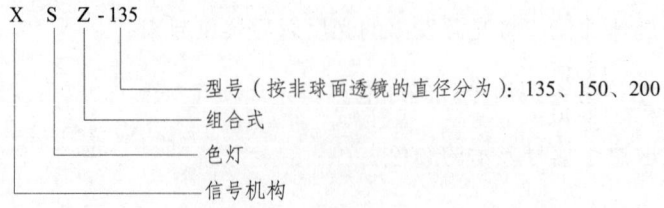

三、LED 色灯信号机

LED 色灯信号机的外观如图 3.12 所示。它的机构大小与透镜式色灯信号机相同，机构由铝合金材料构成，重量大大减小，便于进行施工安装，密封条件好。其光源由 LED（发光二极管）构成，使用寿命长，可以做到免（少）维护。

LED 色灯信号机是利用 LED 技术实现信号显示。LED 信号显示系统作为一种节能、免维护的新型光源在城市轨道交通信号系统中得到广泛运用。

（一）LED 色灯信号机的组成及工作原理

LED 色灯信号机的机构外壳为铝合金，光源外壳为 ABS 工程塑料，光源内主要由点灯变压器、高亮度发光二极管矩阵（发光盘）、光学透镜、抗干扰门限辅助电路几部分等组成。

LED 色灯信号机点灯变压器和发光盘的工作原理如图 3.13 所示。因 LED 发光管是低能耗的高效发光器件，在满足相关光学指标的前提下，LED 信号光源的功率不足传统 25 W 信号灯泡的 1/3，仅 6 W 左右。如果直接采用交流 220 V 向点灯变压器和发光盘供电，则会造成点灯回路中的电流过小而无法满足

图 3.12　LED 色灯信号机实物图

JZXC-H18 等型号灯丝继电器工作的要求，所以，供电电路一般会采用低压供电方式，即将信号点灯电源输出电压由交流 220 V 降低为交流 110 V 向点灯变压器和发光盘供电。

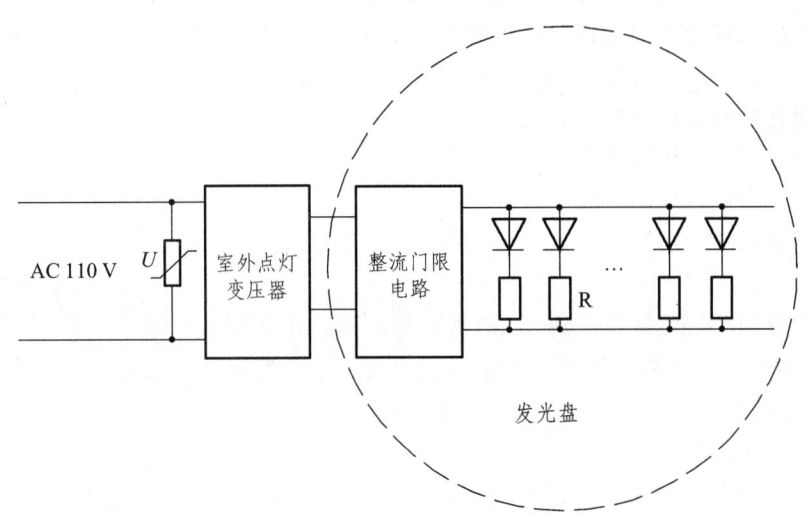

图 3.13　LED 色灯信号机室外电路原理图

点灯变压器可以起到电隔离作用，同时为发光盘提供合适的电源电压。

发光盘（含整流门限电路）的内部电路为串并联结构，每条支路由若干个 LED 电阻 R 组成。LED 均匀地分布在发光盘圆面内，构成发光点阵。支路中的电阻 R 起限流作用，限定电流在规定范围之内。为提高 LED 信号光源的抗干扰能力，在 LED 信号光源内均设有抗干扰门限电路。如果输入电压低于门限值，门限关闭，光源灭灯。

当室内供出 AC 110 V 电源，经室外的点灯单元（降压和整流）转换为 LED 所需的直流电源时，LED 点阵便发出相应颜色的光，该光经安装在 LED 前面的蜂状透镜板后，会由原来的散射光聚焦成为方向一致的平行光束。

目前使用的 LED 色灯信号机构有 XSLE 型、XLL 型、XSZ（G、A）型、XLG（A、Y）型和 XSL 型等。

XSLE 型由发光盘、BXZ-40 点灯单元和 GTB 隔离调压报警单元组成。XLL 型由发光盘和 XLL 型 LED 信号机点灯单元组成。XSZ 型的发光盘可与现有信号点灯变压器配合使用。XLG 型由发光盘和减流报警单元组成。XSL 型由 PFL 型 LED 发光盘和 FDZ 发光盘专用点灯装置组成。各种型号的 LED 色灯信号机的部件是配套使用的。

下面以 XSL 型 LED 色灯信号机为例进行介绍。

XSL 型 LED 信号机由铝合金信号机构、PFL-I 型 LED 发光盘和 FDZ 型发光盘专用点灯装置组成。

1. 铝合金信号机构

铝合金信号机构分为高柱机构和矮型机构。

1）高柱机构

高柱信号机构由背板总成、箱体总成、遮檐和悬挂装置四部分组成。

背板总成带有背板，并用来安装箱体总成。背板总成分为二灯位背板总成（设有两个灯位安装孔）和三灯位背板总成（设有三个灯位安装孔）两种。两种背板总成的高度不同。

把每个灯位组装成一个整体称为高柱箱体总成。箱体总成也分为二灯位箱体总成（XSLG2 型）和三灯位箱体总成（XSLG3 型）两种。两种机构除背板总成不同外，其余均相同。用两个箱体总成分别固定在二灯位背板总成上，即构成二灯位高柱信号机构。用三个箱体总成分别固定在三灯位背板总成上，即构成三灯位高柱信号机构。箱体总成的玻璃卡圈换上透镜组用双丝信号灯泡点灯，也能作为色灯信号机用。

遮槽用螺钉装在机构箱体上的玻璃卡圈上。

悬挂装置将背板总成固定在信号机水泥机柱上。悬挂装置采用现有的上部托架、下部托架等设备，并经特殊的喷涂表面处理，以增强其抗锈蚀能力。

2）矮型机构

矮型机构分为二灯位矮型机构（XSLA2 型）和三灯位矮型机构（XSLA3 型）两种。其安装方法与透镜式信号机构相同，即厂家已按二灯位（或三灯位）组装成一个整体。

2. PFL-1 型 LED 发光盘

PFL-1 型 LED 发光盘（以下简称发光盘）是采用 LED 制成的色灯信号机新光源，用以取代传统的双丝信号灯泡和透镜组，从而彻底消除灯丝断丝这一多发性的信号故障。其外形如图 3.14 所示。

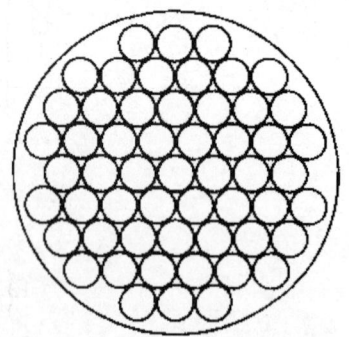

图 3.14　LED 信号机发光盘

1）发光盘的分类

发光盘的型号由汉语拼音字母和阿拉伯数字组成，示例如下：

发光盘分为高柱发光盘、矮型发光盘和表示器发光盘。高柱发光盘适用于高柱透镜式色灯信号机构，矮型发光盘适用于矮型透镜式色灯信号机构，表示器发光盘适用于表示器机构。

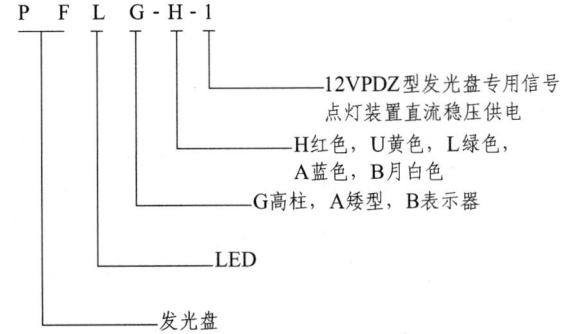

2）技术指标及正常工作条件

（1）工作电压：PFL-1 型为 DC 12 V；

（2）耐压：端子对灯箱承受交流正弦 50 Hz、电压有效值 1000 V，历时 1 min；

（3）绝缘电阻：正常绝缘电阻≥50 MΩ，潮湿绝缘电阻≥1.5 MΩ；

（4）环境温度：−40 ℃ ~ +70 ℃；

（5）相对湿度：不大于 95%（+25 ℃）；

（6）发光盘的光度性能符合 TB/T2353 的规定；

（7）发光盘的灯光颜色符合 TB2081 的规定。

3. FDZ 型发光盘专用点灯装置

FDZ 的含义：F——发光盘；D——点灯；Z——装置。

FDZ 型发光盘专用点灯装置是为配合 PFL-1 型 LED 发光盘而研发的信号点灯装置。它只能与 PFL-1 型发光盘配套使用。该装置不但性能稳定可靠，能适用于电压波动较大的区段，而且使用方便，不需要现场调整。

1）电路原理

FDZ 型发光盘专用点灯装置的原理框图如图 3.15 所示，它由隔离变压器、整流电路、稳压电路和告警电路构成。输入电源经变压、整流后，由两路稳压电路进行稳压（主、备电源电路热备），以保证输出稳定的 12 V 直流电压。告警电路对发光盘和两路稳压电路进行监督，有故障时会发出告警。

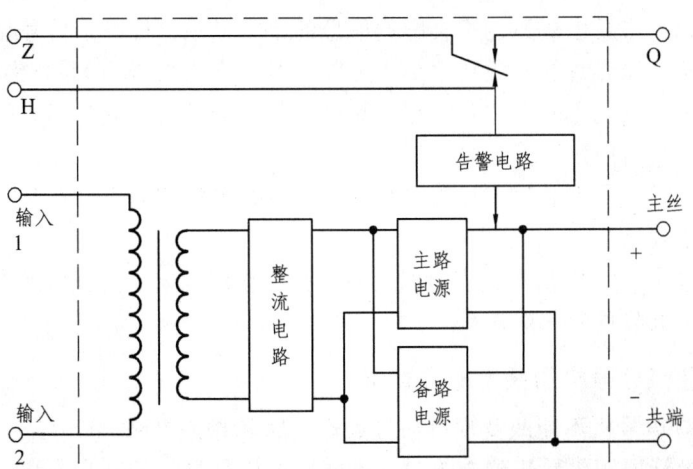

图 3.15　FDZ 型发光盘专用点灯装置原理框图

2）功能和特点

（1）可靠性高：装置采用主、备路电源热备切换的工作模式，当主路电源发生故障时可自动切换到备路电源，保证行车安全。

（2）抗干扰能力强：电路采用电磁兼容设计，具有较强的抗电磁干扰能力。

（3）告警功能完备：当发光盘内部 LED 损坏数量超过总数的 30% 以及主、备路电源一路发生故障时均产生告警条件，接通告警电路发出告警。

（4）输入端一侧接 FDL-1 型防雷模块，可承受 10 kV/300 μs 电波冲击。模块拆卸方便，便于维护测试。

（5）装置输入端采用变压器隔离，具有体积小、重量轻、稳压范围宽等特点。其结构采用一体化设计，配线简单，施工方便。采用插拔式安装方式，便于检修和更换。

（6）绝缘电阻：输入、输出端子对地的绝缘电阻 ≥25 MΩ。

（7）绝缘耐压：输入、输出端子对地能承受 50 Hz、有效值为 1 000 V 的正弦交流电压，历时 1 min。

（8）输入、输出端子对地能承受 1.2/50 μs 波形 10 kV 冲击无闪络和击穿现象。

3）技术指标

（1）工作电压：110（1±20%）V，单相交流 50 Hz。

（2）额定负载：PFL-1 型发光盘（相当于 17 Ω/15 W 电阻）。

（3）输出电压：在额定负载情况下（700 mA）输出电压为 DC（12±1）V。

（4）空载电流：≤16 mA。

（5）告警条件：LED 损坏数量超过总数的 30% 时告警。

（6）环境温度：−40 ~ +85 ℃。

（7）相对湿度：<90%（25 ℃）。

（二）LED 色灯信号机的主要特点

（1）寿命长。发光二极管的寿命可达 10 万小时，是信号灯泡的 100 倍，可免除经常更换灯泡的麻烦，且有利于实现免（少）维修，降低运营成本。

（2）可靠性高。发光盘是用上百只发光二极管和数十条支路并联工作的，在使用中即使个别发光二极管或支路发生故障也不会影响信号的正常显示，提高了信号显示的可靠性。

（3）节省能源。发光盘的光源功率小于 8 W，不到传统 25 W 信号灯泡的三分之一。

（4）聚焦稳定。发光盘的聚焦状态在产品设计与生产中已经确定，并能始终保持良好的聚焦状态，现场安装与使用不再需要调整。

（5）显示效果好。发光盘除有轴向主光束外，还有多条副光束，有利于增强主光束散角之外以及近光显示效果。

（6）无冲击电流。LED 信号机点灯时没有类似于传统 25 W 信号灯泡冷丝状态的冲击电流，有利于延长供电装置的使用寿命。

（三）LED 色灯信号机的技术标准要求

（1）LED 色灯信号机不能改变现有信号点灯电路和相关电路。

（2）发光二极管损坏数量达到 30% 时，不能影响信号显示的规定距离，并及时报警。

（3）遇强光、雷电、电磁干扰，不应导致信号错误显示和发光盘损坏。发光盘及点灯电路短路、点灯装置损坏等造成信号机灭灯时，灯丝继电器应可靠落下。

（4）机构灯光之间不串光，机构门盖开启灵活。

（5）灯光颜色在寿命周期内符合 TB/T 2081—1989《铁路灯光信号颜色》的规定。

（6）高柱信号机构的发光面直径为 180 mm，灯间距为 300 mm；矮型机构的发光面直径为 125 mm，灯间距为 215 mm。

（7）高柱信号机构在安装完成后，应能在左右各 90°、前俯 5°范围内任意调整。矮型机构的仰角应为 3°~5°。

（8）额定电压：DC 12 V。额定电流：DC 700 mA。

（9）光源发光强度符合 TB/T 2353—1993 规定。机构光轴方向的发光强度应不低于规定数据的 90%。

（10）在环境温度为 −40 ~ +70 ℃，相对湿度为<90%（25 ℃）条件下应可靠工作。

任务二　色灯信号机的运用

城市轨道交通的自动化程度比较高，一般采用"地面信号显示与车载信号系统相结合，以车载信号系统为主"的运用方式，列车的运行速度不取决于地面信号机的显示，地面信号只起辅助作用。

正常情况下，正线区段 CBTC 列车以车载设备显示作为行车凭证，地面信号机灭灯或亮灯（不同信号系统的设计要求不同）。ATP 故障车、工程车、救援列车等无车载信号列车及地面 ATP 故障情况下降级运行的列车等按所设置的地面信号机的指示，人工驾驶运行。即地面信号机是作为非 CBTC 列车在 CBTC 系统中安全运行的行车凭证。

城市轨道交通地面采用的色灯信号机在结构上与铁路信号机基本相同，但在设置位置和显示意义、显示距离等方面与铁路信号机有所不同。除了车辆基地和有道岔的正线车站外，其他地方一般不设地面信号机。

一、地面信号机的设置

（一）地面信号机的设置原则

1. 一般设于列车运行方向的右侧

城市轨道交通采用右侧行车制，不论在正线还是车辆基地，地面信号机应设置于列车运行方向的右侧，地面信号机地下部分一般安装在隧道壁上。特殊情况下，可以设置在列车运行方向的左侧或其他位置。

2. 信号机柱的选择

信号机柱有高柱和矮型，可根据线路条件及信号显示要求选用。

高柱信号机用于显示距离远、观察位置明显的地方，车辆段的进段、出段信号机（以及停车场的进场、出场信号机）均采用高柱信号机。矮型信号机用于显示距离近及隧道等安装空间有限的地方。

3. 信号机限界

限界是指列车沿固定的轨道安全运行时所需要的空间尺寸。限界是工程建设、管线和设备安装位置等必须遵守的依据。限界主要分为建筑限界、车辆限界、设备限界三种，如图 3.16 所示。

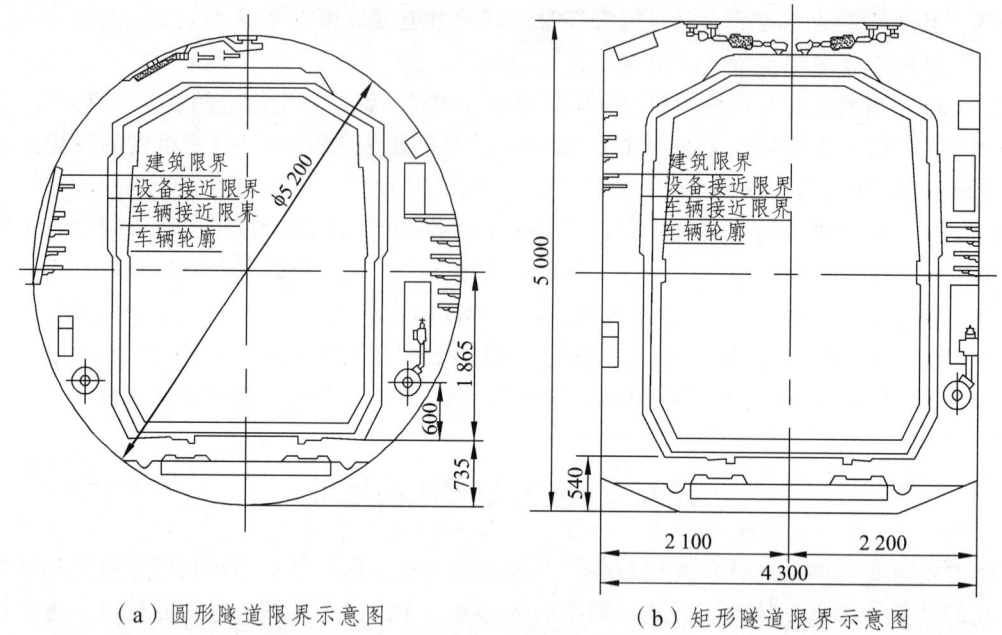

(a)圆形隧道限界示意图　　　　(b)矩形隧道限界示意图

图 3.16　城市轨道交通限界图

建筑限界是指行车隧道满足固定设备和管线安装尺寸后的最小横断面所形成的有效内轮廓线。

车辆限界是指车辆在正常运行状态下的一条最大动态包络线。车辆轮廓线是限制列车横断面最大容许尺寸的轮廓，将其扩大一定尺寸后，构成车辆限界。

设备限界是指用来限制设备安装的控制线。信号机安装位置不得侵入设备限界。直线地段的设备限界是在直线地段车辆限界外扩大一定安全间隙后形成的。曲线地段的设备限界是在直线地段设备限界的基础上，按平面曲线不同半径过超高或欠超高引起的横向和竖向偏移量，以及车辆、轨道参数等因素计算确定。在城市轨道交通公司的《行车组织规则》中对各限界的数据有具体说明。

设备限界与车辆限界之间，应预留安全距离。

（二）地面信号机的设置

信号机（含表示器）的设置位置，应使接近的列车或车列容易辨认信号显示，并不致被误认为邻线的信号机。

城市轨道交通地面信号机的设置分为正线上信号机的设置和车辆基地信号机的设置。

1. 正线上信号机及表示器设置

城市轨道交通有的车站设有道岔，有的车站仅有两条正线，因此应根据各站设备的具体情况设置信号机。

（1）车站设置正向出站信号机，也可根据需要设置反向出站信号机。出站信号机指挥列车是否能进入区间（作为后备系统使用）。

在 CBTC 系统降级后备模式下，正线除道岔防护信号机和阻挡信号机外，考虑到站间闭塞功能的实现及其灵活原则，每个车站的出站信号机作为站间闭塞信号机。

城市轨道交通线路在正常情况下是单线单方向运营，考虑到特殊情况（火灾、区间阻塞等）下的反方向运营，可在相应位置设置反方向出站信号机。

（2）在 ATC 控制区域的线路应设道岔防护信号机或道岔状态表示器。具有出站性质以外的其他信号机应设引导信号。

（3）在线路的尽头处设置阻拦信号机（单显示红灯）。

（4）在城市轨道交通信号控制系统中设有 ATP 系统，一般情况下，正线区间不设通过信号机。但是考虑到长大区间的运营能力需求以及 CBTC 降级运营的需求，可根据线路的实际情况设置通过信号机。通过信号机实物外观如图 3.17 所示。

（5）在显示距离不满足规定距离的情况下可设置复示信号机，其背板为菱形。复示信号机实物外观如图 3.18 所示。

（6）在正向出站方向的站台侧，列车停车位置前方适当地点设置发车表示器或发车计时器。发车计时器实物外观如图 3.19 所示。

（7）在防淹门前应设置防淹门防护信号机。

（8）折返站的折返线出、入口设置防护信号机。

图 3.17　通过信号机实物图　　图 3.18　复示信号机实物图　　图 3.19　发车计时器实物图

图 3.20 所示为某城市轨道交通的一个中间折返站。有道岔的地方需要设置地面信号机进行防护，以确保行车安全。其中 S1301 信号机是阻拦信号机，阻挡列车驶出折返线的尽头。X1305 信号机是列车从折返线（存车线）驶入正线的防护信号机，当 X1305 信号机开放时，允许列车从折返线（存车线）驶入正线。S1309 和 S1311 信号机是列车从正线车站驶向折返线（存车线）的防护信号机。S1311 不仅可以指示列车通过 3 号道岔反位进入折返线，也可以指示列车经 3 号道岔定位出站进入正线区间运行，因此，可以说 S1311 是 3 号道岔的正向防护信号兼正向出站信号机。S1309 不仅可以指示列车通过 5 号道岔反位进入折返线，也可以指示列车经 5 号道岔定位反向出站，因此，可以说 S1309 是 5 号道岔的反向防护信号兼反向出站信号机(若 S1309 内方没设道岔，则可不设 S1309 信号机，因为反向出站信号机是根据

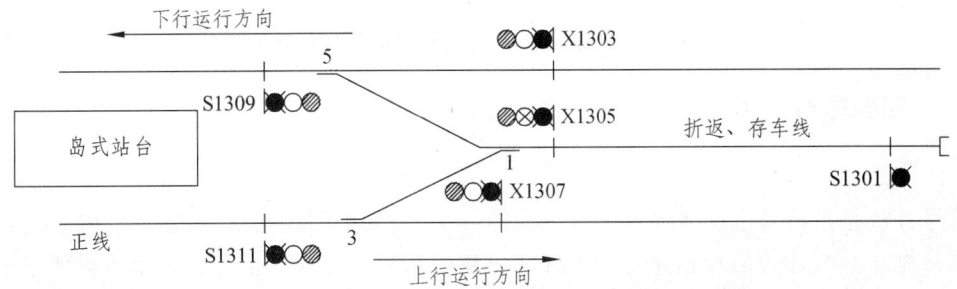

图 3.20　中间折返站信号布置示意图

需要设置的)。X1303 为 5 号道岔的正向防护信号，指示列车经 5 号道岔定位进站。X1307 为 3 号道岔的反向防护信号，指示列车经 3 号道岔定位进站。

2. 车辆段（停车场）的信号机设置

（1）在车辆段（场）入口处设置进段（场）信号机，指挥列车从正线进段（场）。在车辆段（场）出口处设出段（场）信号机，指示列车从段（场）进入正线。进段信号机实物外观如图 3.21 所示。

（2）车辆段（停车场）的出入库线应设置出、入库地面信号机，指挥列车的出入库。出库信号机实物外观如图 3.22 所示。

图 3.21　进段信号机实物图　　　　　图 3.22　出库信号机实物图

（3）在同时能存放两列及以上列车的停车线中间进段方向设置信号机，起列车阻挡和调车作用。

（4）车辆段（停车场）内其他地点，根据调车作业需要，设置各种用途的调车信号机。

调车信号机按照用途分，有起始调车信号机、阻拦调车信号机和折返调车信号机。

调车信号机按照位置分，有单置、并置、差置、尽头式四种。

如图 3.23 所示，在一个绝缘节处设置了一架调车信号机，且该信号机内方、外方均有道岔，称为单置调车信号机，如 D2；在一个绝缘节处设置了两架相互背向的调车信号机，称为并置调车信号机，如 D5、D6；在无岔区段的两端各设置了一架调车信号机，且两架信号机显示方向相反，称为差置调车信号机，如 D1、D4；在尽头线处设置尽头式调车信号机，如 D3。

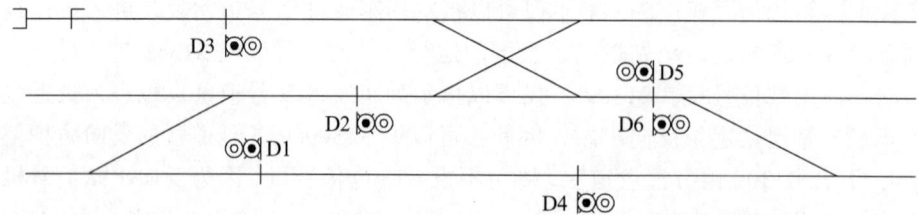

图 3.23　车辆段（场）内设置调车信号机示意图

二、地面信号显示

（一）信号显示

信号开放是指信号机点亮绿灯（黄灯或白灯），信号关闭是指信号机点亮红灯（蓝灯）。

信号机显示为开放信号时允许列车或调车越过信号机作业，信号机显示为关闭信号时禁止列车或调车越过信号机作业。

1. 信号机显示的基本要求

(1) 信号机定位：将信号机经常保持的显示状态作为信号机的定位。

信号机定位的确定，一般是考虑保证行车安全，提高运输效率及信号显示自动化等因素。除自动闭塞通过信号机显示绿灯为定位外，其他信号机一律以显示禁止信号（红灯或蓝灯）为定位。

(2) 信号机关闭时机：信号开放后，当列车第一轮对越过信号机处的绝缘后，该信号机应及时自动关闭。调车信号机开放后，在调车车列全部越过调车信号机后自动关闭。

(3) 视作停车信号：信号机的灯光熄灭，显示不明或显示不正确时，均视为停车信号。

(4) 区分运行方向：有两个以上运行方向而信号显示不能区分运行方向时，应在信号机上装进路表示器，由进路表示器指示开通的运行方向。

2. 信号机显示的意义

城市轨道交通地面信号颜色的选择，应能达到显示明确、辨认容易、便于记忆和具有足够的显示距离等基本要求。

一般情况下，地面信号机显示采用的颜色主要有：红色、绿色、黄色、蓝色和白色等。信号机显示的意义如下：

红色：停车信号，ATP 速度命令为零，列车必须在信号机前停车。

绿色：进路中的所有道岔开通直股(定位)，列车可以越过信号机，按 ATP 速度命令运行。

黄色：进路中的道岔至少有一组开通侧股（反位），列车可以越过信号机，按 ATP 速度命令运行。用于车辆基地显示时，只代表列车可以越过信号机，不含道岔开通情况。

蓝色：禁止调车信号（用于车辆基地显示），表示禁止越过该信号机进行调车。

白色：允许调车信号（只用于车辆基地显示），表示允许越过该信号机进行调车。

红色 + 月白色：引导信号，列车可以按照 25 km/h 的速度通过信号机，但需准备随时停车。

需要说明的是：我国城市轨道交通《地铁设计规范》没有对地面信号的显示方式及显示意义进行统一规定，因此各地信号显示存在一定差异。有的城市轨道交通公司采用一个红色灯光和一个黄灯灯光构成引导信号。

城市轨道交通信号平面图中常用信号颜色及信号机的图形符号如表 3.4 所示。

表 3.4　信号机常用图形符号

名称	图形符号	名　称	图形符号
红色灯光	●	空灯位	⊗
黄色灯光	◍	稳定红光	✷
绿色灯光	○	稳定绿光	✡
蓝色灯光	⊙	高柱信号机	⟡
月白灯光	◎	矮型信号机	⟡

3. 信号显示距离

信号机的显示均应使其达到最远,即使是在曲线上的信号机,也应使接近的列车尽量不间断地看到显示。各种地面信号机及表示器的显示距离应满足以下要求:

(1) 正线上行车信号机和道岔防护信号机的显示距离应不小于 400 m;

(2) 调车信号机和道岔状态表示器的显示距离应不小于 200 m;

(3) 引导信号和道岔状态表示器以外的各种表示器的显示距离应不小于 100 m;

(4) 发车表示器的显示可视距离不小于 50 m。

各种地面信号机和表示器的显示距离为无遮挡条件下的最小显示距离。

最小显示距离计算方法:从最大行车速度开始减速直到列车停下所行驶的距离,再加上约 50 m 的人和系统反应时间内列车行驶距离,计算中使用的加速度为 1 m/s^2。

(二) 信号机灯光配列

色灯信号机的机构有单显示、二显示、三显示。单显示机构仅用于阻挡信号机;二显示和三显示机构可以单独使用,也可以组合(以及与单显示机构组合)构成各种信号显示。

城市轨道交通正线信号机配列基本上是二显示和三显示。信号机只防护一条进路的情况下,一般设置二显示信号机;信号机所防护的进路有两条及以上时,设置三显示信号机。单显示信号机设置于线路终端,作为阻挡信号机。

1. 色灯信号机灯光配列和应用的规定

(1) 根据实际情况需要减少灯位时,应采用空位停用方式处理。减少灯位的处理方式可以维持信号机应有的外形,以防误认。如防护信号机若无直向运行方向时,仍采用三显示机构,将绿灯封闭;存车线中间进段方向的列车阻挡信号机采用三显示机构,其绿灯可采用封闭方式处理,但不允许改变信号机外形,因为信号机的外形是识别信号机类型的重要标志。

(2) 以两个基本灯组组成一种显示时,在一条垂直线上应有一定的间隔距离,以保证显示清晰。如防护信号机的红灯和黄灯同时点亮表示引导信号,其间隔一个绿灯灯位。

(3) 双机构加引导信号是一种专门的信号机类型,需要时,进段(场)信号机可采用此类型。

2. 各种信号机的灯光配列及显示

1) 道岔防护信号机

道岔防护信号机采用三显示机构,自上而下灯位为黄、绿、红。其显示意义如下:

红色灯光:禁止越过该架信号机。

绿色灯光:道岔开通直向位置,允许列车按照规定速度越过该架信号机进入区间。

黄灯灯光:道岔开通侧向位置,允许列车按照规定速度(一般限速不超过 30 km/h)越过该信号机,运行至折返点。

黄色灯光+红色灯光:引导信号,允许列车以不超过 25km/h 的速度越过该信号机,有条件进入区间。

2) 防淹门防护信号机

防淹门防护信号机采用单显示机构,只有一个红灯。当防淹门信号机显示红灯时,列车应采取紧急停车措施。

3）阻挡信号机

阻挡信号机采用单显示机构，始终显示红色灯光，列车应在距离信号机至少 10 m 的安全距离前停下。

4）通过信号机

若区间设置通过信号机，一般为三显示机构，自上而下灯位为黄、绿、红。其显示意义如下：

绿色灯光：允许越过该信号机。

红色灯光：不允许越过该信号机。

5）进段（场）信号机

车辆基地入口处，设置进段（场）信号机。图 3.24 所示是某城市轨道交通车辆段与正线连接部分，图中 XR、XC 为进段信号机，用于防护车辆段和指示列车运行条件。

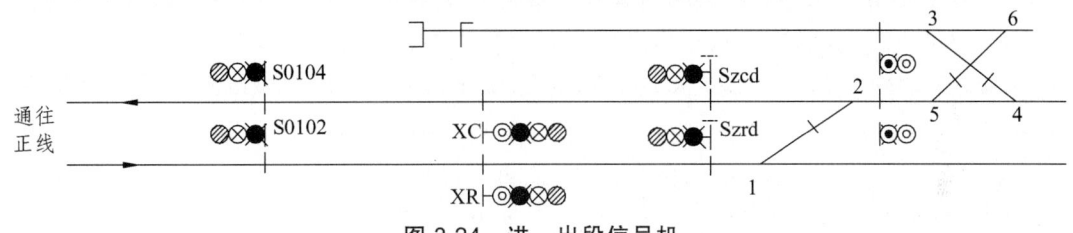

图 3.24 进、出段信号机

进段信号机采用黄、绿（封闭）、红、白四灯位信号机构，红灯为定位。其显示意义如下：

红色灯光：禁止列车进入车辆段。

黄色灯光：表明进段的进路开通，允许列车按规定的速度越过该架信号机进段。

红色灯光+黄色灯光：表明开放引导信号，允许列车以不大于规定的速度越过该架信号机并随时准备停车。

白色灯光：允许按规定的速度越过该架信号机进行调车

6）出段（场）信号机

车辆基地出口处设置出段（场）信号机。如图 3.24 中的 Szrd、Szcd 信号机就是出段信号机。出段信号机用于防护发车进路及指示列车运行条件。

出段（场）信号机采用黄、绿（封闭）、红三灯位信号机构，红灯为定位。其显示意义如下：

红色灯光：禁止列车出车辆段。

黄色灯光：表明出段的进路开通，允许列车按规定的速度越过该架信号机出段；

7）调车信号机

调车信号机采用红（或蓝）、白两灯位信号机构，红灯为定位。其显示意义如下：

白色灯光：允许按规定的速度越过该架信号机进行调车作业。

红（或蓝）色灯光：不准列车越过该架信号机。

8）发车表示器或发车计时器

站台上的发车表示器向驾驶员表示能否关闭车门及发车的时间。发车表示器平时不亮灯，列车停靠后无显示表示不能关闭车门、发车；距发车还有 5 s 时发出白色闪光，提醒驾驶员关闭车门；显示白色稳定灯光表示可以发车，列车出清后灭灯。

发车计时器为列车司机提供到站停车时间、发车时间、晚点时间信息。发车指示器采用三位数字显示方式，平时处于熄灭状态。列车进站停车后，计时器显示预定的停站时间，并开始倒计时。倒计数到"000"点为正点发车时间，列车启动运行并占用站台第一离去区段后，发车计时器熄灭无显示。如果列车停站时间超过站停时间未出发，则显示器以正计数显示晚点时间。

三、信号机的命名规则

信号机的命名，在不同的地铁信号系统中会有所不同，但一般会按照以下的规则来命名。

以某一地铁正线上的信号机为例，主要遵循以下规则来命名：

（1）信号机的编号共有 5 位，第 1 位为字母（S 和 X），后 4 位为数字。

（2）第 1 位字母为 S 和 X，代表方向，S（汉语拼音第一个字母）代表上行方向，X（汉语拼音第一个字母）代表下行方向。

（3）第 2、3 位为数字，代表车站编号，如 01 代表第 1 个车站，16 代表第 16 个车站。

（4）第 4、5 位数字，代表设备编号，单数为站台上行区域设备，双数为站台下行区域设备，按照列车到达方向按从小到大的顺序进行编号。离站台最远的设备编号为第一个，如 01 代表为站台上行区域设备且离站台最远，02 代表为站台下行区域设备且离站台最远。

例如：信号机编号 X0502 的意思是第 5 个车站下行区域的第 1 个信号机，方向为下行方向。

车辆基地内的信号机，主要遵循以下的规则来命名：

（1）信号机的编号共有 2~3 位，第 1 位为字母（D、S 和 X），后 1~2 位为数字或字母。

（2）第 1 位字母为 D、S 和 X，代表调车和列车信号机，D 代表调车信号机，S 代表上行方向的列车信号机，X 代表下行方向的列车信号机。

（3）第 2 或 2、3 位为数字或字母，代表设备编号。如果第 1 位为字母 D（调车信号机）且第 2 或 2、3 位为数字，则单数为停车库上行咽喉区域设备，双数为停车库下行咽喉区域设备，按照列车到达方向以从小到大的顺序进行编号。距离停车库最远的设备编号为第一个，如 1 代表为停车库上行咽喉区域设备且距离停车库最远，2 代表为停车库下行咽喉区域设备且离停车库最远。如果第 1 位为字母 D（调车信号机）且第 2 或 2、3 位为字母或数字和字母，则第 2 或 2、3 位是按实际的停车库股道号来命名，如停车库第一 C 股道调车信号机的编号为 D1C。如果第 1 位为字母 S 或 X（列车信号机），则第 2 或 2、3 位是按实际的停车库股道号来命名，如停车库第一股道列车信号机的编号为 S1 或 X1。

例如：信号机编号 D11 的意思是停车库上行咽喉区域的第 6 个调车信号机，S11 的意思是停车库第 11 股道上行方向的发车列车信号机，XR 的意思是入段线下行方向的列车信号机。

四、信号机的分类

按用途分：正线上可以分为出站信号机、道岔防护信号机、防淹门防护信号机和阻拦信号机等。车辆基地可以分为进段（场）信号机、出段（场）信号机、调车信号机等。

按机构类型分：可分为透镜式色灯信号机、组合式色灯信号机和 LED 色灯信号机。

按显示数目分：可分为五显示、三显示、两显示、单显示信号机。

按安装方式分：可分为高柱、矮型、半高柱及壁挂式信号机。

任务三　色灯信号机的测试与检修

一、信号机的主要安全因素及防范措施

在信号机的使用维护过程中有一些容易影响设备和人身安全的因素需要特别注意，对于这些安全因素应该有相应的防范措施。

（一）信号机的主要安全因素

1. 设备安全因素
- 室内外显示一致性；
- 显示距离；
- 安装位置及状态；
- 设备性能及状态；
- 操作不当。

2. 人员安全因素
- 列车进入；
- 高空坠落；
- 工具、材料坠落；
- 人员触电；
- 其他设备伤人；
- 操作不当。

（二）信号机的主要防范措施

1. 设备安全防范措施
- 检查室内外显示一致性，保证室内外显示一致；
- 检查显示距离，保证显示距离满足要求；
- 检查机构安装位置及状态，保证机构正直牢固，没有侵入限界及被其他物品遮挡；
- 检查灯丝转换和报警功能，保证灯丝转换和发出报警及时；
- 检查机构门密封情况，防止设备进尘进水；
- 检查机构门及门锁油润情况，防止生锈，开启不灵活；
- 检查机构的灯室隔板，确保其良好、完整，保证没有造成窜光；
- 检查透镜清洁情况，保证显示清晰；
- 检查变压器及电缆绝缘情况，保证不会因变压器及电缆绝缘不良造成设备短路；
- 检查检修工具、仪表绝缘情况，保证不会因工具、仪表绝缘不良造成设备短路；
- 严格按照操作规程进行操作，防止操作不当造成设备损坏。

2. 人员安全防范措施
- 严格按要求办理请点封锁手续，待请好点、封锁好作业区后再进入作业区进行作业，并加强与室内联系，防止列车进入；
- 严格按要求正确使用劳保防护用品（手套、劳保鞋、荧光衣等），保护人身安全；

- 确保检修工具、仪表、设备绝缘性能良好,防止人员触电;
- 登上梯子架进行检修作业,应正确使用安全带,防止高空坠落;
- 梯子架上、下不同时进行作业,防止高空坠物伤人;
- 不从梯子架上下抛递工具、材料,防止高空坠物伤人;
- 不将工具、材料放在信号机上,防止高空坠物伤人;
- 在线路上行走,注意道岔转换及地面状况,防止道岔转换夹脚及摔倒;
- 严格按照操作规程进行操作,防止操作不当造成人员伤亡。

二、信号机安装、调整和维修技能

(一)信号机机构安装

信号机机构的安装,必须按照以下要求进行:
- 信号机机构安装直立牢固;
- 信号机机构没有侵入限界。

(二)信号机设备的调整

信号机设备的调整主要有电气参数调整和灯光显示调整。电气参数的调整主要是对点灯电压、灯端电压、报警参数等的调整。不同的设备会有不同的调整方法,具体的调整方法可以参考设备的使用手册。灯光显示调整主要是通过调整灯座位置的前后和高低来进行聚焦调整,使灯泡的主灯丝位于透镜组的焦点上,以获得最佳显示距离和效果。同时也可以对机体与底座的安装角度进行纵向和横向的调整,一般机体仰角为5°时,能达到最佳显示距离和效果。

(三)信号机的维修技能

信号机的维修技能主要有以下内容:
- 结构外观检查;
- 检修各部位螺栓、螺丝,注油;
- 透镜清扫、检查;
- 机构、箱盒内部清扫、检查;
- 电器部分检查;
- 电气测试;
- 防水、防潮和防尘措施检查;
- 测量并调整灯光显示距离;
- 灯丝报警功能测试;
- 机构、箱盒整治检查;
- 设备除锈、油饰;
- 配线、引入线、接地线检查;
- 设备整治;
- 更换配线;

- 重做配线端子；
- 测电缆线间绝缘电阻；
- 根据评估结果，更换整组信号机（包括机柱、梯子和基础）。

三、透镜式色灯信号机的Ⅰ级测试

透镜式色灯信号机二级保养和小修中，需要测试其电气特性参数和进行灯丝转换试验，并以此判断设备电气工作状态是否正常。测试项目包括信号在禁止状态和允许状态下的变压器一次侧电压，变压器二次侧主灯丝电压、副灯丝电压，主灯丝灯端电压、副灯丝灯端电压等。

（一）变压器Ⅰ次侧电压测试

变压器Ⅰ次侧电压为变压器输入值。将万用表量程调至交流电压挡，用两表笔分别置于点灯单元一次侧，即电源端子上测试，所测值为变压器Ⅰ次侧电压。

变压器Ⅰ次侧电压合格范围为220（1±10%）V，即198～242 V。

（二）变压器Ⅱ次侧电压测试

变压器Ⅱ次侧电压为变压器输出值。将万用表量程调至交流电压挡，用两表笔置于点灯单元Ⅱ次侧主丝端子与公共端子上测试，所测值为变压器Ⅱ次侧主灯丝电压。

变压器Ⅱ次侧电压测试值为：列车信号为额定电压的85%～95%，即10.2～11.4 V；调车信号为额定电压的75%～95%，即9～11.4 V。

当测试变压器Ⅱ次侧副灯丝电压时，需安全防护员按下灯丝转换按钮，此时室外安全防护员应联系楼内防护员，告知要进行相应灯位转换试验，楼内防护员应在控制台上观察是否有断丝报警，并通知室外。

（三）灯端主、副丝电压测试

将万用表量程调至交流电压挡，将两表笔分别置于灯座上的主、回端子上测试电压，测试值即为主丝电压。

灯端电压：列车信号为额定电压的85%～95%，即10.2～11.4V；调车信号为额定电压的75%～95%，即9～11.4 V。

测试副丝电压时，首先将断丝试验按钮按下，将两表笔置于灯座上的副、回端子上测试电压，测试值即为副丝电压。

当测试允许灯光的电气特性时，室外防护员应与楼内联系，请求开放允许灯光，测试过程同禁止灯光。

四、透镜式色灯信号机二级保养作业

透镜式色灯信号机二级保养周期是每半年进行一次，其标准化流程和检修内容如下：

（一）准备工作

在进行二级保养作业之前，要做好准备工作，即准备好工具、材料、仪表、通信工具等，

作业负责人和室外安全防护员提前 10 min 到达作业现场，楼内安全防护员提前 10 min 到达行车值班室。

1. 工具准备

300 扳手、250 扳手、一字螺丝刀、十字螺丝刀、套筒、设备专用钥匙、信号机专用灯泡、毛刷、5 mm 螺帽、垫片、弹簧垫片若干。

2. 仪表准备

数字万用表。

3. 材料准备

白布、棉纱、机油。

4. 通信工具

楼内安全防护员和室外防护员人手一台对讲机。

（二）登记联系

楼内安全防护员到达行车值班室与行车调度人员进行沟通，并在"车辆段施工、检修登记簿"上登记作业日期、施工单位、作业内容、作业地点、作业人数、要点时间等事项。登记完成后，楼内安全防护员和行车调度人员签字确认。在行车调度人员下达可以作业的指令后，楼内安全防护员至控制台前，等待室外防护人员联系。登记联系完毕之后，室外人员方可上道作业。

（三）进行二级保养作业

透镜式色灯信号机的二级保养作业顺序通常是由轨旁箱盒外部检查、清扫开始，依次进行信号机构外部检查、清扫，箱盒内部检查、清扫，机构内部检查、清扫，最后进行 I 级测试。

作业负责人进行维护检修作业时，室外安全防护员注意进行瞭望并与楼内防护员保持信息畅通。

1. 箱盒外部检查、清扫

目测和手动检查箱盒完好，无破损，加锁良好；基础安装稳固，无影响强度的裂纹，目测不倾斜，连接销螺丝紧固、不旷动；各部螺丝无锈蚀，无污物堆积。

对箱盒外部进行清扫。

2. 机构、透镜外部检查、清扫

目测观察设备名称清晰、正确。

目测和手动检查机构完好无损，安装牢固，加锁良好；矮型信号机基础不倾斜；高柱信号机机柱完好，不倾斜，无裂纹，机顶封堵良好；梯子中心与机柱中心线一致，牢固，无明显弯曲，无锈蚀。

透镜外玻璃干净，无影响信号显示的斑痕，无裂纹和影响显示的剥落。

对机构、透镜外部进行清扫。

3. 箱盒内部检查、清扫

使用专用钥匙打开箱盒，检查箱盒内部清洁，无积尘、无水渍；门、盖严密，无裂纹、变形现象；盘根良好，不进水、不进尘土，无动物寄生。

使用毛刷清扫箱盒内部。清扫时注意：毛刷把导电部分需用绝缘胶布包好，以防短路、混线。

手动检查箱内各螺丝不滑扣，螺母须拧固，螺杆应伸出螺母外，最少与螺母平，弹簧垫圈等防松配件能起到应有的作用。若有螺丝松动现象，使用套筒紧固。

箱内端子号码牌固定良好，清晰。

点灯单元外罩完整、清洁、封闭良好，点灯单元安装牢固，无严重锈蚀，端子板无裂纹，无过热。

配线整齐，绑扎牢固，不磨卡，不破皮，不老化，不断股。

配线图清楚完整。

4. 机构内部检查、清扫

使用专用钥匙打开机构，检查机构内部清洁，无积尘、无水渍；门、盖严密，无裂纹、变形现象；盘根良好，不进水、不进尘土，无动物寄生。

透镜内玻璃干净、完整，无影响显示的斑痕、裂纹和剥落。

手动检查每个灯座安装牢固，灯端转换开关良好，线头连接牢固，灯泡无发黑现象。

配线整齐，绑扎牢固，不磨卡，不破皮，不老化，断股不超过 1/5。

对机构内部进行清扫。清扫时注意：毛刷把导电部分需用绝缘胶布包好，以防短路、混线。

在上述项目检查完毕后，对信号机进行电气特性测试和灯丝转换试验。

5. 信号机电气特性测试与试验

1）信号在定位状态下电气特性测试

测试内容包括：变压器一次侧电压，变压器二次侧主灯丝电压、副灯丝电压，主灯丝灯端电压、副灯丝灯端电压。

在测试副灯丝的电气特性时，需按下灯端转换开关，此时安全防护员通知室内进行灯丝转换试验，室内有断丝报警。

2）信号在允许状态下电气特性测试

室外需与楼内联系，要求依次开放允许信号。

在开放允许信号的情况下进行测试，测试项目同样包括：变压器一次侧电压，变压器二次侧主灯丝电压、副灯丝电压，主灯丝灯端电压、副灯丝灯端电压。

在测试副灯丝的电气特性时，需按下灯端转换开关，此时安全防护员通知室内进行灯丝转换试验，室内有断丝报警。

将测试值填入测试卡片内。

测试完毕后，通知楼内将信号恢复到定位状态。

6. 设备周围硬化检查

清理设备周围硬化地面，保持平整、不积水、无杂草。

7. 注　油

最后对箱盒外部锁鼻、锁耳、各螺丝、螺栓油润。

（四）加锁、销记

室外工作人员完成检修作业后，对箱盒、机构加锁，并与楼内防护员联系，确认室内外设备正常，可请求销记。

楼内安全防护员在"车辆段施工、检修登记簿"上写明设备状态、销点时间等事项。销记完成，楼内安全防护员和行车调度人员签字确认。

作业负责人回到工区后填写"完工报告单"。

五、透镜式色灯信号机小修、中修和大修

（一）小　修

小修修程为 1 年。

（1）同二级保养内容。

（2）测量并调整灯光显示距离。

通过调整灯座，调整灯光显示距离，使信号显示距离符合标准。信号显示距离为：入（出）段（场）信号不小于 400 m，不满足显示距离要求的小半径曲线区段应使其达到最远；调车信号不小于 200 m；引导信号不小于 100 m。

定焦盘不活动，挑簧接触良好，灯座安装牢固。

（3）机构、箱盒整治检查。

机柱正直不晃动，水泥机柱不得有裂通圆周的裂纹，裂纹超过半周的应采取加固措施；无纵向裂纹，钢筋不得外露。

地面站的机柱倾斜不大于 8 mm（在地面以上 1 000 mm 处测得）。

地面站机柱地面周围硬化，保持平整、不积水。地面破裂要及时修补、整治。

（4）设备除锈蚀、油饰。

对机构、梯子和箱盒内进行清扫，如出现锈蚀，铲除锈蚀部分，整机涂上防锈油及外漆。油漆油层应完整，无剥落现象并保持鲜明。防锈油干透后才能涂上外漆，漆膜不能太厚。

（5）配线、引入线、接地线检查。

配线整齐，不磨卡，不破皮，不老化，断股不超过 1/5，引入线固定良好。

测量车辆段内色灯信号机接地电阻，一般不大于 10 Ω。

用 500 V 的兆欧表测量绝缘电阻，对地绝缘电阻不小于 0.5 MΩ（车辆段全部测试，正线抽样不少于 10%）。

（6）设备整治，更换不良配件。

（二）中　修

地面线路中修修程为 5 年，地下线路中修修程为 8 年。

1. 更换配线

更换机内配线。注意：更换后要进行一致性检查。

2. 重做电缆与配线和连接的配线端子

对线缆线头发黑的，要重做线头。

测电缆线间绝缘电阻。用 500 V 的兆欧表测量绝缘电阻，各线间电阻不小于 5 MΩ。

（三）大　修

大修修程为 15 年。

根据评估结果，更换整组信号机（包括机柱、梯子和基础），不低于原设计标准。

六、LED 色灯信号机检修规程

LED 色灯信号机检修规程如表 3.5 所示。

表 3.5 LED 色灯信号机检修规程

修程	周期	维修内容	维修标准	备注
二级保养	每季	信号机点灯试验	不常点灯信号机利用点式列车进行点灯试验	不进行电气特性测试
	每半年	机构外观检查	机构良好无损，安装牢固，基础稳固，无破损，箱盒完好，无破损，加锁良好及机构加锁良好。基础或支持物无影响强度的裂纹，安设稳固，其倾斜度不得超过 10 mm。设备的周围应硬化，保持平整、不积水、无杂草	
		检修各部位螺栓、螺丝，注油	螺丝扣不滑扣，螺母须拧固，螺杆应伸出螺母外，最少与螺母平，弹簧垫圈等防松配件能起到应有的作用；连接销螺丝紧固、不旷动。各部螺丝无锈蚀，无污物堆积。螺丝、锁鼻、锁耳油润	
		LED 发光盘清扫、检查	LED 发光盘玻璃干净，无影响信号显示的斑痕、无裂纹和影响显示的剥落	
二级保养	每半年	机构、箱盒内部清扫、检查	机构、箱盒内部清洁，无尘。清扫时注意：毛刷把导电部分需用绝缘胶布包好，以防短路、混线。端子号码牌固定良好，清晰。配线图清楚完整。端子号码牌固定良好，清晰。配线图清楚完整	
		电气部分检查	外罩完整、清洁、封闭良好，变压器安装牢固，无严重锈蚀，端子板无裂纹，线圈不过热	
			可动部分和导电部分，不论在何种情况下，与外罩均须有 2 mm 以上的间隙。线圈引出线各部连接线应不影响接点动作，接点清洁平整，无严重的烧损，插片与插座插接牢固、平稳，防松装置良好。紧固时注意：套筒扳手等工具导电部分需用绝缘胶布包好，以防短路、混线	
			接地线与接地端子接触良好，固定螺母紧固，不松动；地线无绝缘破损、裂纹、老化、脱落、断痕、断股及磨损现象；接头有无锈蚀、打火痕迹	
			发光二极管矩阵灭灯符合规定	
		电气测试	电气特性符合标准	
		防水、防潮和防尘措施检查	门、盖严密，盘根要良好，不进水、不进尘土，无动物寄生，无裂纹、无缺损	

续表

修程	周期	维修内容	维修标准	备注
小修	每年	同二级保养内容		
		检查灯光显示距离	信号机的显示距离不得小于 300 m,不满足显示距离要求的小半径曲线区段应使其达到最远	
		灯丝报警功能测试	灯丝断丝,给出报警	
		机构、箱盒整治检查	机柱正直不晃动,机柱不得有裂纹	
		限界检查	设备边缘距离钢轨中心线 1 900 mm	
中修	五年	配线不良更换,不良线环更换	更换后进行一致性检查。对线缆线头发黑的,要重做线头	
		机构整治	对机柱损坏进行更换。生锈及螺丝断裂的进行补漆和更换螺丝	
大修	十五年	更换整组信号机	不低于原设计标准	

思考题

1. 城市轨道交通地面色灯信号机的作用是什么?
2. 透镜式色灯信号机由哪些部件组成?各起什么作用?
3. 简述 XDZ-B 型点灯单元的工作原理。
4. XDZ-B 型点灯单元的功能和特点是什么?
5. 组合式色灯信号机由哪些部件组成?各起什么作用?
6. 简述组合式色灯信号机的光学原理。
7. LED 色灯信号机有哪些优点?
8. 城市轨道交通正线上设有哪些信号机?其显示意义是什么?
9. 城市轨道交通车辆段设有哪些信号机?其显示意义是什么?
10. 简述各种信号机的灯光配列。
11. 简述城市轨道交通色灯信号机的命名方法。
12. 各种信号机定位如何显示?对它们的关闭时机有怎样的规定?
13. 色灯信号机的灯光配列有哪些规定?
14. 简述城市轨道交通信号机的分类。
15. 简述城市轨道交通信号机的显示意义。
16. 城市轨道交通信号显示距离有哪些规定?
17. 信号机的主要安全因素及防范措施有哪些?
18. 信号机的维修技能主要有哪些?
19. 简述透镜式色灯信号机 I 级测试的内容及测试方法。
20. 简述透镜式色灯信号机二级保养的标准化流程和检修内容。
21. 简述 LED 色灯信号机二级保养的维修内容及标准。

项目四　列车检测设备的运行与维护

【岗位工作任务描述】

轨道电路和计轴设备是城市轨道交通信号系统的基础设备。地铁企业应根据修程规定制订对所管辖线路内的列车检测设备的检修计划，并根据月度维修工作计划表（月表），按照标准化流程及技术标准在规定时间内对列车检测设备进行检修，以确保系统设备的正常使用，保证城轨运输的安全、高效。

车辆基地信号工班负责段/场内 50 Hz 相敏轨道电路的维护，正线信号工班根据线路所选信号系统制式负责正线上音频轨道电路或者计轴设备的维护。

【知识目标】

1. 掌握轨道电路的基本工作原理、基本作用、基本组成，了解轨道电路的基本参数和工作状态；
2. 理解道岔区段轨道电路的连接；
3. 了解轨道电路的划分、绝缘节的设置，理解轨道区段的命名；
4. 理解极性交叉的作用；
5. 了解 50 Hz 相敏轨道电路的组成，掌握 50 Hz 微电子相敏轨道电路的组成，理解 50 Hz 微电子相敏轨道电路的运行原理；
6. 了解企业信号设备现场维护标准流程；
7. 理解音频轨道电路的工作原理；
8. 了解 FTGS 轨道电路运行原理，掌握其结构组成；
9. 掌握 AzLM 计轴系统的组成，理解其运行原理，了解其复零操作。

【技能目标】

1. 能够熟练认知 50 Hz 微电子相敏轨道电路各部件组成，并说出各部件的作用；
2. 能够熟练说出 50 Hz 微电子相敏轨道电路的运行原理；
3. 能够熟练认知 50 Hz 微电子相敏轨道电路组合；
4. 会对 50 Hz 微电子相敏轨道电路进行 I 级测试，并会判断测试值是否符合标准；
5. 能够按照标准化流程对 50 Hz 微电子相敏轨道电路进行日常保养和二级保养；
6. 能够认知 FTGS-917 型轨道电路的部件组成，并说出各部件的作用；
7. 能够按照标准化流程对 FTGS-917 型轨道电路进行二级保养；
8. 能够熟练认知 AzLM 计轴系统的部件组成，并说出各部件的作用；
9. 能够按照标准化流程对 AzLM 计轴系统进行日常保养和二级保养；
10. 养成安全作业和标准化作业习惯。

任务一　认识轨道电路

虽然城市轨道交通系统的列车运行速度比铁路列车慢，但其运行密度高，列车间隔近。要保证城市轨道交通列车运行的高安全、高可靠性，对轨道的空闲或占用的检测是必不可少的。轨道电路和计轴设备是城市轨道交通中广泛应用的列车检测设备。

铁路上最初没有轨道电路，但随着列车密度的增加和运行速度的提高，列车安全事故率明显增加，而导致列车事故频发的主要原因是不能明确反映轨道的空闲或占用。1870 年，美国人鲁宾逊发明了开路式轨道电路，用于检测列车占用钢轨线路状态；1872 年，研制了闭路式轨道电路，于 1873 年首先在宾夕法尼亚铁路试用。

一、轨道电路的作用

轨道电路的第一个作用是监督列车对轨道的占用。利用轨道电路监督列车对线路的占用状况，由轨道电路反映该段线路是否空闲，可为开放信号、建立进路或构成闭塞提供依据，还可利用轨道电路的被占用关闭信号，把信号显示与轨道电路是否被占用结合起来。

轨道电路的第二个作用是传递列车信息。例如，音频轨道电路利用不同的低频频率反映行车信息，为 ATC 系统直接提供控制列车运行所需要的前行列车位置、运行前方信号机状态和线路条件等有关信息，以决定列车运行的目标速度，控制列车在当前运行速度下是否停车或减速。对于 ATC 系统来说，带有编码信息的轨道电路是其车、地之间传输信息的通道之一。

二、轨道电路基本工作原理

轨道电路是以两根钢轨作为导体，两端加以机械绝缘（或者电气绝缘）节，并加上送电和受电设备构成的电路。轨道电路还可与列车运行控制系统联系起来。它是轨道交通信号控制系统的重要基础设备之一，它的性能直接影响行车安全和运输效率。

如图 4.1 所示，轨道电路的送电端设置轨道电源 E 和限流器 R_X。轨道电源可以是直流电源、交流电源或者经调制的音频信号。限流器是可调整的电阻器或电抗器，其作用是过载时使电压大部分降在 R_X 上，以保护轨道电源不致损坏，同时在列车占用轨道电路时，保证轨道继电器可靠落下，提高轨道电路的分路灵敏度。

受电端一般采用继电器，称为轨道继电器 GJ，由它来接收轨道电路的信号电流，反映轨道电路的状态。

送、受电端的设备由引接线接向钢轨。钢轨是轨道电路的导体，为减小钢轨接头的接触电阻，增设了轨端接续线。钢轨绝缘是为分隔相邻轨道电路而装设的。两绝缘节之间的钢轨线路，称为轨道电路的长度。

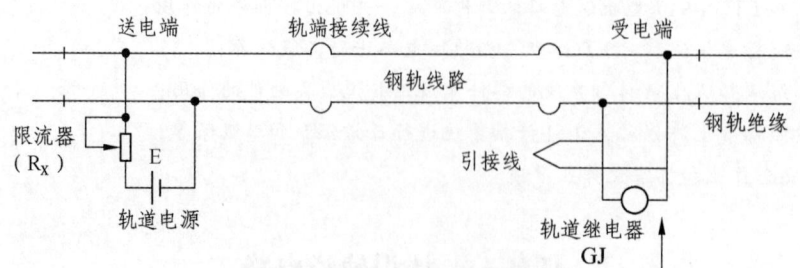

图 4.1 轨道电路基本组成图

当轨道电路内钢轨完整，且没有列车占用时，电流由轨道电源流经钢轨到达轨道继电器 GJ 的线圈，构成闭合回路，轨道继电器 GJ 吸起，表示该轨道区段空闲。轨道电路被列车占用时，它被列车轮对电阻分路，因轮对电阻远小于轨道继电器线圈电阻，流经轨道继电器 GJ 线圈的电流大大减小，轨道继电器 GJ 落下，表示该区段有车占用。

三、轨道电路的分类

（一）按轨道电源分类

按轨道电源分类，轨道电路可分为直流轨道电路和交流轨道电路。

轨道电源采用直流电源的轨道电路，称为直流轨道电路。由于其传输衰耗较大，现已较少采用。

轨道电源采用交流电源的轨道电路，称为交流轨道电路。交流轨道电路的种类很多，城市轨道交通系统中常采用工频交流连续式轨道电路和音频轨道电路。

工频交流连续式轨道电路中传输的是 50 Hz 交流电流。这种轨道电路的功能单一，只有检测轨道区段有无列车占用的功能。

音频轨道电路在钢轨中传送的是经调制的音频电流，在发送端采用模拟信号或数字信号调制位于 20 Hz～20 kHz 频段的载频，使受电端继电器动作。模拟式音频轨道电路是用低频去调制载频，不同的低频代表不同的行车信息。它除了有检测轨道区段是否有车占用的功能外，还可以传输较多信息。数字音频轨道电路采用的不是单一低频调制频率，而是根据数字编码，采用一个群调制载频。其中编码包含目标速度码、目标距离码、线路参数码等。数字音频轨道电路可以传输更多的信息。

（二）按接线方式分类

按接线方式分类，轨道电路可分为开路式轨道电路和闭路式轨道电路。

开路式轨道电路平时呈开路状态，如图 4.2 所示。它的发送设备和接收设备安装在轨道电路的同一端。在线路无车占用时，不构成回路，轨道继电器处于落下状态；在有车占用时，轨道电路通过车辆轮对构成回路，轨道继电器吸起，并发出轨道区段被占用的信息。开路式轨道电路的特点是动作反应快，但不能监督轨道电路的完整性，遇断轨或引接线、接续线折断等故障时，不能及时发现，若此时有车占用，轨道继电器不能吸起，很不安全。因此，这种轨道电路极少采用。

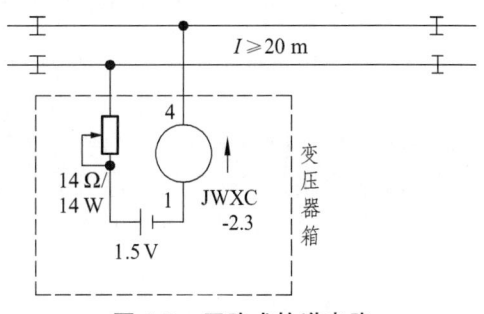

图 4.2　开路式轨道电路

闭路式轨道电路平时构成闭合回路，其发送设备（电源）和接收设备（轨道继电器）分别装设在轨道电路的两端，如图 4.1 所示。轨道电路上无车占用时，轨道继电器吸起；有车占用时，因车轮轮对分路，轨道继电器落下。当发生断轨、断线等故障时，轨道继电器落下，相当于该段线路有车，能保证安全，符合"故障—安全"原则，所以几乎所有轨道电路都采用闭路式。

（三）按分割方式分类

按分割方式分类，轨道电路可分为有绝缘轨道电路和无绝缘轨道电路。

有绝缘轨道电路是指用机械绝缘（钢轨绝缘）将轨道电路与相邻的轨道电路互相隔离。一般所说的轨道电路均是有绝缘轨道电路。车辆基地的轨道电路通常选用有绝缘轨道电路。

钢轨绝缘在车辆运行的冲击力、剪切力作用下很容易破损，使轨道电路的故障率较高。绝缘节的安装，给无缝线路带来一定的麻烦，有时需锯轨，因而降低了线路的轨道强度，增加了线路维护的复杂性。因此，高速铁路和电气化铁路采用无绝缘轨道电路。

无绝缘轨道电路在其分界处不设机械绝缘，而是采用电气绝缘节将相邻的两轨道电路区段划分开。电气绝缘节通常利用谐振槽路，采用不同的信号频率，通过谐振回路对不同频率呈现不同阻抗，来实现相邻轨道电路间的电气隔离。

无绝缘轨道电路去掉了故障率高的机械绝缘，显著地提高了轨道电路的可靠性，降低了电气化轨道区段轨道电路的不平衡系数，减少了车辆轮对与钢轨接缝之间的碰撞，降低了轮对和钢轨的磨损，避免了列车过接缝时乘客产生不舒适感。另外，无绝缘音频轨道电路还具有向车载设备传输行车信息的功能，从而使轨道电路既具有检查轨道占用、空闲状态的功能，还具有传输信息功能。无绝缘轨道电路通常应用在以轨道电路作为地对车通信通道的 ATC 系统中。

（四）按轨道电路有无道岔分类

按轨道电路内有无道岔分类，轨道电路可分为无岔区段轨道电路和道岔区段轨道电路。

无岔区段轨道电路是指轨道电路的区段内没有道岔，线路无分支。其构成较简单，一般用于停车线、检车线以及两差置调车信号机之间、尽头调车信号机前方接近区段。

道岔区段轨道电路是指轨道电路的区段内有道岔，线路有分支，一般用于车辆基地的咽喉区内或正线上有道岔区段。

（五）按电气牵引区段牵引电流的通过路径分类

按电气牵引区段牵引电流的通过路径分类，轨道电路可分为单轨条轨道电路和双轨条轨道电路。

单轨条轨道电路是以一根钢轨作为牵引电流回线，在绝缘处用回流线（又称抗流线）引向相邻轨道电路的钢轨上的一种轨道电路。其牵引电流流过钢轨时在钢轨间产生较大的电位差，成为信号电路外界的主要干扰源。牵引电流越大，钢轨阻抗越大，对信号电路造成的干扰也越大。此外，由于单轨条轨道电路阻抗较大，传输距离相对缩短。但单轨条轨道电路构造简单，建设成本低，相对功耗小。

双轨条轨道电路是针对单轨条轨道电路不利于信号设备稳定的缺点而设计的又一种轨道电路。双轨条轨道电路的牵引电流是沿着两根钢轨流通的，在钢轨绝缘处为导通牵引电流而设置了扼流变压器，信号设备通过扼流变压器接向轨道，如图 4.3 所示。图中实线是牵引回流路径，虚线是信号电流路径。

双轨条轨道电路是由两根钢轨并联传递牵引电流的，两钢轨间产生的不平衡电流比单轨条要小得多，因此对于牵引电流的阻抗较低，有利于信号的传输，设备运行也相对稳定。其缺点是造价较高，维修较复杂。

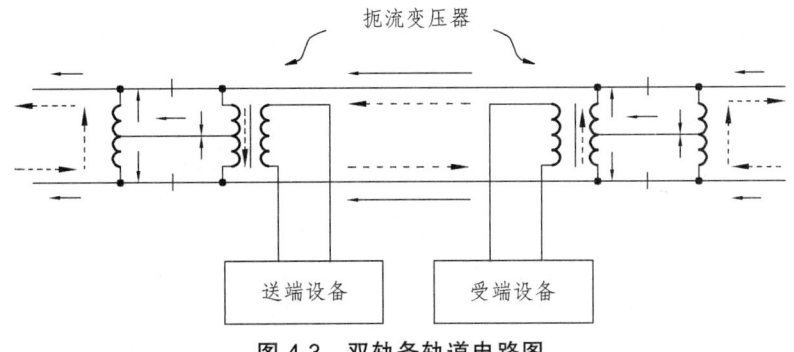

图 4.3 双轨条轨道电路图

四、道岔区段轨道电路

(一)道岔绝缘和道岔跳线

道岔区段轨道电路与无岔区段轨道电路的区别在于线路被分开产生了分支。由于道岔中的辙叉心结构会导致轨道电路短路,因此需要加装切割绝缘,称为道岔绝缘。为了保证加装道岔绝缘的轨道区段信号电流畅通,还需装设道岔连接线(短线)和跳线(跨于股道间的长线),规格及作用见表 4.1。

表 4.1 道岔连接线和跳线规格及作用

型号	名称	长度/mm	电阻值/Ω	作用
Ⅰ	道岔连接线	900	≤0.012	连接尖轨、基本轨及辙叉心
Ⅱ	道岔连接线	1 200	≤0.016	连接尖轨、导轨
Ⅲ	道岔连接线	1 500	≤0.020	连接辙叉心
Ⅳ	跳线	3 000	≤0.039	连接分支轨道电路
Ⅴ	跳线	3 300	≤0.043	连接分支轨道电路

单开道岔的道岔绝缘和道岔跳线的配置如图 4.4 所示,单开道岔需配置 Ⅰ 型跳线 5 根,Ⅲ 型跳线 2 根,Ⅳ 型跳线 1 根。

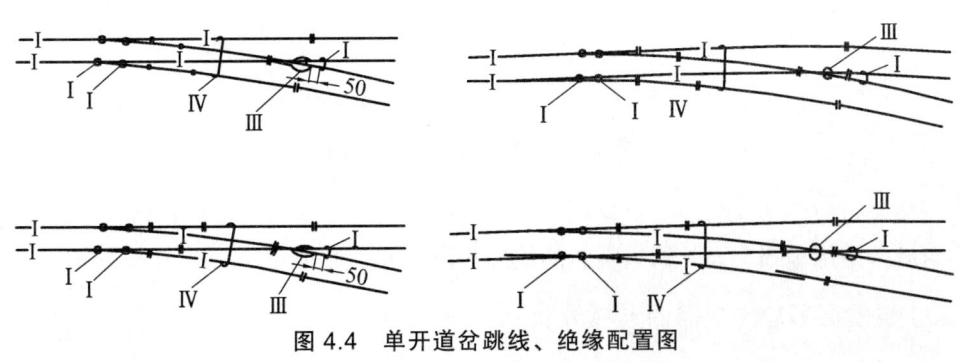

图 4.4 单开道岔跳线、绝缘配置图

道岔区段轨道电路的道岔绝缘有两种安装方式：直股切割和弯股切割。如图 4.5 所示道岔绝缘安装在钢轨直股上的安装方式称为直股切割。

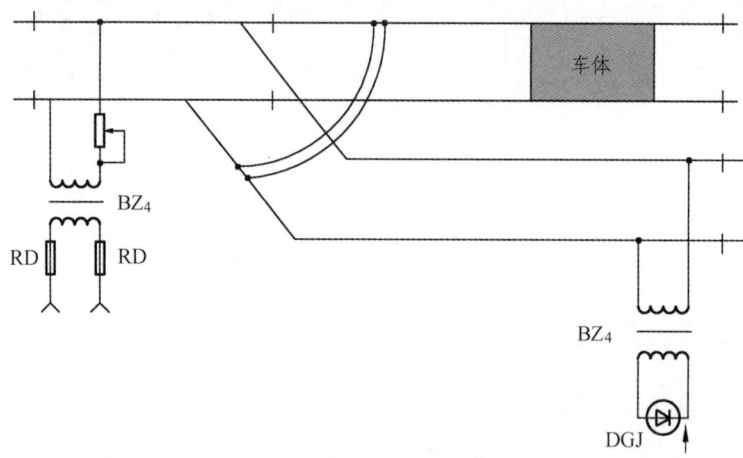

图 4.5　道岔绝缘直股切割图

图 4.5 中若轨道继电器设在直股，平时轨道继电器线圈的电流经过跳线，跳线断线可以检查到，符合"故障—安全"原则。图 4.5 中若轨道继电器设在弯股，平时轨道继电器线圈的电流不经过跳线，所以检查不到跳线断线。当跳线断开时，分支轨道上有车将不能反映出来，所以要用两根跳线，作为断线保护。

如图 4.6 所示道岔绝缘安装在钢轨弯股上的安装方式称为弯股切割。单跳线和双跳线设置原理与直股切割相同。现场实际使用中，全部采用双跳线，以提高可靠性。

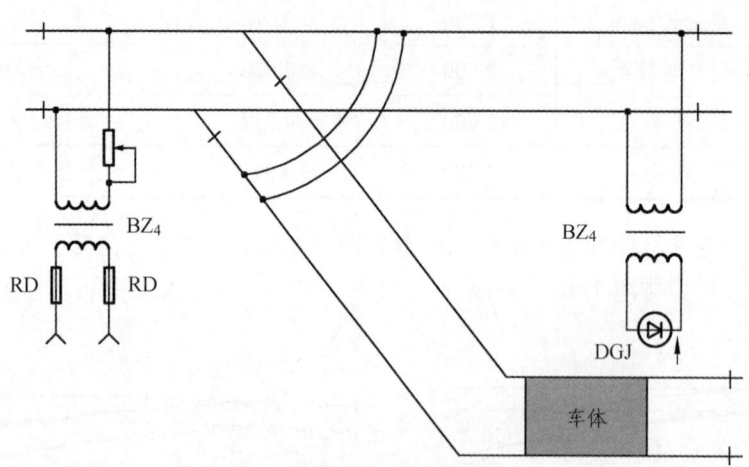

图 4.6　道岔绝缘弯股切割图

道岔绝缘可以安装在直股，也可以安装在弯股，但将道岔绝缘设置在道岔反位接通的线路上，可减少绝缘破损，延长轨道电路的使用年限，并方便维修。

（二）道岔区段轨道电路的连接方式

道岔区段轨道电路从电路结构来分，有串联式和并联式两种。

串联式道岔区段轨道电路的构成如图 4.7 所示。串联式轨道电路的电流要流经整个区段的所有钢轨,可以检查所有跳线和钢轨的完整,因此比较安全,但结构复杂。它增加了一组绝缘,在直股和弯股的两根钢轨间加装了用电缆构成的连接线或长跳线,给施工和维修带来不便,所以在我国未被广泛采用。

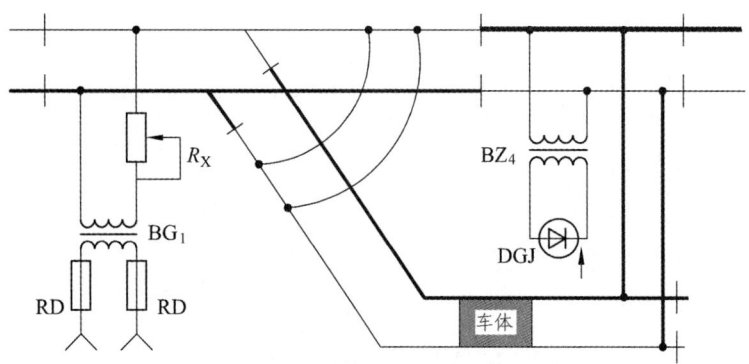

图 4.7 串联式轨道电路

并联式道岔区段轨道电路的构成如图 4.8 所示,这种电路比较简单。直股或弯股在有车占用时 GJ 均被分路而落下,但在分支电路上只有电压检查没有电流检查,成为开路状态。当道岔跳线折断时,列车进入弯股,因弯股未设受电设备,GJ 就不会落下,这是非常危险的。解决的方法是用双跳线来防护,即增加第二跳线,以减小跳线折断的可能,提高可靠性。现场使用中将所有跳线改为双跳线。另外,在弯股钢轨断轨或弯股钢轨表面不洁,或分支线路过长,列车占用时,GJ 也不会落下。所以这种轨道电路不符合"故障—安全"要求。

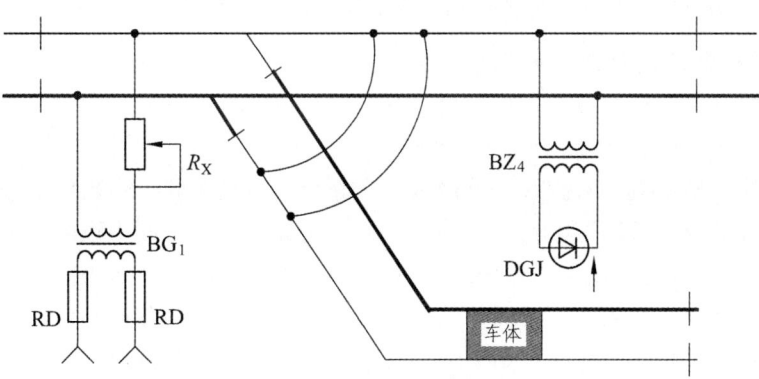

图 4.8 并联式轨道电路

鉴于一送一受轨道电路的缺陷,现场多采用一送多受轨道电路。一送多受轨道电路设有一个送电端,在每个分支轨道电路的另一端各设一个受电端,各分支受电端 GJ 的前接点,串联在主轨道继电器电路中,如图 4.9 所示。通过 DGJ_1 线圈的电流要流经跳线,一旦跳线折断,DGJ_1 就会失磁落下,DGJ 也会失磁落下,从而可以确保行车安全。把 DGJ_1 的接点串入 DGJ 后,用一个 DGJ(主轨道继电器)来反映道岔区段的工作情况。

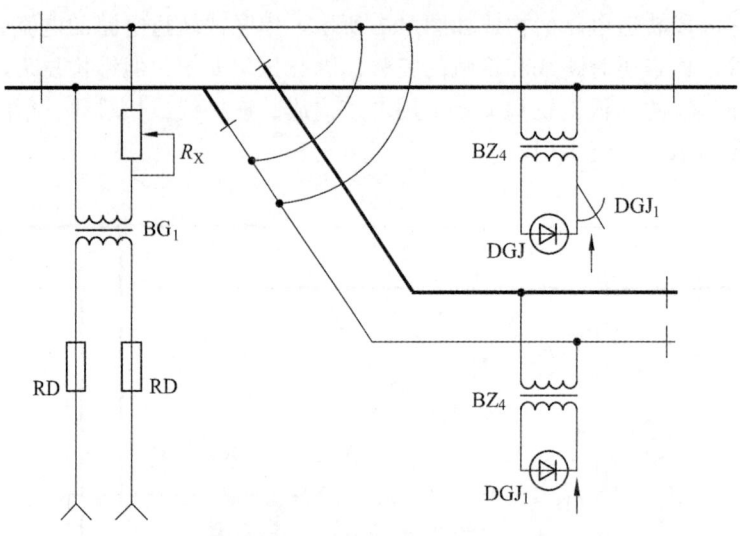

图 4.9 并联式一送多受轨道电路

一送多受轨道电路最多不超过 3 个受电端，并且列车占用任意地点时，必须保证有一个受电端被分路。并联式一送多受轨道电路安全程度高，为了提高道岔区段轨道电路的可靠性，现已在所有的区段中推广使用。

五、轨道电路的划分与钢轨绝缘的设置

（一）轨道电路的划分

划分轨道电路的原则是：应能保证轨道电路可靠工作，并满足排列平行进路的需要和便于车场作业。

1. 车辆基地轨道电路区段的划分方法

（1）信号机前后应划分成不同的区段，凡有信号机的地方均应设轨道绝缘，其内外方划分为两个不同的轨道电路区段。

（2）停车线、试车线、吹扫线、静调线、月修线、轨道车线、牵出线、备用停车线、平板车线、安全线等设全长轨道电路；定修库、不落轮镟库、油漆库不设轨道电路，有条件的库前设 25~50 m 的接近区段（一般为 50 m），洗车库前均应设轨道电路。

（3）凡是能构成平行进路的地点，都应设置钢轨绝缘将其划分成不同的轨道电路区段。

（4）同一轨道电路内，单动道岔最多不得超过三组，复式交分道岔不得超过两组。

（5）为提高咽喉区使用效率，可将轨道区段适当划短，使道岔及时解锁，立即办理其他进路。

（6）轨道电路的区段长度限制依据轨道电路的制式而确定。50 Hz 微电子相敏轨道电路的最大长度为 300 m。

（7）车辆基地的停车线一般划分为两段轨道电路，允许停放两列列车。

2. 50 Hz 相敏轨道电路区段划分原则

根据车场线路图，50 Hz 相敏轨道电路采用以下三种设置方式：

（1）一个送电端、一个受电端的轨道区段，如图 4.10 所示。

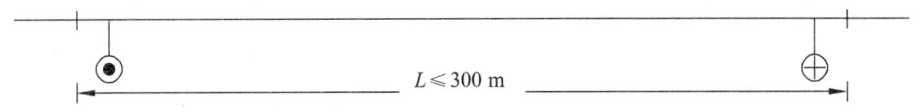

图 4.10　无分支轨道区段设置图

（2）一个送电端、一个受电端、带三个无受电分支的轨道区段，每个无受电分支长度均小于 65 m（自并联起点道岔的岔心算起），如图 4.11 所示。

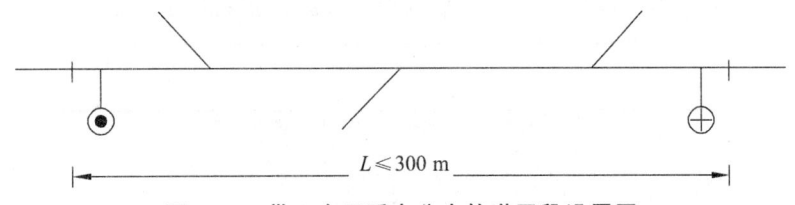

图 4.11　带三个无受电分支轨道区段设置图

（3）一个送电端、两个受电端、带一个无受电分支的轨道区段，该无受电分支的长度小于 65 m（自并联起点道岔的岔心算起），如图 4.12 所示。

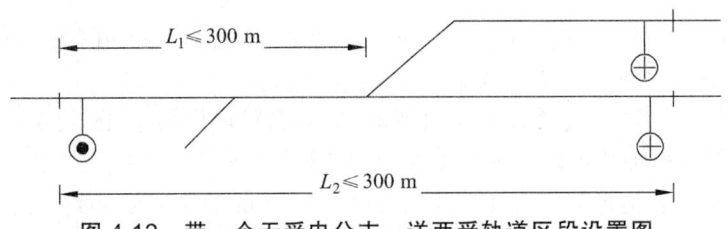

图 4.12　带一个无受电分支一送两受轨道区段设置图

（二）绝缘节设置原则

（1）轨道电路分界处应设置绝缘节。信号机处的绝缘节应与信号机并列安装（以机构中心计算）。为减少换轨和锯轨，当不能并列安装时，应符合下列规定：调车信号机处的钢轨绝缘可设在其信号机前方或后方各 1 m 的范围内。

因列车与信号机平齐时，是针对车钩而言，而车钩距车辆最外方车轴有一定距离，因此信号机与钢轨绝缘间的距离必须小于车钩至车辆最外方车轴的距离，否则车停住时，车钩要越过信号机。

（2）道岔区段的钢轨绝缘，在岔尖一端的设在基本轨缝处；在辙叉一端的，应设在距离警冲标不小于 3.5 m 处。渡线上的钢轨绝缘不受此限制。当条件受限钢轨绝缘必须装于警冲标内方小于 3.5 m 处时，应按侵入限界考虑，设置侵限绝缘节（又称超限绝缘）。

铁路设计规范中描述，考虑到车辆最外方的轮对距车厢尾端车钩最大距离为 3.5 m，即当最末车轮刚刚越过钢轨绝缘时，应保证车钩进入警冲标内方，否则可能造成侧面冲突。若钢轨绝缘小于 3.5 m，车辆的车钩以及车体极有可能侵入邻线限界，因此实际设置距离应为 3.5～4 m 才能保证车辆走行安全。若道岔辙叉后设置了侵限绝缘，侵限绝缘在平面图上以绝缘外加一圆圈表示，如图 4.13 所示。

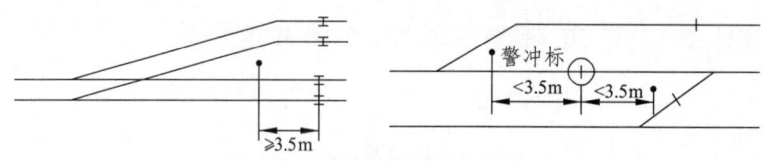

图 4.13 侵限绝缘示意图

（3）为保证安全，两钢轨绝缘应设于同一坐标处，避免产生死区段，即有车占用不能检测出来。死区段多发生在弯道或道岔区段。当两钢轨绝缘不能设于同一坐标时，其错开的距离（死区段）应不大于 2.5 m，如图 4.14 所示。若不得已产生死区段，应防止由于车辆停留在死区段得不到检查而错误转换道岔，开放信号，导致严重行车事故。

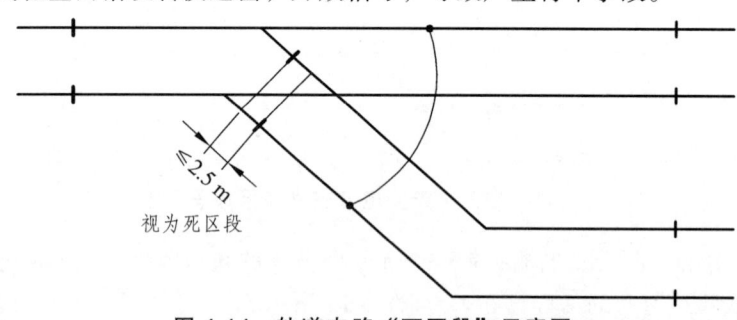

图 4.14 轨道电路"死区段"示意图

（4）停车线、试车线、安全线、吹扫线、静调线、月修线、轨道车线、牵出线、备用停车线、平板车线设全长轨道电路，绝缘节设置在尽头处。

（5）定修、不落轮镟库、油漆库不设轨道电路，有条件的库前设 25～50 m 的接近区段（一般为 50 m），绝缘节按照接近区段的长度对应设置。

（6）洗车库前、后绝缘节设置在距库前线路 1.5～2 m 的位置或其附近的轨缝处（应保证列车进入/驶出洗车库时能够检测到列车），洗车线末端的绝缘节设置在线路尽头处。

（7）由于牵引供电专业牵引回流的需要，绝缘节设置完成后应由牵引供电专业确定是否满足牵引回流需求。

（8）绝缘节的设置位置应与车场轨道专业配合，应尽可能利用既有的钢轨轨缝。

六、轨道区段的命名

道岔区段和无岔区段采用不同的命名方式。

1. 道岔区段

道岔区段根据道岔编号命名。如图 4.15 所示站场中，只包含一组道岔的，用其所包含的道岔编号来命名，如 1DG、8DG，读作 1 道轨、8 道轨；包含两组道岔的，用小号道岔连缀大号道岔来命名，如 3-6DG、4-5DG，读作 3 杠 6 道轨、4 杠 5 道轨；包含三组道岔的，用两端的道岔编号连缀来命名，中间道岔不写。一送多受轨道区段中，设置主轨道继电器的区段称为×DG，其他称为×DG1、×DG2 等，如图 4.15 中的 14DG 和 14DG1。

2. 无岔区段

车辆基地内无岔区段轨道区段的命名有不同情况。

（1）牵出线处调车信号机外方的接近区段处，若调车信号机叫 D××，无岔区段就叫 D××G，如图 4.15 中的 D3G。

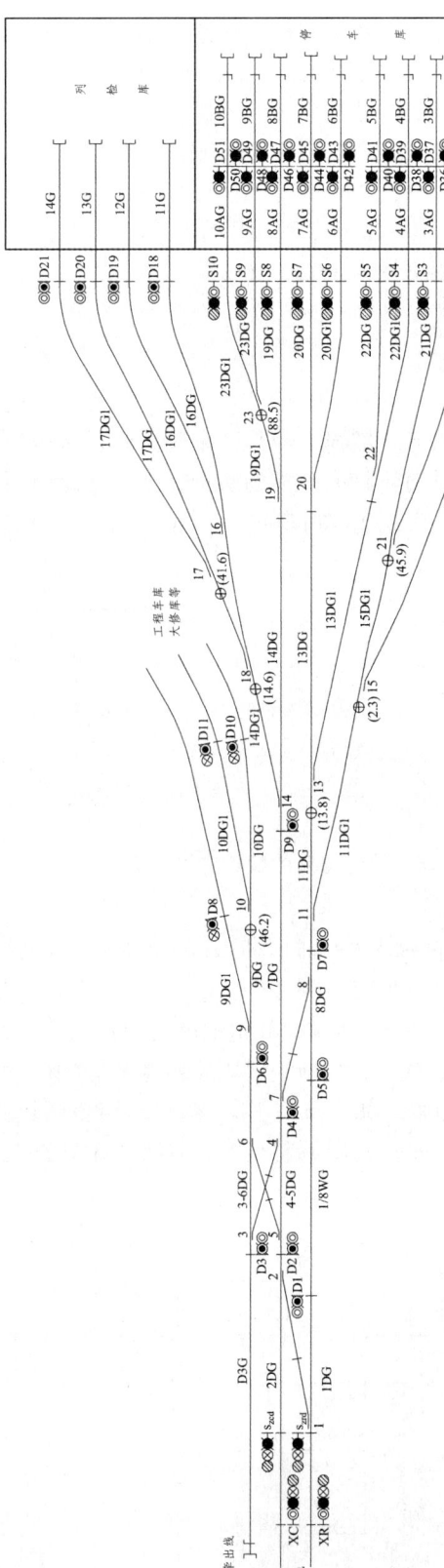

图 4.15 轨道区段命名各车场示意图

（2）位于咽喉区的无岔区段，即差置调车信号机之间的无岔区段，以两端相邻的道岔编号的真分数形式来表示，如图 4.15 中 D1 和 D5 之间的 1/8WG。

（3）停车库内股道的命名以列车信号机命名为依据。例如：信号机名为 S×，其股道名字就是×AG 或×BG。因为停车库为 2 列位停车，一个股道停 2 列车，其中靠近库门的是 A 股道，靠近库尾的是 B 股道，如图 4.15 中的 3AG/BG、7AG/BG 等。列检库则根据库与停车库的位置，按照顺序命名。即停车库编到 10AG/BG，列检库在停车库边上，则按 11G……14G 编号，如果旁边还有工程车辆库，则继续编号为 15G、16G 等。

七、轨道电路的极性交叉

1. 极性交叉

钢轨绝缘在列车的冲击力作用下会破损，使得列车驶入轨道区段后，GJ 仍有可能吸起，对行车安全带来隐患。为了实现对钢轨绝缘破损的防护，要使绝缘节两侧的轨面电压具有不同的极性（直流）或相反的相位（交流），如图 4.16 所示。图中，粗线表示接电源正极，细线表示接电源负极。

图 4.16 轨道电路的极性交叉示意图

2. 极性交叉的作用

极性交叉可防止在相邻区段间的绝缘节破损时使 GJ 错误动作，从而实现了"故障—安全"原则。如图 4.17（a）所示 1G 和 3G 是两个相邻的轨道电路区段，它们没有实现极性交叉。当 1G 有车占用，而钢轨绝缘破损的情况下，则流经轨道继电器 1GJ 的电流等于两个轨道电源所供的电流之和，1GJ 则有可能保持错误吸起，使轨道区段反映为无车空闲，将危及行车安全。

若按极性交叉的原则来配置电源，如图 4.17（b）所示，当绝缘发生破损时，轨道继电器中的电流就是两电源提供的电流之差，只要调整得当，1GJ 和 3GJ 都会落下，从而实现"故障—安全"原则。

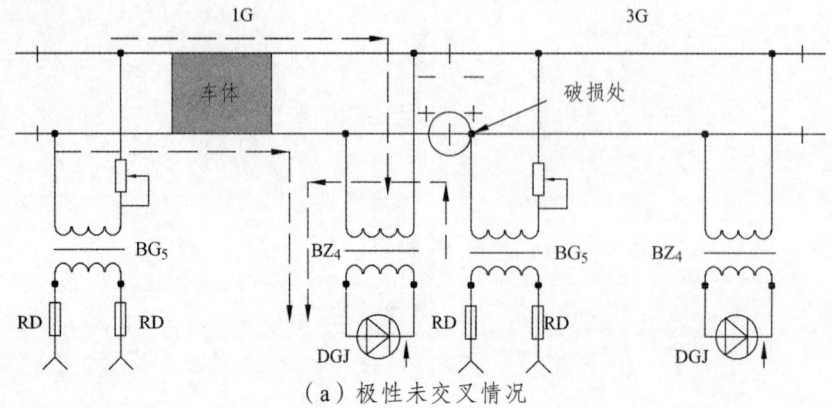

（a）极性未交叉情况

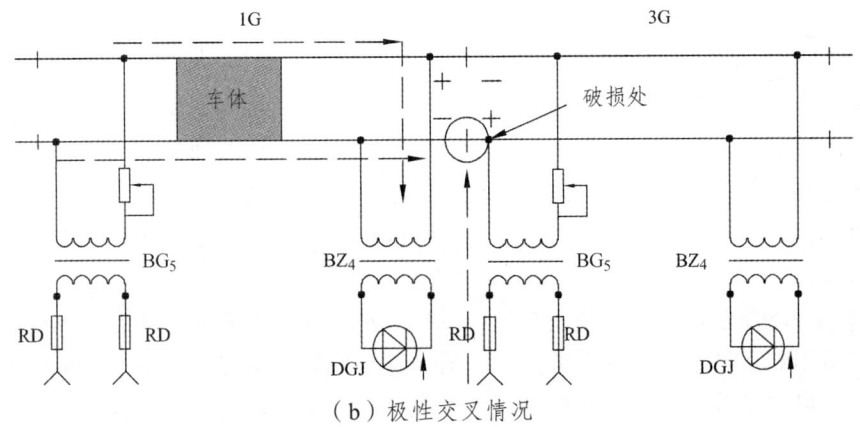

（b）极性交叉情况

图 4.17 极性交叉的作用分析原理图

对于交流供电来说，只要两相邻轨道电路的电流相位相反，它们的瞬间极性也相反，就得到极性交叉的效果。

八、轨道电路的基本参数和工作状态

1．轨道电路的基本参数

1）道碴电阻

轨道电路的漏泄电流是由一根钢轨经过轨枕、道碴和道床流向另一根钢轨，其大小由钢轨线路的漏泄阻抗，即道碴电阻决定。道碴电阻是一个分布参数，通常以每千米钢轨线路所具有的漏阻值表示，称为单位道碴电阻，简称道碴电阻，单位是欧姆/千米（Ω/km）。

由于漏泄电流是通过不同性质的导电介质流过的，钢轨和线路上的其他金属配件都有电子导电性；道碴、轨枕和道床均有水分，它们都具有电子导电性，可把它们看成特殊的电解质。道碴电阻与道床材料、道碴层的厚度、清洁度，道床土壤的电导率、轨枕的材质和数量及温度、湿度等因素有很大的关系。隧道内潮湿腐蚀，道碴电阻较低；地面线路道碴电阻通常在夏季湿热，降雨后最低，而严冬季节冰冻时最高。道碴电阻的最大值和最小值会相差十几倍，甚至上百倍。

道碴电阻越小，泄漏电流越大，轨道电路工作越不稳定。因此，要提高轨道电路工作质量，应该尽可能地提高最小道碴电阻，例如改善道床的排水能力，定期清筛道碴等。

2）钢轨阻抗

钢轨阻抗除钢轨本身的阻抗外还包括与两根钢轨连接处的各种阻抗，如钢轨接续线阻抗、接续线与钢轨间的接触电阻、鱼尾板与钢轨间的接触电阻等。各连接处的接触电阻随着接触面的大小、清洁程度、接触压力等因素也会改变。钢轨阻抗通常用两根钢轨每千米的阻抗表示，称为单位钢轨阻抗，简称钢轨阻抗，单位是欧姆/千米（Ω/km）。

当轨道电路中通以直流电流时，钢轨阻抗就是纯电阻，称为钢轨电阻。当轨道电路中通以交流电流时，由于钢轨的磁导率大，集肤效应明显，使有效截面减小，有效电阻增大。它在很大程度上取决于信号电流的频率，还与钢轨断面的形状、电导率、磁导率有关，除了有效电阻外，还存在感抗。这样交流时的总阻抗就比直流时大很多。

2. 轨道电路分路术语

1）列车分路电阻

列车占用轨道电路时，轮对跨接在钢轨上形成的电阻，称为列车分路电阻。它由车轮、轮轴本身的电阻和轮缘与钢轨头部表面的接触电阻组成。列车分路电阻与钢轨上分路的车轴数、车辆的载重情况、列车的运行状态、轮缘装配质量、钢轨表面的洁净程度等因素有关，它的变化范围很大，可以从千分之几欧变化到 0.06 Ω，对于轻型车辆或轨道车还要更大。

2）分路效应

由于列车分路使轨道电路接收设备中的电流减小，并处于不工作状态，称为分路效应。在分路状态最不利条件下，有列车分路时，对于连续式轨道电路，要保证轨道继电器的端电压不大于它的可靠释放值。分路效应在很大程度上决定了轨道电路的质量。

3）分路灵敏度

在轨道电路的钢轨上，用一电阻在某点对轨道电路分路，若恰好能使轨道继电器线圈电流减小到释放值，则这个分路电阻值就叫该点的分路灵敏度。轨道上各点的分路灵敏度不同。分路灵敏度用电阻（Ω）表示。

4）极限分路灵敏度

对于某一具体轨道电路来说，各点的分路灵敏度中的最小值，就是该轨道电路的极限分路灵敏度。

5）标准分路灵敏度

标准分路灵敏度是衡量轨道电路分路效应优劣的标准。我国规定一般轨道电路标准分路灵敏度为 0.06 Ω。任何轨道电路在分路状态最不利的条件下，用 0.06 Ω 标准电阻线进行分路时，轨道电路的接收设备必须停止工作，该轨道电路的分路效应才符合标准。

50 Hz 相敏轨道电路标准分路灵敏度为 0.15 Ω。

3. 轨道电路的基本工作状态

轨道电路的基本工作状态包括调整状态、分路状态和断轨状态三种。轨道电路在各种工作状态下，要受到许多外界因素的影响，其中受道碴电阻、钢轨阻抗和电源电压的影响最大。这三个参数对各种工作状态造成的影响又各不相同。

1）轨道电路的调整状态

轨道电路的调整状态是指轨道电路完整和空闲，接收设备（如轨道继电器）正常工作的状态。

在调整状态，对轨道继电器来讲，它从钢轨上接收的电流越大，它的工作就越可靠。但这个电流值将随道碴电阻、钢轨阻抗、电源电压的变化而变化。调整状态的最不利条件是：发送电压最低、道碴电阻最小、钢轨阻抗最大，同时轨道电路长度为极限长度。在最不利条件下，轨道电路接收设备应能可靠地工作，反映轨道电路区段的空闲状态。

2）轨道电路的分路状态

轨道电路的分路状态是指当轨道电路区段有列车占用时，接收设备（如轨道继电器）应被分路而停止工作的状态。

当列车占用轨道区段时，它的轮对在两钢轨间形成的电阻，可看成是短路作用。但轨道电路是低电阻电路，所以列车占用时，只能看成两钢轨间跨接了一个分路电阻，故称分路状态。

分路状态的最不利条件是：发送电压最高、道碴电阻最大、钢轨阻抗最小、列车分路电阻也最大（轻车、轮对少、车轮与钢轨接触面不洁等）。在分路状态的最不利条件下，轨道电路接收设备应能可靠地停止工作,反映轨道电路区段有车占用。

3)轨道电路的断轨状态

轨道电路的断轨状态是指轨道电路的钢轨在某处折断时的情况,此时钢轨虽已折断,但轨道电路仍可通过大地构成回路,接收设备中还会有一定的电流流过。为了确保安全,断轨时,接收设备应不能工作。

断轨状态的最不利条件是:断轨时轨道电路的参数变化使轨道接收设备中获得最大电流。它除了与发送电压最大、钢轨阻抗模值最小有关外,断轨地点和道碴电阻的大小对其也有一定的影响。有两个因素是造成接收设备中电流最大的最不利因素:临界断轨地点和临界道碴电阻。

任务二 50 Hz 相敏轨道电路的运行与维护

列车在车辆基地采用限制人工驾驶模式,此时车载 ATP 防护速度是恒定值(根据工程线路的最小限速确定,一般设定为 25 km/h),无须地面传送 ATP 行车信息,司机以地面信号为行车指令,因此城市轨道交通车辆基地线路上的轨道电路,只需具有监督轨道区段是否有车占用的功能,不传输其他信息。目前国内普遍采用 50 Hz 继电式相敏轨道电路和 50 Hz 微电子相敏轨道电路。这两种轨道电路均属于交流工频轨道电路,主要区别是接收设备类型不同:50 Hz 继电式相敏轨道电路的受电端采用二元二位继电器,50 Hz 微电子相敏轨道电路的受电端采用微电子接收盒。50 Hz 相敏轨道电路一般指继电式。城市轨道交通车辆采用直流牵引,而铁路机车采用工频交流牵引,因此城市轨道交通的轨道电路可以采用交流 50 Hz 供电,无须变频,而铁路上的相敏轨道电路通常采用 50 Hz 以外的电源供电,以抵抗牵引电流的干扰,一般采用 25 Hz。

一、50 Hz 相敏轨道电路的组成与运行原理

(一)50 Hz 相敏轨道电路的组成

50 Hz 相敏轨道电路的组成如图 4.18 所示。它由送电端、受电端、钢轨绝缘、钢轨引接线、钢轨接续线、钢轨等组成。

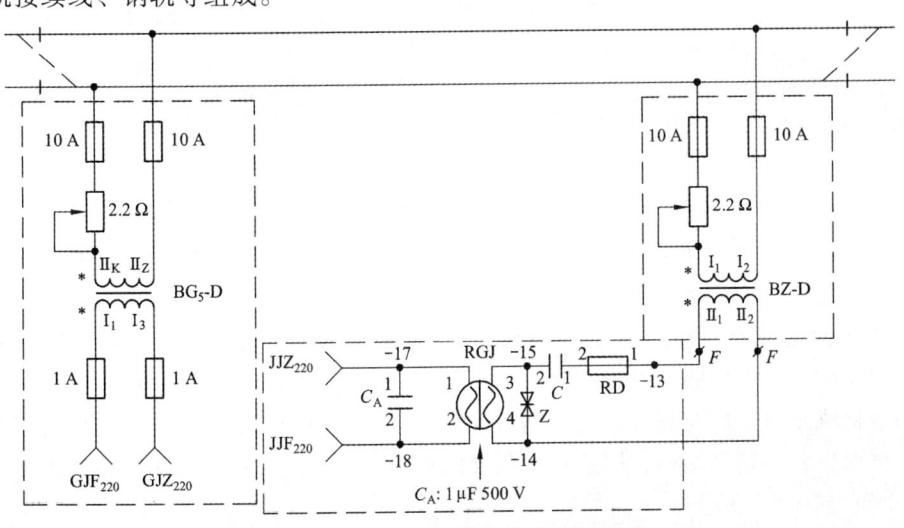

图 4.18 50 Hz 相敏轨道电路组成图

送电端包括 BG_5-D 型轨道变压器、R-2.2/220 型限流器以及 1 A 和 10 A 熔断器，安装在室外的变压器箱内。轨道电源从室内用电缆送至送电端。

受电端包括 BZ-D 型中继变压器、R-2.2/220 型限流器、10 A 熔断器、交流二元二位轨道继电器、电容器、防雷元件等。其中中继变压器、限流器及熔断器安装在室外的变压器箱或电缆盒内，其他设备安装在室内的组合架上。

送、受电端视相邻轨道电路的不同组合，有双送、一送一受、双受以及单送、单受等不同情况，除单送、单受安装在 XB1 变压器箱内，其余情况安装在 XB2 变压器箱内。

钢轨引接线是用于连接送、受电端变压器箱或电缆盒与钢轨的导线。

钢轨接续线用于轨道电路接缝处的连接，以减小钢轨接头处的接触电阻。

钢轨绝缘安装在轨道电路分界处，以保证相邻轨道电路之间可靠的电气绝缘，使它们互不影响。

回流线（又称抗流线）连接相邻的不同侧钢轨，为牵引回流提供越过钢轨绝缘节的通路。

（二）50 Hz 相敏轨道电路的部件及其作用

1. 轨道变压器

BG 型轨道变压器主要用于向轨道电路供电，Ⅰ次输入电压为 220 V，频率为 50 Hz，功率为 5 W，Ⅱ次最大输出电压为 12 V，允许电流为 10 A。可通过改变变压器二次侧的端子连接，获得不同的输出电压。

2. 限流器

限流器采用 R-2.2/220 型变阻器，其标称电阻为 2.2 Ω，功率为 220 W，容许电流为 10 A。限流器工作电压不高，结构简单，牢固耐久，易调可靠，散热迅速。限流器的作用是当轨道电路被分路时保护轨道电源以及保证 GJ 可靠释放。

3. 中继变压器

BZ 型中继变压器用于轨道电路受电端，有升压作用并可使钢轨阻抗与轨道变压器阻抗相匹配。

4. 钢轨绝缘

除在轨道电路的分界处装设钢轨绝缘以外，轨道电路内的轨距杆、道岔连接杆、道岔连接垫板、尖端杆、各种转辙设备的安装装置以及其他具有导电性能的连接两钢轨的配件均应装设轨道绝缘并保持绝缘良好。否则，任一连接杆件绝缘不良，都会破坏轨道电路的正常工作。

1）对钢轨绝缘的要求

钢轨绝缘受列车运行的频繁冲压，又处于日晒雨淋、酷暑寒冬的环境中，是轨道电路的薄弱环节，因此要求：

（1）钢轨绝缘的结构，应能保证在钢轨爬行的情况下，在列车运行中所产生的压力、冲击力和气温变化时产生的膨胀力的作用下不致被损坏。

（2）钢轨绝缘应采用机械强度高，具有可靠电气绝缘性能的材料，以保证绝缘性能和使用寿命。

（3）制作钢轨绝缘的材料主要有钢纸板、玻璃布板、尼龙塑料板等。玻璃布板钢轨绝缘用环氧酚醛树脂或改性树脂玻璃布绝缘材料压制而成，它比钢纸绝缘板耐潮、耐磨、不易损坏。尼龙塑料板钢轨绝缘用尼龙制成，它比钢纸绝缘板耐潮、耐磨、成本低，但在低温下有脆性。胶接钢轨绝缘板，是新型结构，用胶接剂及纤维布组成胶接层，将鱼尾板与钢轨胶接牢固。

2）钢轨绝缘的形式

钢轨绝缘由轨端绝缘、槽型绝缘、绝缘垫圈等组成。其中槽型绝缘按分段形式，可分为一段（整体）、二段、三段三种，按轨型分为 P-43 kg、P-50 kg 和 P-60 kg 三种。

一段式槽型绝缘为整体槽型绝缘结构。二段式槽型绝缘将槽型绝缘分为两块，可互换使用。分段后的钢轨接缝处正好是槽型绝缘的接缝处，使该处处于自由状态，减小对槽型绝缘的破坏，延长使用寿命。三段式槽型绝缘将绝缘分为左、中、右三块。50 kg/m 钢轨的三块绝缘可互换，43 kg/m 钢轨的只有左右两块可互换。

为保证绝缘接头的机械强度和电气绝缘的良好，槽型绝缘的型号必须与安装的钢轨断面尺寸相符。轨缝尽量大些，以安装 1~2 片轨端绝缘为宜。安装后，两钢轨头部应水平，轨端绝缘保持平正。接头附近不得出现积水翻浆现象。

5. 轨道电路连接线

轨道电路连接线包括引接线、钢轨接续线和道岔跳线。

1）钢轨引接线

YG 型钢轨引接线（简称引接线）一般用涂有防腐油的多股钢丝绳（低碳素钢镀锌绞线）制成。它的一端焊在塞钉上，固定在钢轨上的塞钉孔内；另一端焊接在螺柱上，固定在变压器箱或电缆盒上。

引接线按长度分为 1 200 mm、1 600 mm、2 700 mm、3 600 mm 四种。其最大电阻值分别为 0.016 Ω、0.021 Ω、0.035 Ω、0.045 Ω。引接线电阻的大小，影响着轨道电路多种状态的工作。过大，会使轨道电路工作不稳定；过小，会降低轨道电路分路灵敏度。

为保证引接线的可靠性，现场单位多采用双引接线。

2）钢轨接续线

钢轨接续线用于轨道电路接缝处的连接，以减小接触电阻。钢轨接续线分为塞钉式、焊接式。

JS 型塞钉式钢轨接续线由两根直径为 5 mm 的镀锌钢线与两端的圆锥形塞钉焊接而成，钢线两端绕成螺旋状。钢轨接续线一般安装在钢轨外侧，并与鱼尾板密贴，高度不得超过轨头底部。

焊接式钢轨接续线采用多股镀锌钢绞线，截面面积不小于 25 m^2，用铝热剂法或电弧焊钎焊、冷挤压焊接、暴压速焊等技术，将其焊在钢轨两端。

为保证可靠性，现场使用中多采用双接续线。

3）道岔跳线

为了保证信号电流的畅通，道岔区段除轨端接续线外，还需装设道岔跳线。道岔跳线由塞钉和镀锌低碳钢绞线组成，两端焊在圆锥形塞钉上。

6. 交流二元继电器

城市轨道交通车辆基地信号控制系统使用 JRJC-40/265，JRJC-45/300，JRJC1-42/275 三种 50 Hz 二元二位继电器作为接收端轨道继电器使用，见表 4.2。这三种继电器均具有可靠的频率选择性和相位选择性，对于轨端绝缘破损和不平衡造成的干扰能可靠地防护。另外它们还有动作灵活的翼板转动系统、紧固的整体结构，不仅经久耐用，而且维修方便。

表 4.2　50 Hz 交流二元二位继电器的电气特性

类型	接点组数	局部线圈		轨道线圈			理想相位角/°
		电压/V	电流/A	工作电压/A	工作电流/A	释放电压/V	
JRJC-40/265	4QH	220	0.11	≤14	≤0.028	≤7	162
JRJC-45/300	2Q，2H	220	0.08	≤14	≤0.028	≤7	162
JRJC1-420/275	2Q，2H	220	0.1	≤14	≤0.026	≤7	160

7. 电　容

电容 C 主要用于隔直流，防止直流牵引电流进入轨道继电器的轨道线圈造成干扰。另外，钢轨相当于一个感性负载，呈现较高的电感量（1.4 mH/m），使信号衰减较快，影响了轨道电路的传输长度，并且使得轨道电流发生相移。为了抵消钢轨的感性，保证轨道电路的传输距离，电容 C 对轨道电流的无功分量进行补偿，减少轨道电路传输衰耗和相移。

电容 C_A 用来补偿无功功率，提高轨道继电器局部线圈的功率因数，减小输入电流。

8. 防雷元件

防雷元件采用的是对接的硒片，又称浪涌抑制器，用来防雷。

（三）50 Hz 相敏轨道电路的运行原理

室内电源屏分别供出 50 Hz、220V 的轨道电源 GJZ、GJF 和局部电源 JJZ、JJF。轨道电源 GJZ、GJF 由室内通过电缆供向室外，经送电端轨道变压器（BG5-D）、限流电阻（R_X）、钢轨线路、受电端中继变压器（BZ-D）、电缆线路，送回室内，经过防雷补偿器（Z）给二元二位轨道继电器 RGJ 的轨道线圈 3-4 供电。与此同时，局部电源 JJZ、JJF 连接轨道继电器 RGJ 局部线圈 1-2。无车占用时，当轨道线圈和局部线圈电源满足规定的相位和频率要求时，RGJ 吸起，轨道电路处于调整状态，表示轨道电路空闲。

当列车占用轨道电路时，轨道电源被车辆轮对分路，使轨道继电器 RGJ 的轨道线圈 3-4 端电压低于其工作值，轨道继电器落下，表示本轨道电路被占用。若频率、相位不符合要求时，RGJ 也落下。

由于 50 Hz 相敏轨道电路工作时具有相位鉴别能力，即相敏特性，因此其抗干扰性能较强。

二、50 Hz 微电子相敏轨道电路的结构与组合

（一）50 Hz 微电子相敏轨道电路的结构

1. 50 Hz 相敏轨道电路二元继电器存在问题的分析与解决

50 Hz 继电式相敏轨道电路，接收设备为二元二位继电器，使用中存在较多问题：

（1）返还系数较低，约为 50%，不利于提高轨道电路的传输性能。

（2）由于其机械结构的原因，易发生接点卡阻，列车进入该轨道电路区段，轨道继电器不能可靠落下，曾造成多起行车事故。

（3）抗干扰的能力差。当列车升弓、降弓、加速或减速时，在轨道电路中会产生较大的脉冲干扰，可能造成继电器错误动作，存在行车安全隐患。

鉴于 50 Hz 继电式相敏轨道电路存在的问题，我国专门研制了目前广泛用于城市轨道交通车辆基地内的 50 Hz 微电子相敏轨道电路。微电子相敏轨道电路接收器以微型处理机为基础，通过快速数据处理软件，实现对相敏轨道电路信息接收，其特性达到并超过原相敏继电器的技术指标。微电子相敏轨道电路接收器的接收阻抗、接收灵敏度仍按原设备技术特性要求设计。这样在不改变原轨道电路特性前提下，可直接换成微电子接收器。采用微电子相敏轨道电路接收器取代原 JRJC 型二元二位相敏继电器，解决了原继电器接点卡阻、抗电气化

干扰能力不强、返还系数低等问题,与原继电器的接收阻抗、接收灵敏度相同,提高了安全性和可靠性。

2. 50 Hz 微电子相敏轨道电路的结构组成

50 Hz 微电子相敏轨道电路结构如图 4.19 所示。

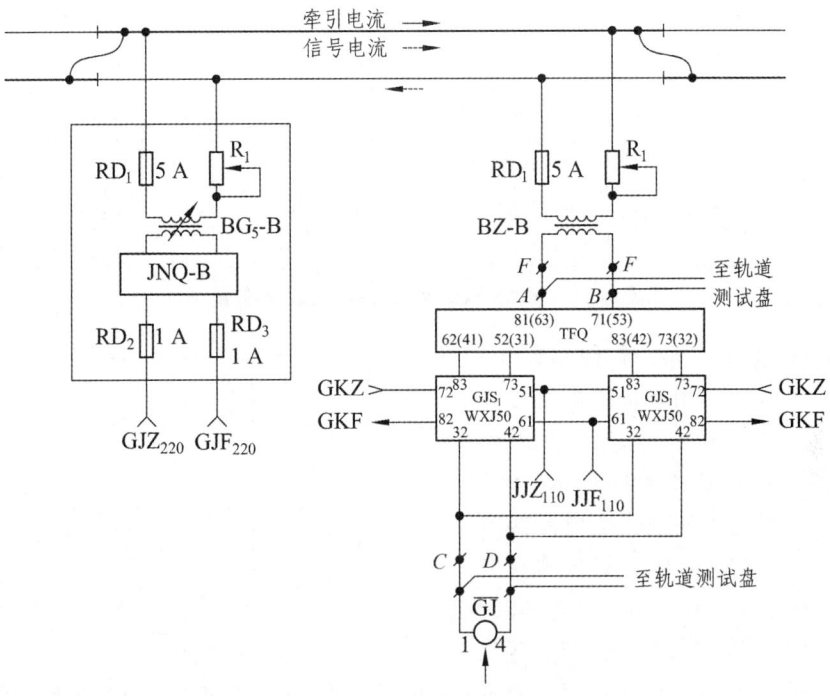

图 4.19　50 Hz 微电子相敏轨道电路图

50 Hz 微电子相敏轨道电路的组成与 50 Hz 相敏轨道电路大体相同。WXJ50 型微电子相敏接收器有不同的组合配置,可以选择单套设备使用,也可以选择双套设备并联使用,以提高系统的可靠性、方便维修。其使用器材完全一致,只是组合配置不同。单套结构称为 WXJ50-I 型微电子相敏轨道电路,双套结构称为 WXJ50-II 型微电子相敏轨道电路。现多采用双机并联微电子相敏轨道电路。

送电端包括局部电源和轨道电源、节能器 JNQ-B、BG5-B 型轨道变压器、R-2.2/220 型变阻器以及熔断器(或断路器)。轨道电源为交流 50 Hz,220 V,局部电源为交流 50 Hz、110 V,由室内信号电源屏提供。节能器 JNQ-B、轨道变压器 BG_5-B、1 A 和 5A 熔断器安装在室外的变压器箱内。

受电端包括 BZ-B 型中继变压器、R-2.2/220 型变阻器、熔断器、调相防雷器 TFQ、WXJ50 型微电子相敏接收器、轨道继电器等。调相防雷器 TFQ、WXJ50 型微电子相敏接收器、轨道继电器设在室内组合架上。中继变压器、R-2.2/220 型变阻器、5A 熔断器安装在室外的变压器箱内。

以一送一受为例,室外变压器箱内设备布置如图 4.20 所示。图中,·是轨道电路送端符号,+是轨道电路受端符号。

轨道输入采用调相防雷变压器,具有较强的雷电防护能力。

WXJ50 型微电子相敏接收器、调相防雷器 TFQ、报警器 BJQ 的端子应用情况如下。

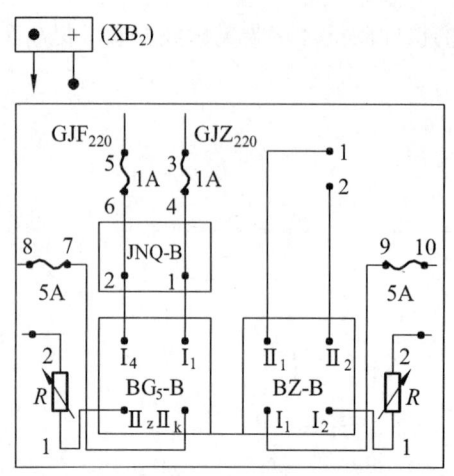 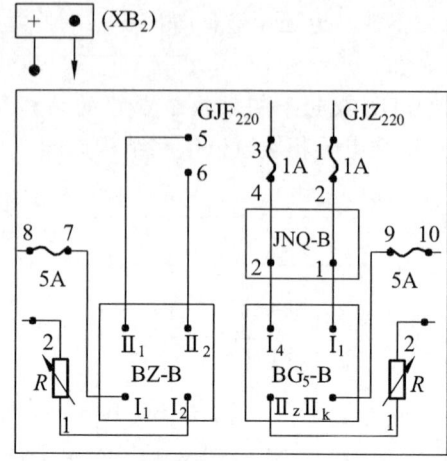

图 4.20 室外 XB2 变压器箱内设备布置图

1）WXJ50 型微电子相敏接收器

WXJ50 型微电子相敏轨道电路接收器的外形为安全型继电器结构，采用继电器插座。其端子分配如图 4.21 所示。

WXJ50 型微电子相敏轨道电路接收器轨道电源为 220 V/50 Hz，经由轨道电路送入到 73、83 端；局部电源为 110 V/50 Hz，直接送入到 51、61 端。接收器工作电源为直流（24±3.6）V，交流分量不大于 1 V，由接收器的 72、82 端接入。工作电源可由电源屏供给，也可另加独立整流电源供给。最后的执行继电器为 JWXC-1700 安全型继电器。另外接收器的 31 端接到报警器 BJQ 的 71 端，41 端接到报警器 BJQ 的对应输入端。当任何一个轨道区段的两台 WXJ50 相敏接收器的输出不一致时，则提供报警条件。接收器的两套设备中只要有一套能正常工作，就能保证系统正常运行；如果一套发生故障，能及时报警，通知维修人员进行维修，而且对其中单套维修时，不影响系统使用，提高了系统的可靠性，方便维修。

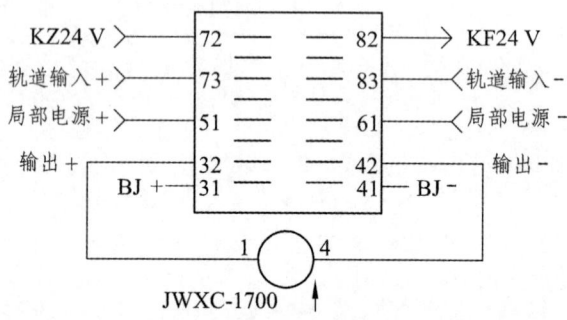

图 4.21 WXJ50 型微电子相敏轨道电路接收器端子图

WXJ50 型微电子相敏轨道电路接收器上有表示灯，其中：

红灯：红灯亮表示直流 24 V 电源工作正常，红灯灭表示直流 24 V 电源断电。

绿灯：绿灯亮表示对应的轨道区段空闲，没有车占用；绿灯灭表示对应的轨道区段有车占用，其执行继电器落下。

红灯、绿灯交替闪光表示局部电源断电。

在一送多受时，每个分支用一个接收器和执行继电器，在主接收器的执行继电器电路中串接其他分支执行继电器的前接点。

WXJ50 型微电子相敏轨道电路接收器具有相位识别功能，因此具有可靠的绝缘破损防护能力。

2）调相防雷器 TFQ

调相防雷器 TFQ 的内部结构如图 4.22 所示，主要由 2 个电容（200 V，2.8 μF）和两个隔离变压器、两个硒堆（XT-22C5C）组成。其作用如下：

① 轨道调相：室内送出的轨道电源与局部电源是同相的，但经钢轨的传输，由于道床的漏泄、分布电容、轨道电路室内外设备等因素的存在，造成相位的偏移，需用电容调相。

② 轨道防雷：横向防雷用硒堆，纵向防雷用隔离变压器。

调相防雷变压器 TFQ 安装在安全型继电器罩内，每个继电器罩内安装 2 套设备，供两段轨道电路使用。其接线端子分配如图 4.23 所示。其中"轨道输入 +"和"轨道输入 –"接轨道电路，"轨道输出 +"和"轨道输出 –"接 WXJ50 接收器的"73"和"83"端子。

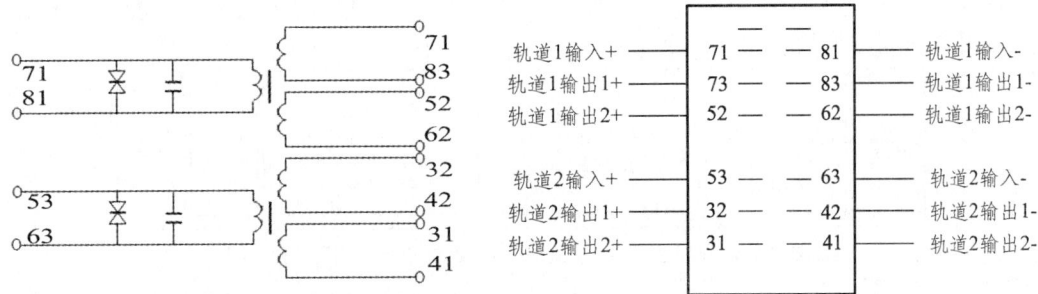

图 4.22　调相防雷器 TFQ 内部结构图　　　图 4.23　调相防雷器 TFQ 接线端子图

3）报警器 BJQ

报警器 BJQ 外形结构采用安全型继电器结构，安装在安全型继电器罩内。每台报警器 BJQ 可以监测 8 台相敏接收器的工作状态。如图 4.24 所示，每台报警器 71 端接本组合的所有微电子相敏接收器的 31 端，而 53、63、32、42、31、41、33、43 端分别接本组合对应微电子相敏接收器的 41 端。所有报警盒的报警输出+（52）端并接，报警输出-（62）端并接，并驱动报警执行继电器（JWXC-1700 型继电器），通知维修人员更换设备。

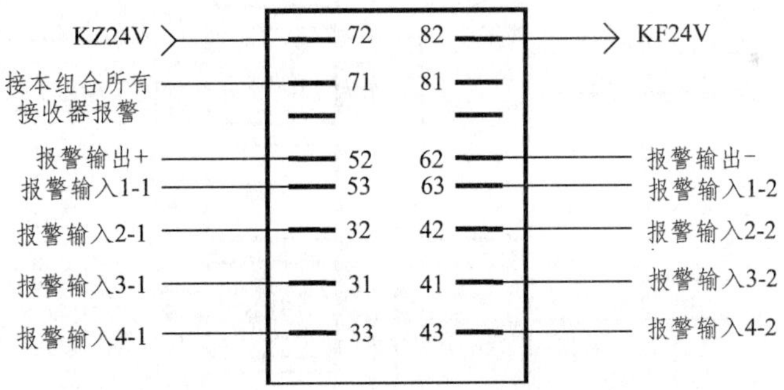

图 4.24　报警器 BJQ 接线端子图

报警器 BJQ 上有报警指示灯，有红灯和黄灯两种显示。黄灯能明确表示哪个微电子接收器发生故障。其中：

红灯：直流 24 V 电源灯，红灯亮表示电源工作正常，红灯灭表示电源断电。

黄灯：数量有 8 个，平时灭灯不亮，当任何一个轨道区段的两台 WXJ50 微电子接收器中的一台故障时，对应的黄灯闪光，表示接收器故障。

3. 50 Hz 微电子相敏轨道电路的运行原理

当轨道电路线路完好，且无车占用时，50 Hz 微电子相敏轨道电路中电源屏提供的局部电源超前轨道电源 90°，送电端轨道电源 GJZ220、GJF220 经节能器 JNQ-B、轨道变压器降压后送至钢轨。受电端经中继变压器升压后送至调相防雷器 TFQ，再送至两台 WXJ50 型微电子相敏接收器。当微电子相敏轨道电路接收器接收到的是 50 Hz 轨道信号,且局部电压超前轨道电压一定范围的角度时,轨道继电器 GJ 吸起,表示轨道区段空闲。当收到的信号不能完全满足以上条件时,轨道继电器落下,表示本区段轨道电路有车占用或故障。

(二)50 Hz 微电子相敏轨道电路组合

WXJ50 型微电子相敏轨道电路每个组合安装 4 段轨道电路设备和 1 个报警器 BJQ。即每个组合共包括 8 台 WXJ50 型微电子相敏接收器、2 个调相防雷器 TFQ、1 个报警器 BJQ。轨道电路组合内器件排列如图 4.25 所示。

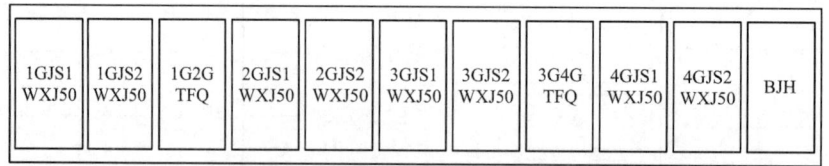

图 4.25 WXJ50-Ⅱ型微电子相敏轨道电路组合正视图

WXJ50 型微电子相敏接收器双机并用,一个调相防雷器 TFQ 可供两个轨道电路接收端使用。一个报警器 BJQ 可对 8 台相敏接收器的工作状态进行监测。WXJ50-II 型微电子相敏轨道电路组合配线其配线如图 4.26 所示。

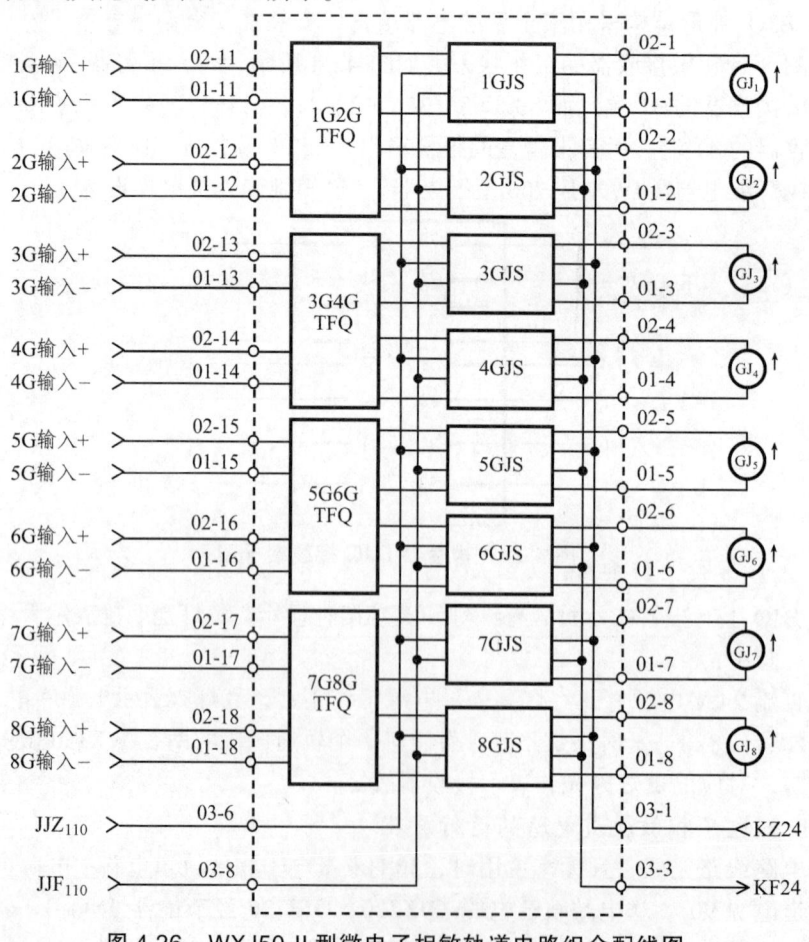

图 4.26 WXJ50-II 型微电子相敏轨道电路组合配线图

三、50 Hz 相敏轨道电路的调整与测试

（一）50 Hz 微电子相敏轨道电路的技术参数

（1）能适应的最大直流牵引电流为 4 000 A；
（2）轨道电路极限长度为 300 m；
（3）轨道电路的标准分路电阻为 0.15 Ω；
（4）分路残压不大于 10 V；
（5）送、受电端防护电阻的阻值不小于 1.6 Ω；
（6）在钢轨阻抗为 0.8 $\underline{/60°}$ Ω/km、道碴电阻为 1 Ω/km ~ ∞、50 Hz 电源电压范围为（220 ± 6.6）V 时，在轨道电路极限长度内，轨道电路能满足调整和分路检查的要求，并实现一次调整；
（7）轨道接收信号与局部电源为理想相位 0°时，工作值为（12.5 ± 1）V，返还系数大于 85%；
（8）设备电源采用 DC（24 ± 3.6）V，交流分量不大于 1 V。

（二）50 Hz 相敏轨道电路的调整

在施工完毕准备试验开通的过程中需对 50 Hz 相敏轨道电路进行调整测试，以达到正常工作要求。调整流程如下：

（1）在调整轨道电路前，对标有同名端的设备，应按设计图中的要求，检查是否均已按同名端相连，和钢轨的连接是否符合相位要求。

（2）固定送电端和受电端限流电阻值。在送电端轨道变压器不接入电源的情况下，首先应检查该轨道电路的送电端限流电阻和受电端防护电阻是否已经接入电路，并分别测试其阻值是否符合单轨条 50 Hz 相敏轨道电路工程设计图中的轨道电路室外配线图中所示的规定值，然后将其固定在此值。不能依靠调节两个电阻阻值大小的方式来调整轨道电路。如果调小了送电端限流电阻 R_1 或受电端防护电阻 R_2，将恶化轨道电路的分路检查，同时会引起直流磁化电流的增大，导致轨道电路不能正常工作。因此，不论是在开通时还是今后的维修养护中，均应牢记其阻值的作用，切勿将阻值随意变动。

（3）送入电源电压。

送入电源电压，送电端电源变压器的二次侧线圈电压达到表 4.3 中列出的与该段轨道电路类型、长度相仿的送电端调整电压值。与此同时，局部电源电压应在 220（1 ± 3%）V 范围内。

表 4.3 50 Hz 相敏轨道电路调整参考表

类 型	长度/km	送电端调整电压 U_B/V	轨道继电器端电压/V		送电端二次侧电流/A
			U_{Jmax}	U_{Jmin}	
一送一受	0.05	6.3	15.8	12.5	1.5
一送一受	0.10	6.7	16.8	12.5	1.6
一送一受	0.20	7.5	18.7	12.5	2.0
一送一受	0.30	8.4	20.7	12.5	2.3
一送一受带三个无受电分支	≤0.30	8.4	20.9	12.5	2.5
一送两受带一个无受电分支	≤0.20	10.7	17.4	12.5	3.3

（4）测试调整。

测试二元二位轨道继电器的轨道侧线圈电压是否在表 4.3 所列的对应轨道继电器端电压值 $U_{Jmax} \sim U_{Jmin}$ 范围内。当道床漏泄较大时，轨道继电器端电压值接近表中的 U_{Jmin} 值，而当道床漏泄较小时，轨道继电器端电压值接近表中的 U_{Jmax} 值后，该轨道继电器应励磁吸起。

如不能吸起，需用相位表对该继电器的轨道线圈和局部线圈进行相位的测量，看其相位是否符合要求。如经检查，电压、相位的读数都符合要求，但该继电器仍不能正常工作，则应检查轨道继电器内部的同名端是否接错了，否则就适当地更换送、受电端各变压器和轨道继电器等器材，再次重复上述测试，直至轨道继电器的轨道侧线圈电压达到表 4.3 所列的工作值范围，轨道电路能正常工作为止。

在维修和施工中对轨道电路的调整，可按调整参考表 4.3 进行。调整参考表所给电压值为参考值，实际调整时有一定误差，可上下浮动。

50 Hz 微电子相敏轨道电路的调整可参考上述过程。

（三）极性交叉的检查

每次调整轨道电路后必须对极性交叉进行测试，检查轨道电路是否进行了合理交叉配置。其测试方法如下：

（1）在交流轨道电路区段两个受电端邻接时，可利用两根短路线，按图 4.27 所示进行检查。

将两根短路线跨接在两组绝缘上，此时，轨道继电器衔铁落下，则说明极性配置是正确的。因此，此时电源正负极互相短路。反之，则极性没有做到交叉（两轨面电压差值不能太大）。

（2）在交流轨道电路中，当送电端和受电端邻接或者两个送电端邻接时，则可利用一根短路线和一块交流电压表按图 4.28 所示进行检查。

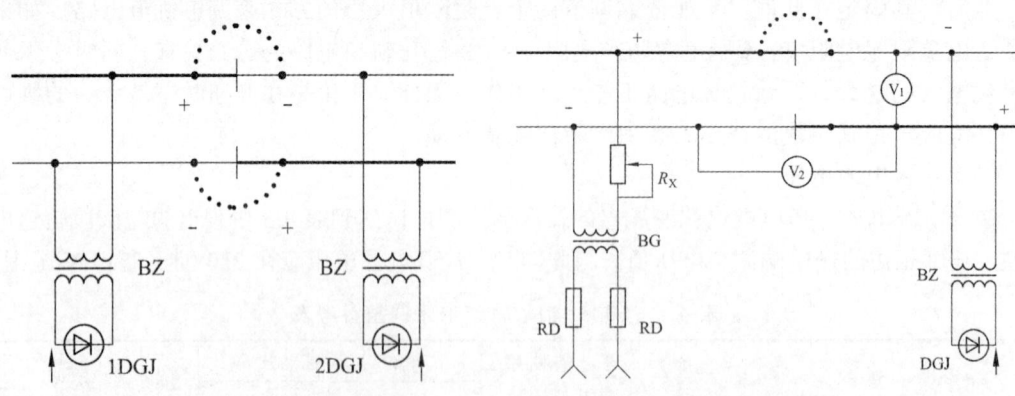

图 4.27 轨道电路极性交叉检查图　　图 4.28 轨道电路极性交叉测试图

首先将电压表接在受电端钢轨面上，由电压表上读得电压 V_1 值，然后将电压表跨接在一组钢轨绝缘上，再将短路线跨接在另一组钢轨绝缘上，这样从电压表又可读得电压 V_2 值。如果电压值 V_1 小于 V_2，则说明该处极性是交叉的；反之，则极性没有交叉（此时同样应注意两轨面电压的差值，差值大也有可能误判）。

现场施工时常采用方法 2 进行极性交叉测试。

（四）绝缘破损测试

1. 方法一

在送电端的两根钢轨之间并接一块电压表或串联一块电流表，其连接方式如图 4.29 所示。

当接好仪表后，在电压表（或电流表）上即可读得一个数值。然后利用短路线 a 连接相邻轨道电路两根钢轨（如图中虚线所示），此时，如果电压表（或电流表）读数没有变化，则说明这一对绝缘良好；如果电压表（或电流表）读数有变化，则说明这一对绝缘中有不良的现象存在。

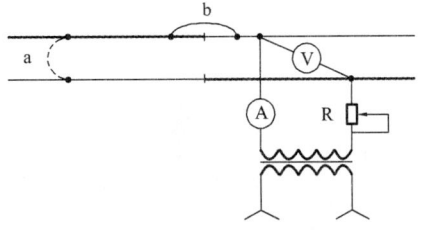

图 4.29　轨道电路绝缘破损测试图（一）

当短路线 a 连接在两根钢轨上时，由于轨道电路绝缘不好，电路中绝缘电阻值减小，直接影响电压表（或电流表）上的读数。但此时尚不能确定故障位置。为此，在保留短路线 a 的基础上，再用短路线 b 跨接在其中一组绝缘上，将轨道绝缘加以短路，若电压表（或电流表）读数有较大变化，则说明对端绝缘不良；若电压表（或电流表）读数不变，则可将此短路线 b 跨接在另一组绝缘上，然后由上述原理来判断相对应的一组绝缘性能情况。

2. 方法二

在受电端的两根钢轨之间并接一块电压表，其连接方式如图 4.30 所示。

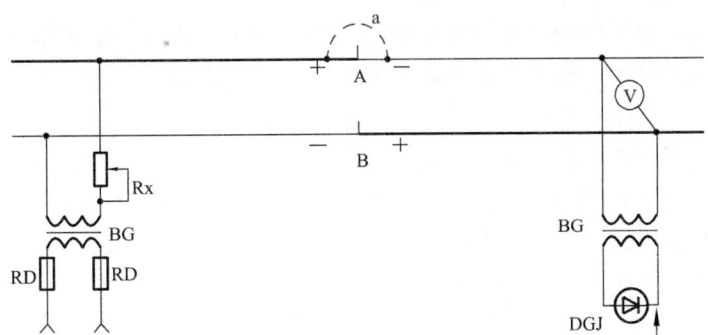

图 4.30　轨道电路绝缘破损测试图（二）

将电压表跨接在受电端钢轨上，此时从电压表上可读得一个数值。然后将短路线 a 跨接在其中一组绝缘节 A 两端的钢轨上。此时，如果轨道继电器衔铁落下或电压表数值减小，甚至指针反方向动作，则说明对端绝缘 B 有破损现象。这是因此时邻接轨道电源通过绝缘 B 直接串联在电路中，构成环状电路所致。再按此法，将短路线 a 跨接在另一组绝缘 B 上，同样可测得对端绝缘 A 的性能。

3. 方法三

将电压跨接在 2GJ 受电端的钢轨面上，如图 4.31 所示。此时从电压表上可读得一个数值。然后将短路线 a 跨接在相邻轨道电路异侧钢轨上（如图中虚线）。

此时，可能发生以下三种情况：

（1）若轨道继电器 1GJ 失磁落下，则说明绝缘 A 破损。

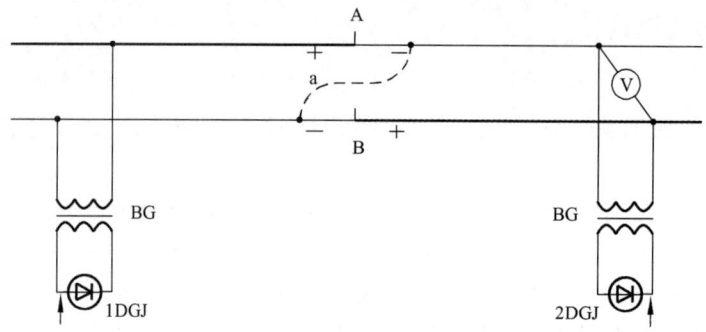

图 4.31　轨道电路绝缘破损测试图（三）

（2）若轨道继电器 2GJ 失磁落下或电压表读数减小，则说明绝缘 B 有破损。

（3）若轨道继电器 1GJ 和 2GJ 全部失磁落下和电压表读数减小，甚至为零或反向动作，则说明绝缘 A 和 B 都有破损现象存在。

（五）50 Hz 微电子相敏轨道电路的 I 级测试

50 Hz 相敏轨道电路在日常保养、二级保养和小修中，需要对其电气特性参数进行测试，并以此判断设备电气工作状态是否正常。测试项目包括送电端进行轨道变压器（电源变压器）I 次电压、II 次电压，限流器电压，轨面电压，分路残压等测试；受电端进行轨面电压、限流器电压和回送电压等的测试。

1. 送电端电源变压器 I 次电压测试

送电端电源变压器 I 次侧电压为变压器输入值。首先将万用表量程调至交流电压 250 V 挡，将两表笔分别置于变压器 I 次侧的端子上测试，所测值为电源变压器 I 次电压。

电源变压器 I 次电压合格范围为 220（1 ± 10%）V，即 198 ~ 242 V。

2. 送电端电源变压器 II 次电压测试

送电端电源变压器 II 次侧电压为变压器输出值。仍将万用表量程调至交流电压 250 V 挡，将两表笔分别置于变压器 II 次侧的端子上测试，所测值为电源变压器 II 次电压。

电源变压器 II 次电压合格范围为 5 ~ 12 V。

3. 限流器电压测试

将万用表量程调至交流电压 250 V 挡，然后将两表笔置于限流器的接线端子上测试，所测值为限流器电压。

送电端限流器电压合格范围为：2 ~ 9 V，受电端限流器电压合格范围为小于轨面电压。

4. 轨面电压测试

将万用表的量程调至交流电压 10 V 挡，然后将两表笔分别置于两边轨面上测试，所测值即为轨面电压。

送电端轨面电压合格范围为小于 3V，受电端轨面电压合格范围为小于 3 V。

5. 分路残压测试（分路效应检查）

分别在送、受电端用 0.15 Ω 的分路电阻跨接在轨道两侧，然后联系室内人员在信号机械室内轨道电路测试盘上（如图 4.32 所示）读取相应轨道区段的电压表指示值，即为分路残压。分路残压应小于 7V（各地铁公司规定不尽相同），表示该区段分路灵敏度符合要求。

6. 回送电压测试

在信号机械室内轨道电路测试盘上将测试开关扳至开，按下相应轨道区段的按钮，读取电压表的指示。回送电压合格范围应在 17～22 V 之间。

50 Hz 微电子相敏轨道电路测试盘占用一个组合位置，安装在室内的组合架上。利用轨道电路测试盘可以测量回送电压、分路残压以及接收信号与局部信号的相位等。50 Hz 微电子相敏轨道电路测试盘外观如图 4.32 所示。轨道测试盘上配备有：① 转换开关；② 测量轨道接收电压 50 Hz 交流电压表；③ 测量轨道电源与局部电源之间相位角的 50 Hz 数字相位表（附电源开关，用 50 Hz/110 V 作为工作电源）；④ 测量执行继电器工作电压的直流电压表。

钮子开关为控制开关，扳动一个开关后，可以测试相应轨道继电器的端电压，以此监督轨道电路状态变化。测完后应将开关应回原位。每个开关的上方装有铭牌，标明了对应轨道电路的名称。

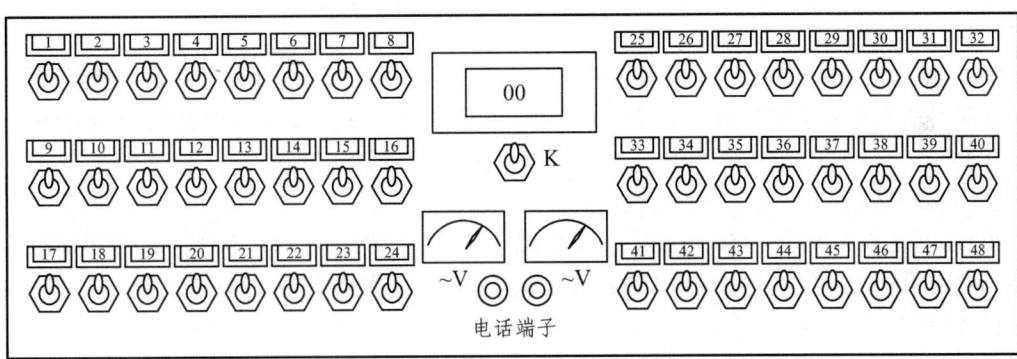

图 4.32　带相位表的 50 Hz 微电子相敏轨道电路测试盘

四、50 Hz 微电子相敏轨道电路的维护

50 Hz 微电子相敏轨道电路的修程有日常保养、二级保养、小修、中修和大修。

（一）日常保养程序与质量标准

50 Hz 微电子相敏轨道电路日常保养检修周期：每天进行一次。

50 Hz 微电子相敏轨道电路的日常保养由车辆基地信号工班人员每日进行，保养内容包括进入信号工班机械室和信号工班微机室观察及测试相应设备工作状态。

当工作人员进入信号工班机械室内时，将房门保持在打开状态，并在"设备房进出登记本"上记录日期、姓名、部门、人数、事由、进入时间、离开时间等内容。

1. 在组合架上观察各轨道区段的微电子接收盒工作状态

（1）微电子相敏接收盒：红灯亮表示电源工作正常，绿灯亮表示轨道电路正常，处于调整状态。绿灯灭表示轨道电路处于分路状态。

（2）报警器：红灯亮表示电源工作正常，红灯灭表示电源断电。

黄灯数量有 8 个，对应本组合的 8 个相敏接收盒，平时灭灯不亮。若黄灯闪光，表明对应接收盒故障。

若有不正常现象，应及时更换相敏接收盒。

2. 在微机室观察各轨道区段工作曲线

在信号工班机械室观察完微电子相敏接收盒、报警器后，进入信号工班微机室观察各轨道区段工作曲线。

当工作人员进入信号工班机械室内时，将房门保持在打开状态，并在"设备房进出登记本"上记录日期、姓名、部门、人数、事由、进入时间、离开时间等内容。

在微机监控显示屏上，观察各轨道区段的工作曲线。若工作曲线不正常，需进一步到信号工班机械室内轨道电路测试盘测试相应轨道电路区段回送电压、局部电压与轨道电压相位差。这些数值必须达到标准。回送电压范围为 15～22 V，局部电压与轨道电压相位差应在 20°以下。

另外，每周还应进行室内设备清扫。

（二）二级保养作业程序与质量标准

50 Hz 相敏轨道电路二级保养检修周期：每半年进行一次。

1. 准备工作

在进行二级保养作业之前，要做好准备工作，即准备好工具、材料、仪表、通信工具等，作业负责人和室外安全防护员提前 10 min 到达作业现场，楼内安全防护员在 10 min 内到达行车值班室。

1）准备工具

300 扳手、250 扳手、150 小扳手、一字螺丝刀、尖嘴钳、平口螺丝刀、十字螺丝刀、克丝钳、专用钥匙、套筒、冲子、0.15 Ω分路线，毛刷、绝缘胶布。

2）材料准备

白布、棉纱、机油。

3）仪表准备

数字型万用表。

4）通信工具

楼内安全防护员和室外防护员人手一台对讲机。

2. 登记联系

楼内安全防护员到达行车值班室与行车调度人员进行沟通，并在"车辆段施工、检修登记簿"上登记作业日期、施工单位、作业内容、作业地点、作业人数、要点时间等事项。登记完成，楼内安全防护员和行车调度人员签字确认。在行车调度人员下达可以作业的指令后，楼内安全防护员至控制台前等待室外防护人员联系。

登记联系完毕之后，室外人员方可上道作业。

3. 二级保养作业

轨道电路的二级保养作业顺序通常是由送电端开始，先进行轨旁箱盒的检修、引接线检查、钢轨绝缘的检查，并进行送电端的 Ⅰ级测试；中间通道主要是接续线和道岔区段跳线的检查；最后是受电端轨旁箱盒的检修、引接线、钢轨绝缘的检查，并进行受电端的 Ⅰ级测试；反之亦可。

作业负责人进行维护检修作业时，室外安全防护员注意进行瞭望并与楼内防护员保持信息畅通。

1）送电端轨旁设备检修

（1）送电端轨旁设备箱盒外部检修。

① 目测和手动检查箱体：信号变压器箱应安装牢固，箱体无裂纹。水泥基础不倾斜。锁鼻及加锁装置良好，设备编号字迹清晰、正确。

② 进行箱盒外部清扫。

（2）轨旁设备箱盒内部检修。

① 清扫箱盒内部。

使用专用钥匙打开箱盒，检查箱盒内部应清洁，无积尘、无水渍。门、盖严密，无裂纹、变形现象。盘根良好，不进水、不进尘土，无动物寄生。电缆、电线引入孔封闭。

使用毛刷清扫箱盒内。清扫时注意：毛刷导电部分需用绝缘胶布包好，以防短路、混线。

② 检查熔断器。

手动检查熔断器，应安装牢固，螺丝紧固，接触良好，符合设计容量。

③ 检查节能器。

手动检查节能器，应安装牢固，螺丝紧固，不变形，符合设计容量。

④ 检查变压器。

手动检查变压器，应安装牢固，螺丝紧固，无严重锈蚀，端子板无裂纹，线圈不过热。

⑤ 检查限流电阻。

手动检查限流电阻，应安装稳固，螺丝紧固，接线端接触良好，不松动，电阻值应在规定值范围内。

⑥ 检查端子配线。

手动检查线头应连接牢固，无伤痕；螺丝不滑扣，螺母须拧固，螺杆应伸出螺母外，最少与螺母平；每个端子柱的上部，应用两个螺母紧固，弹簧垫圈等防松配件能起到应有的作用。

目测检查箱内配线整齐，捆扎牢固，不磨卡，不破皮。

⑦ 检查铭牌标识。

目测检查线缆端子号码牌应固定良好，清晰。配线图清楚完整。

（3）检修外部件。

① 检查引接线。

目测检查引接线焊点应不脱落，不断股。引接线应固定在枕木或其他专用装置上，卡钉要牢固无锈。引接线完好，包扎良好，不得埋入土或石碴中，穿越钢轨处距轨底不应小于 30 mm。

塞钉的打入深度最小与轨腰平，露出不超过 5 mm，并涂漆封闭。

② 检查钢轨绝缘。

在钢轨绝缘处目测检查轨缝应保持在 6～10 mm，两轨头部应在同一平面，高低相差不大于 2 mm。

（4）进行Ⅰ级测试。

在送电端的箱盒、引接线、钢轨绝缘等项目检修完毕后，进行送电端Ⅰ级测试。测试内容包括电源变压器Ⅰ次电压、电源变压器Ⅱ次电压、限流器电压和轨面电压以及分路残压，并将测试值填入测试卡片内。

（5）检查设备周围硬化。

清理设备周围硬化地面，保持平整、不积水、无杂草。

（6）除锈、涂油。

最后将送电端各种引线、卡钉除锈、涂油。

2）中间通道部件检查

送电端维护作业完成后，作业负责人与室外安全防护员经道床到达受电端。在道床上巡视时作业负责人需要检查轨道电路中间通道部件的接续线和跳线，室外安全防护员做好瞭望，保持警惕，保证人身安全。

（1）检查接续线。

钢轨接续线要达到平、紧、直。

（2）检查跳线。

若检修区段为道岔区段，还需在道岔区域检查跳线。跳线的检查标准同引接线的检查标准，例如：焊点不脱落，无断股；跳线应固定在枕木或其他专用装置上，不得埋于土中；包扎良好；穿越钢轨处距轨底不应小于 30 mm。

塞钉的打入深度最小与轨腰平，露出不超过 5 m，并涂漆封闭。

3）受电端轨旁设备检修

作业人员到达受电端后，室外安全防护员应主动与楼内安全防护员联系，报告自己的地点，并请求防护。

受电端检查项目与送电端设备检修项目相同。受电端通常也进行轨旁箱盒的检修、引接线检查、钢轨绝缘的检查、设备周围硬化，并将各种引线、卡钉除锈，涂油，标准与送电端相同。

在受电端的箱盒、引接线、钢轨绝缘等项目检查完毕后，进行受电端Ⅰ级测试。测试内容包括轨面电压、限流器电压、回送电压和分路残压并将测试值填入测试卡片内。

4. 加锁、销记

室外工作人员完成检修作业后，与楼内防护员联系，确认室内外设备正常，可请求销记。

楼内安全防护员在"车辆段施工、检修登记簿"上写明设备状态、销点时间等事项。销记完成，楼内安全防护员和行车调度人员签字确认。

作业负责人回到工区后填写"完工报告单"。

（三）小修、中修和大修

1. 小　修

小修，每年进行一次。

（1）电气特性测验。

① 测试（防雷元件）地线电阻应小于 10 Ω，接地体埋深应不小于 700 mm；引接线可采用铜或铁导线，其截面面积应不小于 20 mm^2，参数符合标准。

② 分路试验。用 0.15 Ω 的分路线在送端、受端以及分支线上分路，轨道继电器落下，残压低于 7 V。

（2）设备除锈、油漆。

除去锈点及漆斑，使箱盒无锈蚀、平顺。油饰应光滑、平整，标记清楚，字符符合标准。

（3）设备整治。

硬化基础地面，更换不良配件。

2. 中 修

中修，五年进行一次。

（1）整修或更换不良轨道接续线、跳线。更换配线后，要做极性交叉测试。

（2）重做电缆配线端子。

3. 大 修

大修，十五年进行一次。

设备到了规定年限，对全套设备进行大规模检修，一般进行器件、部件、设备的更换。

任务三　FTGS 型数字编码式轨道电路的运行与维护

一、音频无绝缘轨道电路的基础知识

在以轨道电路作为车-地通信通道的 ATC 系统中，正线上的轨道电路除需要具有检测列车占用功能外，还需要向列车传递 ATP/ATO 行车信息，因此正线轨道电路一般采用音频无绝缘轨道电路，用电气隔离方式形成电气绝缘节，取代机械绝缘节，进行相邻轨道电路的划分和隔离。

（一）音频轨道电路的分类

1. 按调制方式分类

按照调制方式音频轨道电路可分为调幅轨道电路和调频轨道电路。

调幅轨道电路采用调幅的方式将低频信号调制在载频上予以传送。上海地铁 1 号线用的 GRS 音频无绝缘轨道电路即采用调幅方式，它用 2 Hz、3 Hz 去调制 2 625 Hz、2 925 Hz、3 375 Hz、4 275 Hz，用于检测列车占用。

调频轨道电路采用调频和数字调频的方式将低频信号调制在载频上，多数音频轨道电路采用调频原理工作。例如，德国西门子 FTGS917 型轨道电路采用 9.5 kHz、10.5 kHz、11.5 kHz、12.5 kHz、13.5 kHz、14.5 kHz、15.5 kHz、16.5 kHz 作为载频，偏频为±64 Hz，+64 Hz 为"1"，−64 Hz 为"0"，进行数字调频。

2. 按对信息的处理方式分类

按照对信息的处理方式音频轨道电路可分为模拟轨道电路和数字轨道电路。

模拟轨道电路用代表不同速度信息的低频对载频进行调制，以实现对列车速度的控制。该调制信号是模拟量，它只能传输速度信息，不能传输更多 ATP 信息，因此只能实现阶梯式控制模式的固定闭塞。这种音频轨道电路所传送的信息无论是从可靠性来说还是从信息量角度来说，都不能满足实用的需要。

数字轨道电路通过数码调制对载频进行数字调频。该调制信号是数字量，其中包含实现列车控制用各种信息(包括目标速度、目标距离、线路坡度、区间限制、轨道电路长度等信息)。通过这种轨道电路可实现曲线式控制模式的准移动闭塞。西门子公司的 FTGS 型数字轨道电路、原美国 USSI 公司的 AF-904 型数字轨道电路和法国阿尔斯通公司的 DTC921 数字轨道电路等在我国的广州、上海、天津等城市的地铁中得到了应用。

3. 按轨道电路功能分类

按轨道电路功能音频轨道电路可分为检测列车占用与传输 ATP 行车信息独立，检测列车占用与传输 ATP 行车信息相结合。

检测列车占用与传输 ATP 行车信息独立具体是指检测列车占用采用一种信息处理方式，而传输 ATP 行车信息采用另一种信息处理方式。例如，FTGS 型数字编码式音频无绝缘轨道电路是用位模式调制载频实现列车占用的检测，用报文调制载频发送 ATP 行车信息。

检测列车占用与传输 ATP 行车信息相结合方式是指检测列车占用与传输 ATP 行车信息采用同一种信息处理方式。例如，AF-904 型数字轨道电路用报文作为列车占用的检测信息，同时也用报文传送 ATP 行车信息。

4. 按轨道电路的连接方式分类

按轨道电路的连接方式音频轨道电路可分为直接注入（自耦）方式和感应（互耦）方式两种。

直接注入方式是轨道电路的发送器和接收器经调谐单元直接由引接线焊接到钢轨上。

感应方式是用环线的方式和钢轨耦合，如图 4.33 所示。图中 f_x 是左边电路的载频频率。发送的轨道信号电流在 S 形电缆中形成环流，并感应进入钢轨。接收的信号也从钢轨感应进入电缆。借助其外形尺寸，可提供很强的方向性，以设定轨道电路电流的方向。

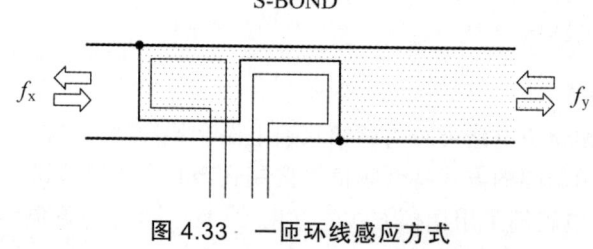

图 4.33　一匝环线感应方式

5. 按工作原理分类

按照工作原理音频轨道电路可分为自然衰耗式和谐振式两大类。

自然衰耗式轨道电路是利用轨道的自然衰耗和不同的信号特征（频率、相位等），实现相邻轨道电路隔离。

谐振式轨道电路是利用电容和电感（钢轨构成）组成谐振槽路，采用不同的信号频率，通过谐振回路对不同频率呈现不同阻抗，实现相邻轨道电路间的电气隔离。

由于城市轨道交通线路的特点及列车运行密度较高，城市轨道交通轨道电路区段较短，故多采用谐振式较为适合。

（二）音频轨道电路的原理

1. 短路联结式音频轨道电路

最早期的无绝缘音频轨道电路采用短路联结式，在相邻区段采用不同的信号频率，以实现电气隔离，如图 4.34 所示。在音频信号发送端，电容器 C_2 及两段钢轨组成 LC 并联谐振电路。在接收端，由同样的电容器及两段钢轨组成并联谐振电路，从而在接收器 2 中仅有频率为 f_2 的信号被选择接收。图中的 A 线（A 点垂直线）为该轨道区段两侧的短路钢条，用来确保相邻轨道电路区段互不干扰，并使两条钢轨中的牵引回流平衡。

图 4.35 表示当列车驶过轨道区段 2、3 时，接收器 2 的端电压 U_2 及接收器 3 上的端电压 U_3 的变化曲线。当列车的第一轴驶过短路点 A 后，接收器 2 上的端电压 U_2 开始下降。当列车第一轮轴抵达 A_1 点时，接收器 2 上的端电压 U_2 低于接收器的额定电压（例如轨道继电器的释放值），轨道电路通过轨道继电器给出轨道区段被占用的通报。当列车第一轮轴驶离 B_1 点时，U_2 再次大于接收端的额定电压，给出轨道区段 2 空闲的通报。

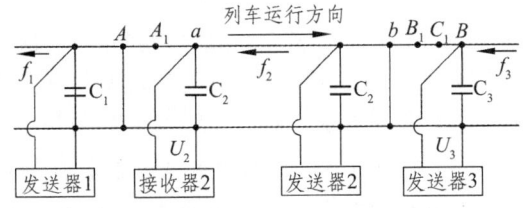 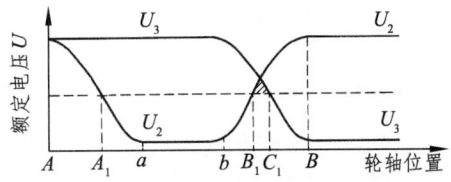

图 4.34 短路联结式音频轨道电路　　图 4.35 短路联结式列车驶过时接收器端电压的变化

图 4.35 上同时也给出了列车驶过时，接收器 3 上的端电压 U_3 的变化情况。从图中可以看出，在短路联结音频轨道电路中存在一段"死区段"（阴影部分），即 B_1C_1 段。当有车轴停留在死区段时，轨道区段 2 及 3 的接收电压均高于额定电压，给出的相应通报为"轨道区段 2 和 3 均为空闲"，这说明即使有车占用却显示的是空闲状态，所以将导致致命的危险。虽然从理论上讲，提高音频信号的频率可以缩短死区段的长度，但是，随着信号频率的升高，必须相应提高信号发生器的功率，以补偿钢轨电流的损耗。当信号频率为 10 kHz 左右时，死区段的长度为 3 m 左右，所以短路联结式音频轨道电路存在不安全的隐患。

2. S 形联结音频轨道电路

为了克服上述弊端，目前在城市轨道交通领域一般都采用 S 形联结音频轨道电路，其连接方式如图 4.36 所示。与短路联结不同，这种形式的音频轨道电路把短路钢条连成 S 形，发送器的一个输出端和接收器的一个输入端接在 S 形导线的中间。当列车驶入轨道区段时，发送信号在钢轨中保持的高电平随之降低，在接收端达不到检测阈值，可判断轨道区段占用。

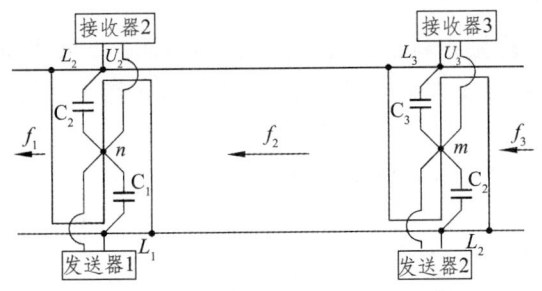 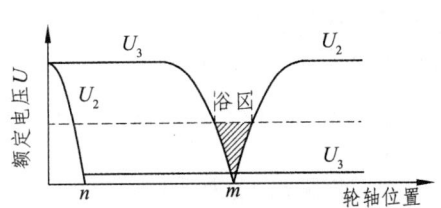

图 4.36 S 型联结式音频轨道电路　　图 4.37 S 型联结式列车驶过时接收器端电压的变化

如图 4.37 所示为列车驶入及离开轨道区段 2 时，接收器 2、3 的端电压的变化情况。与短路联结型相比，在这类音频轨道电路中，列车的第一轮轴驶至 m 点时，电压 U_2 才开始上升，同时，电压 U_3 降至最小值。这样形成的电压谷区是一个安全区，当该谷区内的钢轨被短路时（有车路过），轨道区段 2 和 3 均将给出"区段占用"通报，存在"模糊区段"，即在轨道电路分界点的两旁存在一个区域，当列车在该区域有效分路时，与该区域相关的两个轨道区段都显示占用。由于没有死区段存在，所以其结果是安全的。另外，由于 S 棒把两根钢轨短路起来，使轨道电路不平衡系数大大减小。由此可见，S 形联结音频轨道电路是符合信号安全原则的，所以已被广泛采用。

实际应用中，轨道电路的发送器和接收器采用斜对角线的连接方式，如图 4.38 所示。发送器 FSA 谐振槽路在轨道电路的右下角，由电容 C_1 和钢轨 cd 段及一段连接线 dm' 等部件组成。它由电容 C_1、cd 段钢轨电感、dm' 段连接线电感及它们之间的互感构成谐振频率为 f_1 的并联谐振槽路。因此发送电容 C_1 两端呈现高阻抗，A 轨道电路发送器产生频率 f_1 的信号，在电容 C_1 两端相连的两点，也即在发送端轨面 ac 两点形成较高电压，因此 f_1 信号沿着 A 轨道电路向接收端传输。接收器相连的谐振槽路在 A 轨道电路的左上角，由电容 C_2、钢轨 ba 的一段和连接线 am 等部件组成。电容 C_2、ba 段钢轨电感、am 段连接线电感及它们二者之间的互感构成谐振频率 f_1 的并联谐振槽路。因此接收电容 C_2 两端呈现高阻抗，沿着 A 轨道电路传输来的 f_1 信号，在电容 C_2 两端相连的 b、m 两点，也即接收端轨面 b、d 两点，有较高电压，从而被接收器 JSA 接收，使轨道继电器动作。

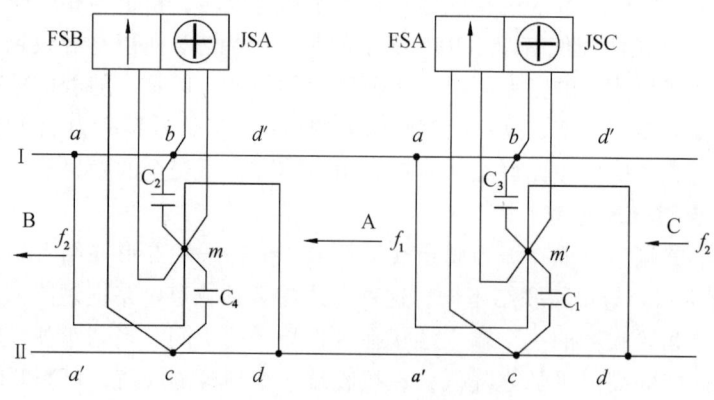

图 4.38 S 形音频轨道电路

B、C 轨道电路的发送器和接收器的接收方式与 A 轨道电路相同。不同的是，B、C 轨道电路发送和接收的是频率为 f_2 的信号。轨道电路除了利用不同频率的信号互相隔离外，还采用 S 棒本身，使它们彼此隔离。

由于集肤效应的缘故，音频条件下钢轨的衰耗很大，所以音频轨道电路的有效作用距离很短。在频率为 10 kHz 左右时，轨道电路的有效作用距离约为 300 m。为了增加音频轨道电路的有效工作距离，通常采用中间馈电式，如图 4.39 所示。

在中间馈电式音频轨道电路中，发送端的音频发生器不带调谐电路。在轨道电路的两端 S 形联结处设置 2 个调谐接收器，所接收到的电压经由 2 芯电缆回送至中间馈电处。2 个接收器电压在中继接收器中进行判别：当 2 个接收器电压均为高电平时，给出轨道区段空闲通报；当 2 个接收器电压为一高一低或均为低电平时，给出轨道区段占用通报。采用中间馈电方式后，音

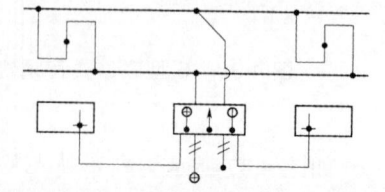

图 4.39 中间馈电式音频轨道电路

频轨道电路的有效控制距离可以增加一倍。

二、FTGS 数字轨道电路的运行

FTGS 型数字轨道电路由德国 Siemens 公司研发，它广泛应用于世界各地的正线铁路和城市轨道。我国的广州地铁、上海地铁、南京地铁及深圳地铁都有采用该轨道电路系统。FTGS 是德文对西门子"遥供音频无绝缘轨道电路"的缩写，其中：F 代表远程供电，G 代表轨道电路，T 代表音频，S 代表西门子公司。FTGS 数字轨道电路实现了地铁正线钢轨铺设的无缝连接，使乘客乘坐地铁时感觉更加平稳舒适；更重要的是，它与其他系统的配合使用也非常方便，只需要在轨道区段内增设一些环线和相应的发送或接收设备即可。

（一）FTGS 数字轨道电路的重要概念

1. 中心频率

中心频率即载频信号的频率。FTGS 系列轨道电路有 12 种轨道电路中心频率（简称频率），分配给两种型号：① FTGS-46 型，有 4 种频率（4.75 kHz、5.25 kHz、5.75 kHz、6.25 kHz）；② FTGS-917 型，有 8 种频率（9.5 kHz、10.5 kHz、11.5 kHz、12.5 kHz、13.5 kHz、14.5 kHz、15.5 kHz、16.5 kHz）。

2. 位模式

位模式即调制脉冲信号。FTGS-917 型轨道电路采用移频键控（FSK）（±64 Hz）方式进行调制。位模式用 $X.Y$ 表示：把载频的一个周期分为 8 等分，先是 X 份时间的高电平，然后是 Y 份时间的低电平，且要求 $X+Y \leq 8$，这样就有 1.1、1.2、…、1.7、2.1、2.2、…、2.6，…6.1、6.2、7.1 共 28 种位模式。FTGS-917 型轨道电路只使用了其中的 15 种（2.2、2.3、2.4、2.5、2.6、3.2、3.3、3.4、3.5、4.2、4.3、4.4、5.2、5.3、6.2）位模式。位模式脉冲把区段的中心频率调制成移频键控信号（FSK），其中上边频频率为"中心频率 +64 Hz"；下边频频率为"中心频率 –64 Hz"。如图 4.40 所示是位模式 2.3 调制 9.5 kHz 频率得到的移频键控（FSK）信号波形。调制后的信号可以抵抗钢轨牵引回流中谐波电流的干扰。

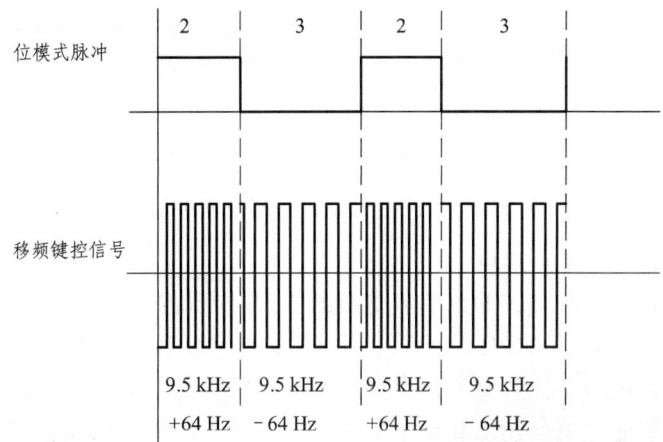

图 4.40　位模式 2.3 调制 9.5 kHz 频率得到的移频键控波形示意图

（二）FTGS 数字轨道电路的运行原理

FTGS 轨道电路有两个功能：列车占用检测和传送 ATP 报文给列车。

FTGS-917 型数字轨道电路共提供了 8 种频率和 15 种位模式用于轨道区段的划分。相邻的轨道区段采用不同的频率和位模式，对于某一轨道区段来说，只有收到与本区段相同的频率与位模式的信息才会响应，因此可以防止区段之间的干扰。

频率和位模式的一般设置原则：相邻区段必须采用不同的频率和位模式；相邻或相近区段的频率和位模式的间隔要合理；上、下行线尽量采用不同的频率段，如上行采用 10.5 kHz、12.5 kHz、14.5 kHz、16.5 kHz 的频段，下行则采用 9.5 kHz、11.5 kHz、13.5 kHz、15.5 kHz。

FTGS 数字轨道电路运行原理框图如图 4.41 所示。

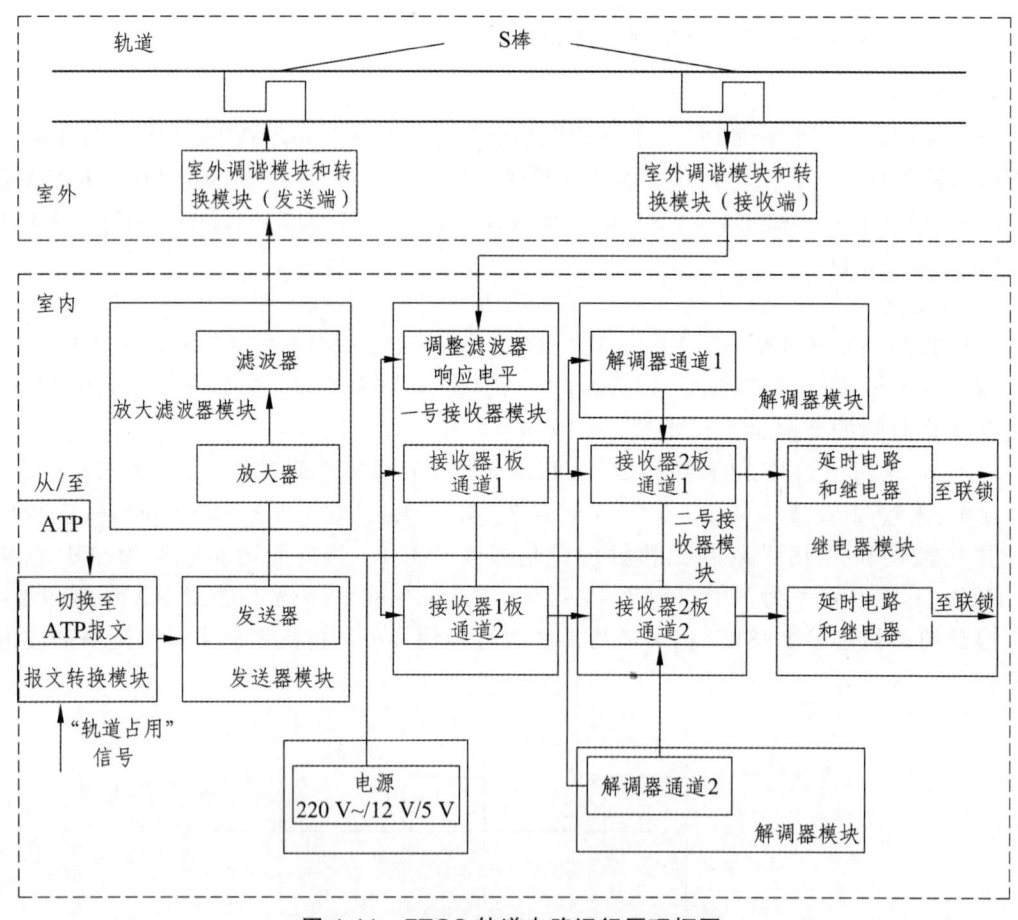

图 4.41　FTGS 轨道电路运行原理框图

1. 发送板（又称发送器模块）

发送板的作用是产生载频，并以移频键控的方式进行调制。发送器有一个带调制器的石英晶体振荡器（频率为 16.336 MHz），通过一个可变频的数字分频器产生 9.5~16.5 kHz 的音频电压。数字分频器由一个计数器和一个预置了数据的存储芯片组成。通过不同频率插塞设置不同地址，从存储芯片就会输出相应地址的数据，计算器根据数据把晶振频率降低到相应频率。

发送器上的位模式插塞,与另一个存储芯片相连,提取出位模式编码的"并行"编码,然后转为"串行"编码,用此串行位模式编码对轨道电路音频电压进行调制,产生移频键控信号(FSK),并送至放大滤波板输入端。

在串行位模式编码进行调制前要经过一个选择开关,此开关是由报文转换板控制的,当轨道"空闲"时,开关接通位模式编码,向放大滤波板输出调制后位模式信息;当轨道"占用"时,由报文转换板提供一个触发脉冲,转换器截止了位模式的输出,切换为输出ATP报文。ATP报文同样会对轨道电路音频电压进行频率调制,再输出。

FTGS的8个频率只需一个标准组件,位模式和发送频率由插塞决定,可进行8种频率插塞和15种位模式插塞的组合,在发送器板上可看见对应轨道区段的发送频率及位模式。

发送器上还有一个1000倍分频,把晶振频率降为16.336 kHz的扫描脉冲,作为接收2板的驱动脉冲。

为提高FTGS的可靠性,发送板上装有电压检测电路,如果工作电压低于预定值时,位模式取反,解调板不能解调出正确的位模式编码,轨道继电器落下,发出轨道"占用"信号;若电压恢复正常,只要设备没故障,而且此时轨道确实没"占用",轨道继电器吸起,发出轨道"空闲"信号。

发送板输入信息包括:

(1)触发信号:由报文转换板送入,当占用时,向发送板发出"占用"信号,驱使转换开关切换为发送ATP报文。

(2)ATP报文:由报文转换板送入,当占用时,报文经调制后由轨道电路送上列车。

发送板输出信息包括:

(3)FSK信号:经调制的FSK信号(方波)送入放大滤波板进行放大和滤去高次谐波。

(4)扫描脉冲:送入接收2板,频率为16.336 kHz,用作接收2板的驱动。

(5)时钟脉冲:送入报文转换板。

发送板面板布置如图4.42所示。

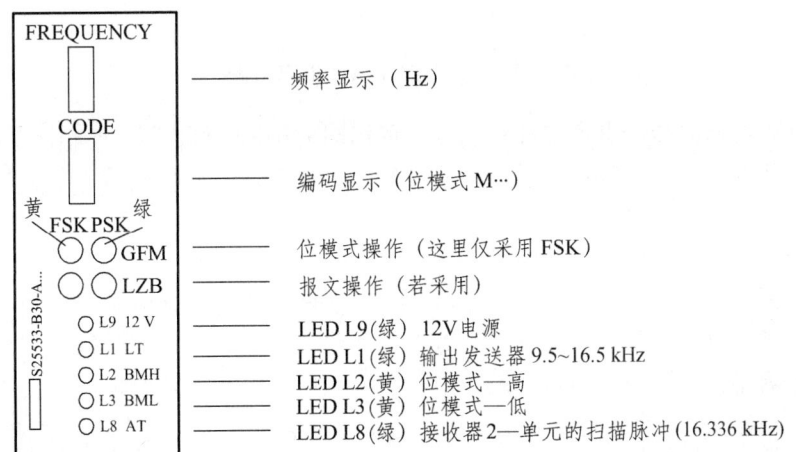

图4.42 发送板面板布置图

图中,发送板面板上显示窗内可看见对应轨道区段的发送频率及位模式。GFM指示灯表示轨道空闲检测信号,若采用FSK调制方式点亮黄灯,若采用PSK调制方式点亮绿灯。LZB

指示灯表示 ATP 报文信号，若采用则点亮黄灯，一般采用 FSK 调制方式。L9 点亮绿灯是 12 V 电源正常供电。L1 点亮绿灯是发送器有 9.5~16.5 kHz 载频输出。L2 点亮黄闪表示位模式高位。L3 点亮黄闪表示位模式低位。L8 点亮绿灯表示输出接收 2 板的 16.336 kHz 的驱动脉冲。

2. 放大滤波板（又称放大滤波器模块）

放大滤波板主要作用是，把发送板发送过来的调制音频电压放大到一定的电平，并通过带通滤波器滤除发送信号中的高次谐波，仅将本区段频率的信号送到轨道馈入点。每种频率都有自己专用的放大滤波板。

放大滤波板的放大器是带变压器耦合的推挽式放大器。它由发送器的输出信号（方波）驱动，输出经放大后的信号（方波）。方波被馈送到发送滤波器，变成正弦波，再经电缆匹配电阻输送到方向转换板。

发送滤波器有以下特点：

① 只把输入信号中方波的基波送入发送电缆中，并抑制所有高次谐波，以免对轨道中及轨旁的其他系统造成干扰。

② 当工作频率发生波动时，滤波器会降低输出电平。

在放大滤波板的面板上留有测试插孔，可测得发送器和滤波器的输出电压。通过 LED 指示灯的显示（绿色）可查看该模块工作状态是否正常，是否有电压输出。放大滤波板面板布置如图 4.43 所示。

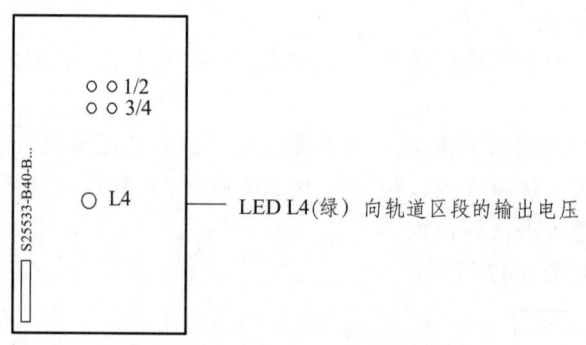

图 4.43　放大滤波板面板布置图

发送滤波器输入信息：由发送器送入，经调制的 FSK 方波信号。

发送滤波器输出信息：FSK 正弦波信号，经过电桥送入方向转换板。此信号是已经放大和滤去高次谐波的相应频率的正弦波。

3. 接收器 1 板（又称一号接收器模块）

接收器 1 板用来把从轨道上接收回来的信号分为两个通道，并分别进行频率及电压幅度的检测。在轨道空闲时，送一个 14.8 V 的控制电压给二号接收器，同时把经放大和调频的振荡信号送给解调器；当轨道占用时，送一个"占用"信息给报文转换板。

接收器 1 板对应每一个运行方向以及轨道电路的长度和电气绝缘节的类型设定了响应值，使得对应每一个频率都有相应的接收器 1 板。接收器 1 板面板布置如图 4.44 所示。

图中ⅠL5 指示灯在轨道区段空闲时显示绿灯，表示接收器 1 板的Ⅰ路正常工作，占用时为灭灯状态。ⅡL5 指示灯在轨道区段空闲时显示绿灯，表示接收器 1 板的Ⅱ路正常工作，占用时为灭灯状态。其他为测试插孔。

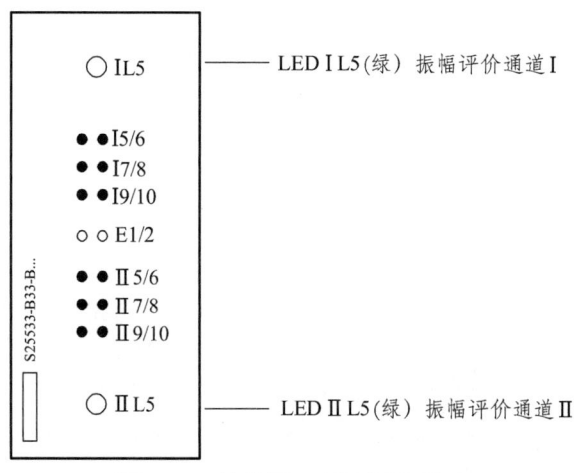

图 4.44　接收器 1 板面板布置图

4. 解调器板（又称解调器模块）

解调器板为双通道设计，用于检测接收到的音频信号的位模式编码。它由接收器 1 板驱动，轨道占用时解调器板关闭；轨道空闲时，解调器板将接收到的位模式与内部参考位模式（由代码插件决定）比较，一致时输出低电平给二号接收器。

解调器不需要记录信号频率，它只判断信号是上边频还是下边频，所以解调器板均为标准型解调器组件。解调器模块面板布置如图 4.45 所示。

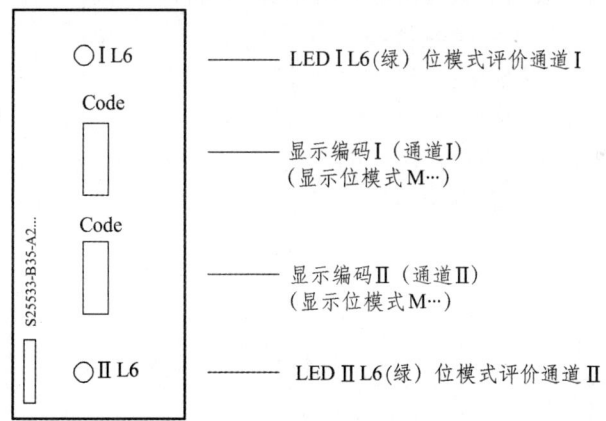

图 4.45　解调器板面板布置图

图中ⅠL6 指示灯在轨道区段空闲时显示绿灯，表示解调器Ⅰ路正常工作，占用时为灭灯状态。ⅡL6 指示灯在轨道区段空闲时显示绿灯，表示解调器Ⅱ路正常工作，占用时为灭灯状态。其他两个显示窗分别显示解调器Ⅰ路和Ⅱ路的位模式。

5. 接收器 2 板（又称二号接收器模块）

接收器 2 板也为双通道设计，它将接收器板的输出信号和解调器的输出的电平进行动态"AND"运算，如果接收器 1 板输出为 14.8 V 的电压且解调板输出低电平，则发送器输出的 16.336 kHz 驱动脉冲可以通过接收器 2 板上的安全触发电路，将此脉冲放大到 16 V，输出到继电器模块。接收器 2 板面板布置如图 4.46 所示。

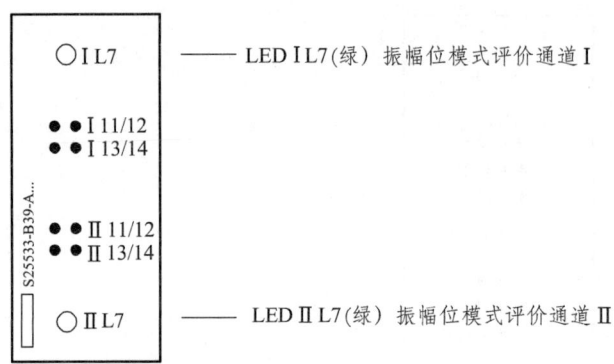

图 4.46 接收器 2 板面板布置图

图中ⅠL7 指示灯在轨道区段空闲时显示绿灯，表示接收器 2 板的Ⅰ路正常工作，占用时为灭灯状态。ⅡL7 指示灯在轨道区段空闲时显示绿灯，表示接收器 2 板的Ⅱ路正常工作，占用时为灭灯状态。其他为测试插孔。

6. 继电器板（又称继电器模块）

继电器板一般由两组继电器接点组成，串联在电路中，为双通道设计，每一通道有一个 K50 型缓吸缓放继电器。联锁定时检查开关状态，两组继电器的开关状态必须一致。观察继电器板上继电器接点的吸起或落下，可判断相应轨道电路处于空闲或占用状态。它将轨道"占用"或"空闲"信号传给联锁和 LZB（轨旁 ATP/ATO）系统。

继电器动作电压由接收器 2 板输出的直流 16V 电压供给。

7. 报文转换板（又称报文转换模块）

报文转换板完成 FTGS 的位模式和 ATP 报文之间的转换。当列车占用轨道区段时，发送 ATP 报文，并使发送方向迎着列车方向。由于轨旁 ATP 系统要利用 FTGS 轨道电路发送 ATP 报文给列车，在有列车占用轨道区段时，FTGS 的位模式无效，同时 ATP 报文被激活；发送器板执行一个报文转换信号进行开关切换，再通过一个光耦合器，ATP 报文就从报文转换板传送到发送板。

报文转换板面板布置如图 4.47 所示。

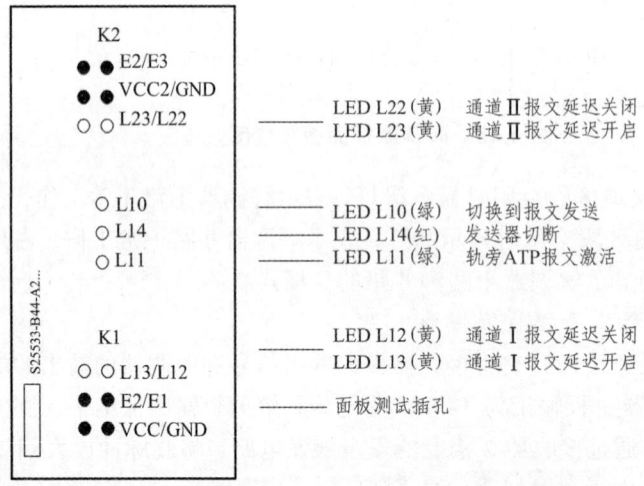

图 4.47 报文转换板面板布置图

面板上各指示灯含义如下：

L23/22 点亮黄灯表示报文通道 II 延时开或关。

L10 通常在轨道区段占用时点亮绿灯，转换发送 ATP 报文。

L14 点亮红灯表示发送输出被切断。

L11 通常在轨道区段空闲时点亮绿灯，表示 ATP 报文被激活。

L23/22 点亮黄灯表示报文通道 I 延时开或关。

8. 代码板

仅用于标准型，代码板上的每一个位模式对应一个频率。根据板上位模式插件的不同可制成不同的位模式。用来短路二号接收器上"受二"的信息输入端。

9. 方向转换板

为了确保 ATP 报文的发送和接收，FTGS 必须能够根据列车的运行方向进行送端和受端的转换，即发送方向的切换。为此在 FTGS 中定义了三个发送方向：G 方向（送端在线路正常运行方向的前方）、A 方向（与 G 方向相反）、B 方向（一送两受区段，反方向侧向运行）。

标准区段和道岔区段，由 ATP 报文根据进路的方向直接控制方向转换板上的继电器，来转换方向；中间馈电式区段由 ATP 报文提供进路的方向信息给中间馈电转换板，再由中间馈电转换板根据区段占用情况和进路方向，控制方向转换板上的继电器来转换方向，实现发送端电缆与接收端电缆之间的转换，使轨道电路的发送方向始终迎着列车的运行方向。在板上可以调整各方向各接收端的接收电压。

方向转换板面板布置如图 4.48 所示。

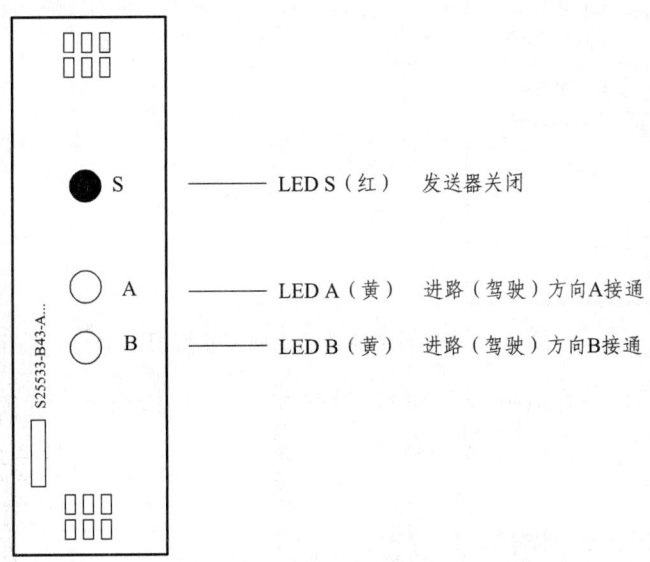

图 4.48 方向转换板面板布置图

图中，S 指示灯瞬间闪烁红灯时表示发送输出被切断，A 指示灯点亮黄灯表示 ATP 报文发送方向是 A 方向，B 指示灯点亮黄灯表示 ATP 报文发送方向是 B 方向。

10. 电源单元

每两套轨道电路系统都必须配置有电源单元，这个电源单元安装在机架背面，并通过四块可插拔的导体与每一个轨道电路框架相连。电源单元输入 AC 220 V，输出 DC 12 V、

DC 5 V，为框架内的各单元模块提供标准工作用电。其中红线为 DC 12 V 电源线，白线为 DC 5 V 电源线，蓝线、黑线为 DC 0 V 电源线。

11. 中间馈电转换板

中间馈电转换板是专门为中间馈电式 FTGS 和 LZB700M 系统设计的。当列车的车头进入轨道电路并靠近轨道电路中央的发送端时，中间馈电转换板把发送端由轨道电路中央移到尾端，即在列车运行方向的前方，由此保证轨道电路 ATP 报文永远迎着列车发送；当进入的列车离开后，发送端又切换到轨道电路中央。

从 LZB 轨旁单元传过来的运行方向信息决定了哪里是轨道电路的尾端。通过中间馈电转换板 S1 和 S2 端的电压来控制方向转换板上继电器，实现了发送端与接收端的切换。只有当接收 1 和接收 2 均占用时，送端才从中间馈电棒向与列车运行方向一致的 S 棒切换，任一接收电压足够高时，则送端切换回中间馈电棒。

中间馈电转换板面板布置如图 4.49 所示。

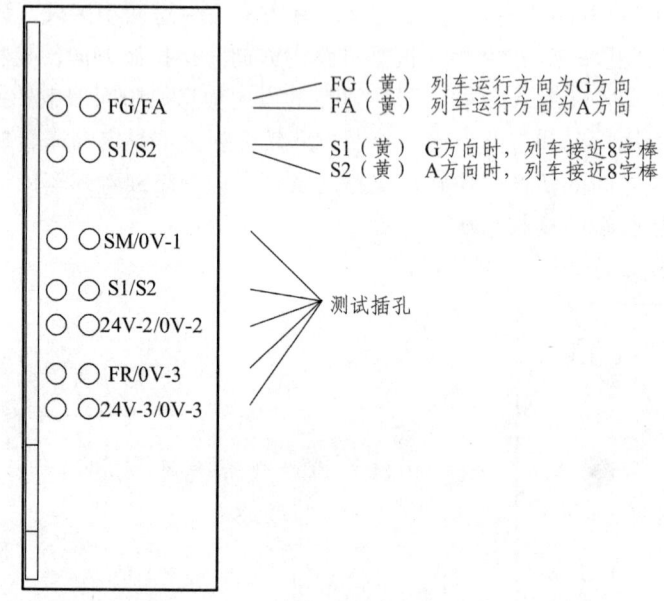

图 4.49　中间馈电转换板面板布置图

FTGS 型数字轨道电路在道碴路基区段最长可达 250 m，在钢筋混凝土路基区段最长可达 200 m。中间馈电式 FTGS 型数字轨道电路在道碴路基区段最长可达 500 m，在钢筋混凝土路基区段最长可达 400 m。

（三）FTGS 数字轨道电路的运行过程

FTGS 型轨道电路使用电气绝缘节来划分区段，为了防止相邻区段之间串频，使用了不同中心频率和不同位模式进行区分。对于某一轨道区段来说，只有收到与本区段相同的频率与位模式的信息才被响应。

FTGS 型轨道电路的空闲检测过程可分为三步：

（1）幅值计算：检测接收回来的轨道电压幅值是否足够高。

（2）调制检验：检测接收回来的电压的中心频率是否正确。

(3)编码检验:检测接收回来的电压所带的位模式是否正确。

首先,接收器对幅值进行计算,当结果表明接收到的轨道电压幅值足够高,并且调制器鉴别到发送的编码调制正确时,接收器发送一个"轨道空闲"信号,这时轨道继电器吸起,表示"轨道区段空闲";其次,当车辆进入某区段时,由于车辆轮对的分路作用,造成该区段短路,使接收端的接收电压减小,轨道继电器达不到相应的响应值而落下,进而发出一个"轨道占用"信号。

当轨道电路被占用时,室内发送器通过一个信号(报文)切换开关,关闭轨道电路的频率和位模式信号,接通由轨旁 ATP 设备传来的报文信息,开始发送 ATP 报文信息。

FTGS 型轨道电路采取下列抗干扰措施:首先利用 S 棒和轨旁调谐单元在信息回路中形成一个谐振电路,对相邻区段相当于高阻状态,迫使信号电流按照预定的方向传输;其次,相邻区段采用不同的频率和位模式信号,避免串频干扰;最后,S 棒还有平衡钢轨中的牵引回流的作用,能有效避免牵引回流对轨道电路信号的干扰。

(四)FTGS 数字轨道电路的组成

FTGS 数字轨道电路主要由室内设备和室外设备两部分组成,中间通过电缆联系。FTGS 数字轨道电路的结构如图 4.50 所示。室内到室外允许的最大传输距离为 6.5 km。

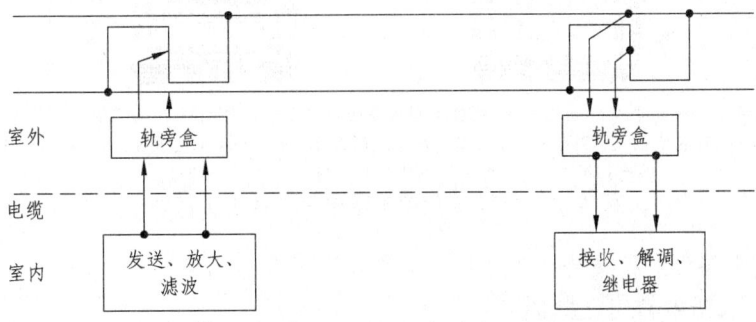

图 4.50 FTGS 数字轨道电路结构

1. FTGS 数字轨道电路的室内设备组成

FTGS 轨道电路室内设备安装在信号机械室内。室内部分的发送单元和接收单元组成一个轨道电路组合。每一个轨道组合对应一个轨道区段。每个区段组合上有多个状态及故障表示灯及测试孔,以便及时处理故障及日常检测。每个轨道区段组合发送单元包括发送、放大、滤波等电路板;接收单元包括接收、解调、轨道继电器等电路板。每个区段组合背面有一个独立的直流稳压电源。

室内设备安装在 FTGS 组合框架内,每个组合框架有正反两面,每面可分为 A、B、C、D、E、F、G、H、J、K、L、M、N 共 13 层,如图 4.51 所示。

正面 A~K 层:轨道电路标准框架层,每一层代表一个轨道区段。每层都与 L 层的一块方向转换板相对应:A 层轨道电路与左数第一块方向转换板相对应;B 层轨道电路与左数第二块方向转换板相对应,以此类推;L 层为方向转换板框架层;M 层为 24 V 电源层及保险层;N 层为 240 V 电源入线、各轨道电路电源分线排。

反面 A~K 层:轨道电路电源模块层。每个电源模块输出 12 V 和 5 V 直流电供给两个区段使用。L 层:电缆补偿电阻设置层。M 层:信息输入、输出层。电缆补偿电阻串接在线路上,用来平衡电缆阻抗和保护发送电路不会过载。

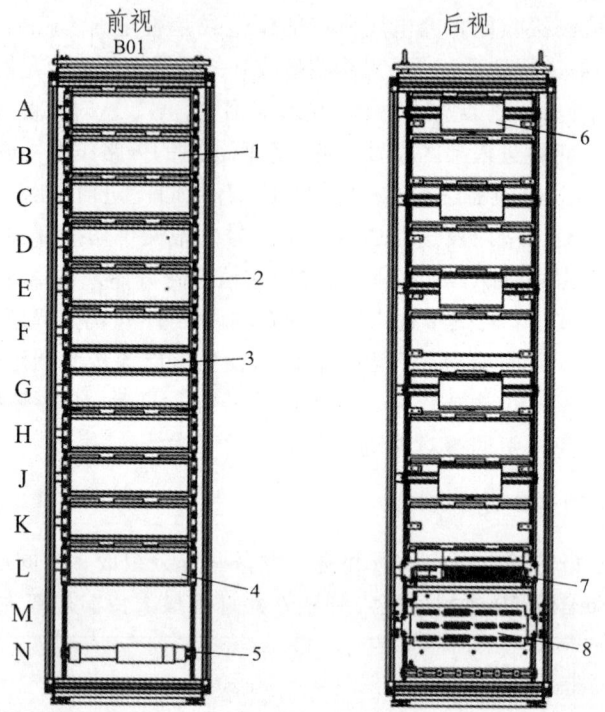

1—单元架 A 至 K 层；2—单元架螺钉连接；3—散热片和风扇的安装位置（可选项）；4—安装架（用于电缆平衡电阻及芯线间短路监控系统 ASUE 的电源；5—熔丝和端子条；6—电源单元（A，C，E，G，J）；7—插接板；8—与电缆终端架和电缆分线架连接的端子。

图 4.51 FTGS 数字轨道电路组合架正视图

FTGS 轨道电路标准框架分三种结构：标准型、道岔型和中间馈电型。

（1）标准型轨道电路组合框架。

标准型轨道电路的组合框架如图 4.52 所示。

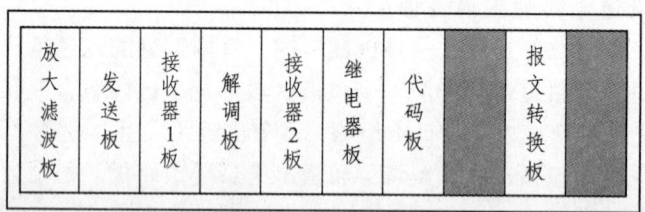

1—放大滤波板；2—发送板；3—接收器 1 板；4—解调板；5—接收器 2 板；
6—继电器板；7—代码板；8—空；9—报文转换板；10—空。

图 4.52 标准型轨道电路组合框架结构

每个标准型的组合框架可插接 10 块标准的 PC 板。不同板件之间是不能混插的，这可从两方面来保证：一是各个不同型号的板件的尺寸不同；二是对于尺寸基本相同的不同型号的板件可通过插接键的不同设置来识别，以防止由于把板件插错位置而损坏设备。

（2）道岔型轨道电路组合框架。

道岔型轨道电路的组合框架如图 4.53 所示。每个道岔型的组合框架也可插接 10 块标准的 PC 板，不同板件之间也是不能混插的。道岔型与标准型的不同之处在于多了一块接收器 1 板和一块解调板，这是因为标准型是"一送一受"型轨道电路，而道岔型是"一送二受"的缘故。

1—放大滤波板；2—发送板；3—接收器 1 板；4—解调板；5—接收器 2 板；6—继电器板；7—接收器 1 板；8—解调板；9—报文转换板；10—空。

图 4.53 道岔型轨道电路组合框架结构

（3）中间馈电型轨道电路组合框架。

中间馈电型轨道电路的组合框架如图 4.54 所示。每个中间馈电型的组合框架也可插接 11 块标准的 PC 板，不同板件之间也是不能混插的。中间馈电型相当于"一送二受"型轨道电路，所以与道岔型的不同之处在于多了一块中间馈电转换板。

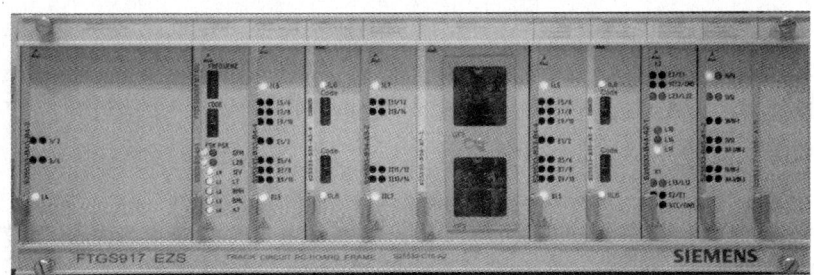

1—放大滤波板；2—发送板；3—接收器 1 板；4—解调板；5—接收器 2 板；6—继电器板；7—接收器 1 板；8—解调板；9—报文转换板；10—中间馈电转换板；11—空。

图 4.54 中间馈电型轨道电路组合框架结构

2. FTGS 数字轨道电路的室外设备组成

FTGS 数字轨道电路的室外设备主要由连到钢轨内的棒、调谐单元和转换单元组成，如图 4.55 所示。调谐单元和转换单元安装在轨旁盒内，并通过连接电缆连接室内设备以及电气绝缘节。棒及部分钢轨同轨旁盒内的元件构成谐振回路。

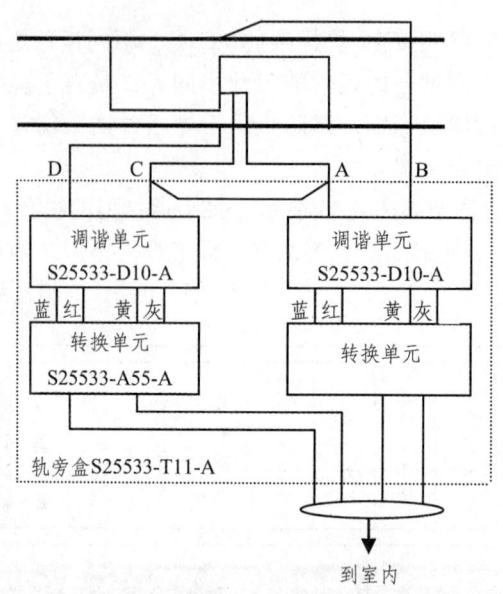

图 4.55 数字轨道电路的室外设备布置连接框图

轨旁盒内一般分为两部分，呈对称结构布置。每部分都由一个调谐单元和一个转换单元组成，整个采用模块化结构。当轨旁盒的一部分作为一个区段的发送端时，则另一部分作为相邻区段的接收端。当轨道电路的方向改变时，这两部分的发送端/接收端也将进行切换。每一部分的调谐单元用四根电缆与电气绝缘节连接，转换单元用一根电缆接室内设备。另有一根地线连接至钢轨或接地扁钢。

1）转换单元

当室内高电平馈送到转换单元，调谐单元为发送模式，反之为接收模式。

转换单元只用于普通型和道岔型轨道电路上。不同频率对应不同的转换单元，并且带防雷功能。

2）调谐单元

调谐单元的作用就是调整谐振点。可用内六角扳手调整可调电感器，使绝缘棒与调谐单元调谐部分达到谐振点，使发到轨面上的电压最高，接收到的相应频率电压最高。电气绝缘节绝缘程度的好坏，很大程度上取决于调谐单元的设置和调整。

调谐单元型号是由当前区段的频率和相邻区段的频率来决定的。

3）棒

电气绝缘节，它区别于一般的机械绝缘节，是划分 FTGS 轨道区段的重要设备。它由电气绝缘棒和轨旁盒内的调谐单元共同组成。除道岔本身和终端棒必须采用机械绝缘节外，其他轨道电路都采用电气绝缘分割。

电气绝缘棒有 S 棒、短路棒、终端棒、M 棒等类型。

（1）S 棒。

正线区间的轨道电路大多采用 S 棒电气绝缘节，它是镜像对称的，如图 4.56 所示。以 S 棒的中心线作为轨道区段的物理划分。S 棒长度为 7.8 m 左右，模糊区段长度≤3.9 m。（模糊区段：指当车压 S 棒的 1/4 处至 3/4 处时，该 S 棒左右两边的区段都允许显示占用，无法精确判断列车占用的区段。）S 棒还起到平衡两个走行轨牵引电流的作用。

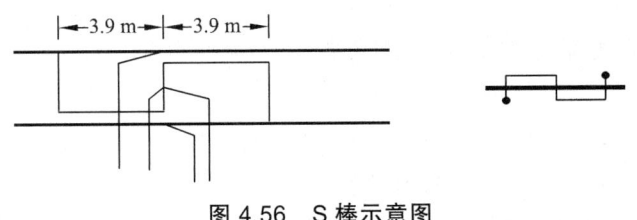

图 4.56　S 棒示意图

（2）短路棒。

该电气绝缘节用于一端为轨道电路区段，而另一端为非轨道电路区段的情况，又称 I 棒，如图 4.57 所示。该棒长度约为 4.2 m。

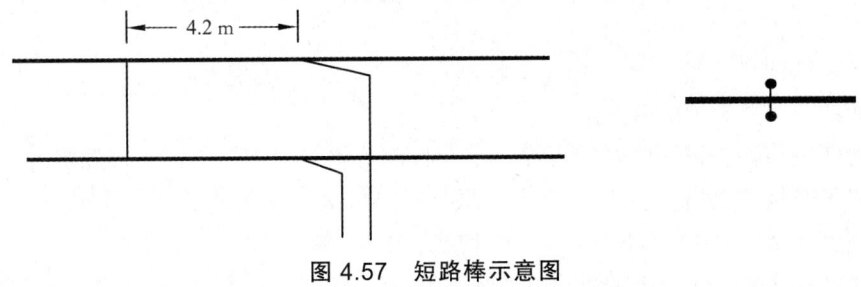

图 4.57　短路棒示意图

（3）终端棒。

该电气绝缘节由终端短路棒（又称 O 棒）和一个机械绝缘节组成，如图 4.38 所示。棒长约 3.5 m，距机械绝缘节 0.3~0.6 m，如图 4.58 所示。该棒长度较短，安装时受位置限制影响较小，并且能起到平衡两钢轨间的牵引回流的作用，因此该棒主要应用于双轨条牵引回流区段和道岔区段。

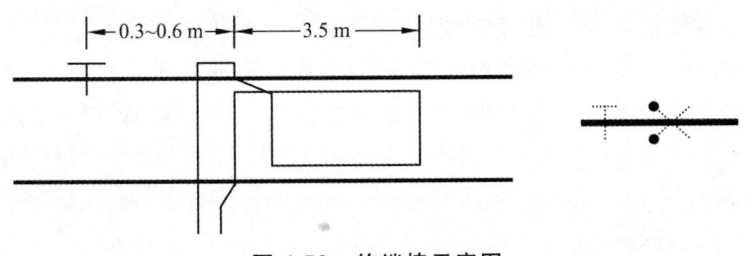

图 4.58　终端棒示意图

（4）M 棒（又称 8 字棒）。

M 棒用于中间馈电式轨道电路的中央，如图 4.59 所示。

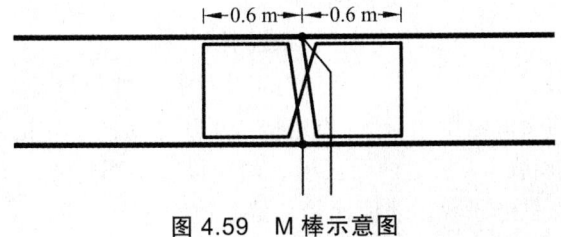

图 4.59　M 棒示意图

三、FTGS-917 型数字轨道电路的维护

（一）技术指标

FTGS-917 型轨道电路的技术指标如下：

（1）FTGS-917 型轨道电路使用 8 种中心频率（9.5 kHz、10.5 kHz、11.5 kHz、12.5 kHz、13.5 kHz、14.5 kHz、15.5 kHz、16.5 kHz）和 15 种位模式（2.2、2.3、2.4、2.5、2.6、3.2、3.3、3.4、3.5、4.2、4.3、4.4、5.2、5.3、6.2），调制频率为 ±64 Hz。相邻区段必须使用不同的频率和位模式。

（2）使用正确的频率和位模式，而且频率不发生偏移。

（3）当列车占用当前区段时，能正确传送报文给列车。

（4）能根据列车行驶方向，由 ATP 控制自动转换发送/接收方向。

（5）标准分路灵敏度为 0.5 Ω。

（6）内部分路时轨道继电器应可靠落下，外部分路时轨道继电器应可靠吸起。

（7）空闲时接收电压（接收 1 板 Ⅰ5/Ⅱ8 或 Ⅱ5/Ⅱ8 端）要求大于 6.5 V，分路状态时接收电压（接收 1 板 Ⅰ5/Ⅱ8 或 Ⅱ5/Ⅱ8 端）要求小于 4.5 V。

（8）正常发送电压（放大滤波板 3/4 端）为 45～60 V。

（9）更换发送板、放大滤波板、方向转换板、转换单元、调谐单元、接收 1 板后，重新安装各种绝缘棒必须进行分路试验。

（10）轨道电路有效长度范围为 30～300 m。

（11）每次进行分路试验后必须根据测试数据更新数据表。

（二）FTGS-917 型轨道电路的养护与检修

在日常的设备维护中，一般只需要对室内的电气参数进行测试，要求所测的数据在标准值范围之内即可。但在故障处理、重新调整等特殊情况下，则需要室内外配合，同时测量电气参数。室内的电气参数测试一般每周进行一次，在测试时选择关键参数进行测试即可。

1. 日常保养

日常保养，每日进行一次。

（1）每日进行室内设备状态检查。

① 观察设备运营状态并记录，确保面板上指示灯显示正常。

注意：空闲和占用时的显示不同。

② 询问设备使用部门，了解设备状况。

（2）每周进行设备卫生清扫及室内电气参数测试分析。

① 用吸尘器、毛扫、白棉布等对设备进行卫生清扫，保持设备清洁无灰尘。

② 用数字万用表的交流电压挡对 G 方向接收电压进行测试并记录，把记录的数据与原始数据表进行对照。测接收 1（一送两受区段，两个接收Ⅰ都要测）板的Ⅰ5/Ⅱ8 间的电压，测试值要求大于 6.5 V，且与原数据表值比较负偏差值不大于 15%。

测试要求：相邻区段空闲。

2. 二级保养

二级保养，每半年进行一次。

（1）检修轨旁设备箱盒内、外部。

① 检查箱盒外观及内部防潮、防湿等情况。

② 观察各螺丝应无锈蚀、缺损现象，用扳手、螺丝刀检查紧固程度。螺丝（帽）应无松动、滑丝现象。

③ 观察设备标识应清楚、无脱落。

（2）检修外部件。

① 手动检查安装装置应牢固，无明显晃动；观察安装支架及基础应完好无损。

② 观察设备外观无绝缘破损，形状与安装要求基本一致，无变形。

③ 先观察各线、管有无绝缘破损、裂纹、老化、脱落、断痕及磨损现象，再用手扳、摇、拽试各线、管的牢固程度，有螺丝连接的可用扳手、螺丝刀试拧一下，检查螺丝紧固程度。

导线、引接线、接地线应连接牢固且无绝缘破损；防护管应无裂纹及老化现象；轨端接续线应无脱落、断痕和磨损；道岔区段跳线应完好，卡钉牢固无锈、包扎良好，穿越钢轨处距轨底不应小于 30 mm。

塞钉打入深度最小与轨腰平，露出不超过 5 mm。

④ 确保接地线与接地端子接触良好，固定螺母紧固，不松动；要求地线连接处无锈蚀、打火痕迹。

⑤ 观察各紧固件（轨底夹、轨枕夹、夹钉、绑带），确保无缺失、脱落、损坏现象，用手扳、铁锤敲试各紧固件。

（3）清扫、防尘防水。

① 观察密封条，应无移位、变形、老化、破损现象。

② 清洁箱盒外部及内部，使箱盒外部无积尘、无堆积物；箱盒内部无积尘、无水、无污迹；设备区域内无明显垃圾。

3. 小　修

小修，每年进行一次。

（1）设备除锈、油漆。

对锈蚀的设备、装置进行除锈、油漆，除去锈点及漆斑使箱盒无锈蚀平顺。油饰应光滑、平整。

（2）电气测试分析。

① 用数字万用表的交流电压挡对设备各方向的接收、发送电压进行测试并记录，把记录的数据与原始数据表进行对照。测接收 1 板的 I 5/Ⅱ8 间的电压，测试值要求大于 6.5 V，放大滤波板 3/4 端测试值要求在 45~60 V，且所有测试值与原数据表值比较负偏差值不大于 15%。

测试要求：相邻区段空闲。

② 在室内电气测试中有问题的区段进行室外电气测试分析（测调谐单元）、分路试验和调整。U11/14：30~40 V；U9/10（发送端）：S 棒（3.5~8 V），MKV 棒（18~30 V）；U9/10（接收端）：0.5~0.8 V；U15/20：0.6~0.9 V。

4. 中　修

中修，每五年进行一次。

（1）全面检查各电子元件，清洁所有板件，并检查外观：电路板外观无变形，无烧黑等不良现象；电容外观完整，无发胀、爆裂、漏液；磁性元件外观完整，无过热；各类保险安装牢固，接触良好；各接点接触良好，无虚焊，无锈蚀和接触不良现象。

（2）使用放大镜等工具对分解的电源模块进行外观检查，检查温度检测元件是否符合测量要求。

（3）有条件情况下进行模块电气特性测试。

5. 大 修

大修，十五年进行一次。

设备到了规定年限，对全套设备进行的大规模检修，一般进行器件、部件、设备的更换。

（三）分路试验和调整

在室内电气测试中有问题的区段要进行室外电气测试分析、分路试验和调整。

数字轨道电路分路特性调整的作用是在调整后，使轨道电路区段满足在 0.5Ω 标准分路电阻进行内部分路时，轨道继电器可靠落下，而用 0Ω 标准分路电阻进行外部分路时，轨道继电器可靠吸起。

在分路特性调整时从以下三个方面着手进行：

（1）对照图纸进行硬件一致性检查，内容包括：轨道电路的工作频率、位模式与硬件型号是否一致。

（2）对室外轨道电路的发送端、接收端进行调谐，对照图纸中的电压参数范围，确定室外轨道电路最佳工作电气参数值。

（3）在室外轨道电路的两端分别进行内部和外部分路，同时对室内轨道电路设备进行调整和测试，确定室内轨道电路最佳工作电气参数值。

任务四　计轴设备的运行与维护

轨道电路是检测列车是否进入轨道区段的常用设备，但是轨道电路的工作状态严重依赖于道床状态，日常养护维修的工作量较大，并不适合城市轨道交通的线路条件与运营特点。计轴设备的运用始于 1913 年，由瑞士铁路在钢枕区段首先采用，20 世纪 30—40 年代在欧洲特别是德国、瑞士铁路上推广使用。计轴技术是以计算机为核心，通过统计车辆轴数来检测相应轨道区段占用或空闲状态的技术，其高机械稳定性及恒定的电气参数，几乎不需要维护保养，非常适合在地铁线路中使用。

目前在城市轨道交通信号控制系统中，正线上常常采用计轴设备作为 CBTC 降级模式下轨道占用的检测手段，车辆基地中也逐渐采用计轴设备代替轨道电路。在我国城市轨道交通中，应用的主流产品主要是泰雷兹（Thales）公司的 AzLM 计轴系统、Siemens 公司的 AzSM 计轴系统以及成都铁路通信设备公司生产的 JZ 型计轴设备。

一、计轴设备的基本工作原理

计轴设备是利用轨道传感器、计数器来记录和比较驶入和驶出轨道区段的车轴数，以此来判断轨道区段的占用或空闲。其基本原理是：当列车进入轨道区段时，轮对经过驶入端传感器磁头时，会产生计数脉冲，计数处理器先判定运行方向，之后对计数脉冲进行累加计数，并同时发出区段占用信息；当列车离开轨道区段，轮对经过驶出端传感器磁头时，其计数处理器进行减轴计算。最后对车轴数的计算结果进行比较判断，若进入轨道区段的车轴数等于离开的车轴数，就可以认为轨道区段空闲，发出空闲表示信息；否则，为轨道区段占用。

二、计轴设备的组成

计轴设备包括室外部分及室内部分，室外部分包括轨道传感器（磁头）、计轴电子单元；室内部分包括信号处理电路及计数处理电路，如图 4.60 所示。室内计轴设备将处理后的轨道区段信息送到计算机联锁设备，作为联锁运算的数据使用。

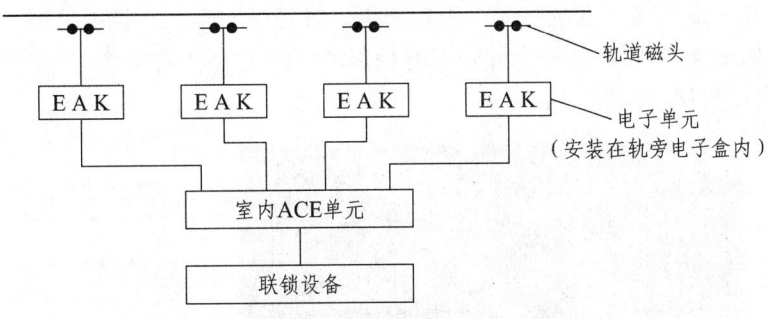

图 4.60 计轴设备组成示意图

本任务以泰雷兹公司的 AzLM 计轴系统为例来说明。AzLM 计轴系统是多区间监督的安全计轴设备，监督区间的占用状态并向联锁设备提供相关信息。AzLM 计轴系统的组成如图 4.61 所示。

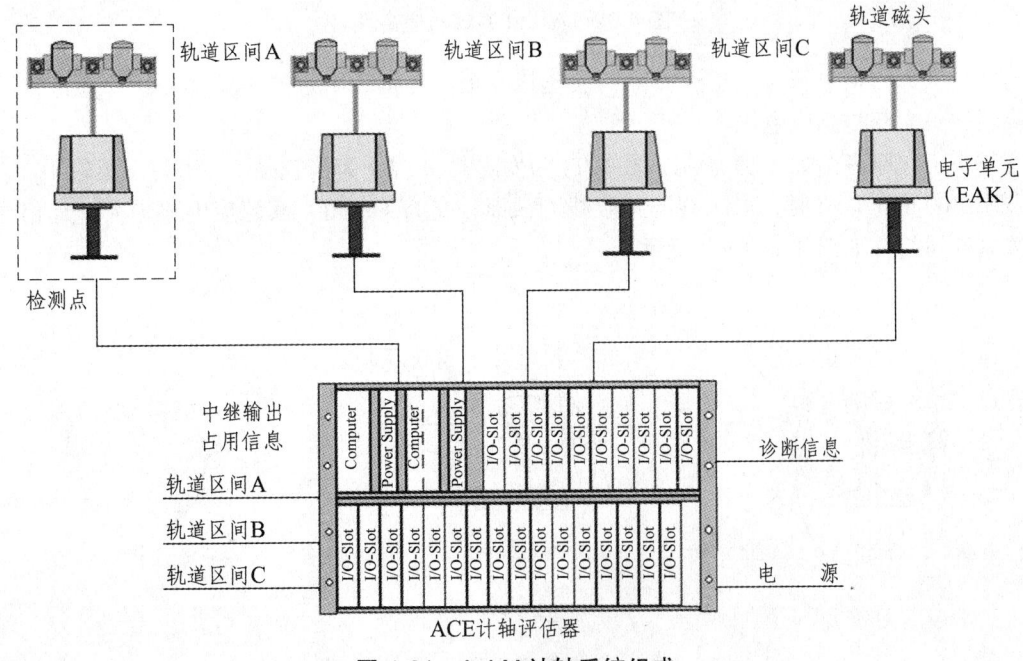

图 4.61 AzLM 计轴系统组成

AzLM 计轴系统由室外轨旁设备与室内设备组成。其中室外轨旁设备包括双轨道磁头和电子单元 EAK，室内设备主要是计轴评估器。轨道占用的信息有三种状态：空闲、占用、受干扰。

（一）室外轨旁设备

室外轨旁设备由安装在轨道上的双磁头 SK30H 和安装在轨旁的计轴电子盒内的 ZP30H 电子单元（EAK）组成，这两种设备都被安装在轨道区段的各个末端。

1. 轨道磁头

轨道磁头为电磁式有源传感器，是车轮轮对探测点，也是轨道区段的分界点，用于采集车轴信息和判定列车运行方向。轨道磁头包括发送磁头和接收磁头。磁头由 2 套物理上分离的线圈组 Sk1 和 Sk2 构成，安装在同一根钢轨上。发送磁头安装在钢轨外侧，接收磁头安装在钢轨内侧，如图 4.62 所示。每个计轴点有相邻的 2 对磁头（共 4 个），每个磁头都有电缆同 EAK 箱的底板连接。

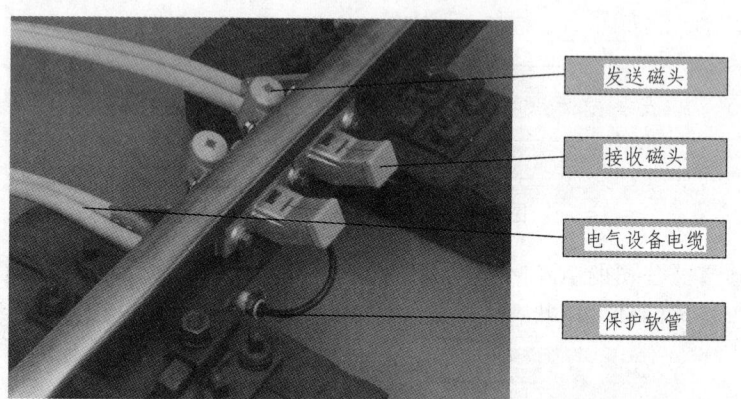

图 4.62 AzLM 系统轨道磁头

发送磁头的信号来自电子连接盒的发送接收板，在钢轨附近产生交变磁场，通过磁耦合在接收磁头上获得感应电压。

磁头工作原理图如 4.63 所示。图中 T_X 为发送磁头，R_X 为接收磁头。当列车车轮距 T_X/R_X 中心线 200 mm 以外时，磁力线与接收线圈截面相交为 $+\alpha$ 角，其感应电势最大，且相位与发送电压同相，如图 4.63（a）所示。

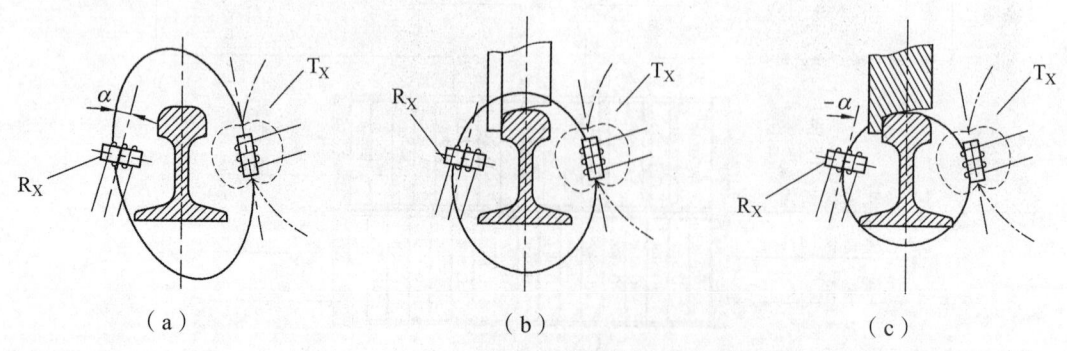

图 4.63 车轮与磁头磁力线分布关系

当列车车轮进入距 T_X/R_X 中心线 200 mm 范围以内时，则发送线圈的磁感线与接收线圈截面垂直，故接收线圈中的感应电势为零，如图 4.63（b）所示。

当列车车轮压在磁头的中心线上时，发送线圈的磁感线由于车轮的屏蔽作用而与接收线圈截面相交为 $-\alpha$ 角，故接收线圈中的感应电势达到负的最大值，其相位与发送电压相反，如图 4.63（c）所示。

当列车车轮离开磁头，距 T_X/R_X 中心线 200 mm 范围以内时，则发送线圈的磁感线与接收线圈截面垂直，夹角 $\alpha = 0$，接收线圈中的感应电势又为零；当列车车轮远离磁头中心线 200 mm 以外时，则接收线圈的感应电势又达到最大，其相位与发送电压同相。

由上述可知，当列车车轮经过磁头时，由于车轮的屏蔽作用，接收线圈中的磁力线方向发生变化，从而产生电压幅值及相位的变化，相当于对发送线圈的信号进行了相位调制。这个载有车轴信息的信号经电缆传送给电子单元。

为了能判定不同的运行方向，每个轮对识别点设置两套紧密相依的轨道磁头。当有车轮通过时，两个磁头会分别向 EAK 发送信号，而这两个信号在时间上的先后，可供 EAK 判定列车在轨道区段的运行方向。

2. 电子单元

电子单元 ZP30H 安装在计轴电子盒（EAK 箱，俗称"黄帽子"）内，负责给发送磁头供电，接收磁头发回的信号，进行简单逻辑判断和处理，同时还具备监控磁头进行自检的功能，向 ACE 发送包含轴数和监控信息的报文。箱内有接地板，接地板上有 EAK 电子单元，电子单元里有底板、模拟板以及核算器板各一块。一般计轴点的 EAK 箱下共有 6 条电缆，其中 4 条电缆分别与 2 套轨道磁头相连，1 条电缆连接室内防雷分线盘，还有 1 条地线电缆。为了满足长电缆上一定程度的电压降，ZP30H 要能够在大范围的直流输入电压下运行。

整个 EAK 内部设备可以从中间分为左右基本对称的两部分，如图 4.64 所示。每部分对应一对计轴磁头。两部分的工作原理相同。

1）底板

电子单元的底板类似于计算机的主板，整个电子单元的供电由此接入，核算器和模拟板插在底板的插槽中。底板边缘还有一个测试插座，可以连接测试工具用来查看电路板的工作电压以及磁头发送回来的电信号等，如图 4.65 所示。

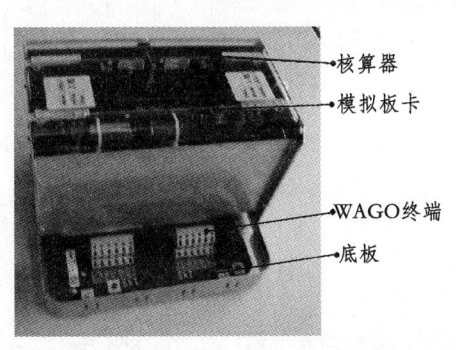

图 4.64　EAK 单元子架图

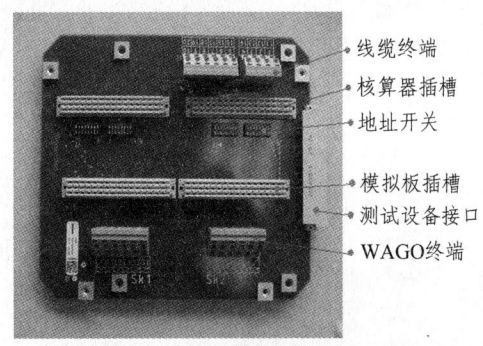

图 4.65　EAK 底板图

底板的线缆终端连接接通室内外的电缆，电缆另一头通过室内防雷分线盘连接 ACE 机架内对应的电源/数据调谐单元 PDCU（Power/Data Coupling Unit）。整个电子单元的供电就是由 PDCU 提供的。底板的线缆终端如图 4.66 所示。普通计轴点的线缆终端 3 和 13 两个端子上有接线，供电输出和数据回送都是在这两根配线上实现的，用电压表测量可以测到 DC 21～130 V 的直流电压，都属于正常工作电压范围。共享计轴点的 4 和 14 端子也有配线，这两根线连接的是另一个集中站的对应 PDCU，由于只需要将数据共享，所以 4 和 14 端子的接线没有电源输入。所谓共享计轴点就是向两个集中站发送数据的计轴点。WAGO 终端连接的是计轴磁头。计轴磁头所需要的 5 V 电源和板卡的 24 V 工作电源都由底板供电。

图 4.66　EAK 底板线缆终端

因为所有的核算器、模拟板和 PDCU 都不需要特别编程，更换新的就能立即投入使用，为了区分不同计轴点的数据就必须给每个数据加上地址。底板上的地址开关就用于这个目的。

2）模拟板

在车轮接近和远离磁头的过程中，磁头磁场的变化是一个渐进的过程，所导致的接收端电压变化自然也是渐变的。模拟板卡的主要功能就是生成给发送磁头的信号，并把接收磁头上渐变的模拟车轮信息信号转变成核算器板能识读的数字车轮脉冲。转换过程如图 4.67 所示。

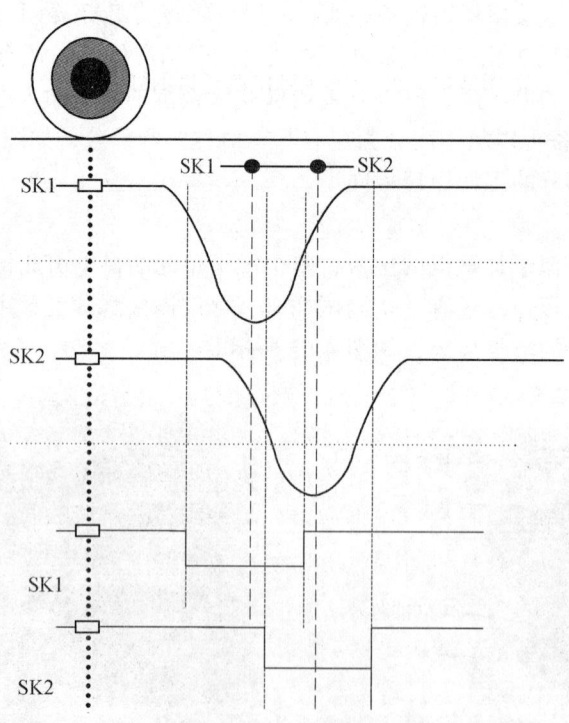

图 4.67　车轮计轴信息转换数字计数脉冲波形图

模拟板卡上的电位器及指示灯的位置和作用如图 4.68 所示。

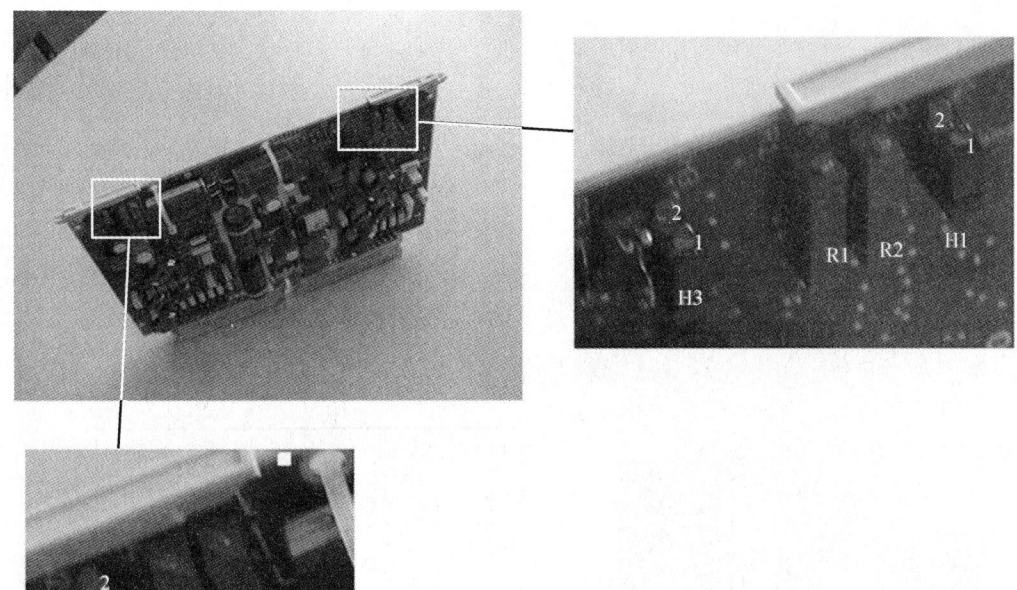

R1—SK1 参考电压电位计；R2—SK1 调整电压电位计；R3—SK2 参考电压电位计；R4—SK2 调整电压电位计；
H1—SK1 磁头情况，红灯亮表示有车轮，绿灯闪烁表示调整电压正常；
H2—SK2 磁头情况，红灯亮表示有车轮，绿灯闪烁表示高速电压正常；
H3—板卡电源，绿灯亮表示 4 V 电源正常，红灯亮表示 24 V 电源故障。

图 4.68　模拟板卡电位器和指示灯位图

参考电压和调整电压是模拟板工作的两个重要数据，将测试工具箱连接到底板的测试工具插头上，通过相应的挡位就可以读出 SK1 和 SK2 的数值。

调整电压（MESSAB）就是磁头发送回 EAK 的电压。当车轮靠近磁头上方，该电压会急剧变小。当车轮在磁头正上方时，电压值最小。调整电压的最大值和最小值之间的差距基本恒定，绝对数值约为 400 mV。旋转电位器 R2/R4，调整电压波形会在纵轴上发生平移，通过放上和取下模拟车轮，将最大值和最小值调整为绝对值相等的相反数。只要记录有车轮和无车轮的电压绝对值，将它们相加除以 2 即可得到需要的值。测试工具箱的 10 挡用来测试 SK1 的调整电压，12 挡用来测试 SK2 的调整电压。

参考电压（PEGUE）是一个定值，其作用就是作为一个参考值。参考电压的调整一般在完成调整电压后。改变测试工具挡位测量参考电压，旋转电位器 R1/R3，使参考电压值等于没有车轮时的调整电压值。这样平时调整电压值在正常范围内时，模拟板持续送出高电平信号；当调整电压值达到负的参考电压时，模拟板送出低电平信号。测试工具箱的 11 挡用来测试 SK1 的参考电压，13 档测试 SK2 的参考电压。

3）核算器板

核算器的功能是对模拟板生成的车轮脉冲计数，判断计数方向，并使用 ISDN 协议向室内 ACE 发送数据。核算器板有自检功能，一旦发现本身 CPU 有故障就会停止向室内发送错误数据。指示灯的含义如图 4.69 所示。

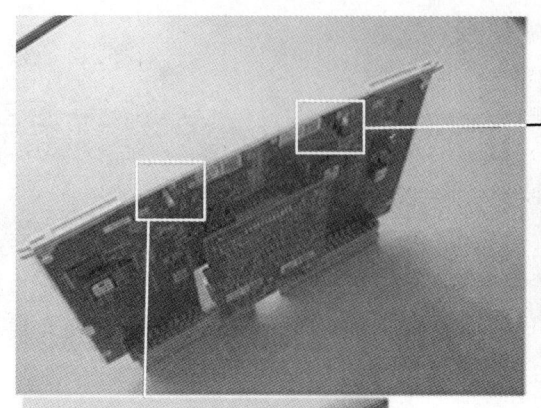
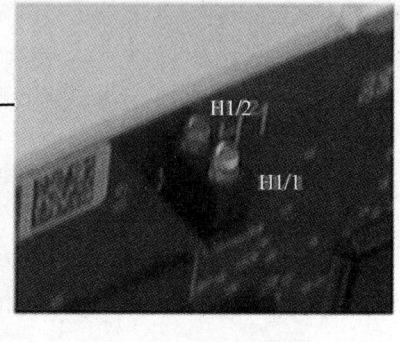
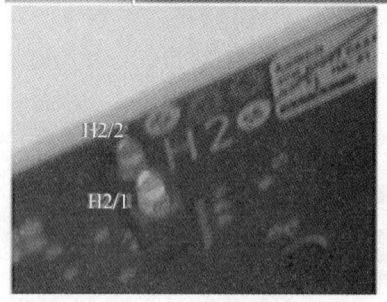

LED	颜色	功能	正常状态
H1/1	绿色	CPU1 自检出错	熄灭
H1/2	绿色	发送数据	闪烁
H2/1	绿色	CPU2 自检出错	熄灭
H2/2	绿色	发送数据	闪烁

图 4.69 核算器指示灯位含义图

(二) 室内设备

1. 电源/数据调谐单元 PDCU

由于对室外设备的 120 V（标称值）供电和 EAK 发回的数据采用同一对线，因此需要电源/数据调谐单元 PDCU 将电源和数据的通道进行合理分配。它安装在室内 ACE 机架背面，一头通过 CTF 分线盘连接轨旁设备，另一头连接着机架内的串行 I/O 板。

如图 4.70 所示，PDCU 的 1、2 端口接的是电源屏的 120 V 电源输入。如果 1、2 端口没有电源配线，就可以确定这个 PDCU 对应的是一个共享计轴点。

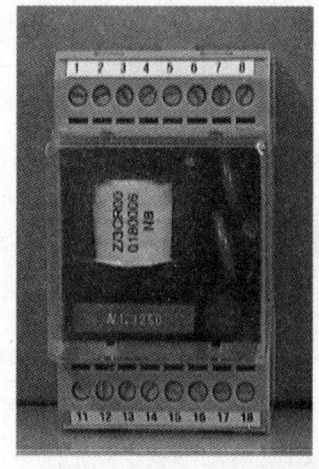
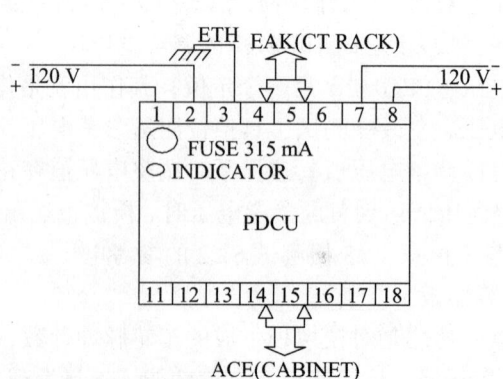

图 4.70 PDCU 的结构图

从图 4.71 中可以看出，PDCU 的 4、5 端口与 EAK 底板线缆终端的 3、13 端子相连，为轨旁设备送电。14、15 端口与 ACE 的串行 I/O 板连接，将 EAK 发回的数据传送给 ACE。7、8 端口与下一个 PDCU 的 1、2 端口进行电源环接，并将电源通过 4、5 端子经 CTF 分线盘送室外计轴点。

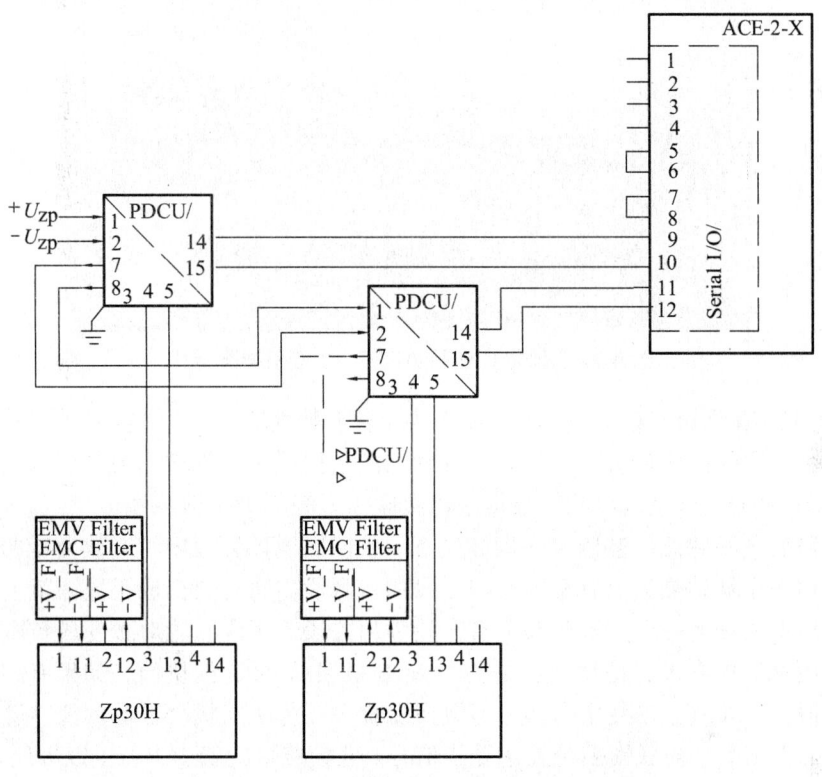

图 4.71　PDCU 与计轴点、ACE 的连接图

PDCU 的作用如下：
（1）将电源与数据耦合后与轨旁设备通信。
（2）提供过压保护功能。
（3）将轨旁设备电缆与 ACE 隔离。
（4）具备室外设备电源的保险功能。

2. 计轴评估器（ACE）

计轴评估器 ACE（Axle Counter Evaluator）的主要作用是向监测的区段内的磁头进行数据轮询，处理来自 EAK 的数据，判定区段占用状况，向联锁设备发送区段占用或空闲的信息，以及与诊断计算机连接并发送诊断信息。根据现场配置不同，ACE 有 ACE2-10、ACE2-26 和 ACE2-42 三种类型，其中，10 表示共计 10 个串、并口 I/O 插槽，以此类推。

ACE 是室内计轴设备的核心，由 CPU 板、串行 I/O 板、并行 I/O 板、电源板等组成。ACE 可以安装在开放机架或封闭机柜中。一个 ACE 子架分为三层，每层有 16 个板卡位。第一层 2 块电源板和 2 块 CPU 板占 6 个板卡位，其余板卡位则是并行和串行 I/O 板。没有板卡的位置用盖板盖住。计轴评估器 ACE2-42 型子架配置如图 4.72 所示。

图 4.72 计轴评估器 ACE2-42 型子架配置图

ACE 子架的串行 I/O 接收到来自 PDCU 的计轴点数据输入后，将数据送到 CPU 板；CPU 通过各个计轴点之间的逻辑关系，将来自计轴点的数据经过运算转化为各区段的状态信息后送到并行 I/O；并行 I/O 将区段状态数据输出给联锁系统作为联锁条件。

计轴区段有 3 种状态：空闲、占用和受扰。空闲区段即区段内轮对数为零的区段。当该区段两头任何一个计轴磁头上有车轮滑向区段内，区段内轮对数变成正数，就会成为占用状态。当该区段两头任何一个计轴磁头上有车轮滑出去段，区段内轮对数变成负数，就成为受扰状态。占用区段内有多少轮对记录在室内 ACE 机架的 CPU 模块内，如果有相同数量的车轮滑出该区段，区段就会恢复空闲。一旦区段受扰，并行 I/O 板会自动锁死，除非经过复位和清扫处理，否则只会向联锁系统发送受扰信号。联锁接口配置为串行（以太网）、并行（继电器/光电耦合器）或两种模式均可。

1）CPU 板

ACE 的计算机系统是一个 2 取 2 安全计算机模块，每个 CPU 可处理 32 个轨道区段的计轴数据。双 CPU 接收来自计轴点的带有计轴信息的报文，对同一区段的两个计轴点的轮轴信息进行比较处理，根据计轴数量是否一致来确定区段的占用或空闲状态。如果双 CPU 数据处理结果一致，则可作为系统的输出传送到联锁系统；如果处理结果不一致，则可执行一个安全结果——区段占用。如果计算机模块发生故障或者失电，与该 CPU 有关的所有计轴区段将全部受扰。

CPU 面板如图 4.73 所示。面板上的 LED 显示灯与数字显示器的含义如下：

（1）LED 显示灯 1~4。

LED 灯 1 闪亮表示用户的 PC 通过网络接口与 ACE 的 CPU 通信；

LED 灯 2 和 3 闪亮表示 ACE 的两个 CPU 之间进行通信；

LED 灯 4 没有定义。

（2）数字显示器。

启动时，数字显示器先点亮一小段时间，然后有大约 2.5 min 的灭灯时间，之后出现"-"，系统开始正常工作。正常工作时"-"不断旋转。

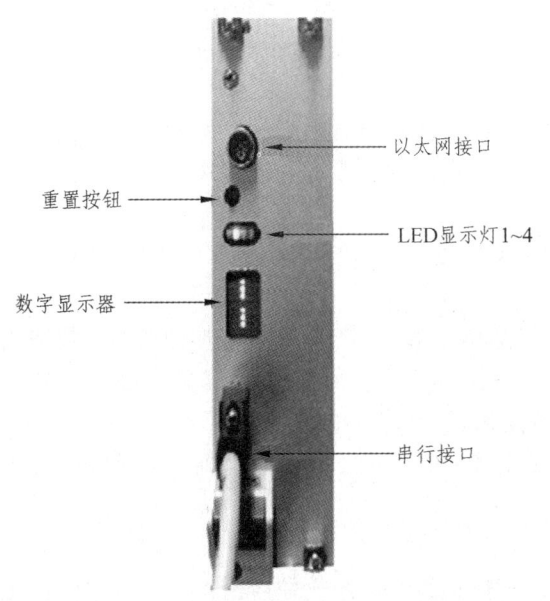
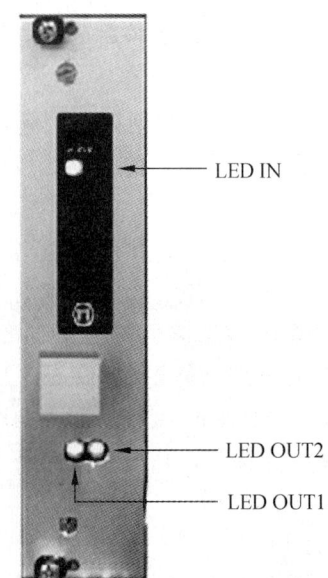

图 4.73 CPU 面板布置图　　　　图 4.74 电源面板布置图

出现系统故障时，计轴应用程序停止，诊断仍可用，变为 X 显示；计轴应用程序和诊断均停止，"-"停在当前位置。

CPU 面板上有一个以太网接口和一个串行接口，进行 ACE 和所连接检测点的诊断。串行接口的通信是通过手提式 PC，使用特殊诊断软件来完成的。以太网接口被预留给远程诊断。

2）电源板

室内 ACE 从电源屏获得 60 V 直流电输入，从电源板输出 5 V 电源，分配给 CPU 板、串行和并行 I/O 板使用。每个 CPU 通道都有自己的 DC/DC 转换器，它向设备提供 5 V 和 12 V 电源。电源模块面板如图 4.74 所示。

电源面板上有 3 个工作状态指示灯，分别是 LED IN、LED OUT1 和 LED OUT2。LED IN 为输入电压指示灯，正常情况下亮绿色；LED OUT1 和 LED OUT2 为输出指示灯，正常情况下亮绿色。各指示灯点亮、熄灭的含义见表 4.4。

表 4.4　电源模块面板指示灯含义

LED IN	LED OUT1	LED OUT2	含　义
绿	绿	绿	正常运行
绿	熄灭	绿	温度过高，过载、过电压输出
绿	绿	熄灭	温度过高，过载、过电压输出
熄灭	绿	绿	不可能，或者 LED IN 破裂
熄灭	熄灭	熄	无输入电压，输入电压过低或过高

3）串行 I/O 板

轨旁设备发出的数据由串行 I/O 板接收，并通过预处理器对来自 EAK 的数据进行处理，转换成报文信息传送给安全 CPU 模块。预处理器与安全 CPU 模块之间的接口使用现场 CAN 总线。室内主机与检测点设备之间采用容错的 ISDN（Integrated Service Digital Network，综合业务数字网）通信方式。

ISDN 是一个数字电话网络国际标准，它通过普通的铜缆以更高的速率和质量传输语音和数据。因为是全数字化的电路，所以它能够提供稳定的数据服务和连接速度，抗干扰能力较强。

每个串行 I/O 板可采集两个检测点，它占用 ACE 的一个 I/O 槽。若不止一个 ACE 使用一个检测点，可以环链一个检测点的报文给另外的 ACE。

轨旁设备和 ACE 之间的通信线路，使用标准通信电缆——双绞线或星型四芯组。数据传输安全由报文的特殊安全码来保证，协议遵循 EN50159-1，适合多路数字传输系统的传输。

串行 I/O 面板如图 4.75 所示。两路 ISDN 链路通道 DP1、DP2 指示灯，点亮表示与 EAK 连接的链路已连接，否则熄灭。两路 ISDN 电报通道 DP1、DP2 指示灯，闪烁表示收到有效 ISDN 电报，否则熄灭。

4）并行 I/O 板

安全计算机模块对区段状态的报文信息经过逻辑运算及判断比较后，将区段占用信息通过并行 I/O 预处理器从安全模块输出，它同样使用 CAN 总线传输。

每个并行 I/O 板为每个区段输出两个继电器接点，安全模块对这些接点进行内部检查。当两个接点闭合时，轨道出清。轨道继电器采用 JWXC-1700 安全型继电器。

串行和并行 I/O 板是兼容的，按照要求的组合方式插入到评估器子架上的 I/O 槽中。每一区段的并行 I/O 模块占用一个 I/O 槽位。

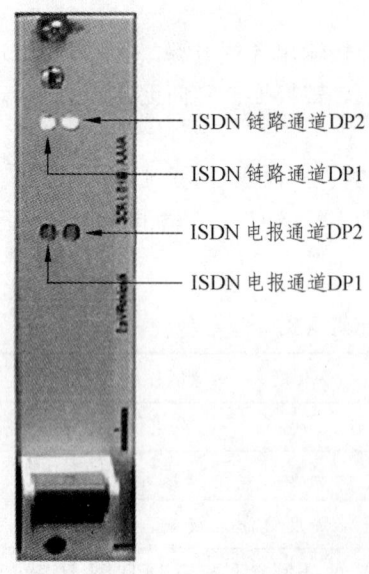

图 4.75 串行 I/O 模块面板

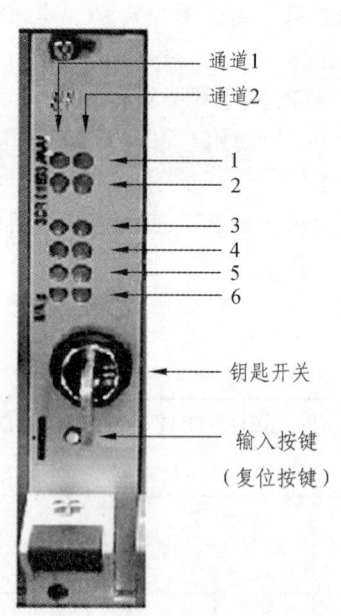

图 4.76 并行 I/O 面板布置图

并行 I/O 面板布置如图 4.76 所示。第 1、2 灯位点亮绿灯表示有被激活的外部输入。第 3 灯位点亮绿灯表示轨道继电器吸起，区段空闲；绿灯灭，表示轨道继电器落下，区段占用或受扰。第 4、5 灯位根据用户需求定义非安全的输出，例如预复零输出、直接复零输出、复零命令是否被区段接受、区段是否受扰等，如激活相关输出点亮黄灯。第 6 灯位绿灯闪亮表示轮询通道 1、2，进行通信检测。面板上钥匙+按钮组合表示本地强制复零。

某城市地铁并行 I/O 面板状态指示灯的含义见表 4.5。

表 4.5　并行 I/O 模块面板状态指示灯含义

LED 灯位	通　道	颜　色	含　　义
1	通道 1、2	绿	未定义（外部输入 1 激活）
2	通道 1、2	绿	预复零（外部输入 2 激活）
3	通道 1、2	绿	输出区段状态：空闲时绿灯亮，轨道继电器吸起；占用/受扰时绿灯灭，轨道继电器落下
4	通道 1	黄	非安全输出 1 激活，定义为等待过车（接收到预复零命令）
4	通道 2	黄	非安全输出 2 激活，通常灯亮，区段受扰灯灭
5	通道 1	黄	非安全输出 3 激活，具有预复零能力，黄灯预复位有效，灭灯预复位无效
5	通道 2	黄	非安全输出 4 激活，具有强制复零能力
6	通道 1、2	绿	绿闪：轮询通道 1、2，进行通信检测

例如：区段空闲时，第 3 灯位亮绿灯，第 4 灯位通道 2 亮黄灯，第 5 灯位亮黄灯；区段占用时，第 3 灯位灭灯，第 4 灯位通道 2 亮黄灯，第 5 灯位亮黄灯；区段受扰时，第 3 灯位灭灯，第 4 灯位灭灯，第 5 灯位亮黄灯。

某城市地铁并行 I/O 板的使用如图 4.77 所示。

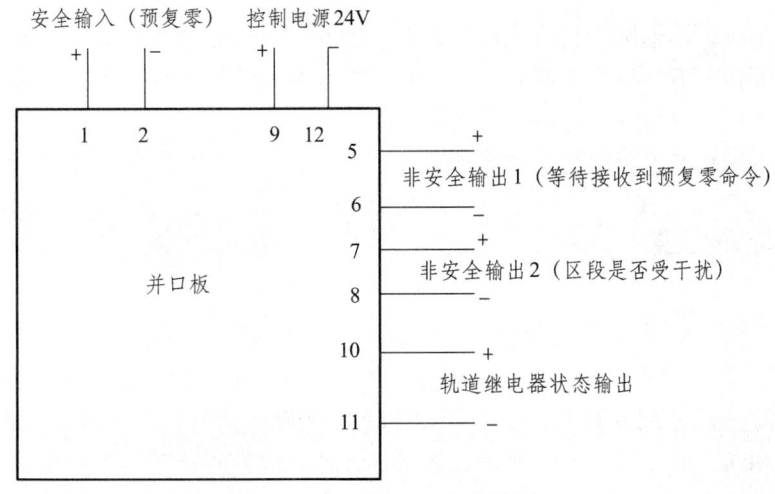

图 4.77　并行 I/O 板使用说明图

三、计轴设备的复零操作

当计轴设备因故障或干扰造成区段轴数不相等，致使计轴系统判断区段占用时，需要进行人工复零操作。计轴区段复零是一个安全作业程序,它必须严格遵守调度和维护人员规章制度中的规定进行。

AzLM 计轴系统在现场使用时,如遇受扰或故障出现红光带后,通常支持复零操作。对于有串行口接至联锁的计轴,用来自联锁的不同命令进行复零,不要求 ACE 内部再定义现场复零特殊数据。对于有并行接口的计轴,复零方式在现场具体数据中定义。通过使用并行 I/O 板上的光耦输入和钥匙/按键可以定义一个区段的不同复零方式。出于可靠性考虑,不允许对一个区段同时使用不同的复零程序。如果现场具体数据包括某些登录,应该按照调度和维修规则来做说明。

下面以某城市地铁为例,说明预复零和强制复零操作。

(一)预复零操作

在点式 ATC 模式下,当区段受扰或故障出现红光带后,如确认故障已经排除,则需要预复零。执行预复零前,调度员必须确保区段内无车。值班员在 IBP 盘上同时按压总复位按钮和对应区段按钮,就可以进行预复零操作。此时第 4 灯位全亮。随后须由司机驾驶列车运行通过该区间。ACE 将检查检测点的正确运行,只有当进入和离开该区间的计轴数相同时,ACE 才会清除区间,完成复零。ACE 检查检测点的正确运行,如果能够正确计算进入和离开该区间的轴数,当接收到确认命令时,ACE 将清除该区间。这种复零方式效率较低,但安全级别相对较高。

如果在 CBTC 模式下,一般区段受扰出现红光带可忽略。但因系统安全设置较为复杂,不是所有的计轴区段出现红光带都可以忽略,在对行车有影响的转换轨区段、侵限区段等处因受扰或故障出现红光带时也要进行如上处理。

(二)强制复零(无条件复零)操作

当确认无车时,计轴区段受扰或故障需要立即复零。预复零操作无效、预复零操作后过车复零不成功等情况下需执行强制复零。信号工在 ACE 机柜对应区段的并口板上同时操作复位钥匙和复位按钮,保持 0.5~6 s。强制复零操作后区间立刻空闲。复位成功后并口板的灯位变化为区段空闲状态,否则就是不成功。

四、计轴点的设置

(一)两个连续区段计轴点设置

两个连续区段需设置 A、B、C 三个计轴点来检查两个区段 1G 和 3G 的空闲或占用状态,其中 B 点为两个区段复用计轴点,如图 4.78 所示。当列车运行顺序经过 A、B、C 三点时,计轴评估器(ACE)的计算机模块比较处理来自计轴点的带有计轴信息的报文,根据计轴数量是否一致确定区段 1G 和 3G 的占用或空闲状态。

当列车顺序经过 C、B、A 时,由于车轮经过每个设置点的两个磁头会有时间差,EAK 根据这个时间差判定列车在轨道区段的运行方向,而区段占用、空闲状态的判断与此原理相同。

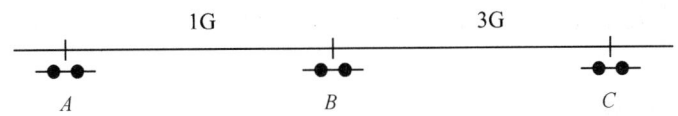

图 4.78 连续区段计轴点设置

（二）一送多受区段计轴点设置

一送多受区段的计轴点设置如图 4.79 所示，由 A、B、C 三个计轴点来检查一送多受区段 5DG 的空闲、占用状态。当列车顺序经过 A、B 或 A、C 时，计算机模块比较来自计轴点 A、B 或 A、C 的轮轴信息，判断 5DG 的占用或空闲状态。

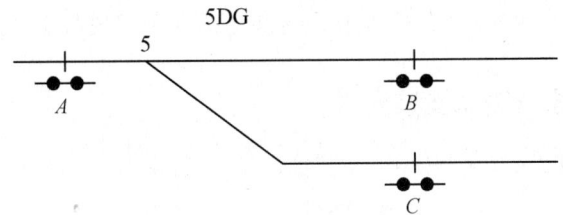

图 4.79 一送多受区段计轴点设置

（三）双动道岔区段计轴点设置

双动道岔区段的计轴点设置如图 4.80 所示，由 A、B、C 三个计轴点来检查双动道岔区段 3DG 的空闲、占用状态。

当列车由计轴点 A、B、C 任意一点进入 3DG 区段时，计算机模块通过 A、B、C 三个计轴点变化的轴数是否相等来确定 3DG 区段的空闲或占用状态。其中计轴点 C 是判断 1DG 和 3DG 两个区段的复用计轴点。

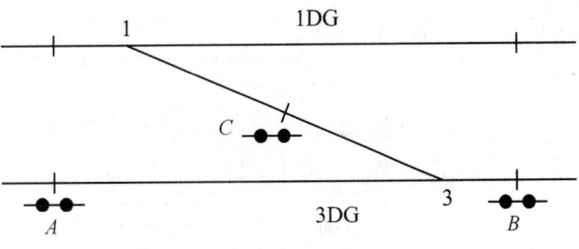

图 4.80 双动道岔区段计轴点设置

（四）复式交分道岔区段计轴点设置

复式交分道岔区段的计轴点设置如图 4.81 所示，由 A、B、C、D 四个计轴点来检查道岔区段 2—8DG 的空闲、占用状态。

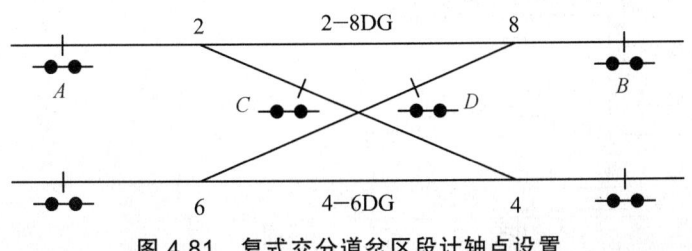

图 4.81 复式交分道岔区段计轴点设置

当列车由计轴点 A、B、C、D 任意一点进入 2—8DG 区段时，计算机模块通过 A、B、C、D 四个计轴点总的变化的轴数是否相等来确定 2—8DG 区段的空闲或占用状态。其中计轴点

C 和 D 是判断 2—8DG 和 4—6DG 两个区段的共用计轴点。

五、计轴区段的编号

现以某一城市地铁为例说明计轴区段在正线上的编号遵循规则：
（1）第一位字母为 S 和 X，代表上行（S）或下行（X）方向；
（2）第二位字母为 T，代表该设备为计轴系统；
（3）第三、四位为数字，代表车站编号；
（4）第五、六位为数字，代表设备在车站内的编号，通常上行线路为双号，下行线路为单号。

例如：计轴区段编号 ST0610，代表上行线路上第 6 个车站的第 10 个计轴区段。

六、AzLM 计轴系统设备安装要求

AzLM 计轴设备（EAK30＋SK30）安装如图 4.82 所示。

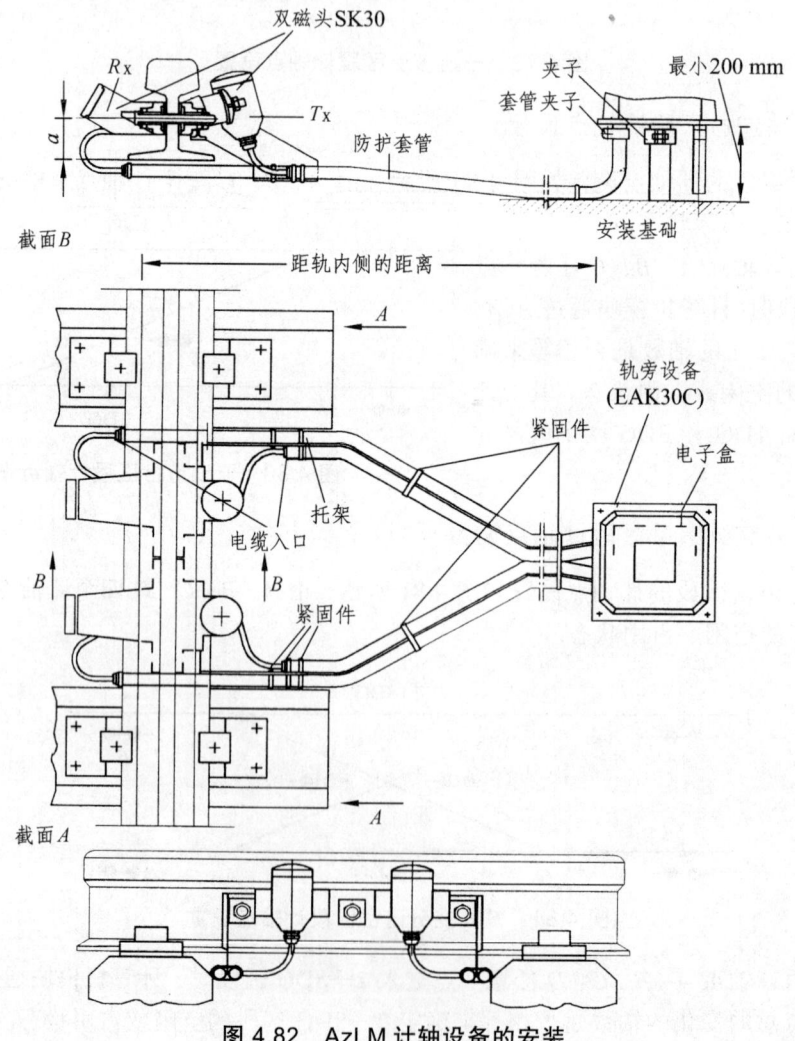

图 4.82　AzLM 计轴设备的安装

（一）SK30 磁头的安装要求

SK30 磁头的安装应符合下列要求：

（1）安装处应避开轨距杆和其他越轨金属器件。

（2）磁头安装点中心孔圆心至部分装置的最小允许距离如下：距钢轨接头 2 m，与相邻磁头中心孔距离为 2 m。

（3）每条线路上各检测点磁头应安装在同一侧钢轨上。

（4）安装点的轨腰遇有钢轨型号、编号等凸出字符时，应打磨平整，使绝缘板与钢轨紧密贴合。

（5）金属部件均应用绝缘护套和绝缘垫片与钢轨绝缘，避免牵引电流等对磁头产生影响。

（6）发送磁头顶部边缘不得碰到钢轨，磁头不得松动。

（7）固定防护套管托架应与钢轨绝缘，安装牢固。

（8）磁头电缆从磁头至 EAK 的走线要禁止盘圈。

（9）在复线区段，磁头应安装于外侧钢轨上。

（10）SK30 磁头安装孔的尺寸应严格符合图 4.83 所示的尺寸要求。

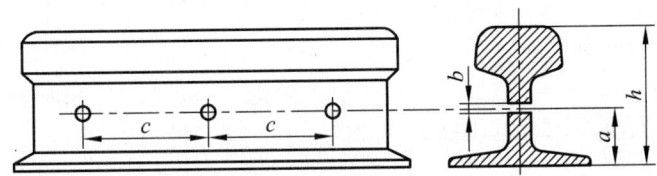

图 4.83　磁头安装孔尺寸

安装孔的位置由 a 值确定，而 a 取决于轨高 h。其中：

$a = 0.467 \times h - 6$（mm）　　（a 的公差为 ±1 mm）

h = 标准钢轨高度

$b = 13 \pm 0.2$（mm）

$c = 148 \pm 0.2$（mm）

注意：线路使用不同类型的钢轨时，h 的数值也不同。

（二）EAK30 的安装要求

EAK30 的安装应符合下列要求：

（1）电子盒安装在轨道边的支座上，如图 4.82 所示。

（2）电子盒底盘距地面高度应不小于 200 mm。

（3）EAK30 与磁头用专用电缆连接，并用防护套管进行保护。防护套管在与电子盒的连接处要用紧固夹子与电子盒的接口固定，如图 4.82 所示。

（4）磁头附带电缆除端头配线外，不得切短，不应绕成圈，电缆弯曲时的半径不得小于 70 mm。

（三）接地要求

接地应满足下列要求：

（1）EAK 电子盒外壳必须做专用地线接地，也可和贯通地线、计轴专用防雷地线公用。

（2）EAK 的地线必须采用截面积大于 25 mm^2 的铜线或截面积大于 50 mm^2 的铁线。

（3）EAK 的地线应与钢轨走向成直角，并不得与钢轨、接触网杆塔连接，也不能与计轴传输电缆地线连接。

（4）ACE 主机机箱应接专用地线，其配套的电缆连接线屏蔽层不得与室外引入电缆屏蔽层地线相连，也不得与信号机械室内分散接地的地线相连。

七、AzLM 计轴系统技术规格

（一）室内计轴评估器（ACE）技术规格

（1）最多支持 32 个探测点（磁头）。

（2）最多支持 32 个区间。

（3）每个磁头最多支持 4 个区间。

（4）联锁方式为以太网的固态联锁和继电器接口的继电器联锁。

（5）运算器有 2002/2003 两种安全方式。

（6）ISDN 通信有错误冗余。

（7）反应时间：

① 区间占用：220~1 070 ms。

② 区间空闲：420~1 270 ms。

（8）环境条件：

① 温度范围：−25~+55 °C，参照 EN50125-3 标准，包括类型 T1。

② 湿度：100%相对湿度，无冷凝，参照 EN50125-3 标准，为类型 T1。

（二）室外检测点

（1）检测点可用于多种钢轨剖面。

（2）适用于下列规格的常用线路钢轨：

① 轮径：⩾330 mm。

② 轮宽：130~150 mm。

③ 轮缘高度：26~38 mm。

④ 轮缘宽度：20~33 mm。

（3）额定电源电压：DC 60~120 V 中央供电；DC 24 V 本地供电。

（4）EAK 到 ACE 的最长距离：

① 集中供电：最长 10.4 km（1.4 mm）。

② 数据线通信：最长 12.0 km（1.4 mm）。

（5）区间长度：列车最长轴距<区间长度<上述最大距离。

（6）环境条件：

① 温度范围：−40~+70 °C（安装盒内温度），参照 EN50125-3 标准，该范围包括类型 T1 和 T2。

② 湿度：100%相对湿度，参照 EN50125-3 标准，为类型 T1 和 T2。
③ 防水防尘：电子盒参照 IEC529 标准，为 IP55；磁头参照 IEC529 标准，为 IP67。

八、计轴设备的养护与检修

现以 AzLM 计轴设备的养护与检修为例予以阐述。

（一）技术规范

（1）计轴设备应由可靠电源供电。

（2）计轴设备的设计应符合"故障—安全"原则，当发生任何故障时，要持续显示占用状态；故障排除后未经人工办理，不得自动复位。

（3）计轴室外磁头应不受湿度和水的影响。

（4）当车轮直径大于 355 mm，列车速度为 0~240 km/h 时，计轴设备应可靠计轴。

（二）AzL90M 计轴设备的养护与检修

1. 日常保养

（1）每日进行室内设备状态检查，观察 ACE 各面板指示灯应正常。

（2）每周进行室内设备卫生清扫，用吸尘器、毛刷、白棉布等对设备进行卫生清扫，保持设备清洁无灰尘。

2. 二级保养

二级保养，地面每季养护一次，地下站每半年养护一次。

（1）轨旁设备箱盒内、外部检查。

① 检查磁头和 EAK 的腐蚀和潮湿状况，清理或更换受侵蚀的部分。

② 检查磁头装配，确认发送磁头没有接触钢轨并且没有高于钢轨轨面。

③ 检查箱盒外观，应固定良好，没有破损、脱漆，标识清晰正确。

（2）导线、引接线、防护管、接地线及轨端接续线检查。

① 各部接线端子和地线连接紧固、无锈蚀。对钢轨中端 3 个孔的 3 根 M12 螺栓，要使用 45 N·m 的扭矩进行紧固；双磁头的 4 个 M8 螺栓，要使用 25 N·m 的扭矩进行紧固；EAK 防护罩使用 25 N·m 的扭矩进行紧固。

② 查看元器件板的工作状态，参照 LED 灯位显示。

③ 检查磁头连接电缆，电缆必须无破损，安全且保持松弛。

（3）安装装置的检查。

观察安装支架及基础完好无损；手动检查安装装置应牢固，无明显晃动。

（4）室外设备清洁，设备区域清洁，设备区域内无垃圾。

清洁箱盒外部及内部，箱盒内部无积尘、无水、无污迹；箱盒外部无积尘、无堆积物，设备区域内无垃圾。

（5）打开 EAK 防护罩，使用数字万用表测量室内进线端 3 和 13 端子电压（DC 100 V 左右）；使用便携测试箱连接 EAK，依次选取挡位 3、挡位 4 读取 2 路工作电压（24 V 左右为正常状态）。

（6）检查室内机柜，机柜门应开关灵活，锁闭灵活；机柜密封性良好。启动诊断 PC，连接 CPU 的诊断接口，通过图标启动诊断监控器，通过图形用户界面，设置某些消息的筛选器，获取并分析诊断数据表。

3. 小　修

小修，每年进行一次。

（1）同二级保养内容。

（2）对机柜板件进行卫生清扫，在取出电路板清洁之前先关闭电源转换板的电源，然后进行彻底的清洁。

（3）对锈蚀的设备、装置进行除锈，除去锈点及漆斑使箱盒无锈蚀、平顺；整机油漆，油饰光滑、平整。

（4）磁头对钢轨的绝缘测试，不小于 5 MΩ。

（5）预复零功能测试。

因 Alcatel 公司的计轴设备在我国城市轨道交通信号控制系统中的使用年限较短，目前其他修程的检修项目还在研究中，随着设备的进一步使用，其养护检修制度会更加完善。

思考题

1. 简述轨道电路的基本原理。它有哪两个作用？
2. 轨道电路如何分类？各种轨道电路在城轨信号中有哪些应用？
3. 何谓轨道电路的三种基本工作状态？各种最不利工作状态是什么？
4. 什么是轨道电路的极性交叉？有何作用？
5. 为什么要进行一送多受轨道电路的连接？
6. 轨道区段如何命名？
7. 以单开道岔为例说明道岔跳线如何配置。
8. 简述 50 Hz 相敏轨道电路的结构组成，并说明各组成部件的作用。
9. 简述 50 Hz 相敏轨道电路的运行原理。
10. 简述 50 Hz 相敏轨道电路在实际应用中的不足。
11. 画出 50 Hz 微电子相敏轨道电路图，并说明各部件的作用。
12. 简述 50 Hz 微电子相敏轨道电路组合的构成。
13. 50 Hz 相敏轨道电路如何进行调整？
14. 50 Hz 微电子相敏轨道电路 I 级测试项目有哪些？简述其测试过程。
15. 50 Hz 微电子相敏轨道电路二级保养作业标准化流程和质量标准。
16. 音频轨道电路有什么特点？如何分类？
17. 简述音频轨道电路的工作原理。
18. 什么是死区段？什么是模糊区段？
19. FTGS 数字轨道电路如何划分？
20. 叙述 FTGS 数字轨道电路的室内硬件组成。标准型轨道电路组合的电路板有哪些？
21. 叙述 FTGS 数字轨道电路的室外硬件组成。

22. 简述 FTGS 数字轨道电路的运行原理。
23. 简述 FTGS 数字轨道电路的二级保养作业质量标准。
24. 简述 AzLM 计轴系统的组成，并说明各组成部件的作用。
25. 叙述计轴系统进行列车检测的原理。
26. 说明 ACE 各面板指示灯的含义。
27. PDCU 的作用是什么？在计轴系统中如何接线？
28. 为什么一个计轴点要设置两套轨道磁头？
29. 简述预复零和强制复零是如何操作的？
30. 简述 AzLM 计轴系统的二级保养作业质量标准。
31. 试比较计轴设备与轨道电路的优缺点。

项目五　道岔转辙设备的运行与维护

【岗位工作任务描述】

道岔转辙设备是城市轨道信号控制系统的关键基础设备。地铁企业车辆基地信号工班和正线信号工班应按照修程规定制订对所管辖线路内的道岔转辙设备的维护检修计划，并根据月度维修工作计划表（月表），按照标准化流程及技术标准在规定时间内对道岔转辙设备进行检修，以确保系统设备的正常运用，保证城轨运输的安全、高效。

车辆基地信号工班负责段场内直流道岔转辙设备的维护，正线信号工班负责正线上交流道岔转辙设备的维护。

【知识目标】

1. 掌握道岔转辙设备的基础知识；
2. 了解城市轨道线路上直流道岔转辙设备和交流道岔转辙设备的配置；
3. 熟练掌握 ZD6 型、S700K 型、ZYJ7 型、ZDJ9 型转辙机的特点、结构、传动过程和表示原理；
4. 了解角钢式和轨枕式安装装置；
5. 掌握钩式外锁闭装置的结构与锁闭原理；
6. 理解直流道岔转辙设备和交流道岔转辙设备的维护标准和内容。

【技能目标】

1. 能够按照标准化作业程序拆解与组装 ZD6 转辙机，并进行初步调整；
2. 能够熟练地对直流道岔转辙设备进行 I 级测试，并会判断测试值是否符合标准；
3. 能够对照维修规程对直流道岔转辙设备进行二级保养；
4. 能够对 S700K 型电动转辙机、ZD(J)9 型电动转辙机进行调整；
5. 能够熟练地对交流道岔转辙设备进行 I 级测试，并会判断测试值是否符合标准；
6. 能够对照维修规程对交流道岔转辙设备进行二级保养；
7. 加强安全作业和标准化作业习惯的养成。

任务一　认识道岔转辙设备

道岔转辙设备是城市轨道交通的基础设备之一，需要专门的技术和设施来保障列车及调车车列在车辆基地和有岔车站范围内的运行安全。

道岔转辙设备包括转辙机及其外部的转辙装置、转换锁闭器等。其中，转辙机是道岔转辙系统的核心和主体，外部转辙装置包括各类杆件、安装装置和外锁闭装置(内锁式方式没有)，转换锁闭器是电动液压转辙机配套设备。

一、道　岔

道岔是把一条轨道分为两条或两条以上的轨道，使机车车辆由一条线路转往另一条线路的基本装置。地铁的车辆基地和个别有岔车站设有道岔。常用的道岔分为单开道岔、对称道岔、交分道岔。

（一）普通单开道岔

普通单开道岔有左开和右开之分，是最常见、最简单的线路连接设备。普通单开道岔的组成包括转辙器、辙叉及护轨、连接部分，如图5.1所示。

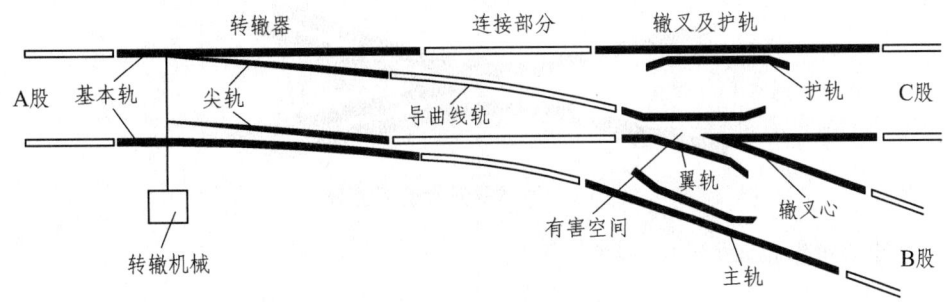

图 5.1 普通单开道岔

1. 转辙器

转辙器由两根尖轨、两根基本轨及转辙机械组成。基本轨是用12.5 m或25 m标准轨经过适当加工制成。主线基本轨为直线，侧线基本轨为折线或曲线型。尖轨是转辙器的主要部件，通过连接杆与转辙机械相连。通过转辙机械的作用，两根尖轨往返运动，从而引导列车或车列进入主线或侧线行驶。

2. 辙叉及护轨

辙叉及护轨包括主轨、辙叉心、翼轨及护轨。其作用是保证车轮安全通过两条钢轨的相互交叉处。从两翼轨最窄处到辙叉心实际尖端之间，存在着一段轨线中断的空隙，叫作辙叉的有害空间。当列车通过辙叉有害空间时，轮缘有走错辙叉槽而引起脱轨的可能，因此，必须设置护轨，以强制引导车轮的运行方向，保证车轮安全过岔。

道岔上的有害空间是限制列车过岔速度的一个重要因素。为了消除有害空间，减轻车轮对翼轨和辙叉心轨（简称心轨）的冲击，适应列车高速运行，人们研制铺设了各种可动心轨道岔。可动心轨辙叉的心轨是与道岔尖轨联动的，当尖轨开通某一方向时，可动心轨的辙叉心就与开通方向一致的翼轨密贴，与另一翼轨分开，从而消除有害空间。

3. 连接部分

连接部分就是连接转辙机械和辙叉及护轨的部分。它包括两根导曲线轨和两根直轨。由于导曲线轨的半径较小，又不能在导曲线上设置缓和曲线和曲线超高，所以列车在侧向过岔时，速度要受到严格的限制。

（二）道岔号

道岔因其辙叉角的大小不同，有不同的道岔号（N）。道岔号数表明了道岔各部分的主要尺寸。对于道岔号习惯用辙叉角（α）的余切值来表示，如图5.2所示。

$$N = \cot\alpha = \frac{FE}{AE}$$

由此可见，辙叉角 α 越小，N 值就越大，导曲线半径也越大，列车侧线通过道岔时就越平稳，允许的侧线过岔速度也就越高。所以，采用大号码道岔对于列车运行是有利的。然而，道岔号越大，道岔全长就越长，铺设时占地面积就越大。

现场检测道岔号数的最简单方法是用"脚量法"，即先在辙叉心轨顶面上找出宽度为一脚长的地方，然后由此向前量至辙叉理论尖端处是几脚，就是几号道岔。

图 5.2　道岔号数计算示意图

（三）其他类型道岔

除了单开道岔，按照构造上的特点和所连接的线路数目不同，还有对称道岔（双开道岔和三开道岔）及交分道岔，如图 5.3 所示。

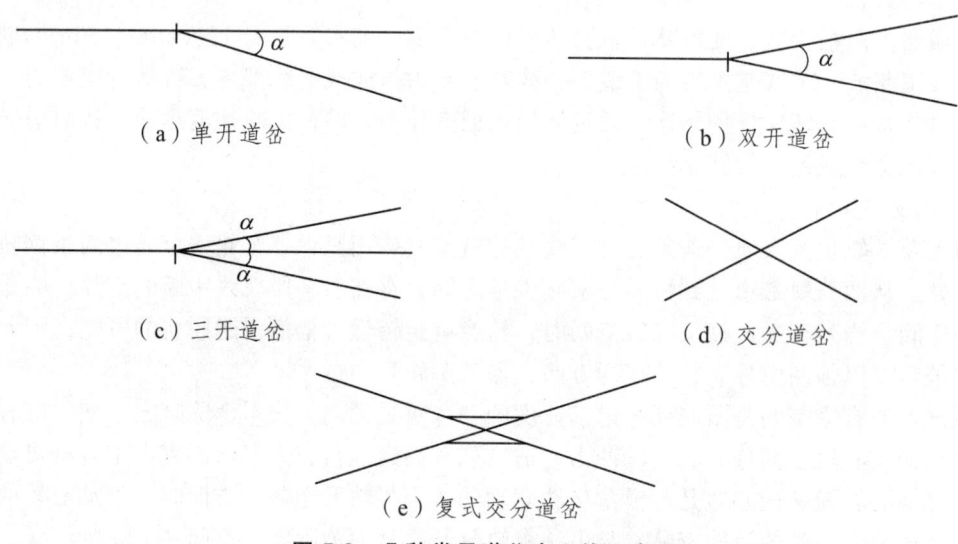

（a）单开道岔　　　　　　　　　　（b）双开道岔

（c）三开道岔　　　　　　　　　　（d）交分道岔

（e）复式交分道岔

图 5.3　几种常见道岔中心线示意图

（四）道岔的位置

如图 5.1 所示，列车可以由 A 股方向运行至 C 股方向（或由 C 股方向运行至 A 股方向），表示从道岔直向位置（主线）经过；列车也可以由 A 股方向运行至 B 股方向（或由 B 股方向运行至 A 股方向），表示从道岔侧向位置（侧线）经过。

在车辆基地联锁区范围内参加联锁的道岔称为联锁道岔。联锁道岔都有两个位置：定位和反位。道岔的定位是指道岔经常开通的位置，而反位是排列进路时临时改变的位置。

（五）对向道岔和顺向道岔

道岔本身并无顺向和反向之分，它只是针对列车运行方向而言的。列车迎着道岔尖轨运行时，该道岔就叫对向道岔。反之，列车顺着道岔尖轨运行时，该道岔就叫顺向道岔。

对向道岔和顺向道岔的不安全因素是不一样的，导致事故的后果也不同。顺向道岔如位置开通不对，车轮轮缘可以从尖轨和基本轨之间挤进去，发生这种情况叫作挤岔。挤岔可能使道岔和道岔转换器遭到损伤。如对向道岔开通位置不对，列车就被接到另一条线路上。如果这条线路已经停有车辆，就会造成列车冲撞。另外，如果道岔位置正确，但尖轨和基本轨不密贴，则车轮轮缘有可能将密贴的一根尖轨挤开，造成"四开"，将造成列车脱轨，甚至发生颠覆的严重事故。

二、转辙机

（一）转辙机的作用

（1）能可靠地转换道岔，根据需要将道岔转换至定位或反位。

（2）道岔的尖轨与基本轨密贴后，将道岔锁闭在规定位置，实现机械锁闭，防止外力转换道岔。

（3）正确地反映道岔的实际位置，即道岔的尖轨密贴于基本轨后，给出道岔位置的表示。

（4）道岔被挤或因故处于"四开"(两侧尖轨均不密贴)位置时，应及时切断道岔表示，并在室内给出报警提示。

（二）对转辙机的基本要求

（1）作为转换装置，应具有足够大的拉力，以带动尖轨做直线往返运动；当尖轨受阻不能运动到底时，应随时通过操纵使尖轨回复原位。

（2）作为锁闭装置，当尖轨和基本轨不密贴时，不应进行锁闭；一旦锁闭，应保证不致因车通过道岔时的震动而错误解锁。

（3）作为监督装置，应能正确地反映道岔的状态。

（4）道岔被挤后，在未修复前不应再使道岔转换。

（三）转辙机的分类

（1）按动作能源和传动方式分类，转辙机可分为电动转辙机、电动液压转辙机。

电动转辙机由电动机提供动力，采用机械传动的方式。多数转辙机都是电动转辙机，包括 ZD6 系列转辙机、S700K 系列电动转辙机和 ZD9 系列电动转辙机。

电动液压转辙机简称电液转辙机，由电动机提供动力，采用液力传动的方式。ZY（J）系列转辙机即为电液转辙机。

（2）按供电电源种类，转辙机可分为直流转辙机和交流转辙机。

直流转辙机采用直流电动机，工作电源是直流电。ZD6 系列电动转辙机就是直流转辙机，由直流 220 V 电源供电。ZY 系列电液转辙机也是直流转辙机，也由直流 220 V 电源供电。直流电动机的缺点是，由于存在换向器和电刷，易损坏，故障率较高。目前无刷直流电动机已经在直流转辙机上进行试用，如果成功的话，将克服上述缺点。

交流转辙机采用三相交流电源或单相交流电源，由三相异步电动机或单相异步电动机（现大多采用三相异步电动机）驱动。目前用的 S700K 型电动转辙机、ZDJ9 型转辙机和 ZYJ7

型电液转辙机均为交流转辙机。交流转辙机采用交流电动机，不存在换向器和电刷，因此故障率低，而且单芯电缆控制距离比较远。

（3）按锁闭道岔的方式，转辙机可分为内锁闭转辙机和外锁闭转辙机。

内锁闭转辙机依靠转辙机内部的锁闭装置锁闭道岔尖轨，是间接锁闭的方式。ZD6 系列等大多数转辙机均采用内锁闭方式。内锁闭方式的锁闭可靠程度较差，列车对转辙机的冲击大。

外锁闭转辙机虽然内部也有锁闭装置，但主要依靠转辙机外的外锁闭装置锁闭道岔，将密贴尖轨直接锁于基本轨，斥离尖轨锁于固定位置，是直接锁闭的方式。S700K 型电动转辙机和 ZYJ7 型电液转辙机（包括 SH6 型转换锁闭器）及 ZD9 型电动转辙机均采用外锁闭方式。外锁闭方式锁闭可靠，列车对转辙机几乎无冲击。

（4）按是否可挤，转辙机分为可挤型转辙机和不可挤型转辙机。

可挤型转辙机内设挤岔保护(挤切或挤脱)装置，道岔被挤时，动作杆解锁，保护了整机。不可挤型转辙机内不设挤岔保护装置，道岔被挤时，挤坏动作杆与整机连接结构，应整机更换。电动转辙机和电液转辙机都有可挤型和不可挤型。

（四）转辙机的设置

城市轨道交通线路常用的标准道岔有 7 号、9 号、12 号，个别车辆基地还有采用 5 号道岔的。正线及折返线上统一采用 9 号道岔。5 号、7 号道岔一般在车辆基地使用，12 号在一些重要的折返线、渡线或联络线等线路使用。通常一组道岔由一台转辙机牵引。如果正线上采用的是弹性可弯型 AT 道岔，需要两个牵引点，可以用两台 ZD6 型电动转辙机牵引，也可采用 ZYJ7 型电液转辙机加一台 SH6 型转换锁闭器牵引。

三、外部转辙装置

（一）ZD6 系列转辙机的外部转辙装置

ZD6 系列转辙机的外部转辙装置主要包括密贴调整杆和表示调整杆。密贴调整杆一端通过立式杆架与道岔的第一连接杆相连，另一端通过螺栓与电动转辙机的动作杆相连。动作杆通过密贴调整杆、道岔第一连接杆带动道岔尖轨进行转换并可实现密贴。通过调整密贴调整杆上的轴套可调整道岔尖轨的密贴程度。表示调整杆的一端通过舌铁与道岔尖端杆相连，另一端通过螺栓与转辙机的表示杆连接。通过调整道岔尖端杆上的螺栓的位置，可以调整道岔的主表示缺口。

（二）外锁闭装置

S700K 型电动转辙机、ZD9 型电动转辙机、ZYJ7 型电液转辙机的外部转辙装置一般采用外锁闭装置。外锁闭装置有燕尾式和钩式两种。燕尾式外锁闭装置属于平面锁闭方式，存在较多缺点，已基本被钩式外锁闭装置所取代。钩式外锁闭装置属于垂直锁闭方式，锁闭可靠，安装调整方便。

四、转换锁闭器

转换锁闭器是电动液压转辙机的配套设备。尖轨和心轨的第一牵引点采用电液转辙机，第二牵引点采用转换锁闭器。

任务二 直流道岔转辙设备的运行与维护

道岔转辙设备主要由转辙机和外部转辙装置构成，其中直流道岔转辙设备由直流转辙机与外部转辙装置构成。目前，在城市轨道交通中广泛使用的直流转辙机主要以 ZD6 系列电动转辙机为主，因此本教材就以 ZD6 系列转辙机为例加以介绍。目前，ZD6 系列转辙机主要有 ZD6-A、ZD6-D、ZD6-E、ZD6-F、ZD6-G、ZD6-H、ZD6-J、ZD6-K 几种型号。ZD6-A 型是 ZD6 系列转辙机的基本型，其他型号 ZD6 型转辙机都是以 ZD6-A 型为基础加以改进、完善而发展起来的。ZD6 型电动转辙机主要采用内锁闭方式。

一、ZD6 型电动转辙机的特点

（1）ZD6 系列电动转辙机采用直流、串激、可逆电动机，具有过载能力强，在额定转矩的 1.8 倍情况下可安全使用的特点。

（2）ZD6 系列电动转辙机所用的减速器为两极减速封闭式减速器，第一级为外啮合齿轮传动，第二级为一齿差行星内啮合齿轮传动，总传动比大，机械转矩大。

（3）ZD6 系列电动转辙机所用的自动开闭器是整体式结构，可以独立拆卸而不影响其他部分。目前，ZD6 系列电动转辙机的自动开闭器已变成一种定型部件，便于现场的互换。其静接点片采用铍青铜，动接点环采用铝青铜材料，提高了导电性能及耐磨性能。速动爪上采用了无注油滚轮，避免了往摩擦带上滴油，减少了现场维护工作量。小拐轴改为花键轴，减少了旷动，增加了扭转强度。

（4）ZD6 系列电动转辙机所用的动作杆、表示杆均采用了镀硬铬工艺，耐磨性能得到大大提高。

（5）表示杆采用了新型加强式表示杆，不但增加了整体强度，同时消除了滑扣和主、副表示杆脱开失控现象。

二、ZD6 型电动转辙机的型号含义

ZD6 型电动转辙机的型号含义如下：

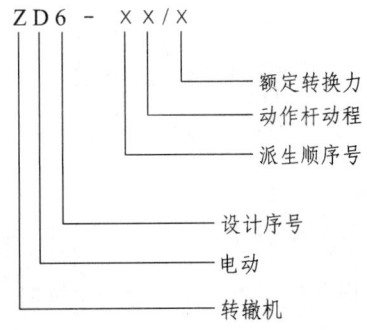

三、ZD6 系列电动转辙机的型号及主要技术参数（见表 5.1）

表 5.1 ZD6 系列电动转辙机的型号及主要技术参数

型号	额定电压 DC/V	额定转换力 /N	动作杆动程 /mm	表示杆动程 /mm	转换时间 /s	工作电流 /A	主副销抗挤切力 /N	表示杆销抗挤切力/N
ZD6-A165/250	160	2 450	165_0^{+2}	135～185	≤3.8	≤2.0	主副 29 420±1 961	—
ZD6-D165/350	160	3 430	165_0^{+2}	135～185	≤5.5	≤2.0	主副 29 420±1 961	14 700～17 600
ZD6-E190/600	160	5 884	190_0^{+2}	140～190	≤9	≤2.0	主 49 000±1 961 副≥88 260	设固定检查缺口 ≥20 000
ZD6-F130/450	160	4 410	130_0^{+2}	80～130	≤6.5	≤2.0	主 29 420±1 961 副 49 000±1 961	14 700～17 600
ZD6-G165/600	160	5 884	165_0^{+2}	135～185	≤9	≤2.0	主 29 420±1 961 副 49 000±1 961	14 700～17 600
ZD6-H165/350	160	3 430	165_0^{+2}	80～130	≤5.5	≤2.0	主副 29 420±1 961	—
ZD6-J165/600	160	5 884	165_0^{+2}	50～130	≤9	≤2.0	主副 29 420±1 961	—
ZD6-K190/350	160	3 430	190_0^{+2}	80～130	≤7.5	≤2.0	主 29 420±1 961 副 49 000±1 961	—

四、ZD6 型电动转辙机的结构

ZD6 型电动转辙机主要由电动机、减速器、摩擦联结器、自动开闭器、主轴、锁闭齿轮、齿条块、挤切销、动作杆、表示杆、移位接触器、安全接点、壳体等组成，如图 5.4 所示。

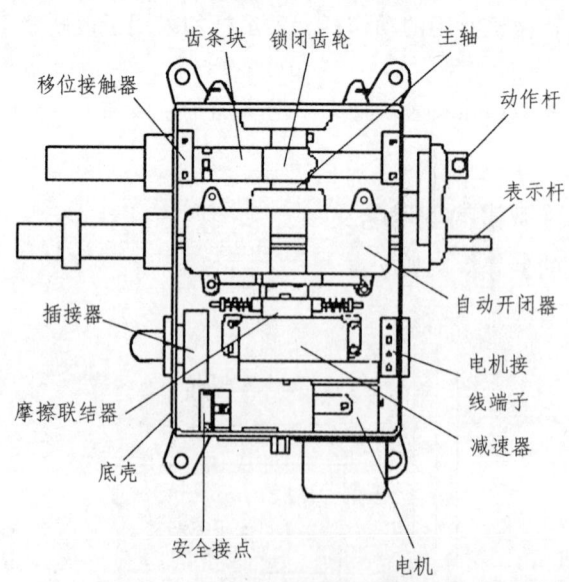

图 5.4 ZD6 型电动转辙机结构

（一）电动机

电动机负责为转辙机提供动力。给电动机通电，电动机旋转，带动其他部件动作，最终使道岔转换。

ZD6 型转辙机目前基本采用 DZG 电动机，它为短时、直流、串励、可逆电动机，主要由定子绕组、转子绕组、换向器、碳刷、外壳等组成。

直流电动机的正转和反转可通过改变定子绕组或转子绕组中的电流方向来实现。为配合四线制道岔控制电路，采用了定子绕组正转和反转分开使用的方式，如图 5.5 所示。两个定子绕组通过公共端子分别与转子绕组串联。电动机电路的电流流动方向为：从 1 端子到 3 端子，通过碳刷、换向器、碳刷到 4 端子，或从 2 端子到 3 端子，通过碳刷、换向器、碳刷到 4 端子。

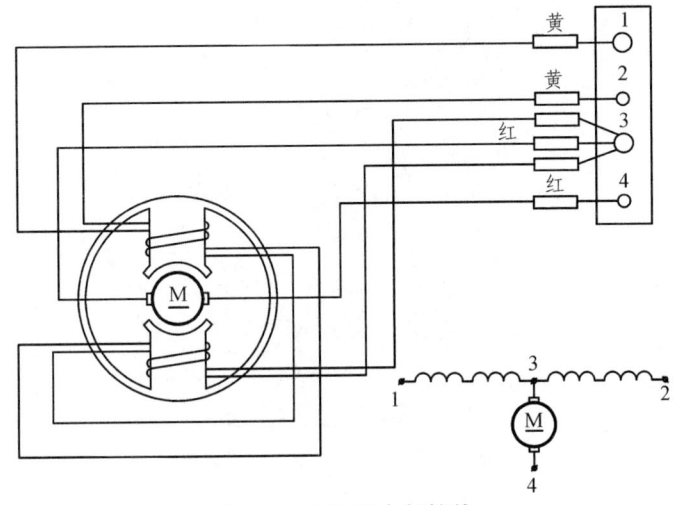

图 5.5　电动机内部接线

直流电动机的电气参数如下：额定电压为 160 V；额定电流为 2.0 A；摩擦电流为 2.3 ~ 2.9 A；额定转速为 2 400 r/min；额定转矩为 0.882 6 N·m；短时工作输出功率≥220 V·A；单定子工作电阻（20 ℃）为（2.85±0.14）×2 Ω；刷间总电阻（20 ℃）为（4.9±0.245）Ω。

（二）减速器

减速器的作用是把电动机高速旋转的转速降下来，以获得较大的转矩，从而带动道岔转换。ZD6 系列电动转辙机所用的减速器为两极减速封闭式减速器，第一级为外啮合齿轮传动，称为齿轮减速器。当电动机通电旋转时，安装在电动机输出轴的小齿轮转动，使与之咬合的大齿轮转动，实现减速。第二级为一齿差行星内啮合齿轮传动，称为行星减速器。减速器总传动比大，机械转矩大。各型转辙机减速器相关参数见表 5.2。

表 5.2　ZD6 系列各型转辙机减速器参数

转辙机机型	大齿轮齿数	小齿轮齿数	一级减速比	二级减速比
ZD6-A	103	27	3.815	41
ZD6-D/H	110	20	5.5	41
ZD6-E/F/G/J	118	12	9.833	41
ZD6-K	114	16	7.125	41

下面以 ZD6-A 型电动转辙机的行星减速器为例，说明行星减速器的结构原理。如图 5.6 所示，行星减速器主要由内齿轮、外齿轮、偏心轴、输出圆盘等组成。内齿轮靠摩擦联结器的摩擦带"固定"在减速器壳内。内齿轮里装有外齿轮。外齿轮通过滚动轴承装在偏心轴的轴套上。偏心轴套用键固定在输入轴上。外齿轮上有 8 个圆孔，每个圆孔内插入一根套有滚套的滚棒。8 根滚棒固定在输出轴的输出圆盘上。当外齿轮作摆式旋转时，输出轴就随着旋转。

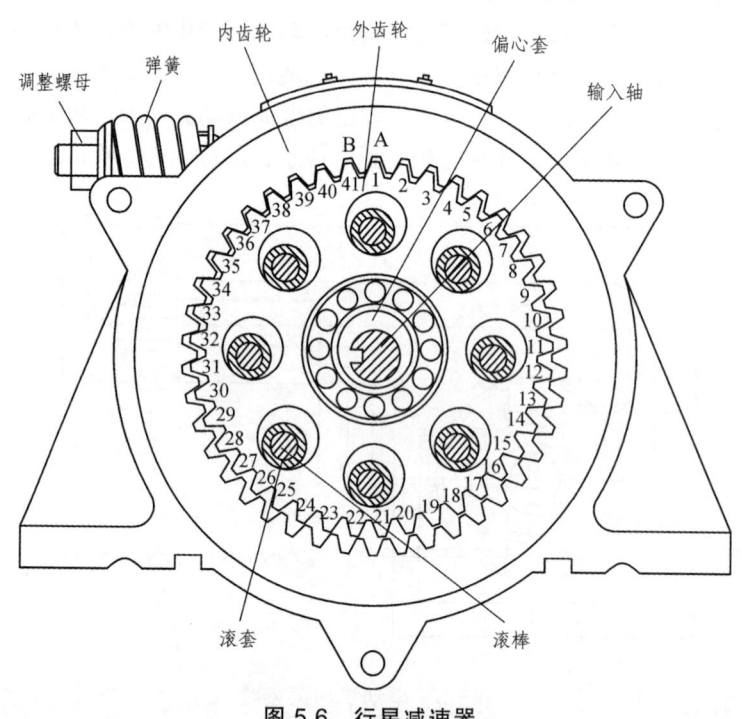

图 5.6 行星减速器

当输入轴随第一级减速齿轮顺时针旋转时，偏心轴套也顺时针旋转，使外齿轮在内齿轮里沿内齿圈作逐齿啮合的偏心运动。当输入轴旋转一周时，外齿轮也作一周偏心运动。外齿轮 41 个齿，内齿轮 42 个齿槽，两者相差一齿。所以，外齿轮作一周偏心运动时，外齿轮的齿在内齿轮里错位一齿。在正常情况下，内齿轮静止不动，迫使外齿轮在一周的偏心运动中反方向旋转一齿的角度（如图 5.6 中，外齿轮齿 1 从 A 进入 B，齿 2 进入 A）。当输入轴沿顺时针方向旋转 41 周时，外齿轮沿逆时针方向旋转一周（齿 1 又返回原位 A），带动输出轴沿逆时针方向旋转一周，这样就达到了减速的目的。

外齿轮既在输入轴的作用下作偏心运动，又与内齿轮作用作旋转运动，类似于行星的运动，即既有自转又有公转，所以外齿轮称为行星齿轮，这种减速器称为行星传动式减速器。

为了达到机械转动的平衡，内齿轮里有两个外齿轮，它们共同套在一个输出轴圆盘的 8 根滚棒上，两个外齿轮之间偏向成 180°。

（三）摩擦联结器

摩擦联结器是用来保护电动机和吸收转动惯量的联结装置。它主要由减速壳、摩擦制动板、摩擦带、弹簧、调整螺母等构成。当道岔因故转不到底时，电动机电路不能断开，如果电动机突然停转，电动机会因电流过大而受损。另外，在正常使用中，道岔转换到位，电动机的惯性将使内部机件受到撞击或毁坏。为防止上述情况发生，同时还要在正常情况下能带动道岔转换，就要求机械传动装置不能采用硬性联结而必须采用摩擦联结。所以 ZD6 型电动转辙机在行星减速器上安装了摩擦联结器。

ZD6-A 型电动转辙机的摩擦联结器是在行星传动式减速器内齿轮延伸部分的小外圆上套以可调摩擦板构成的，如图 5.7 所示。ZD6-D 型转辙机的摩擦联结器与 ZD6-A 型转辙机的有所区别，它有两个调整摩擦力的弹簧和螺母。在调整道岔故障电流时，要分别进行调整。

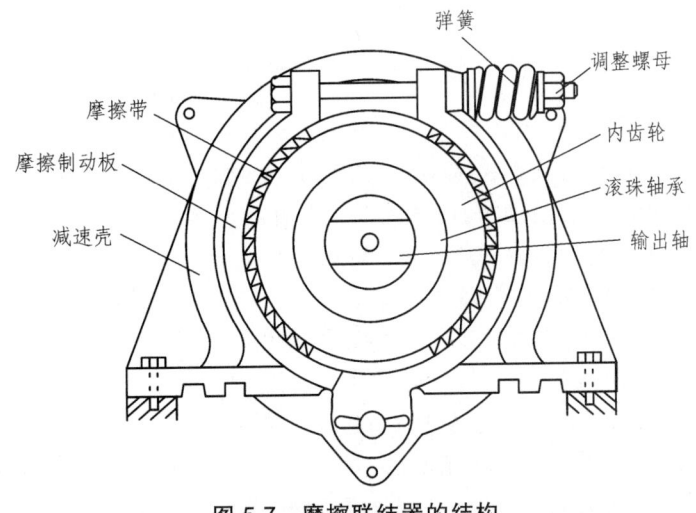

图 5.7 摩擦联结器的结构

行星减速器的内齿轮大外圆装在减速壳内，可自由滑动。内齿轮延伸的小外圆上装有摩擦带的摩擦制动板。摩擦制动板下端套在固定于减速壳的夹板轴上，当上端由螺栓弹簧压紧时，内齿轮就靠摩擦作用而被"固定"。在正常情况下，依靠摩擦力，内齿轮反作用于外齿轮，使外齿轮作摆式旋转，带动输出轴转动，最终使道岔转换。在道岔尖轨受阻不能密贴和道岔转换完毕电动机惯性运动的情况下，输出轴不能转动，外齿轮受滚棒阻止而不能自转，但在输入轴带动下作摆式运动，这样外齿轮对内齿轮产生一个作用力，使内齿轮在摩擦制动板中旋转(称为摩擦空转)，消耗能量，保护电动机和机械传动装置。

摩擦联结器的摩擦力要调整适当，过紧会失去摩擦联结作用，损坏电动机和机件；过松则不能正常带动道岔转换。摩擦联结器的松紧用调整螺母调整弹簧压力来实现。调整的标准是，额定摩擦电流应为额定动作电流的 1.3～1.5 倍。

（四）启动片

如图 5.8 所示，用启动片联结减速器的输出轴与转辙机主轴，利用其正、反两面互相垂直呈"十"字形的沟槽，在旋转时自动补偿两轴不同心的误差。

启动片除了起联结减速器输出轴与转辙机主轴的作用外，它还与速动片配合，对自动开闭器起控制作用。启动片与输出轴、主轴一起转动，因此能反映锁闭齿轮各个动作阶段(解锁、转换、锁闭)所对应的转角，用它来控制自动开闭器的动作。

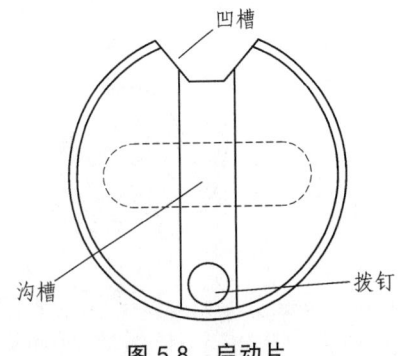

图 5.8 启动片

启动片上有一梯形凹槽，道岔锁闭后总会有一个速动爪（速动爪上的滚轮）落入其中。道岔解锁时，启动片一方面带动主轴转动，另一方面利用其凹槽的坡面推动速动爪上的滚轮，使速动爪抬起，以断开表示接点。在道岔转换过程中，两个速动爪均抬起。在道岔接近锁闭阶段，启动片的凹槽正好转到应速动断开道岔电动机电路的速动爪滚轮下方，与速动片配合，完成自动开闭器的速动。

另外，启动片上有一个拨钉，该拨钉插在速动片的腰形孔内，当启动片转动一定角度后，利用其拨钉拨动速动片转动。

（五）速动片

如图 5.9 所示，速动片有一个矩形缺口，缺口对面有一腰形扁孔。速动片通过速动衬套套在主轴上。启动片上的拨钉插入速动片的腰形孔中。道岔锁闭后，拨片钉总是在腰形孔的一端。转辙机开始动作时，启动片旋转，启动片上的拨钉在腰形孔中空走一段后才拨动速动片一起转动。

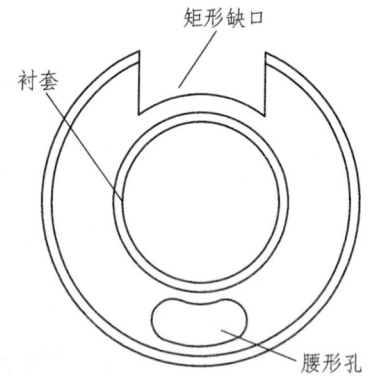

图 5.9　速动片

速动片套在速动衬套上，速动衬套又卡在自动开闭器接点座上，它不随主轴转动。速动片直径比启动片略大，当主轴转动时，速动片不会跟着转。它的转动只有靠拨钉拨动。

在锁闭齿轮进入锁闭阶段时，齿条块已不再动，为了完成内锁闭，主轴还在转动，启动片和速动片也在转动。这时启动片的梯形凹槽已经转到速动爪滚轮的下方，为速动爪的落下准备好条件。但是，速动片仍然支承着速动爪，使它不能落下。只有当速动片再转过一个角度，使速动爪突然失去支承，速动爪才在拉簧的强力作用下，迅速落向启动片凹槽底部，实现了自动开闭器的速动。因此速动的关键是尖爪从速动片的缺口尖角边突然跌落。

（六）主轴

转辙机的主轴主要由主轴、主轴套、轴承、止挡栓等组装而成。如图 5.10 所示。它的一端和启动片联结，另一端连接锁闭齿轮。主轴带动锁闭齿轮，通过与齿条块配合完成转换和锁闭道岔。主轴上的止挡栓用来限制主轴的转角，使锁闭齿轮和齿条块达到规定的锁闭角，并保证每次解锁以后都能使两者保持最佳的啮合状态，使整机动作协调。

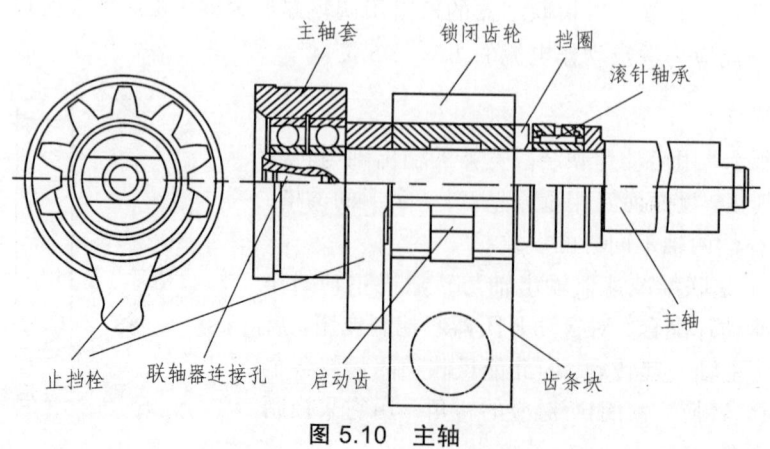

图 5.10　主轴

（七）锁闭齿轮和齿条块

锁闭齿轮如图 5.11（a）所示，共有 7 个齿，其中 1 和 7 是位于中间的启动小齿，在它们之间是锁闭圆弧。齿条块上有 6 个齿、7 个齿槽，如图 5.11（b）所示。中间 4 个是完整的齿，两边的两个是中间有缺槽的削尖齿。缺槽是为了锁闭齿轮上的启动小齿能顺利通过而设置的。

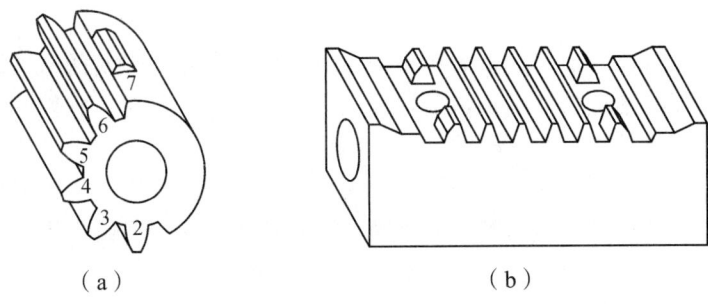

图 5.11 锁闭齿轮和齿条块

当道岔在定位或反位，尖轨与基本轨密贴时，锁闭齿轮的圆弧正好与齿条块的削尖齿弧面重合，如图 5.12 所示。这时如果尖轨受到要使之移动的外力，或列车经过道岔使齿条块受到水平作用力，这些力只能沿锁闭圆弧的半径方向传给锁闭齿轮，它不会转动，齿条块及固定在其圆孔中的动作杆也不能移动，这样就实现了对道岔的锁闭。

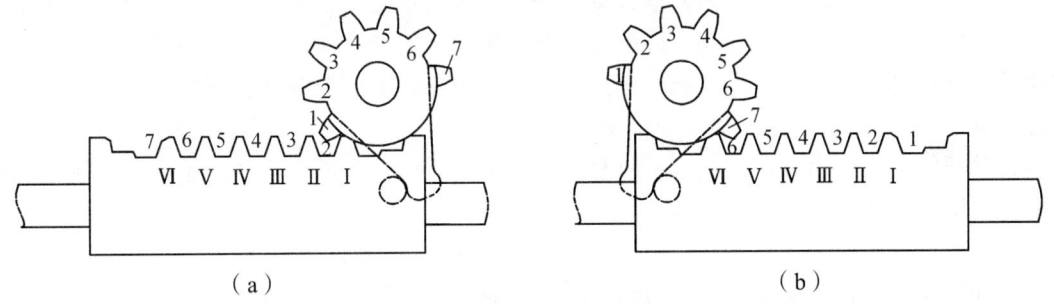

图 5.12 转辙机的内锁闭

电动转辙机每转换一次，锁闭齿轮与齿条块要完成解锁、转换、锁闭三个过程。

1. 解 锁

假设图 5.12（a）所示为定位锁闭状态，若要将道岔转至反位，电动机必须逆时针旋转，输入轴顺时针旋转，使输出轴逆时针旋转，通过启动片带动主轴及锁闭齿轮作逆时针转动。此时，锁闭齿轮的锁闭圆弧面首先在齿条块的削尖齿上滑退，锁闭齿轮上的启动小齿 1 从削尖齿 I 的缺槽经过。当主轴旋转 32.9°时，锁闭圆弧面全部从削尖齿上滑开，启动小齿 1 与齿条块齿槽 1 的右侧接触，解锁完毕。

2. 转 换

启动小齿拨动齿条块齿槽 1 的右侧，锁闭齿轮带动齿条块移动，即将旋转运动变为直线运动。锁闭齿轮转至 306.1°时，齿条块及动作杆向右移动了 165 mm，使原斥离尖轨转换到反位，与另一基本轨密贴。

3. 锁 闭

道岔转换完毕必须进行锁闭，否则齿条块及动作杆在外力作用下可倒退，造成"四开"的危险。道岔转换完毕后，锁闭齿轮继续转动到339°，锁闭齿轮的启动小齿7在削尖齿Ⅵ的齿槽经过，锁闭齿轮上的圆弧面与齿条块削尖齿弧面重合，实现了锁闭，如图5.12（b）所示。此时，止挡栓碰到底壳上的止挡桩，锁闭齿轮停止转动。

（八）动作杆

动作杆是转辙机转换道岔的最后执行部件。动作杆一端与道岔的密贴调整杆相连接，带动尖轨运动。动作杆通过挤切销和齿条块连成一体，正常工作时，它们一起运动。用挤切销将齿条块与动作杆连接在一起的目的是：当发生挤岔时，动作杆和齿条块能迅速脱离机械联系，使转辙机内部机件不受损坏。挤切销分为主销和副销，分别装于锁闭齿轮削尖齿中间开口处的挤切孔内。主销挤切孔为圆形，主销能顺利插入起主要联结作用。副销挤切孔为扁圆形，副销插入起备用联结作用。

如果是非挤岔原因使主销折断，副销还能起到联结作用。这是因为，副销挤切孔为扁圆形，齿条块在动作杆上有3 mm的窜动量。

（九）自动开闭器

ZD6系列电动转辙机所用的自动开闭器是整体式结构，可以独立拆卸而不影响其他部分。它与表示杆（或锁闭杆）配合，利用接点的通断，可以反映道岔尖轨的位置状态。其静接点片采用铍青铜，动接点环采用铝青铜材料，提高了导电性能及耐磨性能。2002年9月开始，统一了检查柱，自动开闭器变成一种型号，便于现场的互换。速动爪上采用了无注油滚轮，避免了往摩擦带上滴油，减少了现场维护工作量。小拐轴改为花键轴，减少了旷动，增加了扭转强度。

自动开闭器的作用有两个：一是及时、正确反映道岔尖轨的位置，二是完成控制电动机和挤岔表示的功能。

在解锁过程中，由自动开闭器接点断开原表示电路，接通准备反转的动作电路；锁闭后，由自动开闭器接点自动断开电动机动作电路，接通表示电路。

1. 自动开闭器的组成

自动开闭器由4排静接点、2排动接点、2个速动爪、2个检查柱及速动片等组成。静接点、动接点、速动爪、检查柱分别对称地装于主轴的两侧，但又是一个整体，如图5.13所示。

自动开闭器分为接点部分、动接点传动部分及控制部分。接点部分包括动接点、静接点、接点座等。静接点左右对称地安装在接点座上。两组动接点分别安装在左右拐轴上，拐轴以接点座为支承。动接点可以在拐肘转动时改变静接点组的接通位置。

动接点传动部分包括速动爪及其爪尖上的滚轮、接点调整架、连接板和拐轴，这些部件左、右各有一套。调整接点调整架上的螺钉可以改变动接点插入静接点的深度。

控制部分由拉簧、检查柱、速动片（还应包括启动片）组成。拉簧连接两边的调整架，将两边的动接点拉向内侧，为动接点速动提供动力。检查柱在道岔正常转换时，对表示杆缺口起探测作用。道岔不密贴，缺口位置不对，检查柱不会落下，它阻止动接点动作，不能构成道岔表示电路。挤岔时，检查柱被表示杆顶起，迫使动接点转向外方，断开道岔表示电路。

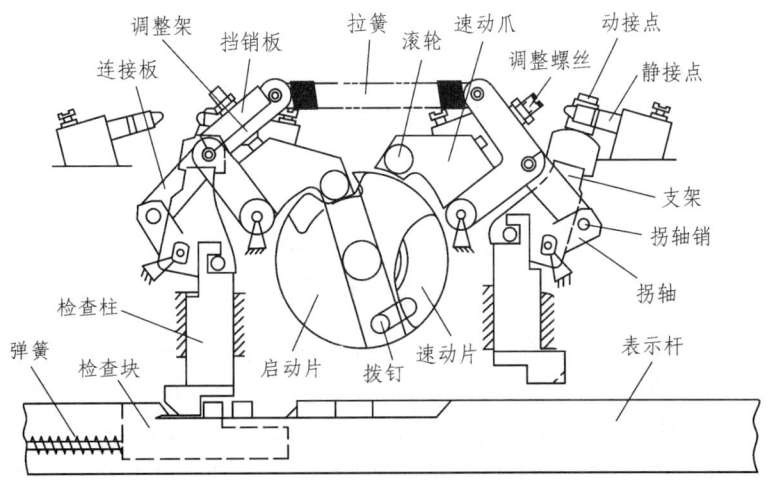

图 5.13 自动开闭器及与表示杆的动作关系

2. 自动开闭器的动作原理

自动开闭器的动作受启动片和速动片的控制。输出轴转动时带动启动片转动。速动片由启动片上的拨钉带动转动。它们之间的动作关系及受它们控制的速动爪的动作情况,如图 5.14 所示。道岔在定位时,启动片凹槽与垂直线成 10.5°角,将这个起始状态作为 0°,假设启动片逆时针转动,固定在左速动爪上的滚轮与启动片凹槽斜面接触,左速动爪随滚轮沿斜面滚动向上升,使 L 形调整架、连接板、拐轴、支架等相互传动。当启动片转至 10.2°时,自动开闭器第 3 排接点断开;转至 19°,第 4 排接点开始接左速动爪的滚轮升至最高,左动接点完全打入第 4 排静接点。启动片转至 28.7°时,拨钉移动至速动片腰形孔尽头,拨动速动片随启动片一起转动,一直转到 335.6°时,速动片缺口对准右速动爪,在弹簧作用下,右速动爪迅速落入速动片缺口内带动右动接点,使第 1 排接点迅速断开,第 2 排接点迅速接通。同时,带动右检查柱落入表示杆检查块的反位缺口内,检查道岔已转换至反位密贴状态。

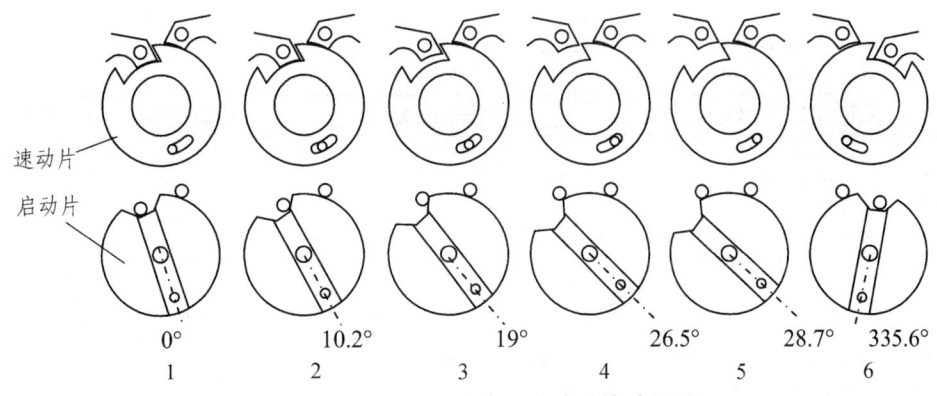

图 5.14 启动片、速动片及速动爪的动作关系

自动开闭器有 2 排动接点、4 排静接点。它们的编号是,站在电动机处观察,自右至左分别为第 1 排、第 2 排、第 3 排、第 4 排接点,如图 5.15 所示。每排接点有 3 组接点,自远而近顺序编号,第 1 排接点为 11—12、13—14、15—16。其他排接点以此类推。

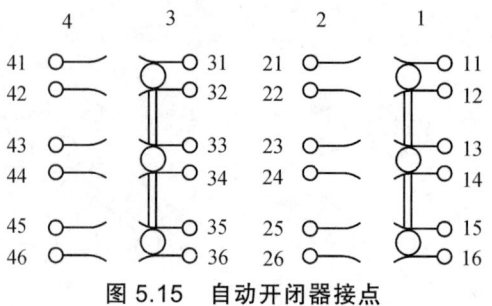

图 5.15 自动开闭器接点

若转辙机定位时 1、3 排接点闭合，则转辙机向反位动作，解锁时，左动接点先动作，断开第 3 排接点，切断道岔定位表示电路；接通第 4 排接点，为回转做好准备。转换至反位后，右动接点动作，断开第 1 排接点，切断电动机动作电路；接通第 2 排接点，构通道岔反位表示电路。

若转辙机定位时 2、4 排接点闭合，则转向反位时，右动接点先动作，断开第 2 排接点，接通第 1 排接点；转换到反位时，左动接点动作，断开第 4 排接点，接通第 3 排接点。

从反位转向定位时，接点动作情况与上述相反。

（十）表示杆

电动转辙机的表示杆与道岔的表示调整杆相连，随道岔动作，用来检查尖轨是否密贴，以及道岔在定位还是在反位。

如图 5.16 所示为 ZD6-A 型电动转辙机的表示杆。表示杆由前（主）表示杆、后（副）表示杆及两个检查块组成，两杆通过固定螺栓和调整螺母固定在一起。前表示杆的前伸端设有连接头，用来和道岔的表示连接杆相连。固定螺栓装在后表示杆的长孔与相对应的前表示杆圆孔里。前表示杆后端有横穿后表示杆的调整螺母，后表示杆末端有一轴向长孔，内穿一根调整螺杆并拧入调整螺母内，在调整螺杆颈部用销子将它与后表示杆连成一体。松开固定螺栓，拧动调整螺杆时，它带动后表示杆在调整螺母内前后移动。由于后表示杆前端与固定螺栓相连的是一长孔，所以调整范围较大，为 86～167 mm，以满足不同道岔开程的需要。

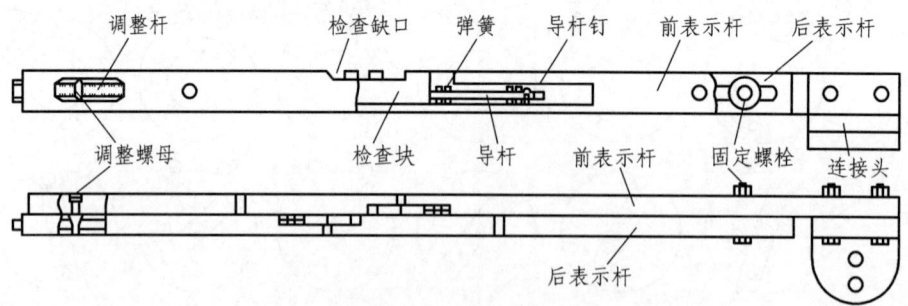

图 5.16 表示杆

为检查道岔是否密贴，在前后表示杆的腹部空腔内分别设一个检查块。每个检查块上有一个缺口，道岔转换到位并密贴后，自动开闭器所带的检查柱落下此缺口，使自动开闭器动作。设两个检查块是为了满足道岔定位和反位检查的需要。若左侧检查柱落在后表示杆缺口中，则右侧检查柱将落在前表示杆缺口中。检查柱落入表示杆缺口时，两侧应各有 (1.5 ± 0.5) mm 的空隙。

检查块轴向有一导杆，上面穿有弹簧和导杆钉，平时靠弹簧弹力顶住检查块，以完成对检查柱的检查。挤岔时，检查块缺口被检查柱占有，挤岔瞬间检查块动不了，挤岔的冲击力使表示杆向检查块运动，弹簧受到压缩，检查块和检查柱并未直接受到挤岔冲击力，不会损坏。另一方面，表示杆被挤，用缺口斜面迫使检查柱抬起，脱离检查块缺口，各部件不致受损。此时由于检查柱抬起，自动开闭器的动接点立即退出静接点组，断开道岔表示电路。

目前，ZD6型电动转辙机采用了新型加强式表示杆，它具有以下特点：

（1）表示杆采用了镀硬铬工艺，耐磨性能得到大大提高。

（2）主、副表示杆同时承担作用力，增加了整体强度。

（3）调整螺母为整体横穿式，与两杆连接不另设螺母，消除了滑扣和主、副表示杆脱开失控现象。

（4）加强式表示杆调整简单、方便，动程范围大。

ZD6-D、E、G、F型电动转辙机的加强型表示杆，增加了表示杆的功能，使之对尖轨也有机械锁闭作用，构成双锁闭。在表示杆检查块处增加一个销子(称为副锁闭销)，使检查块与表示杆连为一体，检查柱落入缺口，道岔便被表示杆锁住。挤岔时副锁闭销切断，表示杆照常有挤岔断表示的功能。在前表示杆上设有前、中、后三个横穿孔，使后表示杆与之配合时有更大的选择余地，这样就扩大了表示杆动程的可调范围。

加强型表示杆匹配情况见表5.3。

表5.3 加强型表示杆匹配表

表示杆图号	表示杆副锁销抗挤切力/N	表示杆动程/mm	适用的机型及匹配的安装装置
X2346.209.00A1	—	135～185	电号9070、9073的ZD6-A安装装置，43轨、50轨单机牵引的ZD6-A型机
X2346.209.00A2	—	135～185	ZD7-A，ZD7-C型机
X2346.409.00D1	14 700～17 600	135～185	通号9137、9138、9086的ZD6-D安装装置，单机牵引的ZD6-D型机；通号9906、9916、9146的ZD6-G安装装置，复式交分道岔岔尖牵引的ZD6-G型机
X2346.509G.00E	≥20 000	140～190	通号9162、9145、9140、9134的ZD6-E/J安装装置，第一牵引点的ZD6-E型机
X2346.609.00F1	14 700～17 600	80～130	通号9906、9916、9146的ZD6-G/F安装装置，复式交分道岔岔心牵引的ZD6-F型机
X2346.609.00F2	—	80～130	复式交分道岔，外锁闭安装装置，岔心牵引的ZD6-K型机
X2346.709.00J	—	50～130	通号9162、9145、9140、9134的ZD6-E/J安装装置，第二牵引点和S0212E/J/J安装装置第二、三牵引点的ZD6-J型机
X2346.909.00H	—	80～185	电号9100、9101、9102、9103的ZD6-H安装装置，复式交分道岔的岔尖和岔心牵引的ZD6-H型机

（十一）挤切装置

挤切装置包括挤切销和移位接触器，用来进行挤岔保护，并切断表示电路。

1. 挤切销

两个挤切销(主销和副销)把动作杆与齿条块联结在一起，如图 5.17 所示。道岔在定位或反位时，齿条块被锁闭齿轮锁住，齿条块、动作杆不能动作，道岔也就被锁住。当发生挤岔时，来自尖轨的挤岔力推动动作杆，当此力超过挤切销能承受的机械力时，主、副挤切销先后被挤断，动作杆在齿条块内移动，道岔即与电动转辙机脱离机械联系，保护转辙机主要机件和尖轨不被损坏。一般情况下，挤岔后，只要更换挤切销即可恢复使用。

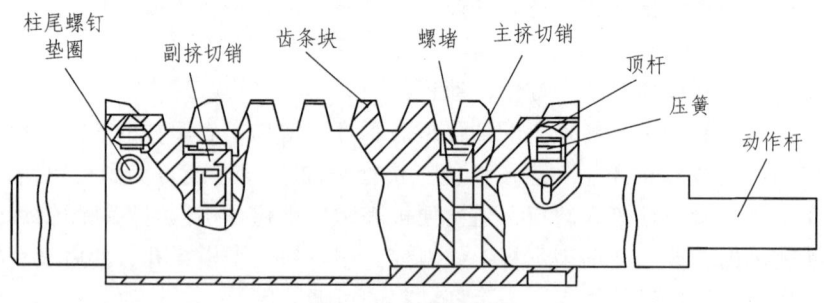

图 5.17　挤切装置

2. 移位接触器

自动开闭器检查柱和表示杆中段特制了斜面，挤岔时表示杆随道岔动作，表示杆中段的斜面顺着检查柱的斜面移动，将检查柱顶起，使自动开闭器的第二排或第三排动接点离开静接点组，从而断开了表示电路。若挤岔时表示杆无动程或动程不足，检查柱没有被顶起来，表示电路断不开，这将十分危险。为了确保断开表示电路，ZD6 型转辙机设有移位接触器。

移位接触器安装于机壳内侧，处于动作杆、齿条块的上方。它由触头、弹簧、顶销、接点等组成，如图 5.18 所示。它受齿条块内两端的顶杆控制。平时顶杆受弹簧弹力，顶杆下端圆头进入动作杆上的圆坑内。当挤岔时齿条块不动，挤切销被挤断，动作杆在齿条块内产生位移，顶杆下端被挤出圆坑，使顶杆上升，将移位接触器的顶销顶起，断开它的接点，从而断开道岔表示电路。移位接触器上部有一按钮，挤岔后恢复时，可按下此按钮，使移位接触器再次接通。

五、ZD6 型电动转辙机的传动过程

如图 5.19 所示，假定原道岔为 1、3 闭合。当电动机通以规定方向的道岔控制电流后，电动机轴按逆时针方向旋转。电动机通过齿轮带动减速器，这时输入轴按顺时针方向旋转，输出轴按逆时针方向旋转。输出轴通过启动片带动主轴，按逆时针方向旋转。锁闭齿轮随主轴逆时针方向旋转，锁闭齿轮在旋转中完成解锁、转换、锁闭三个过程，拨动齿条块，使动作杆带动道岔尖轨向右移动，密贴于右侧尖轨并锁闭。同时通过启动片、速动片、速动爪带动自动开闭器的动接点动作，与表示杆配合，断开第 1、3 排接点，接通第 2、4 排接点，完成电动转辙机转换、锁闭及给出道岔表示的任务。

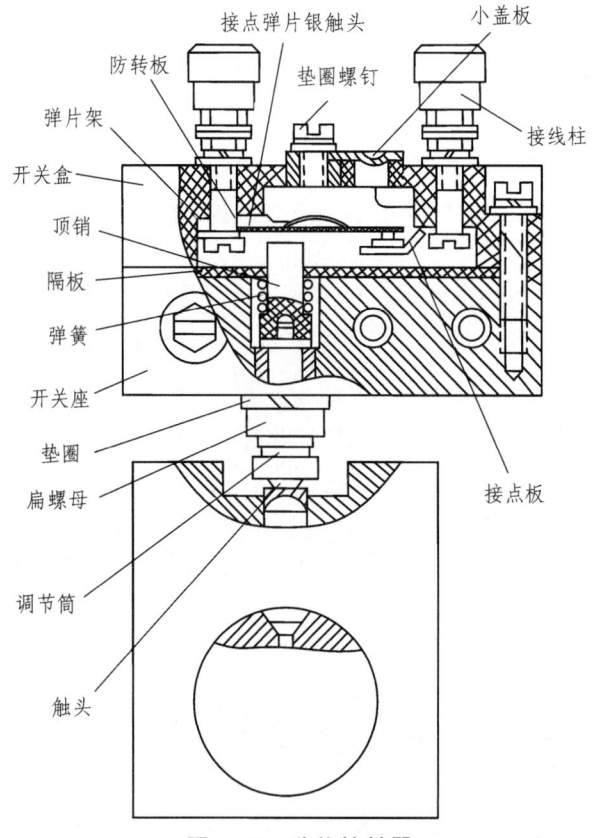

图 5.18 移位接触器

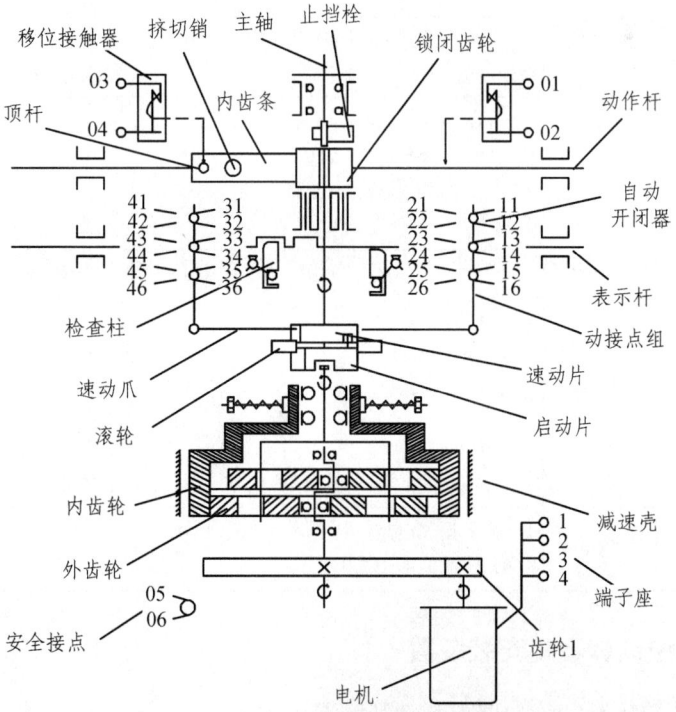

图 5.19 ZD6 型电动转辙机传动原理

电动转辙机在转换过程中转换锁闭装置和自动开闭器的动作情况如表 5.4 所示。

手动摇动转辙机时，先用钥匙打开盖，露出摇把插孔。将摇把插入减速大齿轮轴，摇动转辙机至所需位置。此后虽抽出摇把，但安全接点被断开，必须打开机盖，合上安全接点，转辙机才能复原。

表 5.4 转换锁闭装置与自动开闭器动作情况

道岔状态	主轴转角	手摇圈数	转换锁闭装置动作	自动开闭器动作
定位锁闭	0°	—		右检查柱落入后表示杆缺口接通 1、3 排接点
解锁	7.5°	0.85	启动片带动主轴转动，使锁闭齿轮的锁闭圆弧从削尖齿上退转 7.5°开始解锁	左侧速动爪上的滚轮在启动片凹槽中滚动
	10.2°	1.2	—	启动片坡面推动滚轮，使左速动爪抬高，第 3 排接点断开，左侧检查柱开始抬高
	19°	2.2	—	启动片坡面继续推滚轮，动接点开始接通第 4 排静接点，为电动机反转准备条件
解锁	26.5°	3	—	左速动爪完全爬上启动片弧面，动接点完全插入第 4 排静接点，左侧检查柱完全退出表示杆缺口
	28.7°	3.3	—	启动片上拨钉开始拨动速动片
	32.9°	3.7	锁闭圆弧完全退出削尖齿，解锁完成	—
转换	306.1°	34.9	锁闭齿轮拨动齿条块，使动作杆右移（165＋2）mm，尖轨运动至反位，锁闭齿轮的凸弧开始进入反位，开始锁闭	动接点接向外侧 1、4 排接点，两个速动爪滚轮将在启动片和速动片上滚动
反位锁闭	335.6°	36.4	锁闭圆弧对齿条已达 29.6°锁闭角	表示杆反位缺口已经运动至右侧检查柱下方，右侧速动爪滚轮离开启动片弧面，速动爪完全由速动片承托。稍后，右侧速动爪突然跌落，右检查柱落入表示杆反位缺口，迅速断开第 1 排接点，切断电动机电路，接通第 2 排接点，接通反位表示电路
	339°	38.6	锁闭圆弧与削尖齿之间完成同心圆弧面重合 32.9°的锁闭角	—

六、ZD6 型电动转辙机安装装置

ZD6 型电动转辙机安装装置即为其外部转辙装置。

（一）ZD6 型转辙机的安装方式

（1）正装与反装：安装 ZD6 型电动转辙机时，一般都将转辙机的电动机对向岔尖，视电动转辙机的安装位置分为正装和反装。它们的区别在于动作杆相对于电动机的伸出位置。若站在电动机侧看，动作杆向右伸，即为正装；动作杆向左伸，即为反装。

（2）1、3 闭合，2、4 闭合：所谓 1、3 闭合，2、4 闭合，指的是道岔在定位时自动开闭器静接点的接通情况，即道岔在定位时，自动开闭器是 1、3 排接点接通还是 2、4 排接点接通。

在判定是 1、3 闭合还是 2、4 闭合时，要掌握电动转辙机内部件的动作规律。动作杆、表示杆的运动方向与自动开闭器的动接点的运动方向是相反的。在正装拉入为定位时，从反位向定位转换时，表示杆向左运动，动接点向右运动，故定位时 1、3 排接点闭合。反装伸出也是如此。而在正装伸出为定位时，从反位向定位转换时，表示杆向右运动，动接点向左运动，故定位为 2、4 排接点闭合。反装拉入与此相同。无论电动转辙机正装还是反装，在道岔定位时，都有动作杆伸出和拉入两种情况，如图 5.20 所示，有正装拉入为定位、正装伸出为定位、反装伸出为定位、反装拉入为定位四种情况。其中正装拉入和反装伸出为定位时，自动开闭器第 1、3 排接点接通。正装伸出和反装拉入为定位时，自动开闭器第 2、4 排接点接通。据此可决定电动转辙机道岔电路采用何种类型。

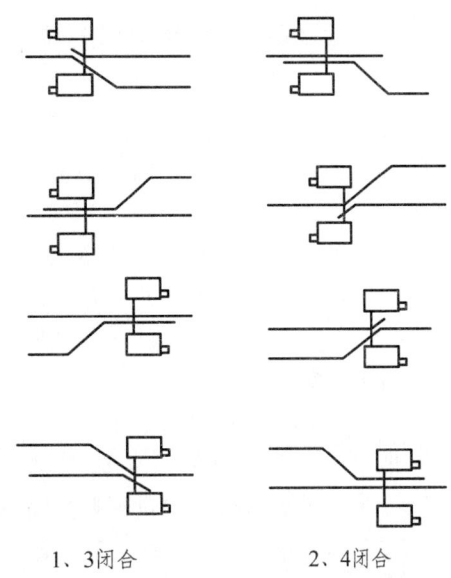

1、3 闭合　　　　　2、4 闭合

图 5.20　ZD6 型电动转辙机安装方式

（二）ZD6 型电动转辙机外部转辙装置

ZD6 型转辙机的安装装置由基础角钢、尖端铁、尖端杆、表示调整杆、连接杆、密贴调整杆、角形铁（L 铁）、螺栓、螺母等组成，如图 5.21 所示。

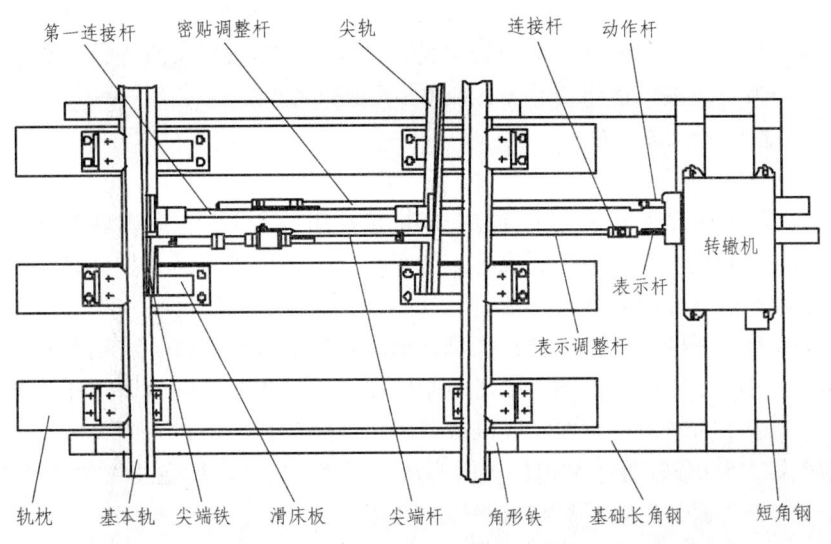

图 5.21　ZD6 型电动转辙机安装

ZD6 型转辙机安装在不等边角钢上,角钢通过角形铁固定在基本轨上,密贴调整杆通过立式杆架与道岔的第一连接杆相连,再通过螺栓与电动转辙机的动作杆相连。动作杆通过密贴调整杆、第一连接杆带动道岔尖轨转换并密贴。通过密贴调整杆上的轴套,可调整尖轨的密贴。尖端杆通过尖端铁固定在尖轨上,再通过舌铁与连接杆的接头铁相连。连接杆通过螺栓与电动转辙机的表示杆相连。这样,尖轨的位置可由表示杆来反映。通过尖端杆上的螺母可调整前表示杆缺口的位置。

七、ZD6 型电动转辙机的技术规范与调整

（一）ZD6 型电动转辙机的技术规范

（1）当道岔被挤时,同一组道岔上的转辙机的表示接点必须断开,非经人工恢复不得接通电路。

（2）道岔不锁闭时应在转换 13 s 内停止转换。

（3）ZD6 转辙机的额定工作电压是直流 160 V。

（4）直流电动机的碳刷与换向器呈同心弧面接触,接触面积不少于碳刷面的 3/4,工作时应无过大火花。

（5）转辙机的动作电流在 1.5 A 及其以下,摩擦电流为 2.3~2.9 A,偏差小于 0.3 A（车辆基地单动岔：DC 2.3~2.9 A；车辆基地交分岔及正线：DC 2.0~2.5 A）。

（6）手摇道岔时,尖轨密贴锁闭后,转辙机减速器应有不小于 3.5 圈的余量。

（7）单机牵引 5 号道岔、7 号道岔、9 号道岔：开口量在（152±3）mm 内,左右偏差小于 3 mm。

（二）ZD6 型电动转辙机的调整

1. 道岔密贴、表示杆缺口标准

密贴标准：对应第一连接杆尖轨与基本轨之间夹有 4 mm 厚、20 mm 宽的钢板时,道岔不应锁闭；夹有 2 mm 厚、20 mm 宽的钢板时,道岔应锁闭。即夹有 4 mm 不锁闭,2 mm 锁闭。

表示杆缺口标准：道岔密贴,电动转辙机自动开闭器检查柱应自动落入表示杆检查块缺口内,检查柱与检查块缺口边缘应有（1.5±0.5）mm 的间隙。

2. 道岔调整的过程与方法

1）尖轨密贴的调整

尖轨在转辙机的带动下到规定位置并完成机械锁闭后,必须与基本轨密贴,其密贴调整是靠调整密贴整杆上的两个轴套来完成的。为了叙述方便,规定靠近拉杆联结销一侧的轴套叫内轴套,靠近丝扣外端的轴套叫外轴套。

当尖轨与基本轨不密贴时,可拧开螺母,退出挡环,旋动轴套,将轴套间隙缩小。当动作杆处于伸出位置时,应调整内轴套；当动作杆在拉入位置时,则应调整外轴套。

当尖轨已经密贴而转辙机不能完成机械锁闭（锁闭圆弧不能进入削尖齿内）时,应将两轴套的间隙增大。当动作杆处于伸出位置时应调内轴套,当动作杆在拉入位置时应调外轴套。

转辙机动作杆动程与尖轨开程和密调杆空动距离三者有如下关系。

转辙机动作杆动程=尖轨开程+密调杆空动距离+（销孔旷量+杆类压力变形量）

密贴调整后要用厚 4 mm、宽 20 mm 的试验板夹在尖轨与基本轨间（第一连接杆处）进行 4 mm 不锁闭试验，最后要紧固螺母，并加防松措施。

这里有一点值得注意，就是调整道岔密贴必须在转辙机机械未锁闭状态，换言之就是检查柱已落入表示杆缺口内的状态下，不能进行大动量和密贴调整。因为检查柱落入表示杆缺口内，表示杆与检查柱间只有 3 mm 的相对位移间隙，表示杆动量超过 3 mm 时，一个方向会使检查柱沿 45°斜面上升，检查柱上升，断开表示点（相当于挤岔时），而另一方向会使检查柱另一侧的立面与表示杆缺口的立面相卡，表示杆给检查柱水平方向的力，造成检查杆弯曲，损坏自动开闭器。

2）表示杆缺口调整

表示杆是用来检查道岔尖轨密贴的。道岔表示调整应在道岔密贴调整好后进行。

根据后表示杆装在前表示杆上，前表示杆直接与尖轨相连接的结构，在调整表示杆缺口时必须先在动作杆伸出位置，调整前表示杆缺口位置；然后在动作杆拉入位置，待道岔密贴后，调整后表示杆的缺口位置，保证检查柱落入表示杆缺口并保持每侧有（1.5±0.5）mm 的间隙。

手摇转辙机，动作杆伸出并密贴后，表示杆也在伸出位置，观察表示杆缺口，间隙大于（1.5＋0.5）mm 时，松开螺母向靠近转辙机一侧调表示杆连接杆架；当间隙小于（1.5+0.5）mm 时，松开螺母向外侧（不靠转辙机侧）调表示杆连接杆架。调至符合标准要求后，紧固螺母。

伸出位调标准后，将道岔扳到拉入位置，松开前后表示杆的紧固螺母，旋转后表示杆尾部的调整螺母，当间隙过大时向顺时针方向旋转，当间隙过小时向逆时针方向旋转。调至符合标准要求后，紧固螺母。再经几次定、反位动作试验，设备工作正常，上紧并紧螺栓，调整工作即告完毕。

注意：表示杆缺口必须在尖轨与基本轨密贴后才能调整，且先调伸出位，后调拉入位，这个顺序是不能变的。

3. **安全接点检查**

安全接点应接触良好，接触深度大于 4 mm。安全接点断开距离大于 2 mm，非人工恢复不得接通电源。

4. **电动机检查**

清洁电动机碳刷与换向器接触面，火花过大及有严重烧痕的要更换电动机。其他情况不符合要求的也要更换电动机。

5. **自动开闭器检查**

更换自动开闭器动静接点，调整接点接触深度，清洁动静接点，接点罩有裂纹的要更换接点罩，在现场无法克服的缺陷要更换自动开闭器。安装螺丝、弹簧的垫片齐全、紧固。自动开闭器座应无裂纹，接点罩应清洁明亮，无裂纹。动、静接点不松动，静接点长短一致，相互对称。接点片不弯曲，不扭斜，辅助接点片不失效。接点深度大于 4 mm。用手摇动动接点，其摆动量不大于 3.5 mm。动接点与静接点座间隙不得小于 3 mm。接点压力适当（5～8 N）。速动爪落下前，动接点在静接点内有变动时，接触深度大于 2 mm。速动爪与速动片的间隙在解锁时不小于 0.2 mm，锁闭时为 1～3 mm。速动片的轴向窜动，应保证速动爪滑轮与滑面的接触量不少于 2 mm。转辙机在转动中速动片不得提前转动。速动爪的滚轮在传动中，应在速动片上滚动，落下后不得与速动片缺口底部相碰。拉簧的弹力应适当，保证动接点迅速转换，能带动检查柱上升和落下。

八、ZD6 转辙机的拆解与组装标准化作业程序

（一）准备工具

手锤、摇把、梅花螺丝刀、平口螺丝刀、拔轴器、专用套筒、专用取挤切销工具、150 扳手、转辙机钥匙、顶轴器、克丝钳。

（二）ZD6 转辙机的拆解

1. 拆解前检查
（1）检查转辙机外壳是否完整；
（2）打开机盖检查转辙机内部部件是否齐全；
（3）拆下自动开闭器的接点罩，手摇转辙机观察其工作是否正常。

2. 拆解转辙机
在进行 ZD6 转辙机拆解时应按照下述顺序进行：电动机→减速器→自动开闭器→主轴→动作杆及齿条块→表示杆。

1）拆卸直流电动机
用梅花螺丝刀松开电动机外壳的四个固定螺丝，卸下外壳，可以看到一个完整的电动机。然后松开电动机的固定螺丝，并拧开电动机端子螺丝，就可以取下电动机。在拆卸过程中，要注意收齐螺丝、垫片，不要丢失，同时，注意不要损伤电动机的 6 条接线。

2）拆卸减速器
使用专用套筒卸下减速器的 4 个固定螺栓，将减速器小心取出。

3）拆自动开闭器
用套筒卸下自动开闭器的 4 个固定螺栓，小心取出自动开闭器。

4）拆主轴
（1）先后取下启动片、速动片和速动片衬套；
（2）为了拆下主轴应先关闭机盖，从转辙机后方用克丝钳拔掉开口销，卸下机盖，再使用套筒松开主轴后盖的安装螺丝；
（3）旋开止挡栓，利用机壳缺口使用手锤敲打柱铁，卸下主轴后盖板；
（4）将止挡栓与机壳的缺口对齐，使用拔轴器取出主轴。

5）拆动作杆、齿条块
首先使用平口螺丝刀取下主副挤切销的螺堵，再使用专用取挤切销工具取出挤切销，转动动作杆，从齿条块中抽出动作杆，并取出齿条块。

6）拆表示杆
经过前面的分解和拆卸，转辙机大部分配件已经取出，机壳基本上空了，最后抽出表示杆，这样整个转辙机拆解完毕。

（三）ZD6 转辙机的组装程序

转辙机组装的顺序一般与拆卸的顺序相反。通常按照以下顺序来进行组装：齿条块及动作杆→主轴→自动开闭器→减速器→调整接点座→表示杆→电动机。

1. 安装齿条块和动作杆

先把齿条块放到相应位置，然后把动作杆通过机壳孔穿进齿条块，对齐挤切销孔，安装两个挤切销。这样齿条块和动作杆安装完毕。

2. 安装主轴

将齿条块拨到机壳一边，对齐止挡栓与机壳缺口，从锁闭圆弧面与削尖齿的弧面吻合角度插入。当主轴安装进去后，使用顶轴器将主轴安装牢固，并安装后盖板。

3. 安装自动开闭器

将自动开闭器放入机壳内。注意若转辙机为左开，则将动作杆拉入后安装自动开闭器。卸开拉簧与调整架的连接销，依次将速动片衬套、速动片、启动片装入，将刚才卸下的连接销安装上，最后固定自闭器4个螺栓。

4. 安装减速器

将减速器放入机壳内相应位置，手摇减速器，使减速器输出轴与启动片的槽对齐后，向内推动减速器，使之吻合，依次固定4个螺栓。

5. 安装表示杆

手摇转辙机，将自闭器动接点调出（相当于四开位置），将表示杆穿入机壳内。动接点应恢复到接通位置。

6. 调整接点座

调整顺序：先将动作杆拉入调整，再将动作杆伸出调整。通过调节顶丝使动接点打入静接点深度不小于4 mm，动接点座与静接点座距离不小于3 mm。

7. 安装电动机

将电动机接线穿入机壳，放好电动机，拧紧固定螺丝。电动机固定好再安装电动机的外罩，最后安装电动机接线端子座。

经过以上组装，转辙机安装基本完毕，然后手摇转辙机目测观察，保证各部件动作灵活、顺畅，没有晃动现象。闭合安全接点。注意：安全接点的闭合应由机外上锁扣和机内的安全接点拨片配合移动安全动接点与安全静接点闭合。最后安装关闭机盖，并收拾整理好所有工具。

九、直流道岔转辙设备 I 级测试

直流道岔转辙设备在二级保养和小修作业中，需要对其电气特性参数进行测试，并以此判断设备电气工作状态是否正常。测试项目包括动作电压、动作电流、故障电流、线圈电阻、安装装置绝缘、表示电压等。

（一）动作电压测试

1. 定位动作电压测试

将万用表的量程调至直流电压挡，红表笔置于电动机端子"1"端，黑表笔置于"4"端。室外安全防护员联系楼内防护员通知楼内扳动道岔到定位，测试电压即为定位动作电压。测试合格标准为大于160 V。

2. 反位动作电压测试

将万用表的量程依然调至直流电压挡，红表笔置于电动机端子"2"端，黑表笔置于"4"

端。室外安全防护员联系楼内防护员通知楼内扳动道岔到反位,测试电压即为反位动作电压。测试合格标准为大于 160 V。

（二）动作电流测试

1. 定位动作电流测试

将万用表的量程调至直流电流挡。断开转辙机安全开关,将红表笔置于安全开关的端子"05"端,黑表笔置于安全开关的端子"06"端。室外安全防护员联系楼内防护员通知楼内扳动道岔到定位,测试值即为定向工作电流。测试合格标准为 0.8~1.5 A。

2. 反位动作电流测试

无须改变万用表的量程与接线,由室外安全防护员联系楼内防护员通知楼内扳动道岔到反位,此时测试值即为反向工作电流。测试合格标准为 0.8~1.5 A。

（三）故障（摩擦）电流测试

故障电流是道岔尖轨在变位中受阻,内齿轮在摩擦夹板内"空转"时的电动机电路中的电流,是一级测试要求测试的项目,也是经常要调整的。调整应符合维规的要求:即道岔正常转换时,摩擦联结器不应空转,道岔转换终了时应稍有空转。当调到规定摩擦电流值时,弹簧各圈最小间隙不能小于 1.5 mm,如小于 1.5 mm,说明弹簧弹力不足,应更换。

调整故障电流时,是通过调节夹板螺栓上弹簧外侧的螺母来进行的。故障电流过小时,应顺时针旋动螺母,压缩弹簧;摩擦电流过大时,应逆时针旋动螺母,放松弹簧。

故障电流的技术标准如下:故障电流为 2.3~2.9 A,两侧偏差小于 0.3 A（车辆段单动道岔故障电流为 2.3~2.9 A,车辆段交分道岔及正线故障电流为 2.0~2.5 A）。

1. 定位故障电流测试

（1）首先将万用表的量程置于直流电流挡,然后将红表笔置于安全开关的端子"05"端,黑表笔置于安全开关的端子"06"端。

（2）作业人员将 4 mm 手锤置于定位密贴侧的第一连接杆与尖轨连接处的中间位置,由室外安全防护员通知楼内防护员扳动道岔至定位,当尖轨转换到无法动作时的电流值即为定位故障电流。测试合格标准为 2.3~2.9 A。若故障电流小于标准范围,应调紧对应摩擦联结器的弹簧,使测试值达到标准范围。若故障电流大于标准范围,应调松对应摩擦联结器的弹簧,使测试值达到标准范围。摩擦联结器的弹簧与尖轨密贴的对应关系可按照"远对远,近对近"的口诀来记忆。

2. 反位故障电流测试

无须改变万用表的量程与接线,由室外安全防护员通知楼内防护员扳动道岔到反位,作业人员将 4 mm 锤置于反位密贴侧的第一连接杆与尖轨连接处的中间位置,当尖轨转换到无法动作时的电流值即为反位故障电流。测试标准为 2.3~2.9 A,定、反位故障电流偏差应小于 0.3 A。

（四）线圈电阻测试

将万用表调于欧姆挡,将红、黑表笔分别置于电动机端子 1、3 和 2、3,分别测试定子线圈电阻。标准值为 (5.7 ± 0.28) Ω。

将红、黑表笔分别置于电动机端子 3、4 测试电枢线圈电阻。标准值为 (4.9 ± 0.245) Ω。

（五）安装装置外观及绝缘检查

1. 安装装置、转辙机外观检查

目测道岔长角钢与基本轨垂直，短角钢与基本轨平行，偏差量不大于 10 mm。

2. 安装装置绝缘检查

将万用表置于交流电压 2.5 V 挡，红、黑表笔分别置于方钢与两侧的基本轨上测试，电压应为零。若有电压可判断另一侧绝缘不良。不良绝缘需更换。

（六）表示电压测试

在信号机械室继电器组合架上，找到道岔对应的道岔组合。将万用表的量程调至交流电压挡，两表笔分别置于电动机表示变压器的 3、4 端，测试电压即为表示电压。测试合格标准为 110（1±10%）V，即 99~121 V。

十、直流道岔转辙设备的维护

（一）二级保养

直流道岔转辙设备二级保养作业检修周期为关键道岔每半月一次，其他道岔每月一次。

1. 准备工作

在进行二级保养作业之前，要做好准备工作，即准备好工具、材料、仪表、通信工具等，作业负责人和室外安全防护员提前 10 min 到达作业现场，楼内安全防护员提前 10 min 到达行车值班室。

1）工具准备

转辙机专用扳手、手锤、2 mm 试验锤、4 mm 试验锤、300 活口扳手、250 活口扳手、鹰嘴钳、钢直尺、一字螺丝刀、十字螺丝刀、套筒、尖嘴钳、克丝钳、挤切销专用工具、专用钥匙、毛刷。

2）仪表准备

MF14 型万用表、数字万用表。

3）材料准备

白布、棉纱、开口销、铁丝、润滑油。

4）通信工具

楼内安全防护员和室外防护员人手一台对讲机。

2. 登记联系

楼内安全防护员到达行车值班室与行车调度人员进行沟通，并在"车辆段施工、检修登记簿"上登记日期、施工单位、工作内容、工作地点、人数、要点时间等事项。登记完成，楼内安全防护员和行车调度人员签字确认。在行车调度人员下达可以作业的指令后，楼内安全防护员至控制台前等待室外防护人员联系。

登记联系完毕之后，室外人员方可上道作业。

3. 二级保养作业

作业负责人进行维护检修作业时，室外安全防护员注意进行瞭望并与楼内防护员保持信息畅通。

（1）进行设备外观检查、清扫。

目测检查防护罩无缺损，加锁装置良好。

清扫防护罩，使防护罩表面标识清楚，无尘、无污迹。

打开防护罩后，同样目测检查转辙机机壳应无裂缝、破损，加锁装置良好，并清扫转辙机外壳。

（2）各部螺丝安装紧固，螺栓检查。

用手锤敲打各部螺栓、螺丝，并通过声音判断螺丝、螺栓的紧固，若有松动要使用活口扳手紧固。目测开口销劈开角度应为 60°～90°。

（3）安装装置、转辙机方正检查。

目测安装装置、转辙机安装是否方正。

（4）道岔状态检查。

目测道岔尖轨与基本轨密贴，尖轨无飞边、爬行现象，无吊板现象。

岔尖根部螺丝紧固适当。尖轨与基本轨螺丝不相碰。

（5）道岔开口检查。

使用钢直尺在第一连接杆处测量道岔开口。ZD6-D 型转辙机道岔开口（即尖轨开程）合格标准为 150～155 mm。

（6）清理各部螺丝、螺栓，并油润。

（7）机内清洁检查。

使用专用钥匙打开转辙机壳盖，目测机内应无积水、积尘、积油及其他无关物件，防尘、防潮措施良好。

（8）检查安全接点（遮断器）

安全接点接触良好，使用钢直尺测量接点接触深度大于 4 mm；断开距离大于 2 mm，非人工恢复不得接通电源。

（9）机内清扫。

进行机内清扫，清扫时注意：毛刷把导电部分应用绝缘胶布包好，以防短路、混线。

（10）手摇转辙机检查。

慢速手摇转辙机，感受道岔阻力和转换力大小，耳听转换过程中有无异常声音。转换中阻力小，应与额定转换力有较大的差距，有足够的余量；各杆件连接要平顺，无别卡现象。在解锁时，无明显反弹。

在密贴前瞬间观察：密贴时尖轨直线部分与基本轨同时接触，无尖轨尖部或腰部先接触现象。

（11）电动机检查。

打开电动机，手摇转辙机检查，转子与磁极间不磨卡，换向器表面光滑，同时使用白布清洁换向器，保持其干净，片间的绝缘物低于弧面，槽内清洁，无碳粉。工作时无过大的火花，无严重烧痕。碳刷长度不小于碳刷全长的 3/5。

（12）减速器检查。

① 目测摩擦带与内齿轮伸出部分保持清洁，不锈蚀、不沾油。

② 摩擦联结器作用良好，相邻弹簧圈间隙不少于 1.5 mm，弹簧不得与夹板接触。

③ 夹板轴不松动，螺丝紧固。

（13）自动开闭器或速动开关组检查。

① 自动开闭器接点罩清洁明亮、无裂纹，开闭器座无裂纹。安装螺丝、弹簧的垫片齐全。手动检查安装螺丝连接牢固，无伤痕，螺丝扣不滑扣，螺母须拧固，螺杆应伸出螺母外，最少与螺母平，弹簧垫圈等防松配件能起到应有的作用。

② 动、静接点不松动，静接点长短一致，相互对称，接点片不弯曲，不扭斜，辅助接点片不失效。

③ 目测动接点打入静接点深度大于 4 mm，用手摇动动接点其摆动量不大于 3.5 mm，接点压力适当。

④ 目测动接点与静接点座间隙不得小于 3 mm。

⑤ 速动爪落下前，动接点在静接点内有变动时，接触深度大于 2 mm。

⑥ 速动片的轴向窜动，应保证速动爪滑轮与滑面的接触良好，转辙机在转动中速动片不得提前转动。

⑦ 速动爪的滚轮在传动中，应在速动片上滚动，落下后不得与速动片缺口底部相碰。

⑧ 拉簧的弹力适当，保证动接点迅速转换，能带动检查柱上升和落下。

（14）移位接触器检查。

观察移位接触器无裂纹，安装牢固。

（15）机内配线检查。

① 配线整齐，不磨卡，不破皮，不断股。

② 线头焊接牢固，有防松螺丝，无伤痕。

（16）传动连接杆件检查。

① 清理表示连接杆、动作连杆和第二连接杆处的石碴，使得穿越轨底的杆件距轨底及石碴保持一定距离。

② 目测表示杆平、正、直，无锈蚀。

当道岔定位、反位时，检查柱落入检查块缺口内两侧间隙为（1.5±0.5）mm。不合格的要调整缺口。

③ 动作杆与齿条块动作正常。

④ 挤切销应固定在齿条块圆孔内的台上，不得顶住或压住动作杆，螺堵不能顶压锁闭齿轮，齿条块顶杆面应低于齿条块面 0.1～1 mm。

⑤ 目测主轴无锈蚀。

（17）注油。检查柱、自动开闭器、联结器每次注油适量。各部件注油孔、杆件及传动面每次注适量机油。

（18）试验与电气参数测试。

① 使用 2 mm、4 mm 锤进行试验。用 4 mm 锤夹在第一连接杆与尖轨连接处的中间位置测试，进行 4 mm 不落槽、2 mm 落槽检查。对不合格的进行密贴调整。

② 进行Ⅰ级测试。

分别测试动作电压、动作电流、故障电流、线圈电阻及安装装置绝缘，并将测试值填入测试卡片。

（19）扳动试验。

上述内容检修完毕后，应进行扳动试验。

（20）销记。

室内安全防护员在"车辆段施工、检修登记簿"上写明设备状态、销点时间等事项。销记完成，室内安全防护员和行车调度人员签字确认。

作业负责人回到工区后填写"完工报告单"。

（二）小　修

小修：每年一次。

（1）完成二级保养内容。

（2）设备整治。

① 移位接触器试验。拔出主销接点可靠断开，切断道岔表示；顶杆与触头之间放置1.5 mm试验片，接点不应断开。更换不合要求的移位接触器。

② 更换挤切销。一般ZD6-D型转辙机半年主副销对调，一年更换；ZD6-G型转辙机半年主销对调，一年更换副销。

③ 更换电动机。关键道岔的电动机需进行更换。

（3）分解、检查安装装置绝缘。

分解、检查安装装置绝缘，绝缘无破裂及碳化严重变形，更换不合格的绝缘。

（4）设备的除锈、油漆处理。

对转辙机、杆件、安装角钢等进行清扫，如出现锈蚀，铲除锈蚀部分，整机涂上防锈油及外漆。油漆油层应完整，无剥落现象并保持鲜明；防锈油干透后才能涂上外漆；漆膜不能太厚。

（5）配线端子对地绝缘检查。

测绝缘电阻，各种电缆在环境条件最差情况下，其绝缘电阻不小于0.5 MΩ。如果发现有不符合要求的要找出原因并进行整治，使其符合要求。

（三）中　修

中修：2～10年一次，根据转辙机转换是否频繁而定。

（1）更换转辙机。

关键道岔每两年更换一次，非关键道岔每十年更换一次，但每五年需更换减速器及电动机。

（2）更换配线。

关键道岔电缆盒与转辙机之间配线每五年更换一次，其他道岔每十年需予以更换。

（3）测电缆线间绝缘电阻。

测绝缘电阻（每五年），各种电缆在条件最差情况下，其绝缘电阻不小于0.5 MΩ。不合格的要检查，找出原因，进行整治。

（4）线缆整治。

对线缆线头发黑的，要重做线头。需要更换的进行更换，关键道岔每五年更换，其他道岔每十年更换。

（5）更换安装装置绝缘。

安装装置绝缘需全部换新的（地面站每五年更换）。

（四）大 修

大修：依据转辙机转换次数而定，一般情况下不采用一次性大修。ZD6 型转辙机一般运转 25 万次报废。

任务三　S700K 交流道岔转辙设备的运行与维护

S700K 型交流道岔转辙设备由 S700K 型电动转辙机和外锁闭装置（现一般为钩式外锁闭装置）构成。其中 S700K 型电动转辙机是从德国西门子公司引进的设备，它采用三相交流电动机，用滚珠丝杠作为驱动装置，结构先进、工艺精良、故障率低。S700K 型电动转辙机的产品代号来自德文"Siemens-700-Kugelgewinde"，其含义为"西门子-具有 6860 N（700 kgf）保持力-带有滚珠丝杠"的电动转辙机。钩式外锁闭装置将在后面介绍。

一、S700K 型电动转辙机的特点

S700K 型电动转辙机适用于尖轨处采用外锁闭装置的道岔，它具有以下主要特点：

（1）采用交流三相电动机，从根本上解决了原直流电动转辙机必须设置整流子而引起的故障率高、使用寿命短、维修量大的不足，另外，减小了控制导线截面面积，延长了控制距离，单芯电缆控制距离可达 2.5 km。

（2）采用直径 32 mm 的滚珠丝杠作为驱动装置，延长了转辙机的使用寿命。

（3）采用具有簧式挤脱装置的保持联结器，并选用不可挤型零件，从根本上解决了由挤切销劳损造成的惯性故障。

（4）采用多片干式可调摩擦联结器，经工厂调整加封，一般情况下无须调整。

S700K 型电动转辙机规格齐全，不仅能满足道岔尖轨的单机牵引，而且能满足双机、多机牵引的需要。

二、S700K 型电动转辙机的分类

根据安装方式的不同，每一种 S700K 型电动转辙机又分为左装、右装两种。左装（面对尖轨，转辙机安装在线路左侧）的转辙机型号用字母 A 加上奇数表示，如 A13、A15。右装（面对尖轨或心轨，转辙机安装在线路右侧）的转辙机型号用字母 A 加上偶数表示，如 A14、A16 等。不同种类的 S700K 型电动转辙机不能通用。

S700K 型电动转辙机概况如表 5.5 所示。

表 5.5　S700K 型电动转辙机概况

代号 左/右装	型号	动作时间/s	动程/mm	检测行程/mm	额定转换力/N	适用的提速道岔
A13/A14	220/160	≤6.6	220	160	3 000	9 号尖轨第一牵引点 12 号尖轨第一牵引点
A15/A16	150/75	≤6.6	150	75	4 500	9 号尖轨第二牵引点 12 号尖轨第二牵引点

三、S700K 型电动转辙机的结构

S700K 型电动转辙机主要由外壳、三相交流电动机、齿轮组、摩擦联结器、滚珠丝杠、保持联结器、动作杆、操纵板、锁舌、锁闭块、检测杆、指示标、速动开关组、安全接点座、开关锁等组成,其结构如图 5.22 所示。

(一)三相交流电动机

三相交流电动机为转辙机提供动力。定子三个绕组采用星形接法,其星形汇接点,有的转辙机在安全接点座第 61、71、81 端子上,由跨接片跨接;有的转辙机在接插件(万可端子)上。

为了保证道岔能由定位转换至反位,或由反位转换至定位,要求三相交流电动机既能向顺时针方向转换,又能向反时针方向转换。对于三相交流电动机,通过改变通向电动机三相交流电的相序就可以改变电动机的旋转方向。

三相交流电动机的最大优点是控制距离比较长,一般情况下,用于控制它的电缆无须加芯。它的缺点主要有两个:一是启动力矩比较小,二是在工作期间缺相容易损坏。

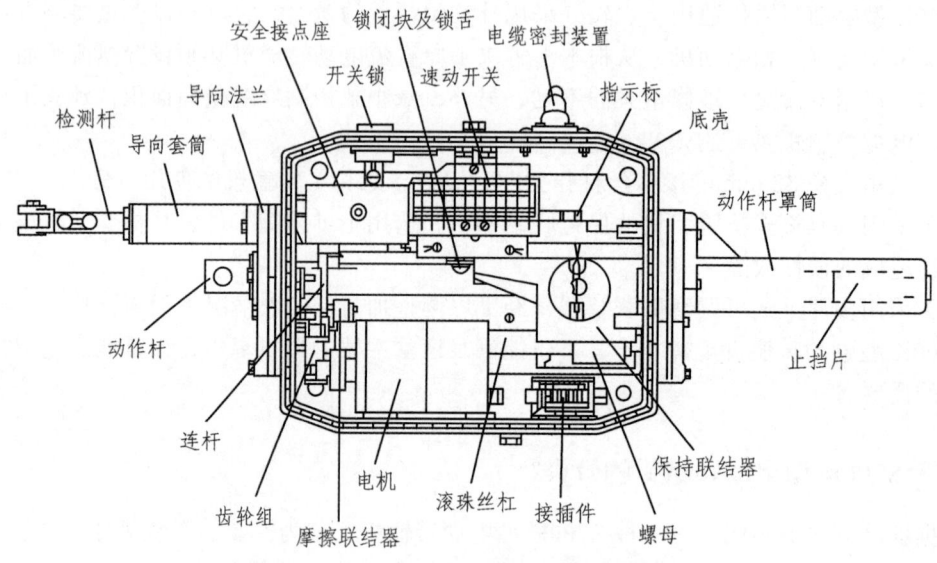

图 5.22 S700K 型电动转辙机结构

(二)齿轮组

齿轮组由摇把齿轮、电动机齿轮、中间齿轮及摩擦联结器齿轮组成。其中摇把齿轮一般采用尼龙材料,与电动机齿轮是一个传递系统,使得能用摇把对转辙机进行人工操纵。平时该齿轮不与电动机齿轮接触,只有手摇转辙机时,通过压手摇把才能与电动机齿轮接触。电动机齿轮、中间齿轮、摩擦联结器齿轮是一个传递系统,将电动机的旋转驱动力传递到摩擦联结器上,并将电动机的高转速降速,以增大旋转驱动力,适应道岔转换的需要。这是转辙机的第一级减速。

(三)摩擦联结器

摩擦联结器将齿轮组变速后的旋转力传递给滚珠丝杠。摩擦联结器内有三对主被金属摩

擦片，分别固定在外壳和滚珠丝杠上。摩擦片的端面有若干压力弹簧，通过调整弹簧压力，可以使主被摩擦片之间的摩擦结合力大小发生变化，实现了电动机和传动机构之间的软联结。这样，就可消耗因电动机转动惯性带来的电动机动作电路断开后的剩余动力，在尖轨转换中途受阻不能继续转换时不使电动机被烧毁。即当作用于滚珠丝杠上的转换阻力大于摩擦结合力时，主被摩擦片之间相对打滑空转，保护了电动机。

摩擦联结器的摩擦力必须能调节，使道岔在正常工作情况下，电动机能够带动转辙机工作；在道岔转换终了或尖轨被阻时，使电动机能克服摩擦联结器的压力而空转，以保证电动机不致被烧毁。

对于交流转辙机来说，其动作电流不能直观地反映转辙机的拉力，现场维修人员不能像对直流转辙机那样，通过测试动作电流来对摩擦力进行监测，必须由专业人员用专业器材才能进行这一调整。转辙机在出厂时已对摩擦力进行标准化测试调整，所以现场维修人员不得随意调整摩擦力。

（四）滚珠丝杠

滚珠丝杠相当于一个直径为 32 mm 的螺栓和螺母，如图 5.23 所示。当滚珠丝杠正向或反向旋转一周时，螺母前进或后退一个螺距。它一方面将电动机的旋转运动变成丝杠的直线运动，另一方面起到减速作用。这是转辙机的第二级减速。

在转辙机正常动作时，滚珠丝杠上的螺母空动一定距离后才顶住保持联结器，使动作杆随保持联结器动作而做直线运动。空动的目的是使锁闭块及锁舌正常缩入，完成机内解锁及使速动开关的第二排或第三排接点断开，切断表示电路，接通向回转换的电路。同时，空动也克服了三相交流电动机启动力矩小的缺点。

（五）保持联结器

保持联结器是转辙机的挤脱装置，利用弹簧的压力通过槽口式结构将滚珠丝杠与动作杆联结在一起，如图 5.24 所示。当道岔的挤岔力超过弹簧压力时，动作杆滑脱，起到整机不被损坏的保护作用，相当于 ZD6 型电动转辙机的挤岔装置。

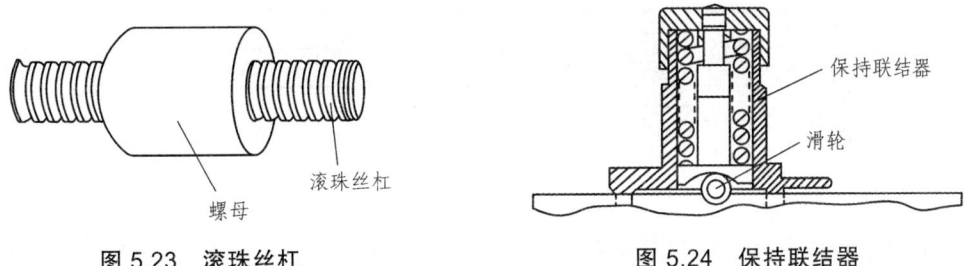

图 5.23　滚珠丝杠　　　　　　　　图 5.24　保持联结器

根据现场实际需要，保持联结器可采用可挤型和不可挤型。可挤型是指保持联结器利用其内部弹簧的压力将滚珠丝杠和动作杆连接在一起，弹簧的挤岔阻力可分别设定为 9 kN、16 kN、24 kN、30 kN 等，当道岔的挤岔阻力超过弹簧设定压力时，动作杆滑脱，实现挤岔时的整机保护。不可挤型是工厂将保持联结器内部的弹簧取消，放一个止挡环，用于阻止与动作杆相连的保持栓的移动，成为硬连接结构。挤岔锁定力为 90 kN。当道岔挤岔阻力超过 90 kN 时，挤坏硬连接结构的保持联结器，需整机送回工厂修理。

保持联结器的顶盖是加铅封的，维修人员不得随意打开。铅封打开后，必须由专职人员重新施封，以保证其安全可靠地运用。

（六）动作杆

动作杆和保持联结器联结在一起，随保持联结器的动作而动作。它的一端通过连接铁和外锁闭装置连接在一起。另外，动作杆上设有一圆弧缺口，其目的是在道岔转换到规定位置时，保证锁闭铁及锁舌的正常弹出。

（七）操纵板

操纵板和滚珠丝杠上的螺母连接在一起，在转辙机刚启动螺母空动时，操纵板开始动作，利用操纵板的动作将锁闭块顶入，通过锁闭块的缩入，将锁舌拉入，完成机内的机械解锁。

（八）锁闭块和锁舌

道岔在终端位置，当检测杆指示缺口与指示标对中时，即锁闭块凸块对准检测杆的缺口时，锁闭块及锁舌在弹簧的作用下应能正常弹出。锁闭块的正常弹出使速动开关的有关启动接点断开及表示接点接通。

锁舌的正常弹出用于阻挡转辙机的保持联结器的移动，实现转辙机的内部锁闭。

转辙机开始动作后，操纵板移动，锁闭块被顶入，锁舌在锁闭块的带动作用下应能正常缩入。锁闭块的缩入，应可靠地断开表示接点，接通向回转的动作接点。锁舌的缩入，应完成转辙机的内部解锁。

（九）检测杆

检测杆随尖轨转换而移动，用来监督道岔在终端位置时的状态。检测杆有上、下两层，上层检测杆用于监督拉入密贴尖轨时的工作状态，下层检测杆用于监督伸出密贴尖轨时的工作状态。如图 5.25 所示，两根检测杆各有一个大小缺口。

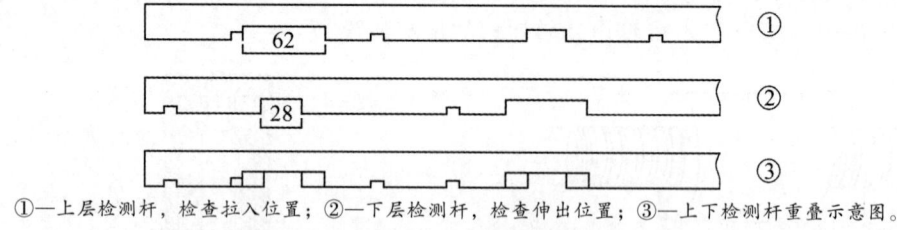

①—上层检测杆，检查拉入位置；②—下层检测杆，检查伸出位置；③—上下检测杆重叠示意图。

图 5.25　检测杆示意图

上、下层检测杆之间没有连接或调整装置，外接两根表示杆，分别调整。道岔转换时，由尖轨带动检测杆运动。当密贴尖轨密贴，斥离尖轨到达规定位置，上、下层检测杆的大小缺口对准转辙机的锁闭块时，锁闭块及锁舌才能弹出。就是说，密贴尖轨，斥离尖轨到达规定位置时，才能给出有关表示。

（十）速动开关

速动开关实际上是采用了沙尔特堡接点组的自动开闭器。它随着尖轨的解锁、转换、锁闭过程中锁闭块的动作自动开闭，以自动开闭电动机动作电路和道岔表示电路。

速动开关包括定位动作接点（DD）、反位动作接点（FD）、定位表示接点（DB）、反位表示接点(FB)。在转辙机动作锁闭块缩入时，断开原表示电路，DB、FB 都断开，表示道岔处于不密贴状态。然后闭合回转用的电动机电路，为随时回转做好准备。在尖轨转换过程中，必须保证自动开闭器不动，排除 DB、FB 有闭合的可能性。在尖轨锁闭后应及时断开电动机动作电路，接通表示电路。若尖轨不密贴，严禁表示接点闭合。道岔在四开位置，应可靠断开表示电路。

速动开关组类型目前有三种。

1. 沙尔特堡接点组

如图 5.26 所示，是最原始的速动开关组。该速动开关分上、下两层，站在速动开关一侧看，每层各分左右两排接点组，每排由左至右依次排列六组接点。每排的前两组接点分别由两组接点串联使用，如 11—12 由下排第 1、2 组接点串联使用，实际上每排接点可有四组接点使用。其中，左侧下层 11—12、13—14、15—16、17—18 为第 1 排接点组，上层 21—22、23—24、25—26、27—28 为第 2 排接点组；右侧上层 31—32、33—34、35—36、37—38 为第 3 排接点组，下层 41—42、43—44、45—46、47—48 为第 4 排接点组。

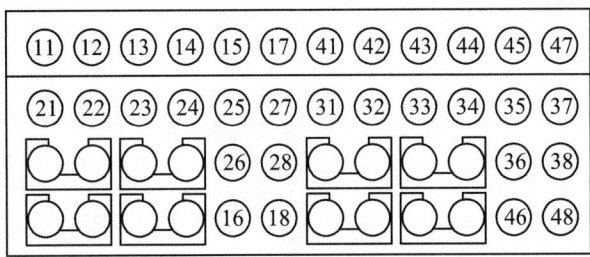

图 5.26 沙尔特堡速动开关组

第 1、4 排为动作接点，第 2、3 排为表示接点。锁闭时，哪一侧的锁闭块弹出，则该侧所对应的上层接点接通，下层接点断开。解锁及转换时，两个锁闭块均缩入，这时下层两排接点（第 1、4 排）接通，上层两排接点（第 2、3 排）断开。

道岔在定位时，速动开关的第 1 排、第 3 排接点闭合的叫"1、3 闭合"，速动开关的第 2 排、第 4 排接点闭合的叫"2、4 闭合"，这和 ZD6 型电动转辙机的提法相同。

S700K 型电动转辙机无论"1、3 闭合"还是"2、4 闭合"，其内部配线完全一样，只需通过室外连线 X_2 与 X_3、X_4 与 X_5 的交叉和二极管的换向来实现。

2. TS-1 型接点系统（即常说的大接点）

TS-1 型接点系统由开关盒、转换驱动机械、插接件等组成，如图 5.27（a）所示。

当转辙机电动机旋转，滚珠丝杠下方的操纵板开始动作时，锁闭块由左向右推移，锁闭块前端斜面驱动速动爪滚轮向上顶起，并推动启动架向上提升，启动架前部滚轮逐步将开关盒下部连板向上推动，开关盒中动接点也随之开始动作，中部接点拉簧随动接点拐臂由右向左摆动，并拉伸，动接点触头向上移动，与左侧静接点摩擦后断开，从而断开原表示电路。当上下拐臂过中心点后，动接点由于拉簧作用，从左侧迅速转换与右侧静接点接触，接通向回转的电动机电路接点。当转辙机转至终点，检测杆到位后，另一组接点下部的锁闭块由右向左移动，在复位大弹簧的作用下，速动爪落下，启动架尾部抬起，左侧滚轮推动连接板上移,动接点由右迅速与左侧静接点接触,断开转辙机电动机电路,接通新的表示电路。

该接点组将动、静接点由水平方向的上下接触改为垂直方向的左右接触,减少了列车振动对接点的损伤;增设了扫程,防止冻冰粘接;增大了接点接触压力,提高了接触可靠性;接点组壳体透明敞开,方便检查;为可拆卸式,可快速更换。站在开关锁处看该接点组,排列方式如图 5.27(b)所示。

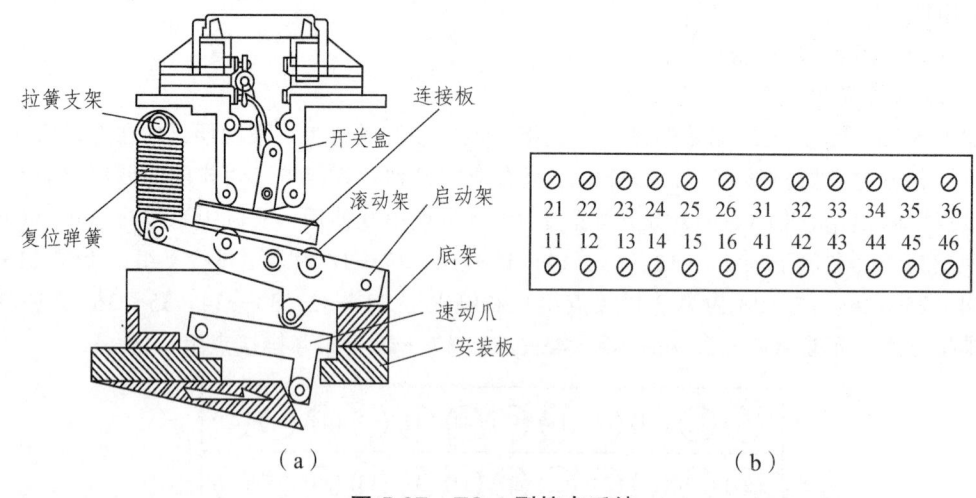

图 5.27 TS-1 型接点系统

3. 小型密封速动开关组

该接点组的组成形式基本同 TS-1 型接点系统,如图 5.28 所示。不同的是动、静接点为上下接触方式,分为两层,并且是密封的。维修时,只能在万可端子上进行测试;速动开关组故障时,只能整体更换,不能对接点进行直接测试检查;检查接点好坏,只能在万可端子上进行。

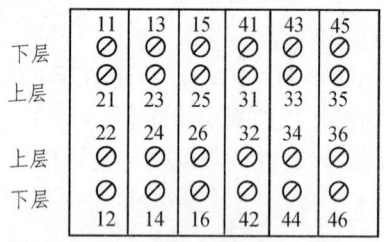

图 5.28 小型密封速动开关

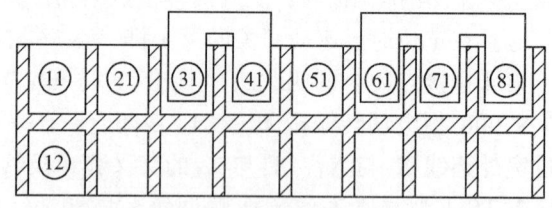

图 5.29 安全接点座

(十一)安全接点座

安全接点座如图 5.29 所示。安全接点 11—12 是遮断开关,它在开关锁的直接操纵下闭合和断开。需要进行内部检修或人工断开动作电路时,用钥匙打开开关锁,断开安全接点,切断电动机电路,起到保护作用。人工摇动道岔时,打开摇把孔板,也断开安全接点,防止在手摇道岔时室内扳动道岔使其误动。端子 31、41 为安全接点 11—12,电动机引线 U,速动开关接点 25、26 的汇流排。端子 61、71、81 为三相交流电动机星形节点的汇流排。

如采用小型密封速动开关时,安全接点座的 11—12 仍为安全接点(即电门),21—31 封

210

连，41—51 封连，71—81 封连。电动机的星形连接点置于万可端子上。

（十二）开关锁

开关锁是操纵遮断开关闭合和断开的机构，用来在检修人员打开电动转辙机机盖进行检修作业或车务人员插入摇把转换道岔时，可靠断开电动机动作电路，防止电动机误动，保证人身安全。当钥匙立着插入并逆时针转动 90°时，遮断开关被可靠断开。恢复时须提起开关锁上的锁闭销，同时将插入的钥匙顺时针转动 90°，遮断开关被可靠接通。

遮断开关接通时，摇把挡板能有效阻挡摇把插入摇把齿轮，防止用钥匙打开电动转辙机机盖。断开遮断开关时，摇把能顺利插入摇把齿轮或用钥匙打开电动转辙机机盖，此时电动机的动作电源将被可靠地切断，如不经人工操纵和确认，不能恢复接通。

四、S700K 型电动转辙机的传动过程

S700K 型电动转辙机的动作可分为三个过程：第一为解锁过程，也是断开表示接点的过程；第二为转换过程；第三为锁闭过程，也是接通表示接点的过程。现以 220 mm 动程转辙机定位拉入为例说明各过程的动作过程。

（一）解锁及断开表示接点过程

当操纵道岔时，通过道岔控制电路将三相交流电加到电动机上，使电动机沿顺时针方向旋转，经齿轮组及摩擦联结器使滚珠丝杠向顺时针方向旋转，从而使丝杠上的螺母向左侧做水平运动。在运动过程中，由操纵板将锁闭块顶进，使表示接点断开，同时带动左锁舌向缩进方向运动，直至左锁舌完全缩进，实现了机内机械解锁。

（二）转换过程

在转辙机机内解锁后，由于三相电动机继续转动，所以滚珠丝杠上的螺母继续向左运动，带动保持联结器向左运动；由于保持联结器与动作杆固定为一体，动作杆向左侧(伸出方向)运动，带动道岔尖轨进行转换；当动作杆运动 220 mm 时，即完成了转换过程。

（三）锁闭及接通表示接点过程

当动作杆向左侧运动了 220 mm 时，检测杆在尖轨带动下运动了 160 mm，这时右锁闭块弹出，接通表示接点，同时锁舌也弹出，锁住保持联结器，使动作杆不得随意窜动。

S700K 型电动转辙机具有表示电路自检锁闭功能，卡缺口时，锁闭块伸不出来，内锁闭无法锁闭，不能接通表示电路，即有道岔表示时转辙机必须在内锁闭状态。

五、S700K 型电动转辙机的安装装置

（一）构件组成

1. 转辙机托板

转辙机托板用来安装转辙机，它通过螺栓固定在轨枕端部，使转辙机及外锁闭装置与道岔连成一体。

2. 动作连接杆

动作连接杆用来连接转辙机动作杆和锁闭杆，以便动作杆动作时带动外锁闭装置，使尖轨转换位置并实现锁闭。

3. 短表示杆

短表示杆一端用来连接转辙机近侧的尖轨，另一端通过叉形接头与转辙机上层的检测杆相连。可通过尖轨侧的轴套和螺母调整表示杆的长度。

4. 长表示杆

长表示杆一端用来连接离转辙机远侧的尖轨，另一端通过叉形接头与转辙机下层的检测杆相连。也可通过尖轨侧的轴套和螺母调整表示杆的长度。

（二）安装方法及技术要求

安装 S700K 型电动转辙机之前，除了按要求调整好道岔各牵引点轨距，还需按要求整治轨枕位置，并将固定转辙机托板的岔枕铺设到位。

（1）在固定转辙机的岔枕端部安装转辙机托板。要求弯板与直股基本轨垂直，而垫板与弯板垂直。

（2）将转辙机固定在垫板上，通过增减调整片数量，调整转辙机高低，以使杆件动作平顺。

（3）在各牵引点由尖轨内侧向外穿出 M20×100 的螺栓，将尖轨与该牵引点的长、短表示杆连接。

（4）用动作连接杆将转辙机动作杆与锁闭杆相连，同时，将长、短表示杆与转辙机检测杆连接。要求动作杆、动作连接杆和锁闭杆处在同一直线上，而表示杆则与检测杆平行。

（5）各杆件连接平顺、无别卡现象。连接销置入或退出容易，不得用手锤强行敲击。

六、S700K 型电动转辙机的调整

（一）技术规范

（1）检测杆表示缺口调整应为指示标对准检测杆缺口标记中间，左右偏差小于 0.5 mm。左右位缺口均须按此规定调整。

（2）额定转换力测试达到第一牵引点大于 3 000 N，第二牵引点大于 4 500 N。正常转换阻力不大于 2 500 N，第二牵引点不大于 4 000 N。

（3）单机牵引 9 号道岔：开口量在（152±3）mm 内，左右偏差小于 2 mm。

（4）双机牵引 9 号道岔：第一牵引点开口量在（160±3）mm 内，第二牵引点直线尖轨开口量在（73±3）mm 内，曲线尖轨开口量在（70±3）mm 内。

（5）双机牵引 12 号道岔：第一牵引点开口量在（160±3）mm 内，左右偏差小于 2 mm；第二牵引点开口量在（70±3）mm 内，左右偏差小于 2 mm；辙叉牵引点开口量在（105±3）mm 内，左右偏差小于 3 mm。

（二）调整过程

（1）调整道岔应按由第一牵引点到第二牵引点的顺序进行。摇动转辙机调整时，需两个牵引点相互配合。

（2）调整时应先调整密贴，再调锁闭量，最后调整表示缺口。

（3）调整密贴可通过增减锁闭铁与锁闭框间的调整片厚度类型和数量进行。尖轨与基本轨不应密贴过紧，应有 0.2～0.7 mm 间隙。夹 4 mm 铁板时，转辙机不能锁闭；夹 2 mm 铁板时，应能锁闭。9 号道岔第二牵引点直线尖轨密贴时应有 3 mm 间隙。

（4）调整锁闭量应测量定反位两侧的锁闭量大小，两侧锁闭量相差不得大于 3 mm。过大时，可通过旋转动作连接杆的接头和螺母，调节动作连接杆的长度进行调整。

（5）调整表示缺口调整是通过改变两个外表示杆的长度进行的。调整方法是在尖轨尖端处调整外表示杆处的螺栓，同时应观测密贴时检测杆缺口标记是否处于检测缺口中心位置，应使两侧间隙相等，第一牵引点缺口为（1.5±0.5）mm，第二牵引点缺口为（2±0.5）mm。若不对中时，则可通过旋动表示杆的轴套和螺母，调节表示杆的长度来进行调整。

（6）安装装置、转辙机方正检查。

目测道岔长角钢与基本轨垂直，短角钢与基本轨平行，偏差量不大于 10 mm。电动转辙机与基本轨相平行，机体纵侧与基本轨垂直偏差小于 5 mm。

（7）开口销检查。

开口销安装标准、齐全，劈开 60°～90°。

（8）遮断器检查。

摇把挡板在遮断开关闭合时能有效阻挡摇把插入，切断开关时，摇把可顺利插入，挡板与齿轮之间的间隙不小于 1 mm；开关锁动作灵活，通、断电性能良好。检查接点是否发黑严重；接点电阻需不大于 30 Ω。

（9）摩擦联结器、滚珠丝杠检查。

滚珠丝杠保持清洁、动作平稳无噪声；摩擦联结器上的漆封完整，止动片、M4×8 螺栓位置正确、不脱落。

（10）速动开关组检查。

速动开关组完好、无异状；各部件的固定螺丝不松动；外壳无开裂；检查接点是否发黑严重；接点电阻需不大于 30 Ω。

（11）动作杆、检测杆、锁闭块检查。

锁舌动作灵活，锁闭块的锁闭量大于 10 mm；机内检测杆表示缺口与指示标对中，左右偏差小于 0.5 mm；动作杆、检测杆、锁闭块、操纵板均保持油润，有关注油孔注油。

（12）道岔检测杆件检查。

机外检测杆无张嘴、错位现象，连接销螺丝紧固、不旷动；长、短表示杆的有扣轴套、无扣轴套、紧固螺帽紧固，调整丝扣的余量不小于 10 mm，各部螺栓清扫干净；杠件及各连接销表面、配合面应油润，无污垢、不锈蚀。

七、钩式外锁闭装置

目前，道岔机械锁闭存在内锁闭和外锁闭两种方式。内锁闭装置的道岔尖轨是靠转辙机通过长杆锁闭的，属于间接锁闭方式；外锁闭装置直接把尖轨与基本轨锁住，大大提高了道岔及转换设备工作可靠性，减少了维修，延长了使用寿命。

外锁闭装置一般由 S700K 型电动转辙机、ZD(J)9 型电动转辙机和电液转辙机带动。外锁闭装置分为燕尾式和钩式两种，其中燕尾式外锁闭装置已经逐步被钩式外锁闭装置所取代，所以本教材主要介绍钩式外锁闭装置。

钩式外锁闭装置的锁闭方式为垂直锁闭，锁闭力通过锁闭铁、锁闭框直接传给基本轨。每一牵引点都有对应的钩式外锁闭装置。

（一）钩式外锁闭装置的结构

钩式外锁闭装置由锁钩、锁闭杆、锁闭框、锁闭铁、尖轨连接铁、销轴等组成，如图 5.30 所示。

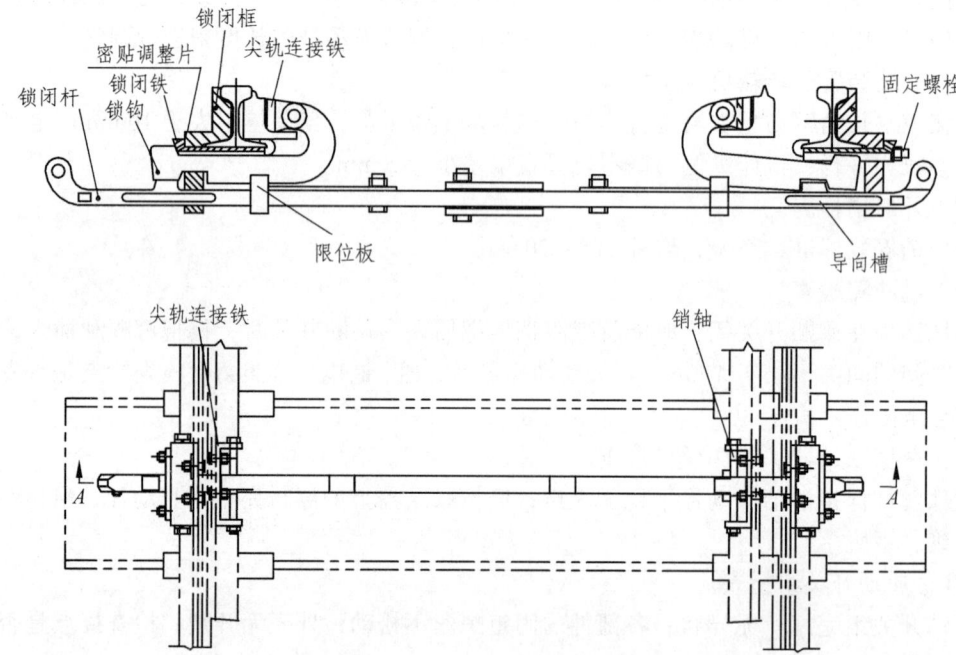

图 5.30　尖轨用分动外锁闭装置

锁闭框固定在基本轨的外下方，锁闭铁固定在锁闭框上。锁钩通过销轴及尖轨连接铁与道岔尖轨固定。锁钩与锁闭杆上下排列，被限制在锁闭框内。锁闭杆侧面带有导向槽，锁闭杆上对应每一尖轨的下面有一块向上凸起的锁闭块。和两尖轨连接的锁钩各有一个与锁闭杆向上凸起的锁闭块所对应的向上凹陷的缺口。锁钩的尾端还有一带斜面向上的凸起部分和向下带小斜面的凸起部分，即锁钩的尾端类似于燕尾形。

（二）钩式外锁闭装置的传动原理

当操纵道岔时，转辙机的动作杆动作，通过连接杆带动外锁闭装置的锁闭杆动作，实现道岔的解锁、转换和锁闭的过程，如图 5.31 所示。

1. 锁　闭

密贴侧的锁钩被锁闭杆凸起的锁闭块顶起，使锁钩尾端的斜面与锁闭铁的斜面贴紧，尖轨被牢牢地锁住。斥离侧，由于锁钩下落进入锁闭框内，使锁钩底侧的缺口与锁闭杆向上凸起的锁闭块交错重合，这样斥离侧的尖轨也不能移动，即锁闭了该尖轨。

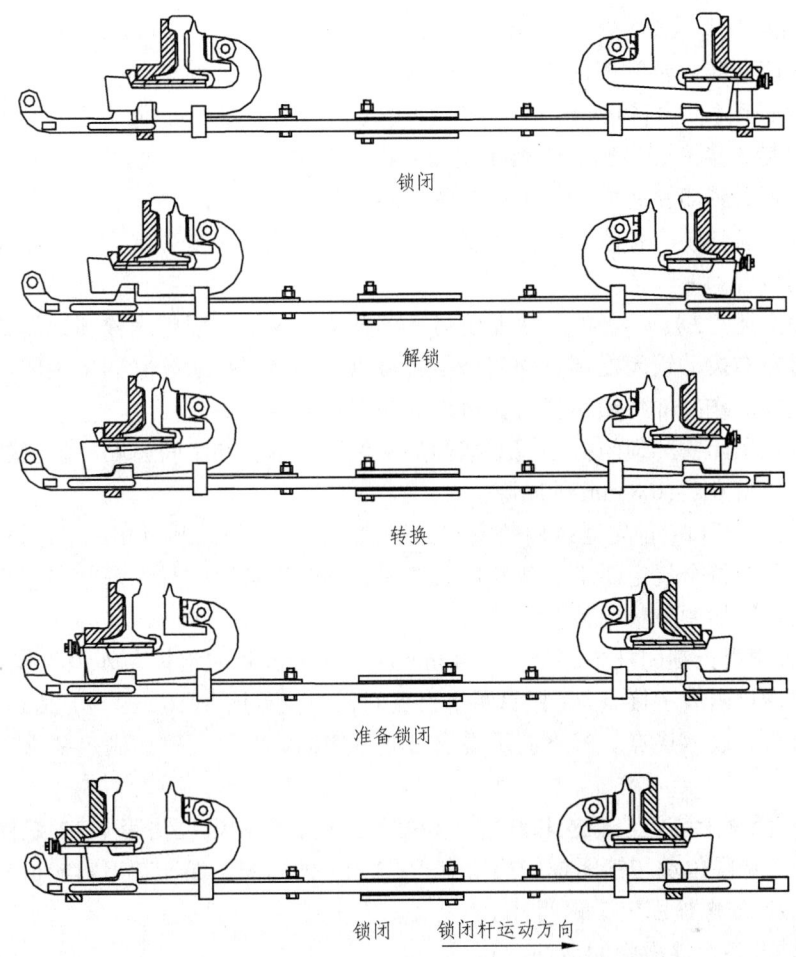

图 5.31 分动尖轨钩式外锁闭装置的作过程示意图

2. 解　锁

道岔转换时，电动转辙机转动，动作杆移动，使锁闭杆沿导槽移动，利用锁闭杆凸起的锁闭块推动斥离侧锁钩移动，使斥离侧的尖轨先开始动作。此时，密贴侧尖轨下面的锁闭杆先是空动，使锁闭杆上凸起的锁闭块向锁闭框内移动，而后锁钩尾端整体下落到钢轨下方，锁钩底侧的缺口与锁闭杆向上凸起的锁闭块交错重合，这时原来密贴的尖轨才真正解锁。

3. 转　换

解锁后，锁闭杆的两个凸起的锁闭块都已落入对应的锁钩的凹槽当中，锁闭杆继续移动，带动两个锁钩同时移动，两个锁钩带动对应的尖轨同时转换。

4. 锁　闭

原斥离的尖轨密贴以后，锁闭杆继续移动，其向上凸起的锁闭块推动锁钩的尾端上升，使锁钩尾端的斜面与锁闭铁的斜面贴紧，该尖轨锁闭。此时，原密贴尖轨继续移动，直至原斥离的尖轨锁闭后停止动作。

（三）钩式外锁闭装置的安装调整

（1）用 M20 螺栓、防松垫、弹垫、M20 螺母将锁闭框装于基本轨上（可不拧紧螺母）。

（2）用 M20 螺栓、防松垫、弹垫、M20 螺母将尖轨连接铁装于尖轨上。

（3）将锁闭杆装入锁闭框内后，将锁钩放在锁闭杆上，并在锁钩孔内涂润滑脂。

（4）拨动锁闭杆，当锁钩孔对上尖轨连接铁的孔后，穿上销轴，并用平垫圈、弹垫和 M20 螺母拧紧后，穿入开口销。将锁闭铁插入锁闭框方孔内，固定螺栓一头钩住基本轨，另一头穿入锁闭框和锁闭铁孔内，带上平垫圈、弹垫和 M20 螺母。

（5）撬动尖轨使装有锁闭铁侧处于密贴状态，另一侧处于自开状态，用手托起锁钩，拨动锁闭杆锁闭位置。

（6）按照上述（3）、（4）的方法安装另一侧锁钩、销轴、固定螺栓和锁闭铁。

（7）通过左右拨动锁闭框调整锁闭杆与转辙机动作杆平行后拧紧固定锁闭框的螺母，并通过安装装置的动作拉杆将锁闭杆与转辙机的动作杆连接在一起。

（8）通过在锁闭铁和锁闭框中间增减调整片保证基本轨和尖轨密贴，且尖轨与基本轨在锁闭杆中心处应留 0.2～0.8 mm 的间隙。

（9）检测道岔开口：首先通过调整安装装置动作拉杆使两侧开口相差不超过 3 mm，然后检查道岔开口是否符合规定要求。若开口大于最大值时，可通过减少密贴调整片，同时在尖轨连接铁和尖轨间加调整垫调整。

（10）在各牵引点锁闭杆中心处插入 4 mm 厚、20 mm 宽的钢板，外锁闭装置不得锁闭，且不得接通转辙机内表示接点。在相邻两牵引点间任一位置插入 10 mm 厚、20 mm 宽的钢板，不得接通转辙机内表示接点。若不满足要求可通过增减调整片调整，满足要求后拧紧固定锁闭铁的螺母。

（11）在锁闭框上装定位螺栓和弹垫，并将限位块和可调限位块用 M12 螺栓和弹垫紧固在锁闭杆上，可调限位块与锁闭框间应留有 1～3 mm 的间隙，保证其不影响道岔开口，将限位铁用 M20×65 的螺栓固定于锁闭杆上。

（12）销轴及各摩擦面涂润滑油。

（13）将防松片分别穿在锁闭框、尖轨连接铁处的螺栓和防松片上后加开口销；固定螺栓头部装防松盖，并通过平垫圈调整螺母使插入防松盖的深度大于 5 mm。

任务四　ZD(J)9 交流道岔转辙设备的运行与维护

ZD(J)9 交流道岔转辙设备由 ZD(J)9 型电动转辙机和钩式外锁闭装置构成，其中钩式外锁闭装置前面已经介绍过。ZD(J)9 型电动转辙机是借鉴了国内外成熟的先进技术，并结合我国道岔的实际情况进行了优化设计的，是根据道岔的不同转换动程和转换力以及交流、直流不同供电方式开发的系列产品。其中交流转辙机为 ZDJ9 型，直流转辙机为 ZD9 型。

ZD(J)9 型电动转辙机减速装置的结构及动作原理与 S700K 型电动转辙机相似，其转换锁闭机构的结构及动作原理与后面介绍的 ZYJ7 型电液转辙机基本相似。

一、ZD(J)9 型电动转辙机的特点

ZD(J)9 型系列电动转辙机是一种能适应交、直流电源的新型转辙机。它有着安全可靠的机内锁闭功能，因此既可适用于联动内锁道岔，又可适用于分动外锁道岔，既适用于单点牵

引,又适用于多点牵引,安装时,既能角钢安装,又能托板安装。ZD(J)9型电动转辙机各个机件具有如下特点:

(1)采用滚珠丝杠减速,效率较高。

(2)交流系列采用三相380 V交流电动机,故障少,电缆单芯控制距离长。根据需要可配置直流系列转辙机。

(3)接点系统采用铍青铜静接点组和铜钨合金动接点环。

(4)伸出杆件用镀铬防锈,伸出处用聚乙烯堵孔圈和油毛毡防尘圈支承和防尘。

(5)转动和滑动面用SF-2复合材料衬套和衬垫,维护工作量小。

(6)在停电或维修时需手动转换的情况下,可转动手动开关轴,断开安全接点插入手摇把,予以手动转换转辙机。

二、ZD(J)9型电动转辙机的型号含义

ZD(J)9型电动转辙机的型号含义如下:

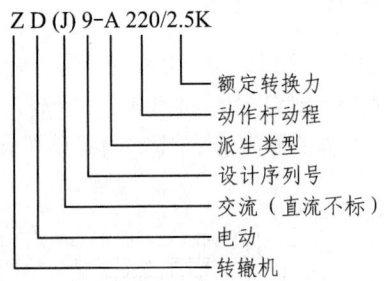

三、ZD(J)9型电动转辙机的主要技术特性

(一)ZD9直流电动转辙机的主要技术特性(见表5.6)

表5.6 ZD9直流电动转辙机的主要技术特性

型号	电源电压 DC/V	动程 /mm	锁闭(表示)杆动程/mm	额定转换力/kN	工作电流/A	动作时间/s	挤脱力/kN	摩擦电流/A	适用道岔类型
ZD9-170/4k	160	170±2	152±4	4	≤2	≤8	28±2	2.2~2.6	尖轨动程在152 mm以下的道岔,双杆内锁,可挤
ZD9-A220/2.5k ZD9-C220/2.5k	160	220±2	160±4	2.5	≤2	≤8	—	1.9~2.3	分动外锁双机牵引第一牵引点,不可挤,双杆锁闭
ZD9-B150/4.5k ZD9-D150/4.5k	160	150±2	75±4	4.5	≤2	≤8	28±2	2.2~2.6	分动外锁双机牵引第二牵引点,可挤,单杆内锁

注:其中A、B用于分动两点牵引道岔,C、D用于联动两点牵引道岔,170型用于单机牵引道岔。

（二）ZDJ9 交流电动转辙机的主要技术特性（见表 5.7）

表 5.7 ZDJ9 交流电动转辙机的主要技术特性

型 号	电源电压 AC/V	动程 /mm	锁闭（表示）杆动程/mm	额定转换力 /kN	工作电流 /A	动作时间 /s	挤脱力 /kN	适用道岔类型
ZDJ9-170/4k	380	170±2	152±4	4	2	≤5.8	28±2	尖轨动程在 152 mm 以下的道岔，双杆内锁，可挤
ZDJ9-A220/2.5k ZDJ9-C220/2.5k	380	220±2	160±4	2.5	2	≤5.8	—	分动外锁双机牵引第一牵引点，不可挤，双杆锁闭
ZDJ9-B150/4.5k ZDJ9-D150/4.5k	380	150±2	75±4	4.5	2	≤5.8	28±2	分动外锁双机牵引第二牵引点，可挤，单杆内锁

注：其中 A、B 用于分动道岔，C、D 用于联动道岔，170 型用于单机牵引道岔。

四、ZD(J)9 系列电动转辙机的结构

ZD(J)9 型转辙机的结构如图 5.32 所示，由底壳、盖、电动机、减速器、摩擦联结器、滚珠丝杠、推板套、动作板、锁块、锁闭铁、接点组、动作杆、锁闭（表示）杆、安全开关组、挤脱器（不可挤的不设）、接线端子等组成。其结构采用模块化设计，便于维护和维修。

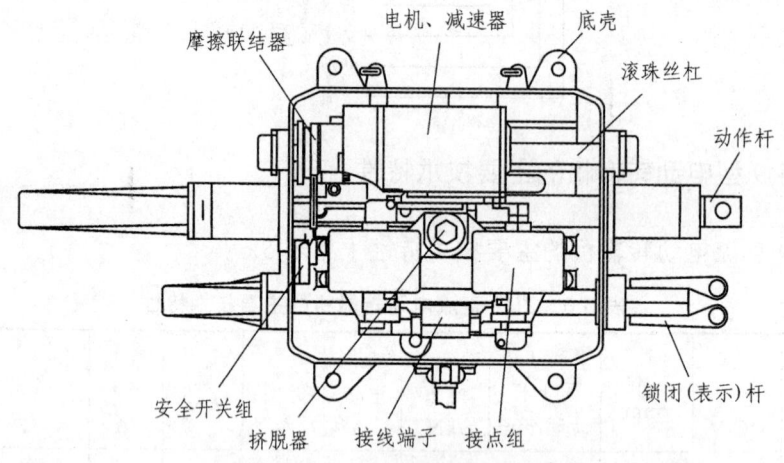

图 5.32 ZD(J)9 型电动转辙机结构图

（一）电动机

电动机是给转辙机提供动力的，有交流电动机和直流电动机两种类型。如图 5.33 所示，电动机可根据需要直接更换成交流或者直流电动机，更换方便。

1. 交流电动机

其交流电动机为 ZDJ802-4 型专用交流电动机，额定输出功率为 0.4 kW。当电源电压为三相 380 V、单相电阻为 54 Ω 时，其额定转矩为 2 N·m，转速大于或等于 1 330 r/min。

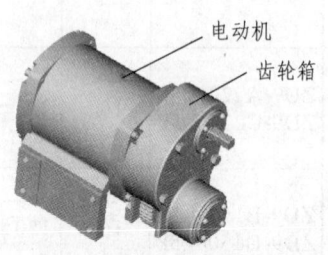

图 5.33 电动机、减速器齿轮

2. 直流电动机

其直流电动机额定电压为 160 V，额定转矩为 2 N·m，转速大于或等于 980 r/min。

（二）减速器

减速器的作用是将电动机的高转速降下来，以提高转动力矩。减速器分为两级减速。第一级减速为齿轮减速，它以齿轮箱的形式与电动机结合在一起（如图 5.33 所示）。齿轮箱中有摇把齿轮、电动机输出小齿轮、中间齿轮，中间齿轮咬合于摩擦联结器齿轮上，摇把齿轮用于手摇转辙机。第二级减速由滚珠丝杠、螺母及推板套完成，它除了具有减速作用外，还将旋转运动变为推板套的水平动作，以便间接使动作杆做水平运动。其原理同 S700K 型电动转辙机。ZD(J)9-A 型第一级速比为 38/26，第二级速比为 46/18，总速比为 3.74。ZD(J)9-B 型第一级速比为 44/20，第二级速比也为 46/18，总速比为 5.63。

（三）摩擦联结器

摩擦联结器采用片式粉末冶金摩擦方式，主动片是 4 片外摩擦片，用钢带加工，被动片为 3 片内摩擦片，用 12 个弹簧加压，将摩擦联结器齿轮与滚珠丝杠"固定"在一起，如图 5.34 所示。在正常情况下，摩擦联结器可以保证转换力的稳定，通过摩擦联结器中的内外摩擦片的摩擦作用，将摩擦联结器齿轮的旋转运动传递到滚珠丝杠上，滚珠丝杠把传动齿轮的旋转运动转换成与丝杠联结的推板套的水平运动。当道岔受阻，滚珠丝杠不能转动时，电动机将带动齿轮箱中的齿轮及摩擦联结器齿轮空转，起到保护电动机的作用。

图 5.34 摩擦联结器

（四）滚珠丝杠和推板套

如图 5.35 所示，滚珠丝杠选用国产的磨削丝杠，直径为 32 mm，导程为 10 mm。由于其导程大，滚珠也大，故可靠性高。滚珠丝杠的一端与摩擦联结器"固定"在一起，当摩擦联结器转动时，滚珠丝杠随之转动，使丝杠上的推板套做水平运动。

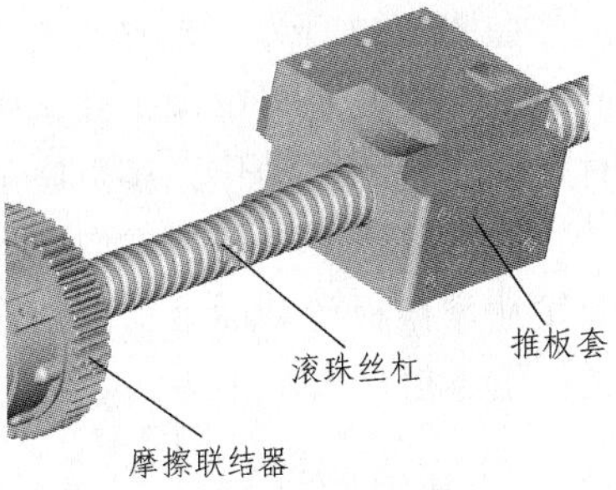

图 5.35 滚珠丝杠和推板套

（五）锁块、锁闭铁和动作杆

如图 5.36 所示，锁闭铁固定在机壳底部（如是可挤转辙机，锁闭铁通过挤脱器固定，且锁闭铁两端各有一个供水平顶杆落入的凹槽）；两个锁块通过销轴联结在动作杆上，锁块可围绕销轴转动。

当滚珠丝杠转动时，推板套做水平运动，推动安装在动作杆上的锁块，在锁闭铁的辅助下使动作杆水平运动，完成解锁、转换、锁闭的功能。

ZD(J)9 型电动转辙机的解锁、转换、锁闭作用原理图如图 5.36 所示。当道岔转换至定位位置时（例如拉入），推板套的拉入锁闭面与拉入锁块的锁闭面相吻合，使锁块不能移动，拉入锁块的斜锁闭面与锁闭铁拉入锁闭面相互吻合，使锁块和动作杆不能伸出，此时称为转辙机拉入锁闭状态，如图 5.36（a）所示。

当电机启动后，滚珠丝杠旋转，推板套水平移动。当推板套拉入锁闭面全部退出拉入锁块的锁闭面时,完成机械解锁。此时,称转辙机为解锁状态。

推板套继续移动,即带动伸出锁块、销轴、动作杆移动,动作杆又带动拉入锁块离开锁闭铁拉入锁闭面,迫使拉入锁块移动,拉入锁块动作面跟随推板套拉入动作面。此时转辙机进入了转换状态,如图5.36(b)所示。

推板套继续移动,至伸出锁块锁闭面将要与锁闭铁伸出锁闭面接触,则进入增力状态。这时伸出锁块由推板套伸出动作面和锁闭铁伸出锁闭面接触。此后推板套再向前即为增力阶段。推板套继续移动,当伸出锁块斜锁闭面与锁闭铁伸出锁闭面完全吻合时,称转辙机为伸出锁闭状态,如图5.36(c)所示。

通过图5.36可以看出,ZD(J)9型转辙机有着安全可靠的内锁功能,在两个终点位置时锁块在推板套和锁闭铁的共同作用下实现了转辙机对道岔的锁闭。

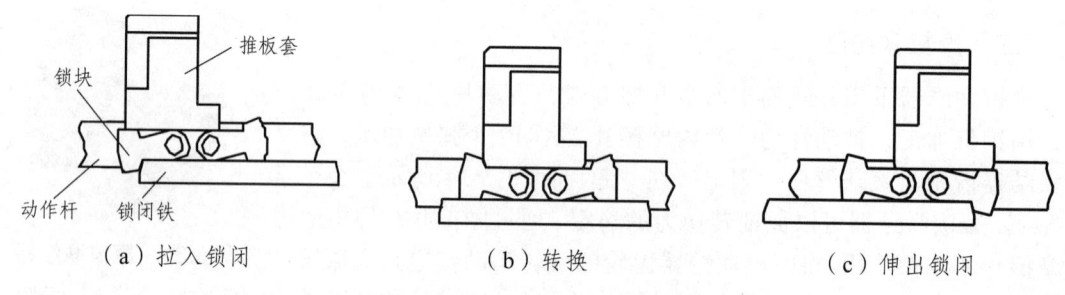

图5.36 内锁闭及动作原理图

（六）动作板

如图5.37所示,动作板是固定推板套面上的钢板,有高低两个层面,高面两端有斜面,低面两端设两个可窜动(弹簧弹力)的速动片。推板套动作时,动作板随之动作,接点座上的滚轮会慢慢抬起,切断表示,同时接通下一转换方向的动作接点；当动作到位时候,滚轮从动作板滑动面落下,动作接点断开,同时表示接点接通,给出道岔表示。

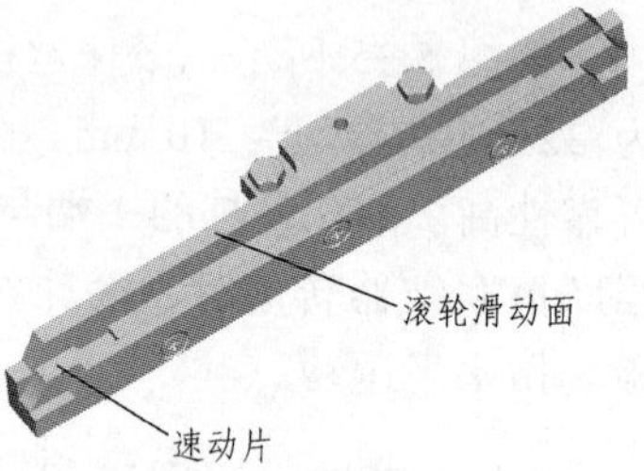

（七）锁闭杆

主机的伸出与拉入位置各设一根锁闭杆,外端通过外表示杆与尖轨相连,如图5.38所示。在一个锁闭杆上分别开有一个方槽和带有梯形斜面的缺口,该方槽及带斜面的缺口与接点组系统的锁闭柱方棒相配合,如图5.39所示。当尖轨转换到位锁闭后,锁闭柱落入锁闭杆上的方槽内,使接点接通相应的表示电路。由于锁闭杆上方槽为矩形,锁闭柱下端也为矩形,所以具有锁闭作用。两锁闭杆分别连接在两尖轨上,一根作为锁闭杆,另一根即作为斥离尖轨的表示杆。

图5.37 动作板

锁闭杆挤岔表示斜缺口与锁闭柱斜面间隙为每侧18 mm,当在分动外锁闭道岔上使用时,其适应尖轨动程为尖轨标准动程±18 mm。当在联动内锁闭道岔上使用时,其左右锁闭杆或表示杆可以调整左右两杆锁闭缺口的相互位置,如ZD6型电动转辙机的表示杆那样,调整量为±20 mm,适应尖轨动程为尖轨标准动程±20 mm。

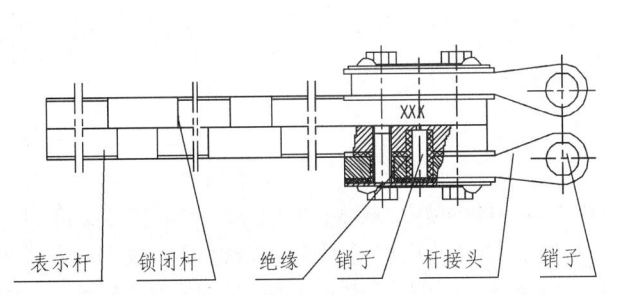

图 5.38 锁闭杆

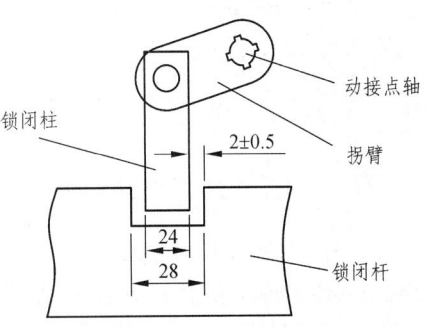

图 5.39 锁闭柱与锁闭杆关系示意图

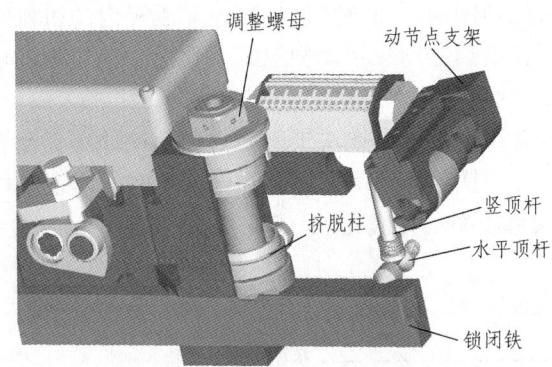

图 5.40 挤脱断表示关系示意图

（八）接点组

接点组与 ZD6 型转辙机基本相同，只是将动接点支架改进成为有两处压嵌连接的结构，因此左右调整板设在同侧，缩小了接点组尺寸，减少了零件品种。另外，静接点片用铍青铜制造，动接点环用铜钨合金制造，使用寿命达 100 万次以上。

（九）挤脱器

如图 5.40 所示，可挤型转辙机内部设有挤脱器。挤脱器由调整螺母、调整垫、碟簧、挤脱柱等组成。正常情况下，靠碟簧的弹力，挤脱柱顶住锁闭铁，使锁闭铁"固定"不动。挤岔时，挤脱器中的锁闭铁在动作杆上的锁块作用下，脱开挤脱柱，在锁闭铁上的凹槽推动水平顶杆，水平顶杆推动竖顶杆，竖顶杆推动动接点支架，从而切断表示，非人工恢复锁闭铁，不可能再接通表示。

（十）安全开关组

安全开关组由安全开关、连接杆和电动机轴端连板组成。安全开关采用沙尔特堡开关。手动时，由于安全开关通过连接杆与电动机轴端的连板相连，因此必须打开安全开关手摇把才能插入。

（十一）接线端子

接线端子采用免维护的万可（WAGO）公司的 280-901 型端子。由于该接线端子的零件没有螺纹连接件，能抗振动和冲击，同时又不损及导线。

五、ZD(J)9 系列电动转辙机的传动过程

ZD(J)9 型转辙机的动作原理如图 5.41 所示。该电动机通电，电动机旋转，电动机的驱动力矩经减速器减速后传到摩擦联结器。由摩擦联结器的内摩擦片通过花键传动滚珠丝杠，将转动转换为螺母的平动。螺母外套有推板套，其上固定有动作板。推板套推动动作杆上的锁块，在锁闭铁作用下，形成了转辙机的解锁、转换、锁闭过程。

（1）解锁过程：操纵道岔→电机旋转→滚珠丝杠旋转→推板套做水平移动→推板套拉入锁闭面慢慢退出拉入锁块的锁闭面，当全部退出时，完成机内的机械解锁。

（2）转换过程：推板套继续移动→带动伸出锁块移动，锁块带动销轴移动，销轴带动动作杆移动，转辙机进入了转换状态。

（3）锁闭过程：推板套移动至伸出锁块锁闭面与锁闭铁伸出锁闭面接触→推板套继续移动→伸出锁块斜锁闭面与锁闭铁伸出锁闭面完全吻合，此时，实现了机内锁闭。

ZD(J)9-A 型的锁闭铁直接固定在底壳上。ZD(J)9-B 型的锁闭铁被挤脱器固定在底壳上，挤脱力（28±2）kN。

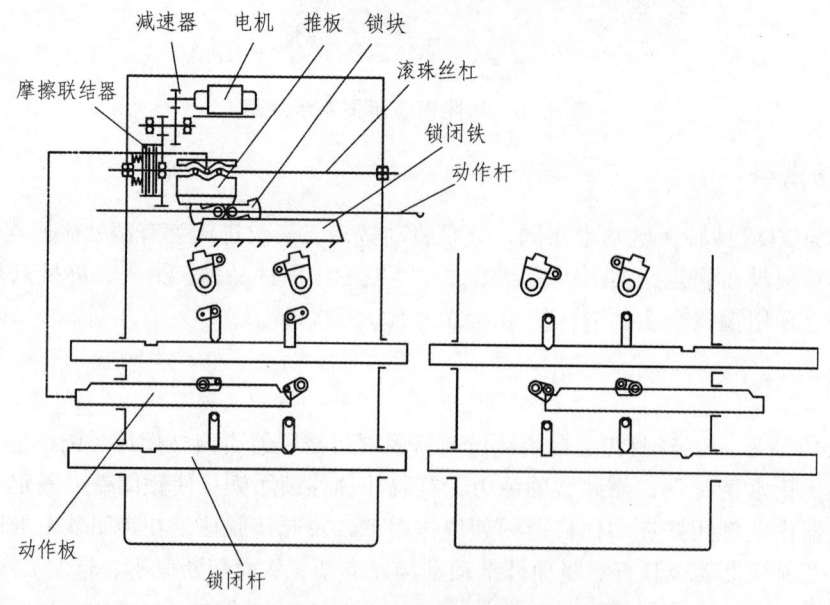

图 5.41 ZD（J）9 型转辙机动作原理图

ZD(J)9-A 型的左右锁闭杆分别与第一牵引点两根分动的尖轨相连，在动作杆上的锁块被推板套锁闭在锁闭铁上，与密贴尖轨相连的锁闭杆被锁闭柱锁在密贴位置，这样就形成了双杠锁闭。一根锁闭杆上锁闭用的直缺口和挤岔表示用的斜缺口的距离与尖轨动程有关，只能适用于（160±6）mm 的动程。超过此动程范围需另配锁闭杆。锁闭杆断面为 20 mm×50 mm，其弯曲程度为 ZD6 型表示杆的 3.7 倍，保证了第二锁闭的可靠性。

ZD(J)9-B 型的左右表示杆与第二牵引点的两根分动的尖轨相连,表示杆内检查块的结构、密贴检查和挤岔断表示原理均与 ZD6 型相同。其仅在动作杆上有锁闭,故为单杆锁闭。挤岔时,通过斥离尖轨的动作,使表示杆的斜面推动检查柱断开表示接点,给出挤岔表示。

同时斥离尖轨推动外锁闭杆,进而推动动作杆,当动作杆上的挤岔力超过挤脱力时,锁闭铁就脱开挤脱柱,动作杆解锁。此时,锁闭铁移动 8 mm,锁闭铁上凹槽推动水平顶杆,再推动竖顶杆、动接点支架,从而断开表示。非经人工恢复锁闭铁,不能再接通表示。

为防止惯性反弹,在推板套与动作杆间加有阻尼机构。当推板套推动锁块进入锁闭位,动作杆停止不动,推板套继续前进,到动作板使电动机电源断开时,推板套因惯性继续前进,推板套与动作杆间有相对移动,推板套内的弹簧在动作杆槽的斜面上压缩,弹力使摩擦块在动作杆侧面上摩擦而吸收惯性,即防止了惯性反弹。

六、ZD(J)9 型电动转辙机安装装置

ZD(J)9 型电动转辙机有角钢安装和轨枕安装两种安装方式。ZD(J)9 型电动转辙机在工厂装配是右伸结构,是在道岔左侧的安装方式。如果要在道岔右侧安装时,需要将转辙机的动作杆和锁闭杆的保护管、锁闭杆、毛毡防尘圈等更换方向。由于动作杆左右侧均有连接孔,因此动作杆不需要更换方向。在改装时,在底壳外的连接面为了防止进水,需要涂以密封胶。

七、ZD(J)9 型电动转辙机的调整

(一)密贴调整

同 S700K 型电动转辙机。

(二)表示调整

安装转辙机后,调整道岔尖轨密贴,然后调整锁闭杆锁闭表示缺口与锁闭柱(检查柱与检查块)的间隙。一般 A、C 型为每侧 2 mm,其调整量为 0~4 mm。可从转辙机上方直接观察到缺口。第二牵引点用的 B 和 D 型表示杆内检查块与检查的间隙为每侧 4 mm,其调整量为 0~8 mm。对于联动道岔表示缺口的调整,其调整次序为,先调整拉入的表示缺口,再调整伸出的表示缺口。

锁闭杆挤岔表示斜缺口与锁闭柱斜面间隙为每侧 18 mm。当在分动外锁闭道岔上使用时,其适应尖轨动程为尖轨标准动程 ± 18 mm。当在联动内锁闭道岔上使用时,其左右锁闭杆或表示杆可以调整左右两杆锁闭缺口的相互位置,如 ZD6 型电动转辙机的表示杆那样,调整量为 ± 20 mm,适应尖轨动程为尖轨标准动程 ± 20 mm。

(三)摩擦联结器的调整

转辙机摩擦联结器在出厂时,按照转辙机技术条件规定的不同型号的标准值已调整好。对符合标准的道岔,其转换力不超过标准值,本机摩擦联结器不需任何调整就能满足使用要求。如道岔转换力过大(或有其他非正常情况)时,转辙机就会出现摩擦联结器打滑。确认各部件工作正常,仅道岔转换力过大导致不能正常转换时,此时可用本机附带的专用工具进行调整,右旋调节可增大摩擦力,左旋可减小摩擦力。调整完成后,可用销式或无

销式转辙机测力仪测试转换力及摩擦转换力。建议摩擦转换力不宜过大，否则有烧电动机的可能。

（四）挤脱器挤脱后的恢复

挤岔后需恢复时，应先松开调整螺母，取出调整垫、调整垫圈，取出挤脱柱（连带碟簧一起取出），然后用手摇把把转辙机摇到解锁位置，轻敲锁闭铁一端，使其恢复到挤脱前的状态，装入挤脱柱，调整垫圈，并旋紧调整螺母，最后用摇把把转辙机恢复到终点位置。如果挤脱发生在转辙机的拉入状态，恢复时轻敲锁闭铁不能使锁闭铁移动，则有可能是挤岔时，锁闭铁移动量过大，造成锁闭铁一端移动超过水平顶杆，恢复时，锁闭铁不能移动。在此种情况下恢复时，必须把接点座卸下以后才能恢复。

八、交流道岔转辙设备（ZDJ9型转辙机）Ⅰ级测试

交流道岔转辙设备在二级保养和小修作业中，需要进行试验与测试，并以此判断设备电气工作状态是否正常。试验包括 2 mm、4 mm 试验，断电保护试验，扳动试验；测试项目包括动作电压和安装装置绝缘测试。

（一）2 mm、4 mm 试验

（1）作业人员将 4 mm 手锤置于反位斥离轨的动作连接杆处，由室外安全防护员通知楼内防护员扳动道岔至定位，当斥离轨转换至基本轨时，无法落槽锁闭。

（2）作业人员将 2 mm 手锤置于定位斥离轨的动作连接杆处，由室外安全防护员通知楼内防护员扳动道岔至反位，当斥离轨转换至基本轨时，可落槽锁闭。

此试验在道岔定位和反位时，分别进行 2 mm 和 4 mm 试验。

（二）断电保护试验

作业人员将 4 mm 手锤置于反位斥离轨的动作连接杆处，由室外安全防护员通知楼内防护员扳动道岔至定位，13 s 后，应自动切断电动机电路，电动机停转。

（三）扳动试验

道岔检修完毕后，室外安全防护员通知楼内防护员进行扳动试验，楼内防护员按照室外安全防护员的要求将道岔扳至定位后，楼内楼外防护员共同确认位置正确。

（四）动作电压测试

1. 定位动作电压

室外安全防护员联系室内防护员，通知室内扳动道岔到定位。将万用表的量程调至交流电压挡，将表笔置于万可端子的 1、2 端可测出电压 U_{AB}，将表笔置于万可端子的 2、5 端可测出电压 U_{BC}，将表笔置于万可端子的 5、1 端可测出电压 U_{CA}。测试电压 U_{AB}、U_{BC}、U_{CA} 即为定位动作启动电压，标准值为（380±10）V。

2. 反位动作电压

室外安全防护员联系室内防护员，通知室内扳动道岔到反位。万用表的量程依然调至交

流电压挡，将表笔置于万可端子的 1、3 端可测出电压 U_{AB}，将表笔置于万可端子的 3、4 端可测出电压 U_{BC}，将表笔置于万可端子的 4、1 端可测出电压 U_{CA}。测试电压 U_{AB}、U_{BC}、U_{CA} 即为反位动作启动电压。标准值为（380±10）V。

（五）安装装置绝缘检查

将万用表置于交流电压 2.5 V 挡，红、黑表笔分别置于方钢与两侧的基本轨上测试，电压应为零。若有电压可判断另一侧绝缘不良。对不良绝缘需更换。

九、交流道岔转辙设备（ZDJ9 型转辙机）二级保养标准化作业程序及质量标准

（一）作业前准备

1. 准备工作

在进行交流道岔转辙设备维护作业之前，要做好准备工作，即准备好工具、材料、仪表、通信工具等，作业负责人和室外安全防护员提前 10 min 到达作业现场，楼内安全防护员提前 10 min 到达行车值班室。（正线作业室内防护人员为客运部行车值班员。）

（1）工具准备。

长弯嘴钳、18 mm 管钳、螺丝批、手摇把、钢卷尺、1 kg 榔头、150 扳手、250 扳手、转辙机钥匙、克丝钳、平口螺丝刀、十字螺丝刀、毛刷。

（2）仪表准备。

MF14 型万用表、数字万用表。

（3）材料准备。

白布、棉纱、开口销、机油、黄油。

（4）通信工具。

楼内安全防护员和室外防护员人手一台对讲机。

2. 登记联系

楼内安全防护员先到达行车值班室与行车调度人员进行沟通，并在"车辆段施工、检修登记簿"上登记作业日期、施工单位、作业内容、作业地点、作业人数、要点时间等事项。登记完成，作业负责人（或楼内安全防护员）和行车调度人员签字确认。在行车调度人员下达可以作业的指令后，楼内安全防护员至控制台前等待室外防护人员联系。

（二）日常保养

每周进行一次巡检，包括对交流转辙机和转辙机外锁闭装置的检查。作业负责人进行维护检修作业时，室外安全防护员注意进行瞭望并与楼内防护员保持信息畅通。

（1）手动试验检查交流转辙机各部螺丝应无松动；用钢直尺实验尖轨、基本轨密贴间隙小于 1 mm，长度不小于 1 m；目测检查各部油润良好。

（2）手动试验检查转辙机外锁闭装置各部螺丝应无松动，动作灵活无卡阻，各部接触面油润良好。

（三）二级保养作业

关键折返道岔每半月一次，其他道岔每月进行一次二级保养。

交流道岔转辙设备的二级保养作业包括：交流转辙机的二级保养作业和转辙机外锁闭装置的二级保养作业。

1. 交流转辙机二级保养作业

（1）同日常保养。

（2）进行设备外观检查、清扫。

① 目测检查防护罩完好无缺损，加锁装置良好；

② 清扫防护罩，使防护罩表面无尘、无污迹；

③ 清洁完毕打开防护罩后，目测检查转辙机机盖无裂缝破损，加锁装置良好，清洁转辙机机壳及各杆件。

（3）安装装置、转辙机方正检查。

目测检查安装装置、转辙机安装方正。

（4）各类杆件检查。

目测检查各种杆件正常无变形，清理表示连接杆、动作连接杆处的石碴。

（5）道岔状态检查。

首先目测检查斥离尖轨与基本轨之间无杂物，各部无意外磨损。道岔尖轨与基本轨密贴，尖轨无爬行、飞边现象；岔尖根部螺丝紧固适当。尖轨与基本轨螺丝不相碰。再用钢直尺测量道岔开口：第一牵引点在动作连接杆处测量，标准值为（160±3）mm；第二牵引点在动作连接杆处测量，标准值为（84±3）mm。

（6）机内清扫。

机壳开启灵活，关闭时锁闭良好；开关锁壳上的锁盖无锈蚀、脱落。机内无积水、积尘、积油及其他无关物件。进行机内清扫，清扫时注意：毛刷把导电部分需用绝缘胶布包好，以防短路、混线。

（7）手摇转辙机检查。

手摇转辙机，应感到压力适当，无明显阻力；各杆件连接平顺，无卡阻现象。在解锁时，无明显反弹；密贴时观察尖轨直线部分与基本轨同时接触，无尖轨尖部或腰部先接触现象。

（8）表示缺口检查。

目测表示缺口间隙，第一牵引点标准值为（2.0±0.5）mm，第二牵引点标准值为（4.0±0.5）mm。

（9）检查遮断器。

手动试验检查安全接点接触良好，接触深度大于 4 mm。安全接点断开距离大于 2 mm，非人工恢复不得接通电源。

（10）电动机检查。

紧固各部件的固定螺丝，目测检查电动机机壳无裂纹，引线无破损。

（11）传动装置检查。

① 检查减速器、摩擦联结器。

a. 用手转动内齿轮，动作灵活，无卡阻现象或忽轻忽重现象。

b. 目测检查齿轮无碰伤及毛刺，如有磨损须进行更换。

c. 目测检查减速器外壳无裂痕和碰伤，各螺栓无脱扣现象。

② 检查滚轴丝杠及杆件。

a. 目测检查滚珠丝杠的表面无机械损伤，滚珠丝杠沿轴向的窜动量不能大于 1 mm；耳听滚珠丝杠的轴承在转动过程中无异响。

b. 表示杆平、正、直，无变形，无锈蚀。机外检测杆无张嘴、错位现象，连接销螺丝紧固、不旷动，各部螺栓干净；杆件及各连接销表面、配合面油润，无污垢、不锈蚀。

c. 目测检查动作杆正常无变形；手动检查连接销连接牢固，无旷动。动作杆的轴向移动量和圆周方向的转动量均不得大于 0.5 mm。

d. 目测检查锁闭杆正常无变形；手动检查连接销连接牢固，无旷动。杆件及各连接销表面、配合面应油润，无污垢、不锈蚀。

（12）自动开闭器检查。

① 检查安装螺丝、弹簧的垫片齐全、紧固。自动开闭器座无裂纹，接点罩清洁明亮，无裂纹。打开接点罩，清洁动、静接点。

② 手动检查动、静接点不松动，静接点长短一致，相互对称，接点片不弯曲，不扭斜，辅助接点片不失效。

③ 动接点打入深度大于 4 mm，用手摇动动接点其摆动量不大于 3.5 mm。道岔转换过程中动接点在静接点片内旷动不大于 2.5 mm。

④ 动接点与静接点座间隙不得小于 3 mm。

速动片的轴向窜动，应保证速动爪滑轮与滑面的接触量不少于 2 mm。转辙机在转动中速动片不得提前转动。

⑤ 速动爪的滚轮在传动中，应在速动片上滚动，落下后不得与速动片缺口底部相碰。

⑥ 拉簧的弹力适当，保证动接点迅速转换，能带动检查柱上升和落下。

（13）机内配线检查。

目测观察配线整齐，不磨卡，不破皮，多股线线环扎头断股不超过 1/5。手动检查线头焊接牢固，有防松螺丝，无伤痕。

（14）注油。

机内检查柱、自动开闭器、联结器及杆件、传动面每次注适量 30#机油。

2. 转辙机外锁闭装置的二级保养作业

（1）锁闭框、锁闭杆检查。

① 目测锁闭框下部两侧的导向凸台有效插入锁闭杆两侧的导向槽内，不得松脱。

② 锁闭时，双机牵引第一牵引点锁闭量即钩头与锁闭杆重合的长度不小于 35 mm，第二牵引点锁闭量不小于 20 mm。外锁闭左右两侧锁闭量偏差不得超过 3 mm。

（2）开口销检查。

目测开口销安装齐全、规格正确，劈开角 60°～90°。

（3）锁钩检查。

检查锁钩与锁闭杆接触面及动作范围内无砂石、杂物等，以防转换卡阻。

（4）外锁闭装置方正检查。

外锁闭装置的锁闭杆与直股基本轨垂直偏差应小于 10 mm。

（5）油润检查。

各部螺丝、螺栓、锁钩、销轴，各摩擦面涂油，保持油润。

3. 试验与测试

当 ZDJ9 转辙机和钩式外锁闭装置的机械特性检查完毕后,对 ZDJ9 进行试验与电气特性测试,内容包括:

(1) 使用 2 mm、4 mm 手锤进行试验。

用 4 mm 锤夹在动作连接杆的中间位置测试,进行 4 mm 不落槽、2 mm 落槽检查。对不合格的进行密贴调整。

(2) 每半年进行一次 13 s 断电保护试验。

(3) 进行 Ⅰ 级测试。

无论正线还是试车线每半年测试一次道岔启动电压,并将测试值填入测试卡片。

试车线上每次二级保养时进行安装装置绝缘检查,试车线和正线每年分解一次安装装置绝缘。

(4) 扳动试验。

道岔转辙设备检修完毕,作业人员收拾工、器具后,应进行扳动试验,楼内楼外共同确认道岔位置。

扳动试验后,将待修问题记录,销记。

(四) 小 修

小修:每年一次。
(1) 完成二级保养内容。
(2) 分解、检查安装装置绝缘。

分解、检查安装装置绝缘,绝缘无破裂及碳化变形严重,更换不合格的绝缘。

(3) 转辙机拉力测试

第一牵引点额定拉力为 2.5 kN,第二牵引点额定拉力为 4.5 kN。
(4) 道岔标号

标号清晰,不良者重新标记。

(五) 中 修

(1) 二年:更换(折返站)主要折返道岔转辙机动、静接点组。
(2) 三年:更换(折返站)主要折返道岔转辙机。

任务五 ZYJ7 交流道岔转辙设备的运行与维护

ZYJ7 交流道岔转辙设备由 ZYJ7 型电液转辙机和钩式外锁闭装置构成。其中钩式外锁闭装置前面已经介绍过。电动液压转辙机是采用交流或直流电动机驱动、液压传动方式来转换道岔的一种转辙装置,简称电液转辙机。用于两点牵引道岔上时,它与 SH6 型转换锁闭器配套使用。目前采用 ZYJ7 型电液转辙机的较多,故本教材重点介绍 ZYJ7 型电液转辙机。

一、ZYJ7 型电液转辙机的主要特点

(1) 铝合金壳体,质量轻、安装简便、易于维护,不妨碍工务。

（2）双杆（动作杆、表示锁闭杆）锁闭尖轨在密贴位置。

（3）各牵引点间采用油管传输，减少机械磨耗。

（4）多点牵引时，SH6与信号楼间不需另设电缆，室内不增加道岔组合。

（5）三相交流电动机控制距离长，单线54 Ω（约2.3 km）。

（6）溢流压力稳定，易调整，拉力不受气候变化影响。

（7）易于获得较大的力或力矩。

（8）液压系统的缺点：液压元件制造精度要求高，易泄漏，渗入空气会使工作不稳定。

二、电液转辙机的型号含义

电液转辙机型号的含义如下：

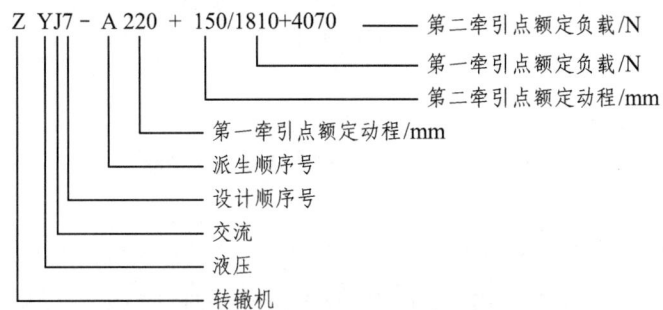

三、ZYJ7型电液转辙机的型号、规格及主要技术指标（见表5.8）

表5.8　ZYJ7型电液转辙机型号、规格及主要技术指标

型　　号	电源电压/V	额定转换力/N	动程/mm	工作电流/A	动作时间/s	单线电阻/Ω
ZYJ7-240/140/1810+4070	380	1 810/4 070	240/120	≤1.8	≤8.5	≤54
ZYJ7-A220+150/1810+4070	380	1 810/4 070	220/150	≤1.8	≤8.5	≤54
ZYJ7-B220+140/1810+4070	380	1 810/4 070	220/140	≤1.8	≤7.5	≤54
ZYJ7-B1 220+120/2500+4500	380	2 500/4 500	220/120	≤1.8	≤9	≤54

对于9号、12号道岔的尖轨，无论采用何种外锁闭装置，均可用一台ZYJ7-B型电液转辙机配合一台SH6型转换锁闭器进行牵引。ZYJ7与SH6两者之间用胶管连接，传递动力。

四、ZYJ7型电液转辙机及SH6型转换锁闭器的结构

ZYJ7型电液转辙机由主机和SH6型转换锁闭器两部分组成，分别用于第一牵引点和第二牵引点。ZYJ7型电液转辙机的结构如图5.42所示，SH6型转换锁闭器的结构如图5.43所示。

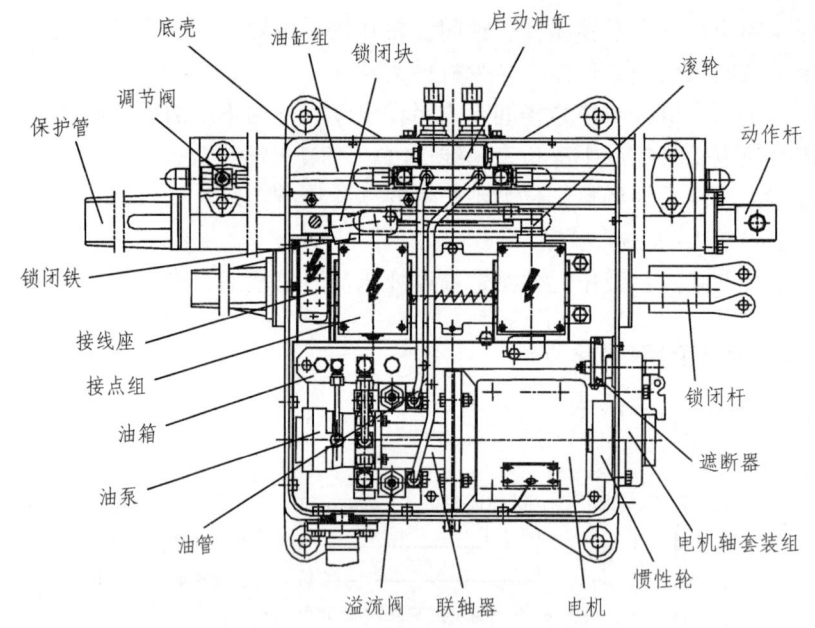

图 5.42 ZYJ7 型电液转辙机结构图

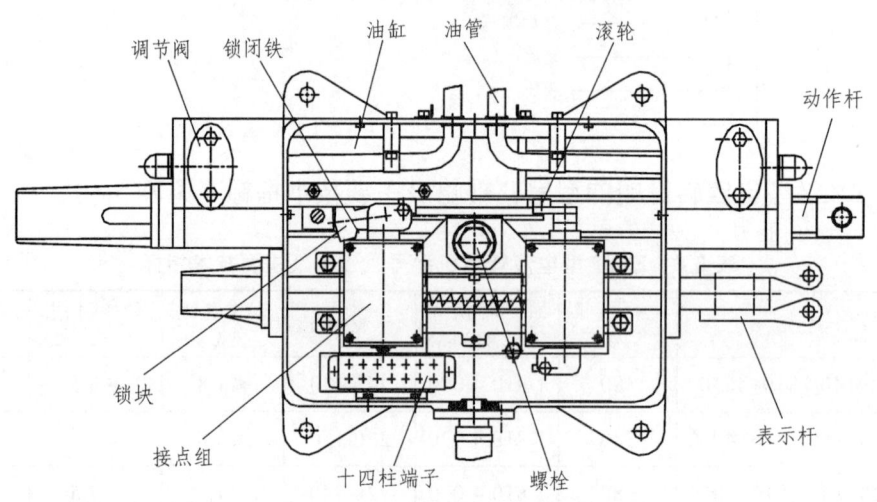

图 5.43 SH6 型转换锁闭器结构图

ZYJ7 型电液转辙机主机主要由动力机构、转换锁闭机构、表示锁闭机构和手动安全机构组成。动力机构主要由电动机、惰性轮、联轴器、油泵、溢流阀、单向阀、滤清器、油箱、油管等组成；转换锁闭机构主要由启动油缸、油缸、活塞及活塞杆、调节阀、推板、定位锁块、反位锁块、销轴、动作杆、锁闭铁等组成；表示锁闭机构主要由动作板、速动爪、速动爪滚轮、速动片、接点调整架、接点系统、表示锁闭杆、锁闭柱、拐肘、拉簧等组成；手动安全机构主要由安全接点（电门）构成。

SH6 型转换锁闭器（也称为副机）没有动力机构，主机与副机间靠油管连接。它主要由转换锁闭机构、表示机构和挤脱机构组成。其中转换锁闭机构和主机基本相同，只是尺寸、转换力矩不一样；表示机构类似于 ZD6 型电动转辙机的自动开闭器部分，主要由动作板、速动片、速动爪、速动爪滚轮、接点系统、拐肘、检查柱、检查块、表示杆等组成。

（一）电动机

电动机采用交流三相异步电动机，额定电压为 380 V，额定电流为 2.2 A，转速为 990 r/min，重量为 20 kg。电动机将电能变为机械能，为整机提供动力。该电动机增加惰性轮（惯性轮），它与电动机轴间设摩擦片，弹簧加力，具有一定的摩擦力，类似 ZD6 的摩擦带。惰性轮能防止电动机停止时瞬间反转，用其惯性吸收电动机反转力。

（二）联轴器

联轴器用来连接电动机输出轴与液压油泵输入轴，带动液压泵工作。

（三）油泵

油泵的作用是将电动机旋转能转化为液压能。

ZYJ7 采用斜盘柱塞泵，如图 5.44 所示。柱塞在轴带动下在密贴配油盘面上转动。在斜盘作用下，柱塞往复运动，顺时针转动时从左配油孔吸油压入右配油孔，即可泵出液压油；逆时针转时从右配油孔吸油压入左配油孔，即可泵出反方向液压油。

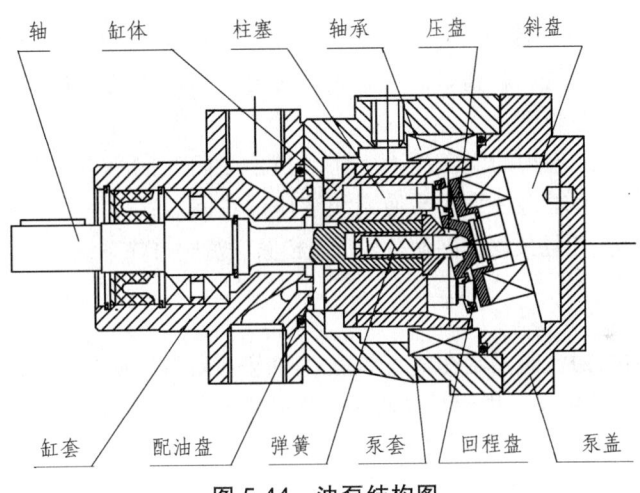

图 5.44　油泵结构图

（四）油　管

它连接在启动油缸处，通向油缸、压力表接头和油管连接头。

（五）单向阀

如图 5.45 所示，单向阀由阀体、空心螺栓、钢球、O 型圈、挡圈等组成。单向阀可使液压油从空心螺栓底部掀起钢球顺利进入，此时另一端的单向阀被返回油流冲击而使钢球堵在空心螺栓的圆槽内，封住油口。这样就有效地保证了油流单方向通过。

（六）溢流阀

溢流阀主要由阀体和阀芯等组成，如图 5.46 所示。溢流阀的作用是，正常转换道岔油压不足以克服溢流阀的弹簧弹力，液压油进入油缸。道岔受阻或转换到位电动机还没断开电源时，油压升高大于溢流阀设定压力，阀门开启，液压油进入油箱。它相当于 ZD6 转辙机的摩擦联结器。

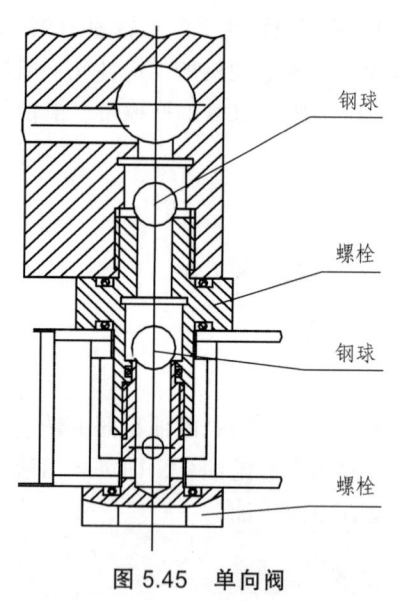

图 5.45 单向阀

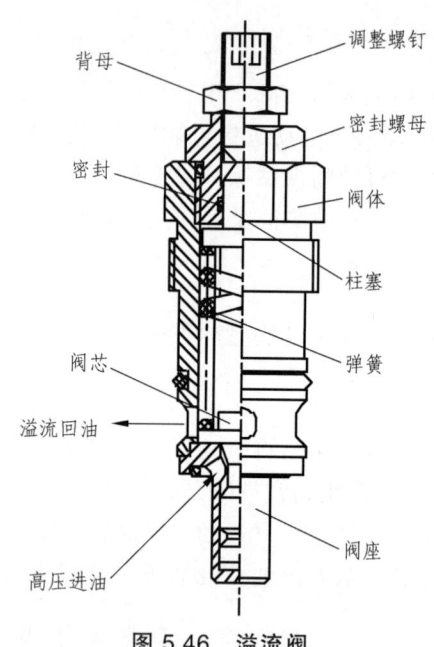

图 5.46 溢流阀

定反位各设一个溢流阀,调整时需松开紧固螺母,转动六角调整帽,顺时针调整溢流压力增大,逆时针溢流压力变小。

应该注意的问题:溢流阀的溢流压力大时,道岔受阻时的牵引力大,溢流压力小时,道岔受阻时的牵引力小。但压力过大容易使系统液压油渗漏。

系统排气问题:通过手摇或电操转辙机、反复松紧溢流阀排除系统空气,尤其刚安装调试时。

(七)油　箱

油箱采用 L 型结构,溢流阀固定在其底部箱上。油箱需要专用油枪从注油孔注油,采用 YH-10 航空液压油。油箱设有油标尺,用于观察油量,要保持上限。油箱内有磁铁吸附金属粉末。

(八)启动油缸

启动油缸的作用是在电动机刚启动时先给一个小负载,待转速提高、力矩增大时再带动负载,克服交流电动机启动力矩的不足。

启动油缸如图 5.47 所示,由缸体、缸筒、柱塞、垫块、螺堵及 O 形圈组成。启动油缸用两个接头阀将油路板与缸体上的两个孔连接起来,使其在油路中与油缸并联。

当电动机刚启动时,若油泵右侧为高压油,则启动油缸右孔为高压,高压油先推动柱塞向左移动,由于柱塞力很小,使电动机顺利启动。电动机启动后力矩增大,启动油缸也被充满,液压油再充入油缸,推动油缸动作带动道岔转换。若油泵左侧为高压油,原理相同。

(九)节流阀

如图 5.48 所示,节流阀由调整杆、密封圈、挡圈等组成,它设在主机油缸活塞杆的两端,完成油管与活塞杆的油路连接。它的作用是:用来调节进入主机油缸液压油的流速(量),即改变转辙机转换的速度。通过调节调整杆改变管道通径,从而改变流量,实现一、二动同步。(顺时针拧进,流量减少,速度变慢;逆时针拧出,流量增大,速度变快。)

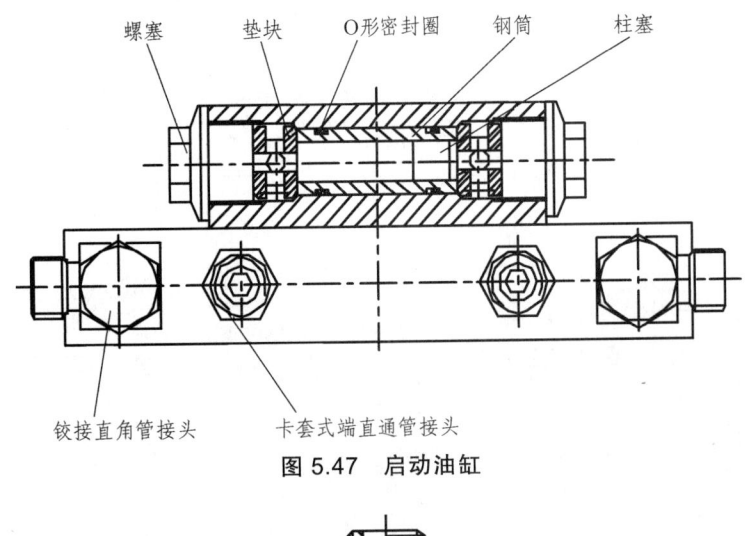

图 5.47 启动油缸

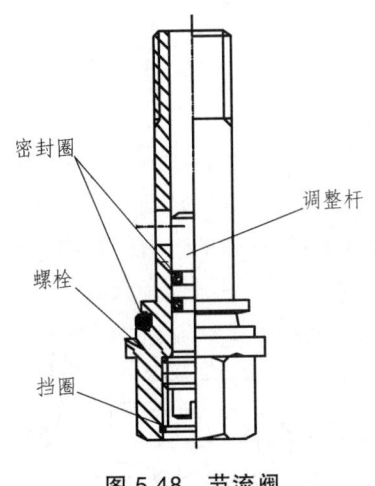

图 5.48 节流阀

（十）油 缸

油缸是将液压能转变为机械能的转换装置。

油缸由活塞杆、缸座、缸筒、缸套、接头体、连接螺栓和密封圈组成，如图 5.49 所示。活塞杆通过连接螺栓、杆架连在机体外壳上，这样就使得活塞杆固定，用缸筒运动来推动道岔转换（油缸上镶嵌推板和动作板）。活塞杆中部有孔管，端部接头体连油管，活塞四周有小孔，液压油从孔进入油缸腔。油泵向油缸左腔注入液压油，从右腔吸出液压油时，左腔压力增大，油缸向左移动。反之向右移动。

油缸到位后左右腔压力均衡，如没有液压锁闭装置，由于震动会造成油缸窜动，动作板斜面顶起接点滚轮断表示，所以增加了油缸辅助锁闭装置。所谓油缸辅助锁闭装置，是在油缸上设一个弹力滚珠，动作杆定反位各有一个圆坑与其对应，增加辅助锁闭功能，其力达到 100 kgf（约 980 N）。

（十一）滤清器

滤清器用来防止杂物进入溢流阀及油缸，造成油路卡阻，以保证油路系统的可靠性。

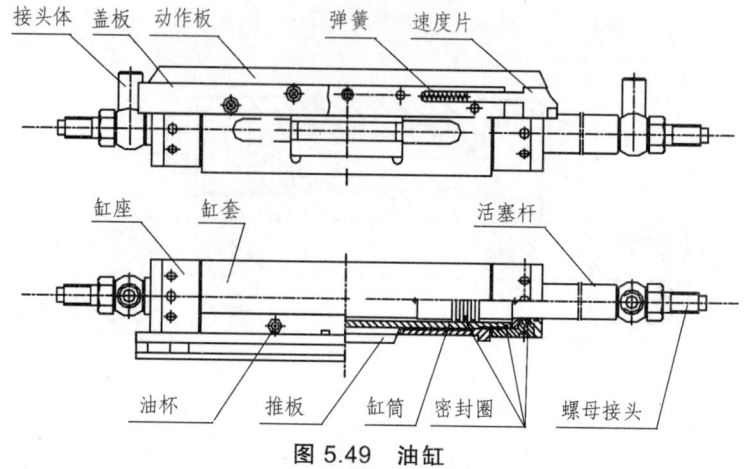

图 5.49 油缸

（十二）推板

推板是嵌在油缸套上的矩形钢板，两端斜面凸起露在缸套外，凸起面动作时推动锁块使动作杆运动。突起面与锁块燕尾吻合。

推板、锁闭块、锁闭铁配合转换或锁闭动作杆。如图 5.50 所示，定、反位锁块通过轴销固定在动作杆上，燕尾型锁块以轴销为轴可以转动。为确保销轴的强度，在锁块上部设一块加强板，四个销轴两端分别固定在动作杆和加强板的孔中，锁块夹在动作杆和加强板间。锁闭铁固定在机壳上，是一个长矩形钢板，端部稍有斜面与锁闭块吻合。

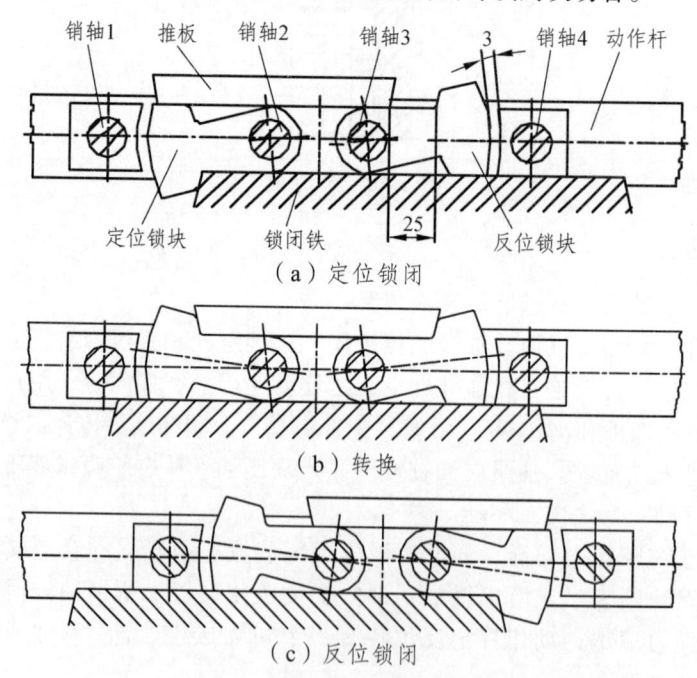

图 5.50 ZYJ7 型电液转辙机机械动作原理图

（十三）动作板

动作板是固定缸套侧面上的钢板，有高低两个层面，高面两端有斜面，低面两端设两个可窜动（弹簧弹力）的速动片，与接点座上的滚轮配合，完成转辙机动作解锁前断开表示电路、接通向回转启动电路、转换完成时快速断开原启动电路接通新位置表示电路（作用相当于 ZD6 转辙机的启动片和速动片）。

（十四）动作杆

方型动作杆上装设两个活动锁块，与油缸侧面的推板配合工作。动作杆外侧有圆孔，用销子和外锁闭杆连接。转换道岔时，油缸带动推板，推板推动锁块，锁块通过轴销与动作杆相连。道岔转换至锁闭位置时，推板将动作杆上的锁块挤于锁闭铁斜面上。

（十五）锁闭（表示）杆

如图 5.51、5.52 所示，主机的伸出与拉入位置各设一根锁闭杆，外端通过外表示杆与尖轨相连。内方开有方槽，与接点组系统的锁闭柱方棒相配合。当尖轨转换到位锁闭后，锁闭柱落入锁闭杆上的方槽内，使接点接通相应的表示电路。由于锁闭杆上方槽为矩形，锁闭柱下端也为矩形，所以具有锁闭作用。两锁闭杆分别连接在两尖构轨上，一根作为锁闭杆，另一根即作为斥离尖轨的表示杆。

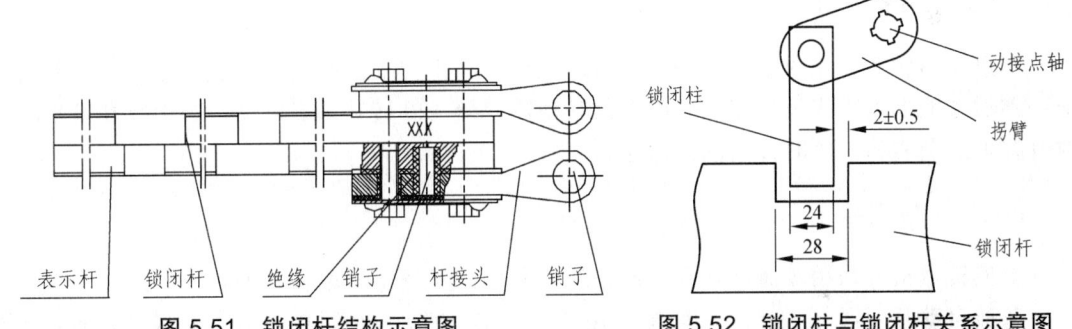

图 5.51　锁闭杆结构示意图　　图 5.52　锁闭柱与锁闭杆关系示意图

（十六）表示杆

副机的伸出与拉入位置各设一根表示杆，外端通过外表示杆与尖轨连接。内方开有斜槽，与接点组系统的检查柱下端斜角相配合，检查道岔位置。当尖轨转换到位锁闭时，检查柱下端落入表示杆缺口，使接点接通相应位置的表示电路。副机表示杆不起锁闭作用。挤岔时，检查柱上提断开表示电路，如图 5.53 所示。

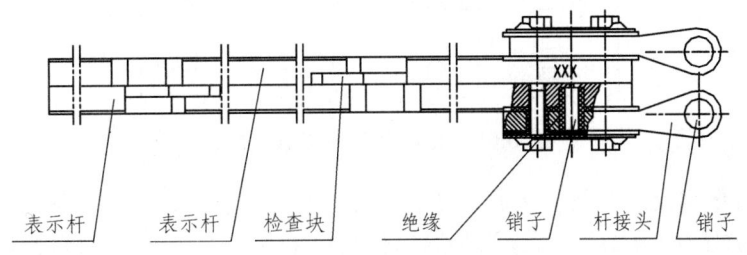

图 5.53　表示杆结构示意图

（十七）挤脱器

挤脱器安装在 SH6 型转换锁闭器上。它与锁闭铁经定力机构与机壳连在一起。当道岔被挤时，锁闭铁位移，转换接点组断开表示电路，及时给出挤岔表示。

挤脱器由机壳上立柱形的固定桩与动作杆连接的锁闭铁靠凹凸槽吻合连接。固定桩内装有弹簧，经紧固后将锁闭铁与机壳连接起来，如图 5.54 所示。

如果道岔被挤，动作杆带动锁闭铁挤出凹槽，启动片随之移动，斜面带动拐臂轴上的小滚轮抬起，使动接点退出，断开表示电路。此时动作杆连接的锁闭铁与机壳上的固定桩失去连接，起到了挤岔保护的作用。

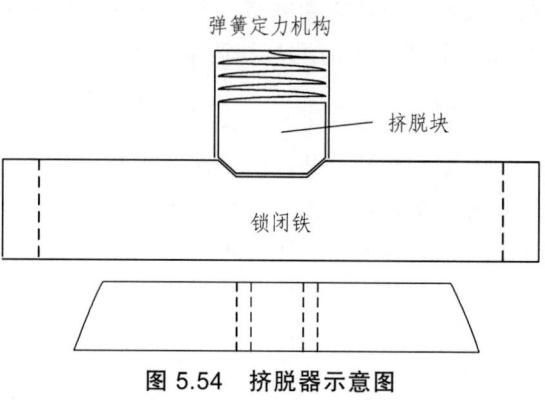

图 5.54 挤脱器示意图

（十八）遮断器

需要检修转辙机或需要使用手摇把转换道岔时，将遮断器打开，确保安全。它与 ZD6 转辙机的遮断器基本一样，恢复时需用手提起内部支挡。它的位置在电动机侧，外部加锁。

（十九）手摇把孔

在遮断器锁旁，正对电动机轴，外有遮雨板，从下往上掀起，露出手摇把孔。只有打开遮断器后才能插入手摇把。完成一次道岔转换需要摇 120 转。站在电动机、引线孔处看，逆时针摇油缸向右移，顺时针摇油缸向左移。

（二十）接点组

电液转辙机可采用普通自动开闭器，也可采用沙尔特堡型速动开关。

普通自动开闭器与 ZD6 电动转辙机用的接点组一致，只是每排静接点的编号方向有所不同，站在电动机处从近向远编号为 1~6，如图 5.55 所示。

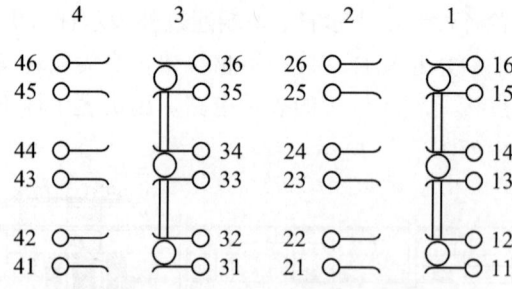

图 5.55 自动开闭器接点示意图

对于沙尔特堡型速动开关，接点编号方法是：站在电动机、油泵一侧，两排接点左边的第一位数为 1，右边的为 2；由近至远是第二位数的 1、2、3、4、5，每组接点的左上为第三位数的 1，右上为 2，左下为 3，右下为 4。当动接点架转换 9°时，将常闭的 23-1-2 接点断开，断开表示。转换终了，启动片掉入圆弧内，开关迅速动作，依靠开关的弹力接通反位的 13、21、14-1-2 接点，接通新的表示电路。

五、ZYJ7型电液转辙机的传动过程

（一）ZYJ7型电液转辙机的油路系统的组成

如图 5.56 所示，电液转辙机的油路系统为闭式系统，液压传动是借助于处于密封容器内液体的压力来传递能量和压力。它由油泵、流量调节阀、溢流阀、单向阀、滤清器及各部接头、油管、溢流板体组成。

油泵是整个系统的动力源，用来将机械能变为液体的压力能。流量调节阀、溢流阀、单向阀等组成操纵控制装置，用以控制液压油的流向、流量和压力，实现不同的工作循环。油缸是系统执行机构，它把液压能变换成机械能。滤清器、油池等是辅助装置。

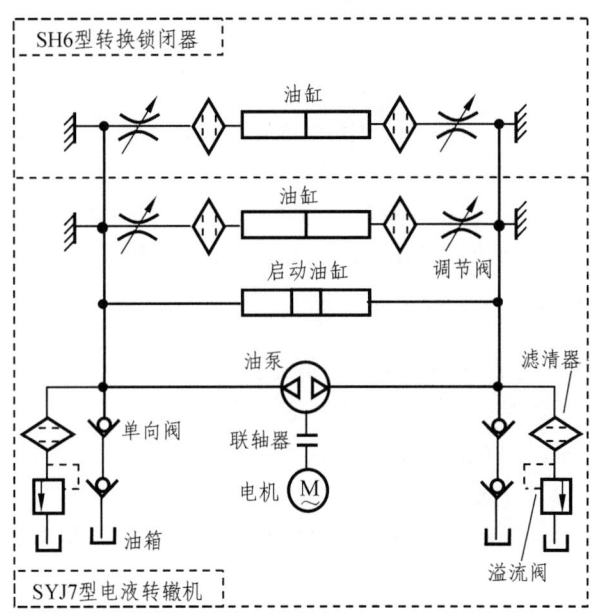

图 5.56　ZYJ7型电液转辙机的油路系统

（二）电液转辙机液压传动原理

给电动机通电，电动机顺时针旋转时，通过联轴器，使油泵动作，开始泵油，液压油首先使启动油缸里的柱塞向右运动，克服电动机启动力矩不足的缺点，然后，液压油经左侧的调节阀、活塞杆中心圆孔注入油缸左腔，油缸另一侧通过油泵从油缸右侧腔内吸出油，即左腔内为高压油，由于活塞杆固定不动，所以高压油推动油缸向左移动。当油缸动作到终端停止移动时，油泵从右边的单向阀吸出油，泵出的液压油经左侧的滤清器和溢流阀回到油池，吸收电动机惯性。

反之，当电动机带动油泵逆时针旋转时，油泵从油缸左侧腔内吸出油，泵出的高压油通过活塞空腔进入油缸右侧，使油缸右腔为高压，此时油缸向右移动。

当道岔受阻油缸不能移动时，油泵继续转动，管路内油压升高，高于溢流阀设定压力时通过溢流阀开启使液压油回到油缸，实现受阻但电动机不停转，保护电动机。通过启动油缸克服了交流电动机启动力矩小的缺点。电动机旋转通过液压系统转换成油缸的直线运动。牵

引力大小通过选择不同油缸截面积来实现。当第一、第二点转换时间不一致时，可以通过调整节流阀来实现 ZYJ7 与 SH6 的同步。

（三）ZYJ7 型电液转辙机机械传动原理

ZYJ7 型电液转辙机的解锁、转换、锁闭作用原理如图 5.50 所示。

当道岔转换至定位位置时（例如拉入），推板的拉入锁闭面与拉入锁块的锁闭面相吻合，使锁块不能移动，拉入锁块的斜锁闭面与锁闭铁拉入锁闭面相互吻合，使锁块和动作杆不能伸出，此时称为转辙机拉入锁闭状态，如图 5.50（a）所示。

当电动机启动，油缸向伸出方向移动时，推板随油缸移动，移动 25 mm 时推板拉入锁闭面全部退出拉入锁块的锁闭面。此时，转辙机为解锁状态。

推板继续移动，即带动伸出锁块、销轴、动作杆移动，动作杆又带动拉入锁块离开锁闭铁拉入锁闭面，迫使拉入锁块移动，拉入锁块动作面跟随推板拉入动作面。此时转辙机进入了转换状态，如图 5.50（b）所示。

油缸和推板继续移动，至伸出锁块锁闭面将要与锁闭铁伸出锁闭面接触，则进入增力状态。这时伸出锁块由推板伸出动作面和锁闭铁伸出锁闭面接触。此后推板再向前移动 15.2 mm（动作杆相应动作 7.6 mm）即为增力阶段。推板继续移动 9.8 mm，伸出锁块斜锁闭面与锁闭铁伸出锁闭面完全吻合，转辙机为伸出锁闭状态，如图 5.50（c）所示。

（四）ZYJ7 型电液转辙机的检查和表示

ZYJ7 型电液转辙机的检查和表示装置由固定座、拐臂、锁闭检查柱、轴承座、传动杆及齿轮、动作板、速动片、弹簧、接点组和内外表示杆组成。

转辙机处于拉入位置时，锁闭检查柱与内表示杆的主锁闭缺口对应，只有缺口对准，锁闭检查柱方可落入检查口。用此来检查道岔尖轨密贴，并通过拐臂带动接点组构成表示电路。

转辙机在伸出位置时，锁闭检查柱与副锁闭杆缺口对应，即检查此时尖轨的密贴。

接点组与动作板、速动片、启动片的动作关系如图 5.57 所示。

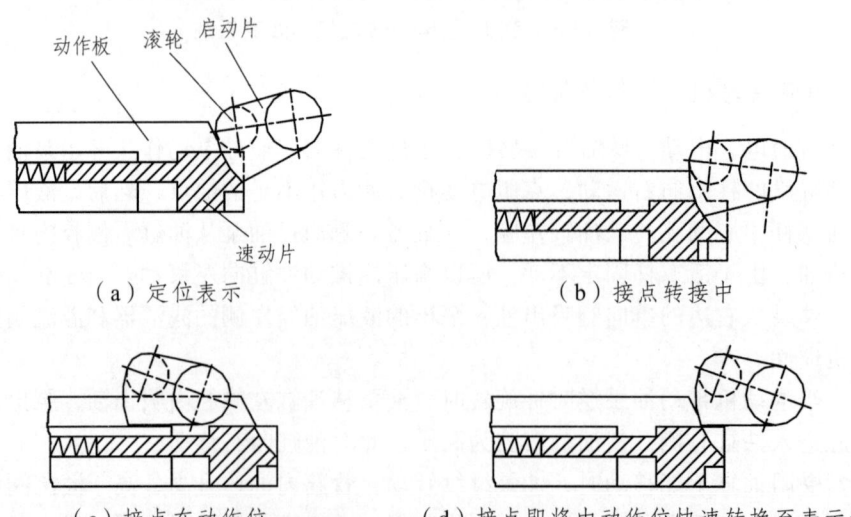

图 5.57 接点组与动作板、速动片、启动片的动作关系

当油缸侧面上的动作板向左移动 1.4 mm 时，动作板的斜面开始推动接点组的滚轮。油缸移动 17.4 mm，动接点组转换，断开原表示接点。油缸移动 25 mm 时，油缸侧面的推板刚接触反位锁块的锁闭面，推板将定位锁块解锁，油缸解锁动程结束。道岔尖轨转换，当尖轨与基本轨密贴时，油缸走完了转换动程，油缸侧面的推板动作面进入反位锁块的锁闭面，动作杆不再动作，油缸继续移动的锁闭动程为 17.4 mm。当锁闭动程为 23.6 mm 时，接点组的启动片在弹簧的作用下，快速落入动作板上速动片圆弧内，即快速地断开电动机电源，接通现表示电路。

六、电动液压转辙机安装装置

安装好钩形外锁闭装置后进行安装装置与电动液压转辙机的安装。

（1）安装前检查。

符合道岔技术要求后方可进行外锁闭器及电动液压转辙机等电务设备的安装。

对道岔主要有以下要求（一、二动尺寸相等）：

① 两水泥枕中心距为 650 mm。

② 基本轨上外锁闭框连接孔中心距前一个水泥枕中心均为 350 mm。

为保证安装位置，可在前、后增设拉板以确保使用中不产生大的变化。

③ 水泥枕头部预埋螺栓孔距钢轨内侧分别为 390 mm 和 570 mm。

（2）按标记分别在第一、第二牵引点处安装基础脱板。

安装脱板时，要注意以下几点：

① 基础脱板与水泥枕上平面间应装 5 mm 厚橡胶板。

② 横连接板与弯板间应装橡胶垫，必要时还应加装调整垫，以调整转辙机的高低。

③ 安装连接板时，一定要注意转辙机安装孔的方向。一动单孔在前，二动近距两孔在前。

（3）分别安装一、二动表示拉杆。

需注意：有扣轴套永远位于尖轨下方。

（4）分别将转辙机和转换锁闭器安装就位。

（5）安装就位后，连接主副机油管。

油管安装有地面安装和地下铺设两种。油管安装时的弯曲半径不小于 100 mm，进出槽钢和地面应留有一定余量，并用橡胶防护管防护，以防止油管损坏。地面安装时，用管卡紧固牢靠。地下铺设时，铺设深度应符合要求。

（6）用专用注油器，将 YH-10#航空液压油由注油孔注入油箱至油标上限，打开遮断器，用手摇把使手摇电液转辙机转换数次，排掉系统中的空气（排气方法：松开油标螺栓，在手摇电动机时松紧溢流阀，使空气从油箱中排出），同时检查油箱内油量，补至油标上限。

（7）分别连接一、二动动作拉杆及表示拉杆。手摇或电动使一、二牵引点到位，检查道岔开口，应符合要求。若不符合，根据两侧开口差除以 2 去调整动作拉杆长短即可。动作拉杆上齿为 3 mm。

七、ZYJ7 型电液转辙机的维护

（一）ZYJ7 型电液转辙机的技术规范

（1）油路系统不得出现渗漏和堵塞现象。

（2）溢流压力测试达到：12号道岔为10～11 MPa，9号道岔为8.5～9.5 MPa。正常转换动作压力：12号道岔不大于7 MPa，9号道岔不大于6 MPa。

（3）油路系统内无空气，转换速度应能做到主、副机协调同步。

（4）单机牵引9号道岔，开口量在（152±5）mm内，左右偏差小于3 mm。双机牵引12号道岔，第一牵引点开口量在（160±5）mm内，左右偏差小于3 mm；第二牵引点开口量在（80±5）mm内，左右偏差小于3 mm。

（二）ZYJ7电液转辙机的调整

（1）密贴调整：根据到位尖轨与基本轨的间隙，增减锁闭铁与锁闭框的调整垫片的厚薄量进行密贴调整。

9号道岔：电操电液转辙机，在动作拉杆中心处的尖轨与基本轨间插入4 mm厚、20 mm宽的铁板，电液转辙机不锁闭且不得接通机内表示接点；插入2 mm厚、20 mm宽的铁板，电液转辙机必须锁闭且接通机内表示接点。

12号道岔：电操电液转辙机，在尖轨第一、第二牵引点外锁闭装置锁闭杆中心处的尖轨与基本轨间插入4 mm厚、20 mm宽的铁板，在尖轨第一、第二牵引点间的尖轨与基本轨间任一点间插入10 mm厚、20 mm宽的铁板时，外锁闭和电液转辙机不锁闭且不得接通机内表示接点；插入2 mm厚、20 mm宽的铁板，外锁闭和电液转辙机必须锁闭且接通机内表示接点。

（2）表示缺口调整：调整安装装置的长、短表示杆使密贴轨的锁闭柱与锁闭杆缺口间隙为，9号道岔锁闭柱与锁闭杆缺口间隙为（2±0.5）mm；12号道岔密贴轨（第一牵引点）的锁闭柱与锁闭杆缺口间隙为（2±0.5）mm，密贴轨（第二牵引点）的检查栓与表示杆的缺口间隙为（4±1.5）mm。

（三）ZYJ7电液转辙机的检查

1. 对电动机油泵组的要求

电动机、油泵间联轴器配合良好，转动时无卡阻、别劲，无过大噪声。油路系统应符合：油缸、动作杆动作平稳，无颤抖。油路系统各接头部分无泄漏。油缸的动密封应满足：油缸连续往复动作20次后，活塞杆两端油膜不成滴。

2. 对溢流阀的要求

（1）道岔在正常转换时，保证液压系统有足够的压力；道岔尖轨因故不能转换到位时，溢流阀应溢流。

（2）溢流阀调整灵活，溢流压力应调整为额定转换力时压力的1.1～1.3倍。

（3）调节阀调整灵活，作用良好。

（4）胶管总成外露部分及与槽钢进出口处防护设施齐全，转角弯曲处半径应不小于150 mm，进出口端应留有足够余量以避免列车震动受力，防护管槽固定牢固。胶管总成外层橡胶无较大龟裂。

（5）电液转辙机应使用YH-10号航空液压油。油箱油位应保持在油标尺上、下标记之间。

（6）接点组应符合下列要求：

① 动、静接点安装牢固，接点片不歪斜，无伤痕；动接点在静接点片内接触深度不小于

4 mm，用手扳动动接点，其摆动量不大于 2 mm；动接点打入静接点时，与静接点座应保持 3 mm 以上间隙；接点接触压力不小于 4 N；启动片落下前，动接点在静接点内窜动时，应保证接点接触深度不小于 2 mm。

② 当滚轮在动作板上滚动时，启动片尖与速动片的间隙为 0.3~1.3 mm。

③ 启动片不得与动作板或动作板上的盖板相磨卡。当转辙机转换终了，启动片尖离开速动片时，应快速切断动作接点。

④ 滚轮在动作板上应滚动灵活，落下时滚轮与动作板底部不受力，并与动作板斜面有 0.5 mm 以上间隙。

⑤ 在动作杆、表示杆、锁闭杆正常伸出或拉入过程中，拉簧弹力适当，作用良好，保证动接点迅速转接并带动锁闭柱、检查柱上升或下落。

⑥ 当锁闭（检查）柱因故落在锁闭（表示）杆上平面时，动接点环和断电距离应不小于 2.5 mm，与另一侧接点距离不小于 2.0 mm。

（7）两锁闭杆（表示杆）平顺、无张口。

（8）锁闭柱与锁闭杆缺口两侧的间隙：外锁闭为（2±0.5）mm，内锁闭为（2±0.5）mm，检查柱与表示杆检查块缺口为（4±1.5）mm。

（9）遮断器的常闭接点应接触良好，在插入手摇把时，常闭接点应能可靠断开。

（10）惯性轮与电动机轴摩擦作用良好，接点不得反弹，手动检查不抱死。

（11）转辙机内缸套与底壳之间，锁闭铁、锁块、锁闭柱之间，动作杆、锁闭杆、表示杆出入口处，滚轮、检查柱、锁闭柱等滑动摩擦部位涂满足环境要求的润滑油脂。

（12）SH6 型转换锁闭器应符合下列要求：

① 液压系统、接点系统及机械传动系统应参照上述有关规定执行。

② 挤脱器挤脱力应调整为 27~30 kN，并铅封。

③ 当道岔被挤时，接点应可靠断开。挤岔后应整机更换，现场不得随意调整。

思考题

1. 道岔是一种什么设备？其组成包括哪三大部分？
2. 道岔号用什么来表示？
3. 对转辙机有何基本要求？其作用是什么？是如何分类的？
4. 在城市轨道交通中如何设置转辙机？
5. 试说明 ZD6 型电动转辙机的结构和各部件的作用。
6. 试说明 ZD6 型电动转辙机电动机是如何实现正、反转的。
7. 试说明 ZD6 型电动转辙机的传动原理。
8. 如何调整 ZD6 型道岔的密贴、表示缺口及摩擦电流？说明各项调整标准。
9. ZD6 型电动转辙机的自动开闭器由什么构成？其接点如何编号？说明其动作原理。
10. ZD6 型电动转辙机的挤切装置是如何起到挤岔保护作用的？它所牵引的道岔在发生挤岔时如何动作？是如何切断表示的？
11. ZD6 型电动转辙机的摩擦联结器有何作用？

12. 试说明 ZD6 型电动转辙机的机械锁闭原理，并说明它是如何实现解锁、转换和锁闭的。
13. 试说明 ZD6 型电动转辙机的整体传动过程。
14. ZD6 型电动转辙机的安装装置有哪些？
15. ZD6 型电动转辙机如何安装？何为正装和反装？举例说明转辙机是 1、3 闭合的还是 2、4 闭合的。
16. ZD6 型电动转辙机有哪些技术规范。
17. 试说明直流道岔转辙设备电气特性测试方法。
18. S700K 型电动转辙机由什么组成？其各部件的作用是什么？
19. 试说明 S700K 型电动转辙机的整体传动过程。
20. 试说明 S700K 型电动转辙机的技术规范。
21. S700K 型电动转辙机的安装装置有哪些？
22. 如何调整、检修 S700K 型电动转辙机？
23. 钩式外锁闭装置由什么组成？
24. 试说明钩式外锁闭装置的动作原理。
25. 如何调整钩式外锁闭道岔？
26. 试说明交流道岔转辙设备电气特性测试方法。
27. ZD(J)9 型电动转辙机由什么组成？其各部件的作用是什么？
28. ZD(J)9 型电动转辙机与 S700K 型电动转辙机和 ZYJ7 型电液转辙机有何异同点？
29. 如何调整 ZD(J)9 型电动转辙机所牵引的道岔？
30. 试说明交流道岔转辙设备检修作业程序及质量标准。
31. ZYJ7 型电液转辙机由什么组成？说明其各部件的作用。
32. SH6 型转换锁闭器由什么组成？它与 ZYJ7 型电液转辙机有何异同点？
33. 简述 ZYJ7 型电液转辙机的液压传动原理。
34. 简述 ZYJ7 型电液转辙机的机械传动原理。
35. ZYJ7 型电液转辙机所牵引的道岔有哪些安装装置？
36. 如何维护 ZYJ7 型电液转辙机所牵引的道岔？

项目六 车-地通信设备的运行与维护

【岗位工作任务描述】

在 CBTC 系统中，车-地通信设备是必不可少的基础设备。ATS 工班或 DCS 工班应根据修程规定制订对所管辖线路内的车-地通信设备的年度检修计划，并根据月度维修工作计划表（月表），按照标准化流程及技术标准在规定时间内对车-地通信设备进行检修，以确保系统设备的正常运用，保证城轨运输的安全、高效。

【知识目标】

1. 了解车-地通信设备在列车运行自动控制系统中的应用；
2. 了解各种不同车-地通信方式的特点；
3. 掌握应答器常用分类及应答器的组成、工作原理；
4. 掌握应答器在城轨信号控制系统中的主要功能及设置；
5. 了解基于感应环线的 CBTC 系统在我国的应用，了解其信息传输过程，理解感应环线的定位原理；
6. 掌握 DCS 子系统的主要通信部件与设备；
7. 理解无线 AP 天线的配置；
8. 掌握 TRE 的部件组成及各部件作用；
9. 了解基于无线电台的 CBTC 系统电磁兼容性的解决措施；
10. 理解应答器、感应环线和轨旁无线 AP 设备的维护规程。

【技能目标】

1. 了解应答器的组成，能够说出应答器在城轨信号控制系统中的设置与作用；
2. 能够按照维护规程对应答器进行标准化维护；
3. 能够按照维护规程对感应环线设备进行标准化维护；
4. 了解轨旁无线 AP 设备的部件，能够说出无线 AP 天线在城轨信号控制系统中的配置；
5. 能够按照维护规程对轨旁无线 AP 设备进行标准化维护。

随着通信技术的飞速发展，无线通信的可靠性、可用性大大提高，以信号控制为核心的传统轨道交通信号系统演变成基于通信的列车运行控制系统（CBTC）。1999 年 9 月，IEEE（电气与电子工程师协会）对 CBTC 系统的定义是利用高精度的列车定位（不依赖轨道电路），双向连续、大容量的车-地数据通信，车载、地面的安全功能处理器实现的一种连续自动列车控制系统。它通过提高列车定位精度和移动授权更新率来提供更大的通过能力并减小列车的间隔距离，其最显著的优势是可以实现移动闭塞。

列车运行控制系统的关键技术包括列车完整性检查、测速、定位及车-地信息传输，其中车-地信息传输是系统核心问题之一。目前，车-地信息传输方式主要包括轨道电路、查询应答器、感应环线、漏泄同轴电缆、裂缝波导管、无线电台等。

本项目主要介绍应答器（信标）、感应电缆、无线电台在城市轨道交通信号系统中的应用。

任务一　认识车-地通信设备

随着列车运行间隔的缩短，列车在正线上高速行驶时，对列车运行间隔的控制要根据列车的位置、列车的速度、线路的条件、制动性能等信息对列车的运行速度实现控制，需要列车与地面控制中心交换控车信息。列车要向地面设备传送其运行状况，包括列车的识别号、位置、速度、列车的制动数据等；地面设备需要向列车传递线路的参数信息、限速信息、目标速度、目标距离、定位停车等信息。要实现这个目的，需借助于车-地通信设备。为了实现精确、安全、可靠的控车目标，要求车-地通信通道具有高可靠性、安全性和兼容性。

一、车-地通信方式的分类

目前在列车运行控制系统中车-地通信方式有：轨道电路、查询应答器、感应环线、漏泄电缆、裂缝波导管、无线电台等。

（一）按照列车信息传输的连续性分类

按照列车信息传输的连续性分类，车-地通信方式可分为：
（1）点式通信：在线路上的某些特定位置安装车-地通信设备，当列车通过时，才与其发生信息交换。查询应答器及特定位置安装的感应环线属于点式通信方式。
（2）连续性通信：覆盖在整条线路上，始终能够建立车-地之间信息的交换。轨道电路、感应环线、漏泄电缆、裂缝波导、无线电台等均属于连续式通信方式。

（二）按照车-地之间信息流的方向分类

按照车-地之间信息流的方向分类，车-地通信方式可分为：
（1）单向通信：信息流的方向只能实现轨旁设备至车载设备的传递。轨道电路及城市轨道交通中大部分查询应答器都属于单向通信方式。
（2）双向通信：信息流的方向既能实现轨旁设备至车载设备的传递，也能实现车载设备向轨旁设备的传递。感应环线、漏泄电缆、裂缝波导、无线电台等均属于双向通信方式。

（三）按照车-地信息的传输媒介分类

按照车-地信息的传输媒介分类，车-地通信方式可分为：有线通信与无线通信。
感应电缆与轨道电路属于有线通信方式。
漏泄电缆、裂缝波导、无线电台采用的频率一般为 2.4 GHz 或 5.8 GHz，属于无线通信频段，信息传输量大，统称为无线通信方式。

二、车-地通信方式的比较

列车完整性检查、轨道空闲检查是轨道电路所特有的，以钢轨作为车-地信息传输的媒介，可以实现连续的轨旁（地面）至车载设备的单向通信，但无法实现车对地的信息传输，且通信能力有限。轨旁和中央无法连续、实时地获得列车及车载设备的运行状况信息，也就无法实现对列车的连续监测和实时的列车运行调整。另外，它以轨道区段作为列车占用/空闲的凭证，列车定位精度不高。

应答器在线路上的某些特定位置安装，其车-地信息的传递是间断的，即当列车从一个信息点获得地面信息后，要到下一个信息点才能更新信息，若其间地面情况发生变化，无法立即将变化的信息传递给列车。轨旁应答器在信号控制系统中的主要作用有系统初始化、列车定位及轮径校准、精确停车和 CBTC 的后备模式等。

采用现代通信技术，以基于"通信"技术（CBTC）的感应环线、漏泄电缆、裂缝波导管以及无线电台等任一方式可实现车、地间的双向数据传输，连续的通信使得列车的定位有较高的分辨率，并且能满足轨旁设备与移动的列车之间大容量信息交换的需要，对列车进行实时的速度控制以及实现轨道交通的综合自动化。

感应环线车-地通信系统开发较早，具有很成熟的运用经验，但其采用的网络和数据传输技术是 20 世纪 80～90 年代的水平，其通信的冗余性、技术标准的通用性及可维护性等方面均逊于无线通信方式。利用感应环线进行车-地信息传输的信号系统供货商有泰雷兹公司和西门子公司。由于感应环线传输速率低，带宽相对较窄，传输数据量较少，且大量的感应环线要求安装在轨道中间，当轨道进行工务维修或更换后需检查环线是否损坏或在规定的感应范围内，这将延长维修人员在线路上的维护时间，对运营造成一定的干扰，尤其在既有线改造工程中施工较为困难。

利用漏泄电缆进行无线传输的列车运行控制系统供货商有法国 ALSTOM 公司和美国 BOMBARDIER 公司。无线传输媒介采用的是基于 2.4 GHz ISM（Industrial Scientific Medical）频带的漏泄电缆，能够让无线电波从电缆裂缝中向外漏泄出来。漏泄同轴电缆的特性和衰减性能较好，传输距离较远，最大传输距离达到 600 m，且沿线无线场强覆盖均匀，呈现良好的方向性分布，抗干扰能力较强，适合于在狭长的地下隧道内使用。

另外，漏泄电缆的安装要求不是很高，可以根据现场条件安装在隧道侧墙（仅适用于全地下线路）或隧道顶部（仅适用于全地下线路，且三轨供电）。其与列车车载天线的安装位置基本对应。但漏泄同轴电缆对于地面和高架线路安装比较困难，且美观效果较差。正因为如此，ALSTOM 公司与 BOMBARDIER 公司均可以实现漏泄同轴电缆与无线电台混合组网，对于地下线路部分采用漏泄同轴电缆覆盖，对于地面及高架线路部分采用无线电台覆盖，解决了漏泄同轴电缆在地面及高架区段安装的问题。漏泄同轴电缆的安装位置较高，不会影响一般轨旁维护工作，其自身安装调试完成后维护工作量很小。

采用裂缝波导管进行无线传输的列车运行控制系统供货商只有法国 ALSTOM 公司。裂缝波导管采用的是一种长方形铝合金材料，在其表面每隔一段距离（约 5 cm）刻有一条 2 mm 宽、3 cm 长的裂缝，能够让无线电波从此裂缝中向外漏泄出来。因波导管物理特性和衰减性能很好，其传输距离较远，最大传输距离可达到 1 600 m，且沿线无线场强覆盖均匀，呈现良好的方向性分布，抗干扰能力较强。它具有漏泄电缆的优点，适合于在狭长的地下隧道内使用。且其传输距离要优于漏泄同轴电缆，减少列车在各个 AP（Access Point，无线访问节点）之间的漫游和切换，大大提高了无线传输的连续性和可靠性。

裂缝波导管的安装要求较高，其与列车车载天线的安装位置要求对应。裂缝波导管可以根据现场条件安装在隧道底部钢轨旁（适用于地下、地面、高架或混合线路），或隧道侧墙（仅适用于全地下线路），或隧道顶部（仅适用于全地下线路，且三轨供电）。

因裂缝波导管的安装位置受到现场制约，且必须与车载天线位置对应，其安装精度要求也比较高。另外，对于波导管内部和表面的维护量较大，要防止沙尘侵入和污物覆盖等。

采用无线电台进行车-地双向通信的系统供货商有法国泰雷兹公司、法国 ASLTOM 公司、德国 SIEMENS 公司和美国 USSI 公司以及 BOMBARDIER 公司等。

无线电台的体积较小，安装比较灵活，受其他因素的影响小，可以根据现场条件和无线场强覆盖需要进行设计和安装，且安装和维护容易。无线电台在隧道内传输受弯道和坡道影响较大，同时隧道内的反射比较严重，需要考虑多径干扰等问题。无线电台在地面和高架线路安装比较容易，但线路周围不能有高大密集的建筑物，否则也会产生反射和衍射，从而导致传输质量下降和通信速率降低。

无线电台的传输距离小，且为了保证在一个 AP 故障时通信不中断，提供通信的可靠性，往往需要在同一个地点设置双网覆盖，进一步缩短了 AP 布置间距，使得列车在各个 AP 之间的漫游和切换特别频繁，大大降低了无线传输的连续性和可靠性。同时相应的电缆使用量很大。

采用无线电台作为传输媒介，轨旁仅在隧道顶部或侧壁安装无线天线、设备箱盒等，轨旁设备相对较少，安装位置不易遭到人为破坏，维护成本相对较低，且轨旁设备采用热备冗余结构，可靠性高。

无线通信式比感应环线式在传输功能、使用维护及技术发展水平等方面均具有较大的优越性。

几种车-地通信方式的比较见表 6.1。

表 6.1 几种车-地通信方式的比较

比较项目	应答器	感应环线	无线电台	裂缝波导
传输模式	车-地单向传输	车-地双向传输	车-地双向传输	车-地双向传输
传输频率（kHz）	车到地（激活信号）：27×10^3 地到车（数据通信）：4.23×10^3	车到地：56 地到车：36	2.4×10^6 或 5.8×10^6	2.4×10^6 或 5.8×10^6
数据传输速率（kb/s）	564	1.2	128	地到车：128 车到地：384
数据安全	报文信息采用编码技术；控制发送功率，保证在规定的距离外不发生交叉干扰	报文信息采用编码技术，且数据保护程序工作于故障-安全系统；采用独立传输通道	报文信息采用编码和过程保护；采用直接序列扩频（DSSS）或跳频扩频（FHSS）技术或正交频分复用技术	报文信息采用安全编码保护；采用直接序列扩频（DSSS）技术
特点	实现车-地信息的单向传输；轨旁设备少，维护成本低；可实现列车精确定位	实现车-地信息的双向传输；基本不受牵引回流、道床漏泄、防迷流网的影响；列车位置检测精度较高；避开了轨道电路的传输方向性，信息传输可靠性高	实现车-地信息的双向传输；基本不受牵引回流、道床漏泄、防迷流网的影响；轨旁设备简单，安装及维护成本低；数据传输快；组网灵活，易于实现互联互通	实现车-地信息的双向传输；基本不受牵引回流、道床漏泄、防迷流网的影响；传输频带宽、速率高、信息量大；传输损耗小；可实现列车精确定位
限制条件	不能实现地车信息的连续传输；信息传输量小	对轨旁电磁环境要求较高；对轨道维护有影响	信息保密性要求高；要求具有抗外界无线干扰措施	安装精度要求严格；对轨道维护有影响

CBTC 系统中的车-地无线通信一般使用 2.4 GHz 公共开放频段，其无线通信方式大都采用了 IEEE 802.11a/b/g/n 标准以及 FHSS（Frequency-Hopping Spread Spectrum，跳频扩频）技术、OFDM（Orthogonal Frequency Division Multiplexing，正交频分复用）技术等。

WLAN（Wireless Local Area Network，无线局域网）技术是借助无线手段，把通过有线方式来连接网络的手段改为可移动性方式，以实现网络连接不受空间限制。该技术规范和标准主要由 IEEE 802.11 工作组制定，正在不断完善和发展。802.11 主要协议的特点如表 6.2 所示。

表 6.2　IEEE 802.11 主要协议的特点

标准号	802.11	802.11b	802.11a	802.11g	802.11n
频率	2.4～2.4835 GHz	2.4-2.4835 GHz	5.15～5.350 GHz 5.475～5.725 GHz 5.725～5.850 GHz	2.4～2.4835 GHz	2.4～2.4835 GHz 5.15～5.350 GHz
信道数	13	13	24	13	18
速率	2 Mbit/s	11 Mbit/s	54 Mbit/s	54 Mbit/s	600 Mbit/s
频宽	1～2 MHz	22 MHz	22 MHz	22 MHz	22 MHz/40 MHz
调制	FHSS/DSSS	CCK/DSSS	OFDM	CCK/DSSS OFDM	MIMO-OFDM DSSS/CCK

目前，世界上大部分国家的 2.4GHz ISM 频段只有 83.5 MHz 带宽，占用这一频带的还有许多其他产品，如无绳电话、微波炉、蓝牙、非 IEEE 802.11 系列标准的无线局域网等，所以如何防止它们之间的干扰是一个大问题。车-地通信的可靠性严重影响着整个 CBTC 系统的性能，并容易被外界的干扰信号所干扰，是影响列车安全、稳定运作的最主要的因素。

任务二　应答器（信标）的运行与维护

应答器（信标）是高速率、大信息量的点式数据传输设备，其主要用途是在特定的地点实现车、地间的数据交换，向列车提供可靠的轨旁固定信息与可变信息，既可以是单向也可以是双向传输。应答器于 20 世纪 80 年代初由瑞典最早应用于铁路，后来法国、德国、日本等都相继采用应答器作为车、地之间点式通信的方式，并经过应用的积累，框定了应答器系统的结构及技术参数。

目前城市轨道交通信号控制系统中主要存在 Amtech 公司的美国标准 TAG 产品和欧洲标准的 Eurobalise 产品两种应答器，其技术特性不尽相同。应答器是欧洲标准的称谓，信标是北美标准的称谓。应答器是安全相关的部件，是整个信号系统安全认证中不可或缺的部分，因此，虽然两种应答器在成熟的信号系统中是不可以互换的，但是为了叙述方便，本项目中统一用"应答器"这一称谓进行阐述。

一、应答器的分类

（一）按照供电来源分类

按照供电来源区分，应答器可分为无源应答器和有源应答器两种类型，如图 6.1 所示。

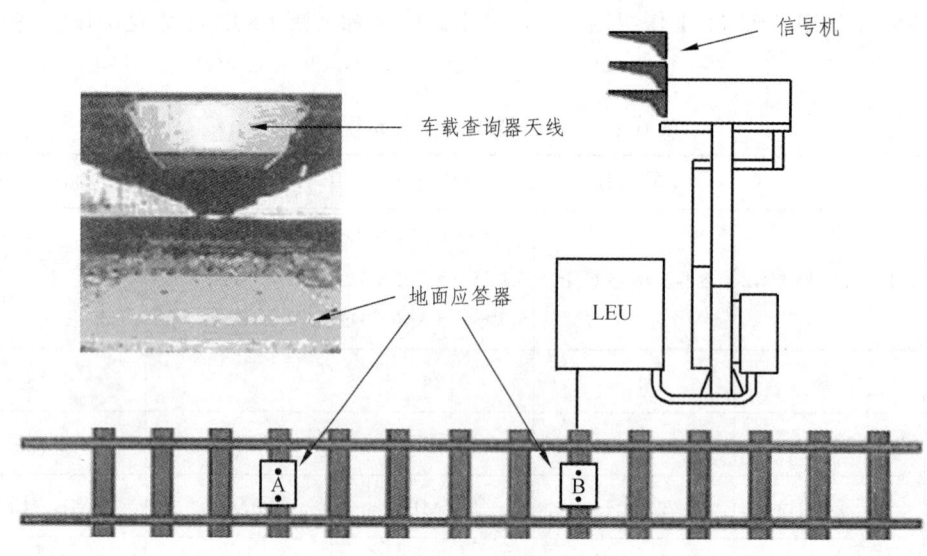

A—无源应答器；B—有源应答器。

图 6.1　无源及有源应答器

1. 无源应答器

安装在钢轨中心的地面应答器没有外加电源，平时处于休眠状态，仅靠瞬间接收车载天线的电磁能量而工作，将预置的数据报文发送给车载设备，直至电能消失（车载天线已离去）。

其预置报文数据由应答器无线读写器写入后，固化在其存储单元中，因此向车载设备发送的数据是固定不变的。一般预存线路的公里标、限速、坡度等信息。

2. 有源应答器

有源应答器本身具备电源，它存储的信息是可变的，通过外接电缆获得电源。有源应答器中的信息是由其通过外接电缆的地面设备的实时状态控制的，一般设置在信号机或道岔旁，用于向列车传送实时可变信息，如信号显示、临时限速、道岔位置等。

一般情况下，无源应答器用于定位，有源应答器用于将地面变化的列车控制信息传送给列车。有源应答器又分为信号机应答器和进路应答器。信号机应答器安装于信号机旁与信号机相联锁；进路应答器安装于道岔前，指示是否需要侧向速度通过道岔。

美式信标一般分为静态信标与动态信标。

（二）按照数据类型分类

按数据类型分类，应答器可分为：固定数据应答器、可变数据应答器、填充数据应答器、错误侧数据应答器。

1. 固定数据应答器（FB）

固定数据应答器（FB）是无源应答器，当列车通过时通过能量通道激活 FB，FB 把里面存储的数据发送给应答器天线接收。

2. 可变数据应答器（VB）

可变数据应答器（VB）与轨旁的轨旁电子单元（LEU）相连，显示信号机的显示状态。

3. 填充数据应答器（IB）

填充数据应答器（IB）与轨旁的轨旁电子单元（LEU）相连，复示 VB。

4. 错误侧数据应答器（WB）

错误侧数据应答器（WB）是无源应答器，在某些特定位置用于列车应答器天线的转换。

（三）按照应用功能分类

按照应用功能分类，应答器可分为普通型、增长型和标定型三类。

1. 普通型应答器

该类应答器自应答器向查询器传送信息，包含安全信息与非安全信息。查询器和应答器的大小尺寸相同。

2. 增长型应答器

它的查询器与普通型的类似，但应答器比查询器增长很多，有可能长达 10 倍。其专门用途是控制列车在车辆段、机械房内的定位，如图 6.2 所示。

3. 标定型应答器

它的应答器结构为连续多环，专门用于标定列车速度，如图 6.3 所示。

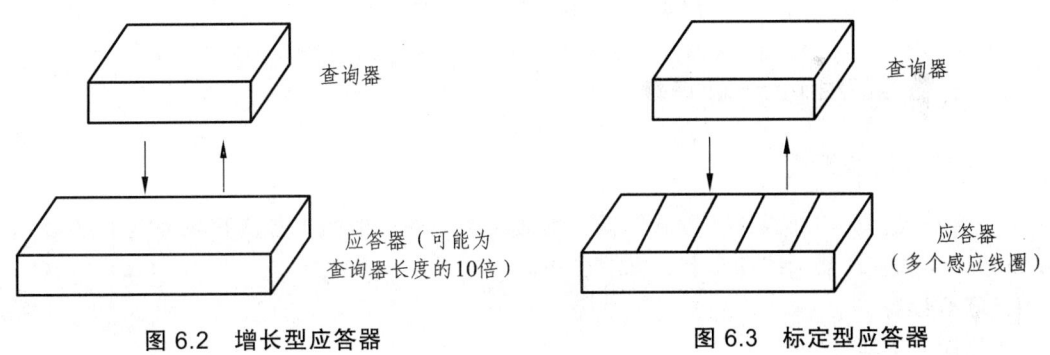

图 6.2　增长型应答器　　　　　图 6.3　标定型应答器

（四）按照安装方式分类

按照安装方式分类，应答器主要分为中心安装式、侧面安装式、立杆安装式等类型。

1. 中心安装式

应答器安装在两根轨道的中间，车载天线安装在列车底部中间位置，与应答器相对应耦合。

2. 侧面安装式

如图 6.4 所示，应答器安装在一根钢轨的侧面，车载天线也安装在列车侧面，与应答器相对应耦合。

3. 立杆安装式

应答器安装于线路旁立杆上，其发送的无线电波可无方向性，也可有方向性，因此，线路上通过装有查询器的车辆时，可以与它进行耦合，从而传递相应信息。

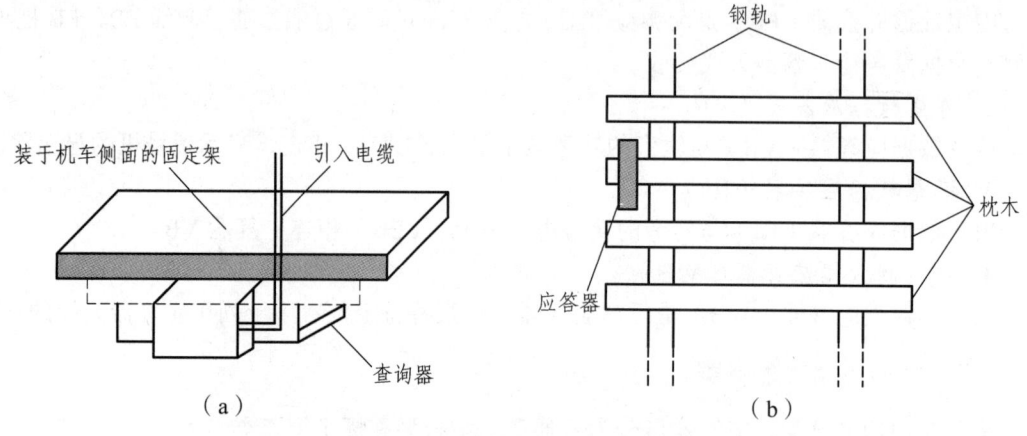

图 6.4　应答器轨侧安装示意图

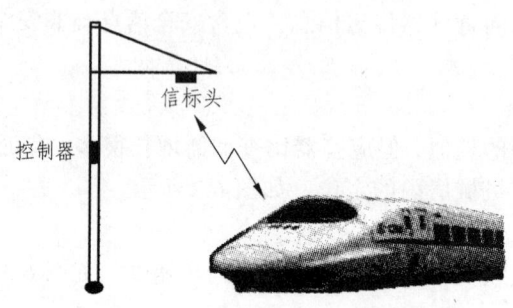

图 6.5　立杆式安装应答器示意图

二、应答器的组成与工作原理

（一）应答器的组成

应答器系统包括地面设备和车载设备。地面设备主要是地面应答器和轨旁电子单元，车载设备包括车载查询器天线和车载查询器主机。

1. 地面设备

1）地面应答器

地面应答器布置在两根钢轨中间，其内部寄存器按协议以代码形式存放实现列车速度监控及其他行车功能所必需的数据。当列车经过地面应答器时，车载天线通过无线射频激活应答器，使其发射预置数据，从而使列车获得诸如公里标、限速、坡度等信息，保障列车运行安全。应答器由壳体、电路板、灌封材料组成。

2）轨旁电子单元（LEU）

轨旁电子单元（LEU）是地面有源应答器与信号机之间的电子接口部件，是一种数据采集与处理单元。当地面信号数据变化时，LEU 依据变化后的数据形成报文并送给地面有源应答器进行发送，即具有报文透明的传输功能。一个 LEU 可以同时向 4 个地面有源应答器发送 4 种不同数据报文。LEU 实时监测与地面有源应答器之间信息通道的状态，并及时向控制中心回送。当 LEU 与地面有源应答器通信中断时，LEU 向有源应答器发送默认报文。

2. 车载设备

1）车载查询器天线

车载查询器天线（又称车载天线）置于列车底部，距轨道约 180～300 mm，是一个双工收发天线，一方面连续向地面发送高频电磁能量，以激活地面应答器；另一方面接收地面应答器发送的数据报文。查询器的外壳由硬塑料做保护，以防异物撞击，如图 6.6 所示。

图 6.6　车载查询器天线

2）车载查询器主机

车载查询器主机负责检查、校验、解码和传送接收到的报文，选择激活位于列车两端的任意天线，与列车运行控制系统进行单向（或双向）数据传输，并具有自检和诊断功能。它完成主要功能如下：提供电子里程标校准列车位置，提供列车前方一定距离内的线路参数，提供地面信号状态信息，向地面有源应答器发送车次号信息。

（二）应答器的工作原理

当列车驶过地面应答器上方时，只有当车载查询器位于其耦合谐振位置时，由其发射高频信号经车载天线将能量传递给地面应答器，当地面应答器接收到能量被激活后将所存储的数据以频移键控的调制方式通过电磁感应传送至车上。

（三）应答器的数据传输接口

应答器系统中存在多种数据传输接口，基本接口有以下两种：

1. 接口"1"

接口"1"为地面应答器与车载无线设备间的通信接口，其接口定义对确保不同应答器设备间互联互通以及信息传输的高效、安全、可靠具有重要的意义。它具有以下功能：

（1）车载无线设备向地面应答器提供电磁能量。

（2）地面应答器向车载天线设备发送数据报文。

（3）无线读写器对地面应答器读写数据报文。

2. 接口"2"

接口"2"为 LEU 与地面有源应答器间的通信接口，它包含由 LEU 向地面有源应答器输出数据报文的接口，地面有源应答器回送被激活的接口，LEU 向地面有源应答器提供工作电压的接口。这三种接口信号同在一对双绞线电缆上传输，采用应答器设备专用屏蔽双绞电缆。

另外，车载设备各模块之间也有相应的数据传输接口，以构成数据或信息的传输通道。

三、应答器的功能与设置

在城市轨道交通信号控制系统中，应答器有 4 个基本功能，即系统初始化、列车定位和轮径校核、定位停车以及 CBTC 下的后备模式。

（一）系统初始化

从车辆段（场）驶入正线的列车要在出段线路转换轨"登记"进入 ATC 系统监控区。列车出发驶入"转换轨"，经转换轨上的应答器触发后转换车载控制模式，并下载电子地图的版本号与车载系统自存的版本号进行对比。同时，列车运行一段距离进行列车定位功能的自检。在经过第二个应答器时，根据其提供的位置信息与自检计算得到的定位数据对比，若一致，ATS 发送列车的识别号经区域控制器到车载系统。每列列车的识别号为唯一确定的，ATS 系统以此作为识别每列列车的身份标志，监督各列车在线路上的运行状态。至此，此列车便完成了初始化程序正式登录 ATC 控制区域。

（二）列车定位和轮径校准

列车在启动、制动、上坡和下坡等情形下车轮的空转和打滑会造成列车的定位误差，因此必须采用应答器（或者轨道电路分界点、电缆环线等方法）传送给列车绝对位置数据，辅助进行列车绝对位置的定位。车载设备接收到这些数据后，对车载里程计的测距误差进行修正，使车载设备的控制精度总是保持在合理的范围之内。

定位应答器为无源设备，安装在道床上，由列车上的查询器天线的无线电信号激活。车载设备通常在轨道数据库中存储应答器的编号、位置、链接等信息，当列车通过一个应答器时，可以接收到一组数字信息，用来识别应答器，并根据应答器提供的数据信息检索车载轨道数据库。当车载设备经过两个连续的地面应答器时，可配合列车测距信息，为列车提供精确的绝对地理位置信息（也可以提供线路的坡度、曲线半径等其他信息）和运行方向。

由于应答器提供的位置精度很高，达厘米量级，常用应答器作为修正列车定位精度的手段。应答器的设置根据信号系统设计的需要布置，一般情况下，列车定位的精确度与应答器的数量呈正比。

列车的位置和速度的测定是以车轮的转动为依据。车轮每转动一周，测速传感器可以产生固定数量的测速脉冲信号。车轮半径是定位及测速的基础数据。为了减小列车定位及测速的误差，在每次运营之前车载控制器需要完成轮径校准工作。校准的过程是用车载里程计测量两个应答器之间的车轮转数，并与车载数据库中预置的这两个应答器之间的实际距离比较，由车载控制器计算出实际轮径，实现自动轮径校准。校准的精度与校准区段长度有关。校准区段一般在车辆基地内提供平坡的平直段标准线路。

（三）定位停车

列车在车站停车时，车门的开度与屏蔽门的开度要配合良好，要求车门与屏蔽门之间的停站允许误差控制在 ±0.25m～±0.5 m内。列车精确停车信息需要地面应答器提供。

图 6.7 阐明了采用应答器装置能够测定车门是否与站台屏蔽门对准，同时列车必须在要求的站停精确度内停靠。

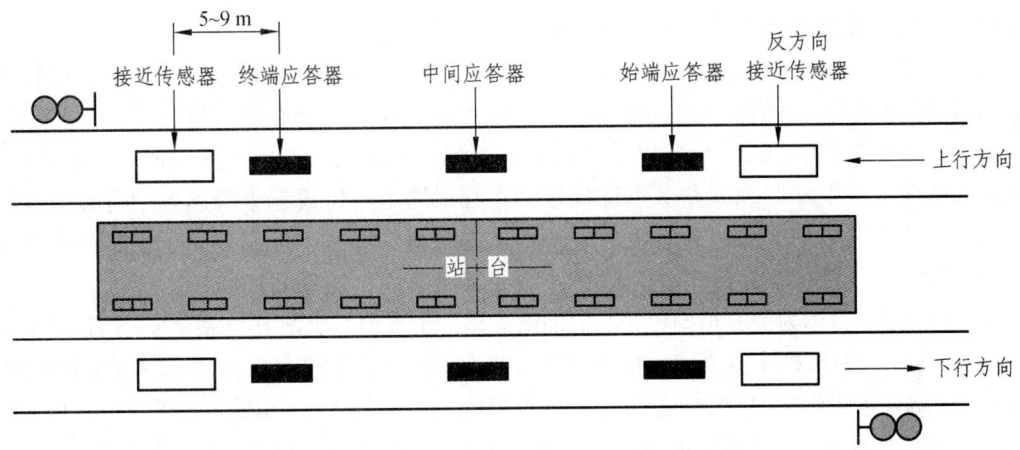

图 6.7　用于 ATO 车站定位停车应答器布置示意图

用于车站定位停车的应答器（也可以是感应环线）在站台确定的范围内沿线路设置在两钢轨之间特定的位置，应答器将轨旁的准确位置信息传送至车载设备内。位置的输入被用于确定何时启动停车曲线。接近停车位置的应答器数量决定站停位置的精确度，一般为 3～4 个。

如图 6.7 中的上行方向，当列车运行至始端应答器位置时，列车接收到第一个应答器信息即停车标志位置信息，启动定点停车程序，列车按照定点停车曲线运行，其制动率被控制在一个恒定值，此时，列车离定点停车点较远；当列车到达中间应答器位置时，应答器将根据定点停车曲线对实际车速进行校正；当列车接收到终端应答器位置信息时，转入定位模式，制动率进一步降低。最后列车接收到站台接近传感器（金属对位板）的信息时，立即实施全常用制动，将车停住。列车停准后，车载设备将会向轨旁发送列车停稳信号，然后才能进行开关车门和屏蔽门的操作。如果列车停止但未读取到接近传感器的信息，将无法进行开关车门和屏蔽门的操作。

（四）在 CBTC 下的后备模式

CBTC 系统中，正常情况下，正线区段列车以车载设备显示作为行车凭证。非 CBTC 列车、通信故障的 CBTC 列车及地面 ATP 故障情况下降级运行的列车，按地面信号机的指示人工驾驶运行。

在后备运营模式下，利用 CBTC 车载控制器和地面应答器实现后备 ATP 控制功能，确保列车安全地停在信号机前方并防止列车冒进信号。

列车由司机人工驾驶，系统提供速度监控，以站间闭塞方式运行。

只有在站间计轴区段无车占用的情况下，轨旁联锁系统才允许车站的出站信号机显示绿灯。每个车站使用一个与出站信号机相关联的有源应答器（或动态信标）。ATP 计算的移动授权默认为从出站信号机到前方车站出站信号机，紧急制动曲线将会在前方出站信号机处终止。

轨旁有源应答器用来把出站信号机绿灯显示信息传送给车载 ATP 设备。有源应答器由出站信号机点亮绿灯激活，动态被激活后，当列车的查询器天线越过轨旁有源应答器时，一个数字式的信息将会被传送给列车上的 ATP 查询器。有源应答器只有在与之关联的出站信号机点绿灯时才被激活。

出站信号机绿灯显示信息被传送给列车，表示站间的计轴区段没有列车占用。在上述情况下：因为车站站间计轴区段无车占用，出站信号机显示绿灯；若先行列车还在占用前方车站的离去区段，那么前方车站的出站信号机显示红灯。

如果出站信号机没有开放，而司机错误地开始发车，车载计算机通过查询器天线检测到该信号机的禁止信息，则立即实施紧急制动，从而防止列车冒进红灯信号。

在点式 ATP 防护模式下，车载控制器根据车载测速及测距设备确定列车速度和走行距离；根据地面有源应答器和车载线路数据库确定列车在线路上的位置；根据读取的有源应答器信息并结合车载线路数据库确定列车距前方目标点的距离及限速；生成 ATP 速度-距离曲线，并将相关信息显示给司机；通过监控列车的实际运行速度，实现超速防护。

通常情况下，目标为前方车站停车点，即前方车站出发信号机前方。后续列车通过读取有源应答器的数据，使后续列车生成出站信号机到目标点的速度-距离曲线。车载 ATP 系统按此速度-距离曲线，对列车运行实现安全防护。一旦列车超速，向司机提示、报警。如果司机在规定时间内或规定速度范围内未采取有效措施，系统将自动实施紧急制动以保证列车运行安全。

图 6.8 所示为有源应答器与出站信号机及列车正常停车位置之间的理想位置关系。

紧急制动曲线将会在前方出站信号机处终止。有源应答器将会设置在列车正常停车位置与出站信号机之间，这种位置关系可以使列车在正常制动曲线下永远不会读到有源应答器。

一旦信号机显示变绿，司机继续驾驶列车前进几米以便读取有源应答器。如果当出站信号机点红灯时，司机驾驶列车超过 15 m，ATP 设备会发出紧急制动实施请求。

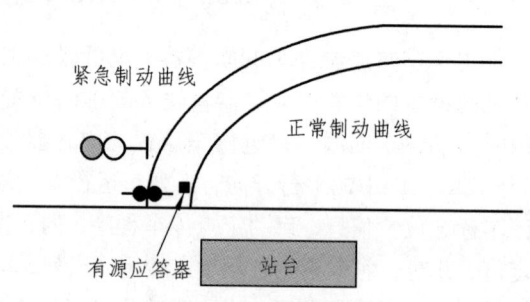

图 6.8 有源应答器位置图

对于区间信号机，通常为其设置预告应答器，用于复示主应答器的信息。对于出站信号机，通常不设置预告应答器，列车默认在出站信号机对应的有源应答器前停车。

四、欧式应答器技术指标和环境条件

（一）应答器技术指标

（1）能量传输频率：27.095 MHz。
（2）数据传输载频：4.237 MHz。
（3）调制方式：FSK。
（4）调制频率：282 kHz。
（5）报文码长：341 bit（短码），1023 bit（长码）。
（6）数码安全方式：75 bit 循环冗余校核。

（7）数码速率：565 kbit/s。

（8）车载接收天线与应答器之间的距离：195~463 mm。

（9）适用列车速度：≤500 km/h（短码），≤300 km/h（长码）。

（二）环境条件

（1）运行温度范围：－40~＋70 ℃。

（2）振动：EN50125。

（3）抗震：EN60068。

（4）抵抗行人踩踏：以 2 000 N 的最大力在安装的应答器上行走。

（5）湿度范围：根据 EN60721，等级 4K3。

（6）压力范围：根据 EN60721，等级 4K3。

（7）防护等级：根据 EN60529，IP68 环境分类。

五、应答器的维护

应答器的地面电子单元不需要定期检查维修，可实行故障修。

（一）二级保养

二级保养：每半年进行一次养护。

（1）目测检查应答器的外观，应完好无损。

（2）目测、手动检查应答器的安装，应牢固。

（3）目测、手动检查应答器（VB，IB）的电缆接口，电缆紧固，线缆完好。

（4）在应答器表面中心测量，距轨面 120~140 mm，纵轴距轨基（a）的距离为（$a/2±15$）mm。

（二）中　修

中修：每五年进行一次。对整机部件性能进行老化度评估，根据评估结果更换老化部件。

（三）大　修

大修：十五年进行一次。更换设备，性能不得低于原设备标准。

任务三　感应环线的应用及维护

　　CBTC 系统在轨旁设置无线电台、交叉环线、裂缝波导、漏泄电缆等设备，实现车、地之间连续、双向、大容量的通信。

　　以泰雷兹的 SelTrac 系统为代表的采用感应环线作为车-地通信方式的 CBTC 系统已有较成熟的运用经验。目前，在我国广州地铁 3 号线和武汉轻轨 1 号线采用了此系统。另外在一些准移动闭塞系统中利用感应电缆在某些特定的位置实现车-地通信功能，例如，安萨尔多美国 USSI 公司的准移动闭塞系统中的 TWC 环线用于车-地间双向信息交换和列车定位，西门子公司的准移动闭塞系统中用于定位停车的同步环线及车-地通信的 PTI 环线等。

一、信息传输过程

在泰雷兹的 SelTrac 系统中采用感应环线作为车-地双向通信的媒介，减少了牵引回流的谐波干扰。感应环电缆由扭绞线芯和绝缘非铠装防护外套组成。车、地之间的通信利用敷设在钢轨中间的交叉感应环线进行，电缆在感应环通信系统中作为发送和接收天线使用。在两根钢轨之间敷设交叉感应回线，一条线固定在轨道中央的道床上，另一条线固定在钢轨的颈部下方，它们每隔 25 m 进行交叉，当列车经过每个环线交叉点时检测到信号相位的变化，以此进行列车的定位计算。室内、外设备联系用控制中心和沿线设置的若干个中继器两级控制方式来实现，如图 6.9 所示。

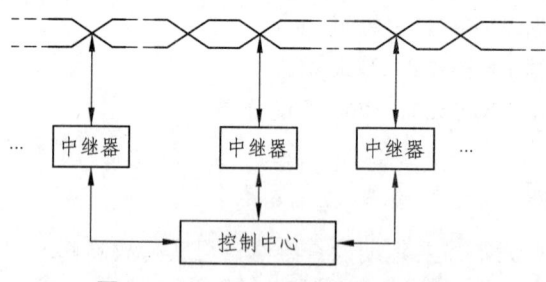

图 6.9　SelTrac 系统结构示意图

一个中继器最多可控制 128 个电缆环路，所以一个中继器的最大控制距离为：$128 \times 25 = 3\,200$ m。中继器是控制中心与轨间感应电缆的中间环节，它的功能是把控制中心的命令通过轨间感应电缆传递给列车，将列车信息传输给控制中心，实现控制中心与轨间电缆之间的信息交换。中继器需要完成频率变换、电平变换、功率放大及抑制干扰等任务，其工作原理如图 6.10 所示。

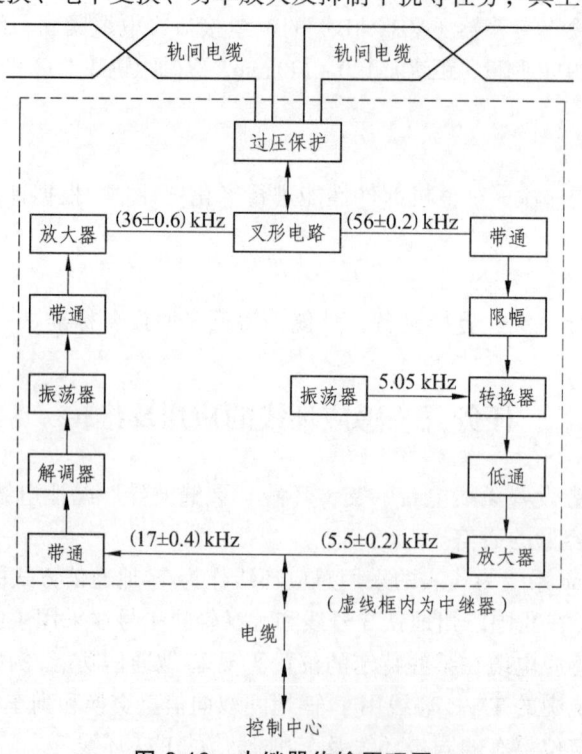

图 6.10　中继器传输原理图

信息的传输采用频移键控方式,中继器向列车的传输频率为(36±0.6)kHz,列车向中继器的传输频率为(56±0.2)kHz,两种信息在同一电缆中传输。

二、列车定位原理

利用轨间感应电缆的交叉配置可实现列车定位。列车运行的具体位置是通过地址码来确定的,可用 14 位电码的约定结构来表示列车的位置信息,如图 6.11 所示。其中,最高位为列车运行方向码;第 11 ~ 13 位为对应中继器的代码;第 4 ~ 10 位为表示列车处于具体环路的粗地址码,当列车每驶过一个交叉点时,利用信号极性的变化,粗地址码就会加 1;第 1 ~ 3 位为细地址码,当列车每驶过 25 m×1/8,细地址码就会加 1。当控制中心接收到地址码后,通过解码就会确定列车的具体位置。

例如,控制中心接收到的地址码为:
1 0 1 1　　0 0　　1 0 1 1 0 1 0 1
解码:
(1)最高位 1 代表列车的运行方向为上行。
(2)第 11 ~ 13 位代码是中继器代码:011(3 # 中继器)。
(3)第 4 ~ 10 位代码是粗地址码:0010110(十进制的 22),即列车处于第 22 环路。
(4)细地址码为:101(十进制的 5),即列车处于 22 环路的 25 m×1/8×5 = 15.625 m 处。
最终定位为:
$$25 \times 128 \times 3 + 25 \times 22 + 15.625 = 10\ 165.625\ (m)$$

根据这个数值就可以确定列车在线路上的位置。各个列车的具体位置确定下来以后,车载防护系统 ATP 根据计算出的或地面控制中心传递的列车最大允许速度来控制列车的运行,以防护列车超速。

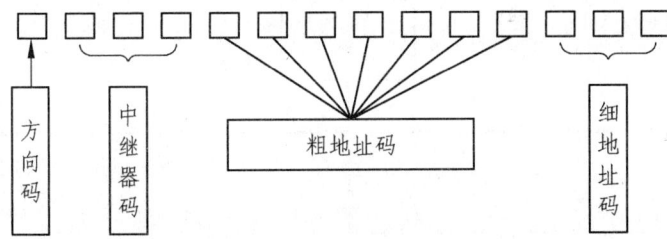

图 6.11　列车定位地址码结构图

三、SelTrac 系统感应电缆通信方式的特点

(1)采用感应环线方式传输信息,环线安装于轨道道床上。
(2)选用 36 kHz 和 56 kHz 的频率,车载天线与地面环线之间采用电磁感应的方式传输信息,地面环线与车载天线之间有距离要求。
(3)采用 25 m 交叉一次的环线交叉点和车载定位设备进行列车定位,定位精度达到 6.25 m。
(4)感应环线方式带宽相对较窄,传输数据量较少,但能满足列车实时控制及数据双向传输的要求。
(5)每段环线最大覆盖线路 3.2 km。

（6）感应环方式传输速率低，传输衰耗小，环线结构简单，工程投资小。

（7）轨旁设备少，但感应环线敷设较多，维修工作量大，且电缆的存在给线路养护工作带来不便。

（8）感应环需保证 25 m 一交叉，敷设及安装精度要求较高。

（9）采用轨间感应电缆传输车-地信息，数据传输受外界的影响比较小，避免了牵引电流的干扰，数据传输不受隧道、高山、森林和其他通信信号的干扰。

（10）在世界各国多条地铁中应用，具有较丰富的城市轨道交通工程运用及运营管理经验。

四、感应环线通信设备的组成

感应环线车-地通信子系统包括室内轨旁环线控制单元（LCU）、车载天线和通信单元、室外轨旁接线盒与感应环线电缆三部分，其轨旁布置示意如图 6.12 所示。

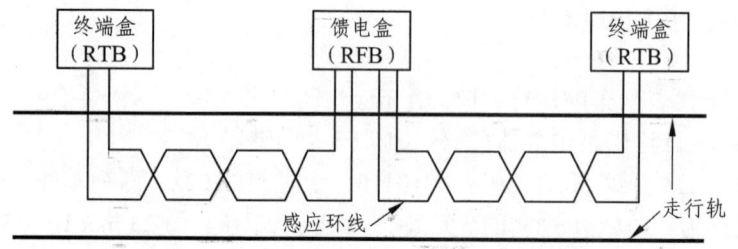

图 6.12　感应环线系统轨旁设备组成示意图

感应环采用不对称或对称形式安装，取决于轨道的分布。对称方式用于感应环所涵盖的相对较长（大于 3 500 ft，约 1 066.8 m）的轨道，在这种配置中感应环有 2 条腿，如图 6.12 所示。

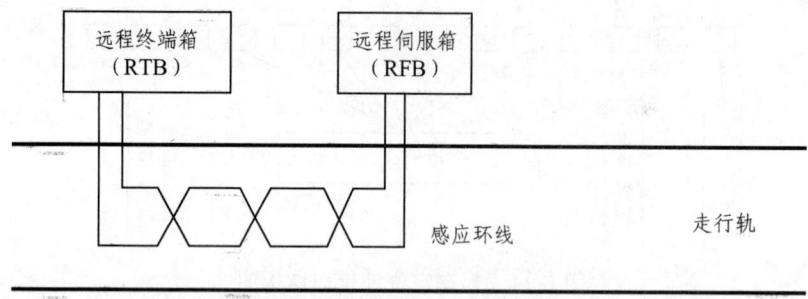

图 6.13　不对称感应环示意图

不对称环用于相对较短的轨道区段（大约 3 500 ft 或更短），如图 6.13 所示，所以安装于轨旁的硬件较少。

五、Alcatel 感应环线设备的养护与检修

（一）技术指标与规范

（1）感应环线接收频率为（36±0.6）kHz，感应环线发送频率为（56±0.45）kHz。

（2）调制方式：移频键控 FSK。

（3）数据传输速率：最大为 1 200 bit/s。

（4）最大环线长度：3 200 m。

（5）馈电设备的输入电源：DC 36~40 V。

（6）感应环线上的电流值：对于远端馈电连接，测得的值应为 300~600 mA；对于直接馈电连接，无 RFB 的测得的电流值为 160~250 mA，可以通过调整 SENDV 板上的 L1 来调整。

（7）入口感应环线上的电流值：应在 160~250 mA 内。

（8）线路中间的感应环线不应低于轨面 40 mm，道岔区域不应低于 15 mm。

（9）若感应环线电缆下垂超过 75 mm 时，必须将其拉直校正。

（10）馈电设备上的 Si1 保险开关的插座外环是 750 V 高压，切记应将保险熔丝帽拧紧，以保证安全。

（二）感应环线设备的维护

1. 感应环线

（1）二级保养：每半年进行一次养护。

① 安装装置的检查：手动检查设备外观，安装装置不超限。其标准为：正常线路，轨面以下 40 mm（+0~-10 mm）；道岔区域，轨面以下 15 mm（+0~-5 mm）、环线支架离环线侧钢轨距离为 717 mm，牢固、不晃动。

② 导线、引接线、防护管、接地线检查：目视、手动检查设备外观，导线、引接线、防护管、接地线连接牢固且无绝缘破损，防护管无裂纹及老化现象。

③ 检查各种紧固件（绑带）：目视、手动检查设备外观，各种紧固件应无破损、脱落现象。

④ 盒内、盒外各种螺丝紧固：目视、手动检查设备外观，各种螺丝紧固，无生锈、滑丝、松动现象。

⑤ 箱盒外观及内部防潮、防湿检查：目视、手动检查设备外观，箱盒外观良好，无生锈、脱漆、变形及内部干燥、清洁，有防潮、防湿措施。

⑥ 感应环线电缆电流测试：采用电流钳表测试，对于远端馈电连接，测得的值应为 300~600 mA；对于直接馈电连接，无 RFB 的，测得的电流值为 160~250 mA。可以通过调整 SENDV 板上的 L1 来调整。

（2）小修：每年进行一次。

① 同二级保养内容，各部件螺丝紧固，无松动、锈蚀、滑丝、缺损等现象。

② 电缆芯线对地绝缘及线间绝缘测试：用数字兆欧表测试，不小于 5 MΩ。

③ 环线电缆高阻测试：用数字兆欧表测试，符合系统标准。

（3）中修：五年进行一次。

对整机部件性能进行老化度评估，根据评估结果更换老化部件。

（4）大修：十五年进行一次。

更换系统，根据采购合同系统生命周期而定，性能不能低于原设备标准。

2. 馈电设备柜、入口馈电设备柜、线路放大器柜

（1）二级保养：每季度进行一次。

① 设备运转状态的检查：目视、手动检查设备外观有无异状，设备灯的显示状态应正常。

② 设备柜的清洁：彻底清除内部板块积尘。

③ 所有接线端子、接地线连接的检查：目视、手动检查设备外观，连接良好，安装牢固、无锈蚀、无松动。

④ 所有的插接件的检查：目视、手动检查设备外观，插接板插接牢固，无松动现象。

⑤ 箱盒的橡胶密封条的检查：目视、手动检查设备外观，箱盒外观良好，无生锈、脱漆、变形现象及内部干燥、清洁，有防潮、防湿措施。

⑥ 设备铭牌及标示的检查：目视、手动检查设备外观，标识齐全、清楚，设备铭牌安装良好、清洁。

⑦ 电气参数测量：采用数字万用表，测量各种设备参数。

（2）小修：每年进行一次。

① 同二级保养内容。

② 检查全部保险：目视、手动检查，功能正常。

③ 备部件卫生清洁：彻底清除内部板块积尘。

④ 地线、屏蔽线检查：目视、手动检查，连接良好，安装牢固、无锈蚀。

⑤ 入口密封性检查：目视、手动检查，密封良好，无破损。

（3）中修：五年进行一次。

对整机部件性能进行老化度评估，根据评估结果更换老化部件。

（4）大修：十五年进行一次。

更换系统（根据采购合同系统生命周期而定）。性能不能低于原设备标准。

任务四　轨旁无线 AP 设备的应用及维护

一、概　述

数据通信子系统（Data Communication Subsystem，DCS）是为城市轨道交通 CBTC 系统构建的连续、双向的数据通信网络，其中包括有线通信网络和无线通信网络。有线通信网络为控制中心、车站、轨旁、车辆基地、试车线、培训中心和维修中心的 CBTC 设备之间提供有线数据传输通道。无线通信网络为列车与地面 CBTC 设备之间提供连续、双向的无线数据传输通道。

DCS 设备包括地面有线通信设备和车-地无线通信设备。地面有线通信网络的通信设备与部件主要包括网络路由传输设备、网络交换接入设备、光电转换设备和光/电缆。有线通信网络架构采用环形结构组网方式，有线部分由接入网和骨干网两部分组成，采用骨干环网下挂接入网的结构，本地设备通过接入交换机和冗余以太网连接到骨干交换机上，然后到轨旁骨干网络。网络路由传输设备构建有线数据传输主干通道。网络交换接入设备负责实现 CBTC 地面信号设备、车-地无线通信轨旁设备等接入到 DCS 有线通信网络。光电转换设备实现有线通信中光信号接口与电信号接口的转换。光/电缆为有线通信网络数据信息的传输介质。

DCS 车-地无线通信网络的通信设备分为地面无线通信设备和车载无线通信设备，主要包括 WLAN（Wireless Local Area Networks，无线局域网）无线通信设备（包括 AP 与车载无线设备）、无线信号覆盖器件（天线、漏泄电缆和裂缝波导管）和射频电缆。AP 实现 WLAN 无线网络的覆盖和接入。车载无线设备通过无线方式实现与轨旁 AP 的网络接入与数据传输，并通过有线以太网口与车载信号设备连接，建立车载设备和地面设备的无线传输通道。无线信号覆盖器件进行无线信号覆盖，完成无线信号的接收与发送。射频电缆为传输射频范围内电磁能量的传输介质。

有线通信网络和无线通信网络，采用开放的通信标准。有线通信部分采用 IEEE802.3 以太网标准，无线通信部分采用 IEEE802.11 标准。无线通信设备所使用的无线频率是国家无线电管理部门规定的 2.4 GHz（2.4~2.4835 GHz）公用频率，也可申请使用专用频段。

为实现系统可靠性要求，DCS 包括两个彼此独立的轨旁网络，彼此互为冗余备份。车-地无线通信系统也为双网冗余设计，两个无线网络设备分别使用两个相互独立的工作信道，实现两个无线网络之间的完全隔离，提高 DCS 无线系统抗干扰能力。

DCS 通过设于轨旁的无线信号覆盖器件和设于列车上的无线天线把车载设备和轨旁设备联系起来。AP 是将无线信号接入轨旁有线以太网的无线设备，它主要是提供无线工作站对有线局域网和从有线局域网对无线工作站的访问，在访问节点覆盖范围内的无线工作站也可以通过它进行相互通信。可以说无线 AP 是无线网和有线网之间沟通的桥梁。

如前所述，车-地通信采用无线方式，是 CBTC 发展的趋势。IEEE 802.11 是当前比较先进和成熟的 WLAN 标准，在高速移动环境中可以支持车、地之间的双向移动通信，能将 ATC 控车数据在车载与轨旁设备之间高速、安全、可靠、实时地传输。DCS 子系统本身是一个非安全的系统，但是通过其传送的数据受安全算法保护。

相对于裂缝波导管、漏泄电缆、无线电台三种方式而言，无线电台是一种常见的传播方式。它利用电磁波在空气中从发射天线到接收天线传输数据，而无须线缆介质。采用无线电台作为传输媒介，轨旁设备相对较少，轨旁设备安装灵活简单，无线天线、设备箱盒安装在隧道顶部或侧壁，维修工作量小。无线单元应用标准的商用无线局域网产品，并高度通用模块化，长期运营费用低，确保日后的维修和备品支持工作。无线通信系统具有可扩展性和升级能力，不需改变既有硬件结构就可满足线路未来的延伸和轨道区段的增加，在以后的传输技术或标准升级时也可不改变系统硬件结构。

理论上空间自由传播的无线小区最大距离为 400~500 m，但电磁波在隧道中的传播特性和自由空间不同。由于城市轨道交通线路多穿行于城市区域，其弯道和坡道较多，当隧道直线距离短、弯道多时，直射波传播有困难，增加了无线场强覆盖的难度。由于隧道内有吸收衰减和多径效应，使极化紊乱，传播衰减增加，为了保证场强覆盖的完整性，保证通信的质量和可靠性，并且在一个无线访问节点 AP 故障时通信不中断，往往需要在同一个地点设置双网覆盖。按照以往的工程经验和测试结果，无线电台一般在地下线路 200 m 左右设置一套，在地面和高架线路 300 m 左右设置一套。实际的安装一般在进行无线设计勘察后，根据现场条件和无线场强覆盖需要进行设计和安装。在开放空间的区段，因存在其他民用的 WLAN，环境比较复杂，传输容易受到干扰。

使用无线天线技术传输信息，选用 2.4 GHz 频段，符合 IEEE802.11 协议的规定。无线传输方式为空气自然传播，衰耗相对较大，通常采用扩频技术、跳频技术、正交频分复用技术来防止干扰。采用 FHSS（跳频扩频）技术，抗干扰能力强，但带宽较低；采用 DSSS（直接序列扩频）技术，抗干扰能力较弱，但带宽高，可传送音频和视频信息；正交频分复用技术有较高的频谱效率，能够有效对抗射频干扰、频率选择性干扰以及多径干扰。每个车站无线交换机可连接若干个 AP 点，每个 AP 点采用 2 芯单模（或多模）光纤和 2 芯电缆与室内设备连接，根据无线 AP 点的数量可配置多个交换机。

二、无线覆盖设备的配置

无线电台 AP 沿轨道线路设置。由于地铁线路的线性特征，轨旁 AP 采用定向天线来取得更高的接收信噪比和更大的无线覆盖。

无线电台系统车载和地面硬件设备采用全冗余配置，城市轨道交通中无线 AP 天线设置的总体原则是：列车上的无线接收设备，在轨道上的任何一点都能检测到至少两个 AP 发送的信号。即当任一轨旁无线设备故障（包括单个接入点的故障、单个天线的故障、单个轨旁设备电源的故障、单个无线交换设备的故障、单个无线处理控制器的故障）均不能影响系统的正常工作。

无线访问节点 AP 天线的配置是：在每列车的车头、车尾处分别配置 2.4 GHz 的全向无线天线以及相应的发送/接收设备，并与车载子系统连接，实现热备冗余；在轨旁每间隔 200～300 m 设置一对 2.4 GHz 轨旁定向无线天线，并与轨旁 AP 连接。相互独立的 AP 沿线分布组成了轨旁结构。轨旁 AP 通过单模（或多模）光纤与接入交换机连接。每个接入交换机直接与其所属的骨干交换机连接，从而接入到骨干网。骨干交换机位于沿线选定的设备集中站，并用单模或多模光纤连接，构成轨旁环形光纤骨干网络。无线系统典型轨旁布置示意图如图 6.14 所示。

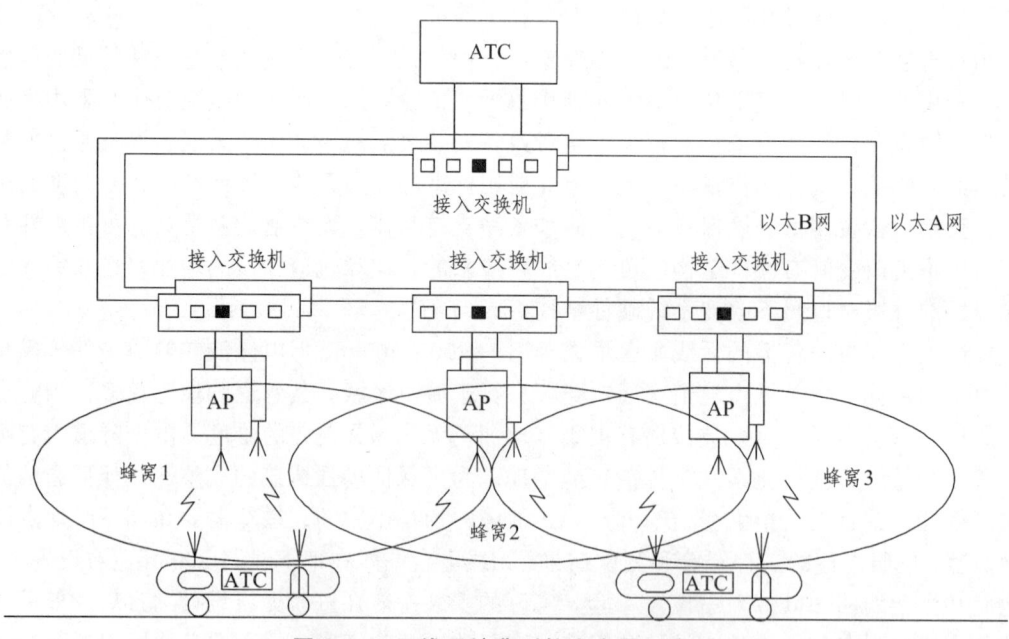

图 6.14 无线系统典型轨旁布置示意图

WLAN 有一套相应的热备冗余的网络设备，比如交换机、路由器和保护系统。无线网络采用双网热备结构（A、B 网结构），当 A 网故障时，B 网能保证系统正常运行。

轨旁 AP 的天线安装方式为沿隧道壁进行安装或在轨旁立抱杆安装，用天线自带的安装夹将天线固定于支撑设备。AP 天线与车载 MR（Mobile Radio 车载电台）的天线高度相近，如图 6.15 所示。

每列车上的无线系统分别安装在靠近车头和车尾的车载设备的机架内。车载通信单元包括两个冗余的无线单元，它们之间协同工作。每个无线单元都与两个一组的车载天线相连。

天线采用标准商用产品，安装在车体的上部，一般装在车辆驾驶室合成面板的后面，都指向相应的车辆端部。出于分集考虑，每个无线单元都接两个天线，这样进一步提高了通信稳定性。每个列车通信单元的 CPU 与车载控制单元通过电气机架内的以太网线连接。车载通信子系统由两个完全独立的网络组成，这两个网络互为冗余。

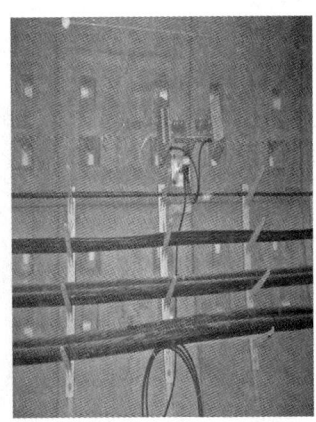

图 6.15　轨旁 AP 天线的安装

MR（车载移动电台）的天线安装方式基本相同，在列车上可以较为方便地安装，从目前的经验来看基本上不需要安装支撑设备，直接安装于车体内（驾驶室内的上部空间）。

三、无线接入 AP 设备的组成

轨旁无线接入 AP 设备包含轨旁无线设备 TRE（Trackside Radio Equipment）和 AP 天线。TRE 的结构组成如图 6.16 所示。

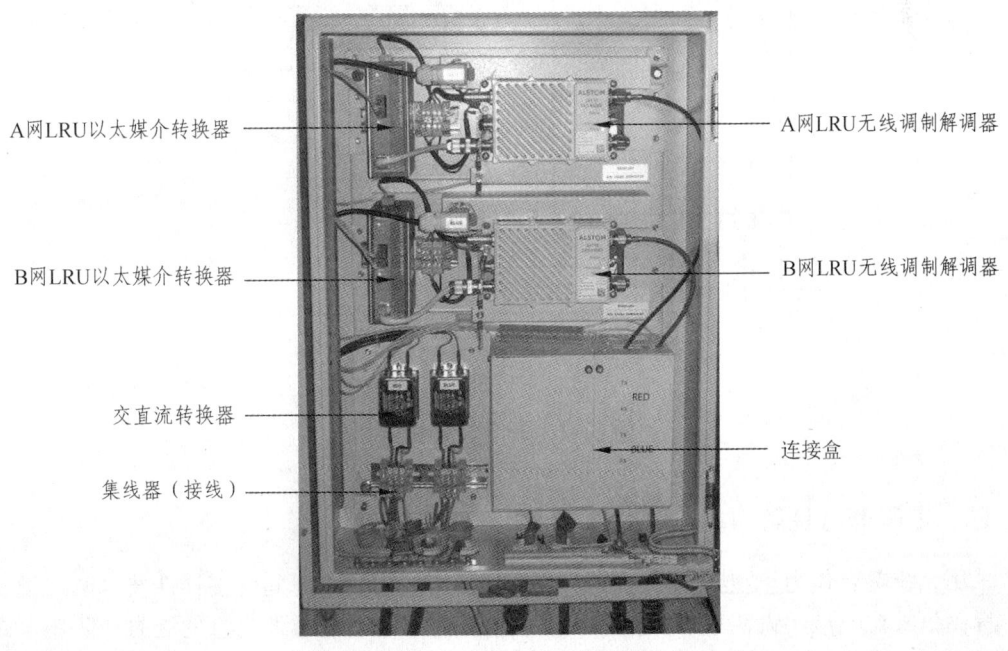

图 6.16　TRE 的结构组成

（一）TRE 柜

TRE 柜包含三个部分：A 网 LRU、B 网 LRU、连接盒。其中，LRU 是线路可更换单元（Line Replacement Unit）。

1. A 网 LRU

A 网 LRU 包括：无线调制解调器、以太媒介转换器 EMC（The Ethernet Media Converter，EMC）、交流/直流转换器。

（1）无线调制解调器：完成 AP 天线发送与接收的无线高频电磁信号与有线媒介传送的电信号之间的调制与解调，其一端与 AP 天线相连，另一端与以太媒介转换器相接。

（2）以太媒介转换器：完成调制解调后的电信号与光信号的转换，以便通过光纤与有线以太网的接入交换机相接。

（3）交流/直流转换器：为无线 AP 设备提供直流电能。

2. B 网 LRU

B 网 LRU 包括：无线调制解调器、以太媒介转换器、交流/直流转换器。

3. 连接盒

连接盒的功能是：

（1）完成 TRE 中的无线调制解调器与 AP 天线的连接。

（2）通过光纤完成 TRE 与以太网接入交换机的连接。

（二）TRE 外部接口

每个 TRE 包括到电源、以太网和天线的接口。TRE 外部接口如图 6.17 所示。

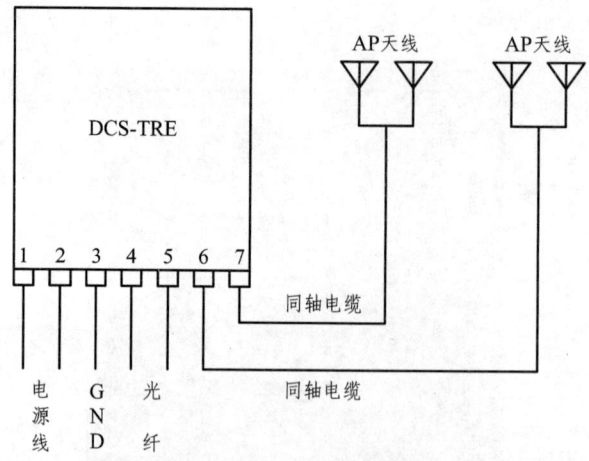

图 6.17　TRE 外部接口

四、电磁兼容性解决措施

采用无线电台作为车-地传输媒介时，应使用频率、天线和时间的多样性技术改善漫游时间，提高信噪比，减小误码率，提高干扰造成故障时系统自动重发信息的能力，防止电磁波多路径干扰和交叠频道干扰，并采用完善的防止恶意侵入措施。从目前各系统商的产品特点和技术水平来看，无线车-地通信的电磁兼容性可有以下一些解决措施。

（1）为避免无线自由空间波传输的交叉干扰，信号选用无线电台以外的其他无线车-地通信媒介。

（2）信号系统和其他无线系统（如 PIS：Passenger Information System）采用同一家 WLAN 供货商。

（3）分开各无线系统用户的使用频段。

（4）各无线系统用户采用同频段（如 ISM：Industrial Scientific Medical）时，可采取以下措施以尽量减少相互间的干扰：

① 选择不同天线极化方向。垂直极化无线电波要用具有垂直极化特性的天线来接收，水平极化无线电波要用具有水平极化特性的天线来接收，当微波的极化方向与接收天线的极化方向不一致时，在接收过程中都要产生极化损失，通常都不能有效地通信。因此，若信号用垂直极化天线，其他系统就用水平极化天线。

② 规划无线频段。目前，信号系统无线通信和乘客信息系统都使用 802.11 标准。根据供货商采用的信道编码技术，尽量地将两个系统使用的频段分开。

③ 采用带冲突避免的载波侦听多址协议。为了将相同频道和交叠频道干扰的影响降至最低，IEEE802.11 定义并应用了带冲突避免的载波侦听多址协议（CSMA/CA），该协议为每个接入点和客户端定义了"传输前先侦听"的顺序。CSMA/CA 强制规定在连续两次帧发送之间，介质上必须要有一段退避间隔。在发送数据前，应检测介质上是否有其他工作站正在发送数据，若介质空闲则工作站就可以发送数据；如果介质检测表明处于忙状态时，工作站将推迟其数据发送，直至当前帧发送完毕，这样就保证了两个系统数据包的有序发送和接收。

④ 协调 AP 点位置。在系统设计时须通过合理地布置各系统无线接入点的位置，降低无线接入点移交点处的信噪比，从而实现系统兼容工作。

⑤ 轨旁采用定向天线，将信号限制在轨道区域内。

⑥ 信号与 PIS 采用不同的扩频和调制技术，降低两者之间的干扰影响。

⑦ 在满足覆盖范围的条件下，各自降低 AP 的发射功率。

无线通信移动闭塞系统已从产品研发、试验阶段进入到工程实际运用阶段，但现阶段其运用经验尚不十分成熟，有待在大量的运营中不断定型、完善。

五、基于无线电台 CBTC 系统的主要特点

目前在我国各城市轨道交通线路上，已有基于无线电台的 CBTC 系统进入运营阶段或工程施工阶段，此系统的特点如下：

（1）车-地大容量实时双向通信，可实现对列车运行的实时调整、对车载设备的实时监督。

（2）数据通信系统全程冗余，一个通信设备甚至一个通信通道故障并不影响系统正常运行。

（3）线路延伸时系统扩展方便，影响面小。

（4）数据通信系统采用公开、透明的协议，有利于为实现互联互通预留条件。

（5）无线通信系统符合 IEEE 802.11 标准，便于将来的备品、备件采购以及降低系统成本，提高国产化率。

（6）无线通信系统具有可扩展性和升级能力，不需要改变既有的硬件结构就可满足线路未来的延伸和轨道区段的增加，在以后的传输技术或标准升级时也可不改变系统的硬件结构。

（7）无线电台系统车载和地面硬件设备采用全冗余配置，无线天线覆盖采用重叠覆盖技术提供灵活、高性能、高可靠和充沛的无线通信系统。

（8）在只对系统硬件进行少量改动的基础上，就可以容易地将原始频率 2.4 GHz ISM 频段改到其他频率上。

六、无线接入设备（AP）的养护与检修

（一）技术规范

（1）轨旁无线通信系统工作频段：2.4～2.483 GHz。
（2）传输速率为 2 Mbit/s。
（3）采用定向无线天线。

（二）通用操作规程

1. 无线 AP 启动操作规程

当无线 AP 供电或电源模块出现故障，更换后重新供电时，无线 AP 重新启动需要遵循以下操作规程：

（1）打开 AP 电源开关。
（2）系统启动过程中，密切留意系统启动信息。
（3）启动完成后，对系统设备进行全面检查。首先，检查无线 AP 的状态显示；其次，检查无线 AP 连接是否正常。

2. 无线 AP 关闭操作规程

当无线 AP 维护或出现故障需要关机时，无线 AP 关机需要遵循以下操作规程：

（1）关闭所有无线 AP 电源。
（2）关闭无线 AP 电源模块的开关。

（三）无线接入设备（AP）的养护与检修

1. 二级保养

二级保养，每半年进行一次养护。
（1）清洁 AP 箱的卫生。
① 检查 AP 箱上是否堆积有泥土或其他凝结物，如有，把它清除掉，保持 AP 箱表面洁净。
② 用软毛刷子和白毛巾清除所有天线线缆接口的凝结物或灰尘，保持天线线缆接口洁净。
（2）检查天线、AP 箱是否紧固。
① 检查天线、AP 箱紧固情况，确定所有固定架都紧固，如有松动的，重新紧固。
② 检查 AP 箱密封完好。
（3）检查尾纤插头及光纤盒紧固。
（4）AP 箱线缆及防雷端子整治。
① 检查天线连接头和电缆、光缆的接头是否有损坏和松脱，线缆是否老化现象，把损坏部分进行修理或更换。
② 检查地线固定螺丝是否牢固，必要时重新紧固，检查螺丝是否生锈。

③ 检查防雷单元。防雷端子完好。

（5）电气测试。

① 测试 AP 箱 24 V 电源输出的电压，应在设计范围内。

② 测试 AP 箱输入电压，应在设计范围内。

（6）天线功能测试。

① 观察天线的安装角度是否正确，天线应安装成水平方向。

② 测试各处的无线信号场强，确定所有区域场强均符合要求。

③ 记录检查和测试的日期、结果，包括所有有关部件的检查，记录结果应详细、准确。

2. 中　修

中修，每五年进行一次。

对整机部件性能进行老化度评估，根据评估结果更换老化部件。

3. 大　修

大修，十五年进行一次。

更换系统，根据采购合同系统生命周期而定，性能不得低于原设备标准。

思考题

1. 试说出在城市轨道交通信号控制系统中车-地通信的方式并比较其特点。
2. 城市轨道交通信号控制系统中车-地通信的分类方式有哪些？
3. 无源应答器与有源应答器的区别是什么？
4. 简述应答器系统的组成。
5. 简述应答器系统的工作原理。
6. 应答器有哪些基本功能？试简述之。
7. 感应环线如何进行列车定位？如果控制中心收到的地址码是 10100001011010，试译码，列车定位的距离是多少？
8. 为什么基于感应环线的列车运行自动控制系统未在我国推广？
9. DCS 子系统包括哪些通信设备与部件？
10. AP 的含义是什么？无线 AP 天线如何配置？
11. AP 设备如何完成车-地通信？
12. 简述 TRE 设备的组成及各部件作用。
13. 城市轨道交通信号控制系统中无线 AP 天线设置的总体原则是什么？
14. 城市轨道交通信号控制系统采用无线 AP 实现车-地通信时，受到哪些电磁干扰？
15. 无线车-地通信的电磁兼容有哪些解决措施？
16. 你经常乘坐的城市轨道交通线路信号控制系统采用哪种车-地通信方式？试述其特点。

项目七 防雷和接地装置的应用与维护

【岗位工作任务描述】

城轨信号系统的交流电源外线、电子设备、轨道检查装置、遥信遥控设备等与外线连接的信号设备必须装设防雷装置。地铁企业现场应根据修程规定对相关信号设备进行维护,包括相应的防雷部件。各信号工班应按照标准化流程及技术标准在规定时间内对防雷部件进行检修,以确保系统设备的防雷性能良好。

城轨信号系统设备的接地直接影响设备安全、人员安全和设备可靠运行。各信号工班应按照标准化流程及技术标准在规定时间内对接地装置进行检修,以确保系统设备的接地性能良好。

【知识目标】

1. 了解城轨信号系统设置防雷部件的必要性;
2. 了解信号设备防雷的有关规定;
3. 理解信号设备中采用的各种防雷措施的作用;
4. 熟悉信号设备中常用的防雷部件;
5. 掌握地铁信号设备维护规则中防雷部件的维护内容与标准;
6. 了解城市轨道交通信号设备接地的原因;
7. 理解城市轨道交通信号系统接地的类型及接地系统的设置;
8. 了解接地装置的组成;
9. 掌握接地系统的检查维护方法。

【技能目标】

1. 熟练认识城轨信号系统的各种防雷部件;
2. 能够按照地铁企业的设备养护修程对城市轨道交通信号设备的防雷部件进行检查、维护及测试;
3. 能说出城市轨道交通信号系统接地的系统设置;
4. 认知城市轨道交通信号系统中各接地部件;
5. 能够按照设备养护修程对设备的接地装置进行检查、维护及测试。

任务一 防雷装置的应用与维护

雷电是带有电荷的"雷云"之间或"雷云"与大地及地面其他物体之间发生急剧放电的一种自然现象。大多数的雷电放电都是在雷云与雷云之间进行的,只有少数是对地进行的。相对雷云之间放电而言,雷云对地的放电具有更大的危害性。雷电灾害是最严重的十种自然灾害之一,全世界每年因雷电灾害造成的人员伤亡、财产损失不计其数。特别是进入信息时代以来,雷电灾害造成的经济损失和社会影响更为严重,防御雷电灾害已成为全人类的共同任务。

一、雷电的产生及危害

在闷热的天气里地面水汽蒸发上升,在高空遇低温凝成冰晶。冰晶受到上升气流的冲击而破碎分裂,气流挟带一部分带正电的小冰晶上升,形成"正雷云",而另一部分较大的带负电的冰晶则下降,形成"负雷云"。在高空气流的作用下,正雷云和负雷云不停地游动。当空中的雷云靠近大地时,雷云与大地之间形成一个很大的雷电场。由于静电感应作用,地面出现与雷云的电荷极性相反的电荷,如图7.1(a)所示。

当雷云与大地之间在某一方位的电场强度达到25~30 kV/cm时,雷云即开始向这一方位放电,形成一个导电的空气通道,称作雷电先导;大地的异性电荷集中的雷电先导尖端上方,在雷电先导下行的对应方位也形成一个上行的迎雷先导,如图7.1(b)所示。当上、下先导相互接近时,正、负电荷强烈吸引中和而产生强大的雷电流,并伴有雷鸣电闪。这就是直击雷的主放电阶段,此时间一般仅50~100 μs。主放电阶段之后,雷云中的剩余电荷继续沿主放电通道向大地放电,形成断续的隆隆雷声。这就是直击雷的余晖放电阶段,时间为30~150 ms,此时的电流为几百安培。雷电先导在主放电阶段前与地面上雷击对象之间的最小空间距离,称作闪击距离,简称击距。雷电的闪击距离,与雷电流的幅值和陡度有关。确定直击雷防护范围就与闪击距离有关。

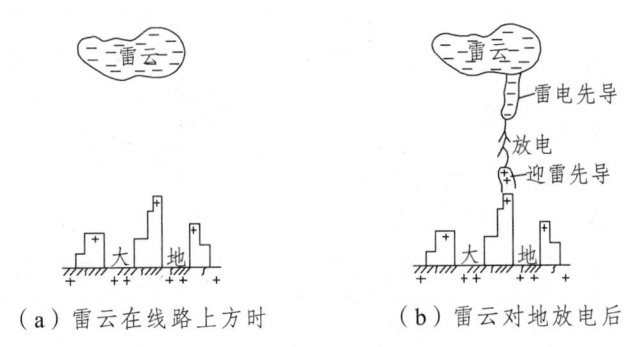

(a)雷云在线路上方时　　(b)雷云对地放电后

图7.1　直击雷放电过程

当金属物处于雷云和大地电场中时,金属物上感应出与雷云的电荷极性相反的电荷,如图7.2(a)所示。静电感应高电压,在高压架空线路可达300~400 kV,在一般低压架空线路可达100 kV,在电信线路可达40~60 kV。建筑物也可以产生相当高的有危险的电压。雷云主放电时,先导通道中的电荷迅速中和。其他导体上的感应电荷由于失去了电场的约束而得到释放,如没有被中和或不就近泄入地中就会产生很高的电位。这种由静电感应产生的过电

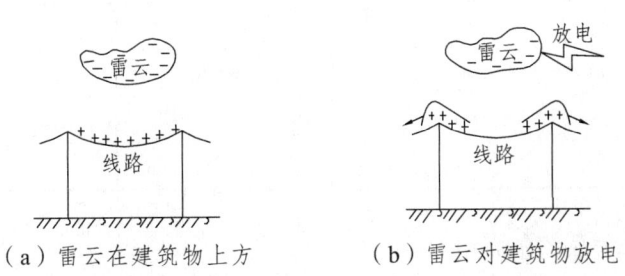

(a)雷云在建筑物上方　　(b)雷云对建筑物放电

图7.2　感应雷过电压

压对接地不良的电气系统有破坏作用。对于建筑物内部而言,在过电压作用下,其金属构架与接地不良的金属器件之间容易发生火花,这对存放易燃物品的建筑物有引起爆炸的危险。同时,局部高电压对人身也有相当大的危险。

雷电流是一个幅值大、陡度高的冲击波电流,如图7.3所示:

雷电流幅值:雷电流波形上的最大值。雷电流的幅值 I_m 与雷云中的电荷量及雷电放电通道的阻抗有关。雷电流一般在 $1\sim 4\ \mu s$ 内增长到幅值 I_m。

波头时间:雷电流波形上从起始点上升到幅值所需的时间。雷电流上升速度越快,其曲线也越陡,陡度越大,引起的感应雷过电压幅值就越大。

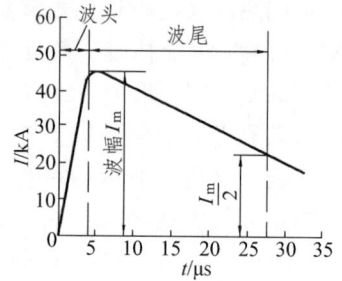

图 7.3 雷电流波形

半幅值时间:雷电流波形上从幅值下降到半幅值所需的时间。而这一段波形称作波尾。

雷电放电具有重复性,一次雷电平均包括 3~4 次放电,通常第一次放电的电流幅值高。雷电流波形,无论是首次雷击还是后续雷击,都是在一段很短或较短的时间内上升到幅值,然后再由幅值缓慢地下降,呈现出拱形脉冲形状。雷电流具有电流所具有的一切效应,不同的是它在短时间内以脉冲的形式通过强大的电流。尤其是直击雷,它的峰值有几十千安培,甚至几百千安培,持续时间为几十到上百微秒,闪电通道为几百到几千米长。其产生的高电位主要损坏电气设备及电子设备,造成计算机信息系统中断,或者产生电弧、电火花而引起火灾。雷电电磁脉冲会产生静电感应、电磁感应、高电位反击、电磁波辐射等效应。雷电电磁脉冲就是与雷电放电相联系的电磁辐射,所产生的电场和磁场能够耦合到电气或电子系统中,从而产生干扰性的浪涌电流或浪涌电压。

凡有雷电活动的日子,包括看到雷闪和听到雷声,都称作雷暴日。由当地气象台站统计的多年雷暴日的年平均值称作年平均雷暴日数。年平均雷暴日数不超过 15 天的地区称作少雷区,年平均雷暴日数超过 40 天的地区称作多雷区。年平均雷暴日数越多,说明该地区雷电活动越频繁,因此防雷要求就越高,防雷措施越需加强。我国某些城市的年平均雷暴日见表 7.1。

表 7.1 我国部分城市年平均雷暴日

城市	年平均雷暴日	城市	年平均雷暴日
北京	40	西安	20
上海	35	重庆	40
南京	38	南昌	60
天津	30	长沙	50
广州	90	福州	60
哈尔滨	80	兰州	25
沈阳	33	太原	40

二、雷电对信号系统的危害

早期的信号设备多由机电产品构成,抗雷击能力强,防雷要求和标准不高。进入 21 世纪后,大量信号系统以电子元器件为基础,这些系统和设备耐压能力有限,雷电高电压以及雷电电磁脉冲侵入所产生的电磁效应、热效应都会对系统和设备造成干扰和永久性损坏。

雷云对地放电,能够对地面上的建筑物和设施带来严重危害。根据雷电侵入建筑物和建筑物内的电气电子设备的方式,雷电可分为直击雷和感应雷两大种。

(一)直击雷

直击雷是带电云层(雷云)与建筑物、大地、防雷装置或其他物体之间发生的迅猛放电现象,并产生电效应、热效应或机械力等一系列的破坏作用。直击雷的电压峰值通常可达几万伏甚至几百万伏,电流峰值可达几十千安乃至几百千安。之所以其破坏性很强,主要原因是雷云所蕴藏的能量在极短的时间就释放出来,从瞬间功率来讲,是巨大的。直击雷主要危害建筑物以及建筑物内的电子设备和人。直击雷雷害又称为雷电的直接破坏作用。

(二)感应雷

感应雷也称雷电感应或感应过电压。由于电磁感应作用,雷击时电气设备上可感应出雷电压,在设备中流过感应电流。感应雷又分为静电感应雷和电磁感应雷。

静电感应雷是指当雷云来临时,地面上的一切物体,尤其是导体,由于静电感应,都聚集起大量的与雷电极性相反的束缚电荷,在雷云对地或对另一雷云闪击放电后,云中的电荷就变成了自由电荷,从而产生出很高的静电电压(感应电压)。其过电压幅值可达几万到几十万伏。如果建筑物金属屋顶或顶部金属对地绝缘,则在静电感应所引起的高电压作用下,金属体对其下方的某些接地物体将会造成火花放电,导致设备和人员的损坏和伤亡,还可能会引发火灾。如果顶部金属体的接地引下线在某个部位断开或电阻过大,则在这些部位也将出现高电压,造成局部火花放电,危及建筑物内设备与人员的安全。

在各种架空线路上,同样会因雷云对地放电而产生静电感应电荷。感应过电压波向导线两侧传播,当它沿线路进入建筑物内时,将会对建筑物内的信息系统和电气设备造成破坏。这种沿线路进入建筑物内的感应过电压波常被称为雷电侵入波,它是一种典型的雷电暂态过电压,对信息系统中的电子和微电子设备极具危害性,在防雷设计中需要采取专门的措施加以防护。

电磁感应雷是在雷电闪击时,由于雷电流的变化率大而在雷电流的通道附近形成了一个很强的感应电磁场,对建筑物内的电子设备造成干扰、破坏,又或者使周围的金属构件产生感应电流,从而产生大量的热而引起火灾。另外,当架空线遭受直击雷或产生感应雷,高电位便会沿着导线侵入建筑物内。这种雷电波侵入也会对电气设备造成危害或使建筑物内的金属设备放电,引起破坏作用。

雷电流具有很大的幅值和波头上升陡度,能在所流过的路径周围产生很强的暂态脉冲磁场。例如,当建筑物遭受雷击时,雷电流将沿建筑物防雷装置(钢筋或其他金属结构)中各分支导体流入大地。沿分支导体流动的雷电流将在建筑物内部空间产生暂态脉冲磁场。根据电磁感应定律,这种快速变化的脉冲磁场交链导体回路时,能在回路中感应出电动势,产生过电压和过电流。在现代建筑物内,通常布置和铺设着各种电源线、信号线和金属管道(如供水管、供热管和供气管等),这些线路和管道常常会在建筑物内的不同空间构成导体回路或回环。在闭合感应回路中出现电流后,如果回路中某个部位接触不良,则可能在此处产生严重的局部发热，有可能引发易燃易爆品的燃烧或爆炸等事故。如果回路中各部分导体接触良好，则回路中的电阻就小，在感应过电压作用下就会产生过电流，过电流的热效应可能会使回路导体受到损害。雷电流产生的暂态脉冲磁场不仅能在建筑物内的导体回路中感应出过电压和过电流，而且能在建筑物之间的通信线路回路中感应出过电压和过电流。

近些年来，随着信息处理技术的广泛应用，大量电子设备正普遍地进入各种建筑物内，建筑物之间的信息交换与传递也日趋增强，这就使得雷电脉冲磁场的危害性变得越来越严重。雷电流不仅能产生脉冲磁场，而且能产生脉冲电场，并能以电磁波的形式直接辐射到电子设备中去，使电子设备受到干扰或被损坏。

雷电的静电感应和电磁感应作用属于雷电的间接破坏作用。由静电感应和电磁感应所产生的暂态过电压比以上介绍的直接破坏作用具有更大的危害范围，它能够损坏建筑物内的电子系统和电气设备，甚至造成人员伤亡，因此在防雷设计中，一直受到关注。

（三）雷电侵入信号设备的途径

1. 雷电侵入室内设备的途径

一般来说雷电侵入室内设备的途径有以下几种：

（1）天线遭受直接雷击或接收感应雷击；

（2）电源供电线路在远端遭受直接或感应雷击，雷电沿供电线路进入设备。

（3）有线通信线路在远端遭受直接或感应雷击，雷电沿通信线路进入设备。

（4）网络数据线路在远端遭受直接或感应雷击，雷电沿网络线路进入设备。

（5）雷击发生在1 000 m范围内时（包括邻近建筑物避雷针接闪或云中放电）产生电磁辐射。

（6）建筑物内的电源回路感应雷击电磁脉冲辐射，进入设备。

（7）建筑物内的通信线路感应雷击电磁脉冲辐射，进入设备。

（8）建筑物内的网络线路感应雷击电磁脉冲辐射，进入设备。

（9）建筑物、附近的避雷针遭受雷击或雷电直接击中附近的树或地面时，由地线引入设备。

2. 雷电侵入城市轨道交通信号设备的方式

（1）雷电直接击中信号设备所在建筑物，引起防雷装置各部位（引下线接地装置）瞬态电位急剧升高，导致对信号设备的反击。

（2）雷电产生瞬态过电压，通过信号电源输入线侵入信号系统。

（3）雷电产生瞬态过电压，通过数据通信、信号及电话线侵入信号系统。

在雷电闪击过程中，沿着接闪器的引下线和雷电闪击的通道产生的雷电瞬态过电压，会通过电源线、信号线等线路传输和电磁场感应等方式严重地危害通信、监控、计算机等现代化信息系统。它也能够产生过大的跨步电压和接触电压，对人身安全构成威胁。因此雷电防护技术也随之由单一的直击雷的防护扩大为直击雷和感应雷的现代化的综合防雷技术。

3. 纵向电压和横向电压

电线路一旦遭受雷电过电压的侵袭，则该电压波由侵袭地点沿线路向两端传播，形成纵向电压和横向电压。

纵向电压指导线或设备的对地电压，每条导线上的折射电压或反射电压均为纵向电压。

横向电压指两导线间的电位差。每条导线感应过电压的不平衡，线路阻抗的不一致，防雷元件冲击点火电压的离散性，被保护设备阻抗及接地电阻的差异，都会造成横向电压。

纵向电压及横向电压都会对人身安全和信号设备的正常运行带来极大的危害。纵向过电压将设备的绝缘闪络、击穿，甚至起火。横向过电压会击穿、烧毁信号设备尤其是电子器件。

三、信号设备防雷规定

在有雷电活动的地区，交流电源外线、电子设备、轨道检查装置、遥信遥控设备等与外线连接的信号设备必须装设防雷装置。不同雷电活动地区，应采取相应的防雷措施。

防雷装置和被防护设备之间的绝缘应匹配，将雷电感应电压限制到被保护的冲击耐压水平以下。正常情况下，防雷装置不应影响被防护设备的工作，受雷电干扰时，应保证信号设备不得错误动作。采用多级防护时，各级防护元件应配置合理。信号设备防雷元件的安装应牢固可靠，便于检测，集中安装。各个城市对轨道交通信号设备的防雷、防浪涌也有具体规定，一般来说有以下规定：

（1）系统室内设备的防雷应符合 GB 50343 的要求。
（2）系统或设备的防雷应符合 TB/30343、TB/T 2311—2000、TB/T3074—2003 的要求。
（3）地面线、高架线的室外信号设备、与外线连接的室内信号设备应具有雷电防护措施。
（4）应在电源、计算机数据通信线路、输入输出接口、机架结构及机地线设置等方面采取电磁兼容和防雷设计，包括元器件的选用和印刷电路板的设计制作。
（5）室外信号设备的金属箱、盒壳体应接地。
（6）信号机电力线引入处应单独设置电源防雷箱。
（7）出入信号机的电缆应采用屏蔽电缆，并在室内一端接地。
（8）室外设备应具有防雨、防暑、防太阳辐射、防雷的保护措施。
（9）正常情况下，防雷装置应不影响被防护设备的工作，在受到雷电干扰时，信号设备不应产生危险输出和错误输出，不能影响行车安全。
（10）防雷元器件的选择应将雷电感应过电压抑制在被防护设备的冲击耐压水平之下，可不对直接设备实施防护。
（11）防雷元器件与被防护设备之间的连接线应最短，防护电路的配线应与其他配线分开。其他设备不应借用防雷元器件的端子。

四、信号设备的防雷措施

直击雷的高电压、强电流侵入各处，袭击人，破坏建筑物、输电网，引发森林火灾（半数是雷击引起的）是很常见的事。而伴随着雷电产生的雷电电磁脉冲，以电磁感应和静电感应的作用（俗称感应雷），通过金属管道和电缆将雷电波（即高电位）引入，对近年来迅速发展的电子、信息、控制设备的破坏和危害更大。

现代防雷保护包括外部防雷保护和内部防雷保护两部分。外部防雷系统主要是为了保护建筑物免受直接雷击，引起火灾事故及人身安全事故，而内部防雷系统则是防止雷电波、雷击感应过电压侵入设备造成的毁坏。

（一）外部防雷设施

外部防雷主要是防直击雷，可采用避雷针、分流、屏蔽网、均衡电位接地等措施。外部防雷设施由接闪器、引下线、共用接地系统等组成，如图 7.4 所示。

1. 接闪器

直接截受雷击，以及用作接闪的器具、金属构件和金属屋面等，称为接闪器。其功能是把接引来的雷电流，通过引下线和接地装置引入大地中泄放，就是让在一定范围内出现的闪电放电不能任意地选择放电通道，而只能按照人们事先设计的防雷系统的规定通道，将雷电能量泄放到大地中去，保护建筑物免受雷害。

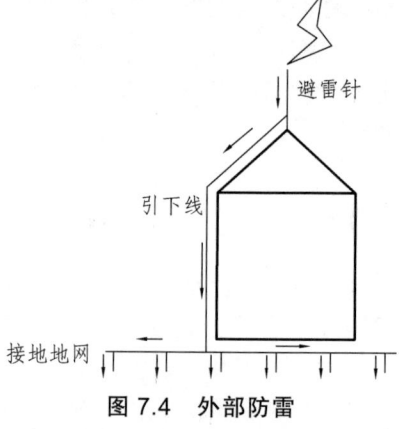

图 7.4 外部防雷

当高空出现雷云的时候，大地上由于静电感应作用，必然带上与雷云的电荷极性相反的电荷。然而接闪设备都处于地面上建筑物的最高处，与雷云的距离最近，而且与大地都有良好的电气连接，所以它与大地有相同的电位，以致接闪设备附近空间电场强度相对比较大，比较容易吸引雷电先驱，使主放电集中到它上面，因而在它附近尤其是比它低的物体受雷击的概率就大大减小。而接闪器被雷击的概率却大大提高，所以就接闪器本身而言，它不但不能避免雷击，相反是招来更多的雷击，它以自身多受雷击而使周围免受雷击。

从 1753 年富兰克林发明了避雷针以来，避雷针作为接闪器唯一的形式，延续了上百年的历史，从 19 世纪开始，逐渐出现了避雷线、避雷带和避雷网。

1）避雷针

为了预防直接雷，应该在信号设备机房周围及轨旁信号设备的附近架设避雷针。当高空出现雷雨的时候，大地上由于静电感应作用，必然带上与雷云电荷极性相反的电荷。由于避雷针一般安装在建筑物的最高点，与雷云的距离最近，而且与大地有良好的电气连接，所以它与大地有相同的电位，故而避雷针附近空间的电场强度相对比较大，比较容易吸引雷电先驱，使主放电集中到它上面，因而在它附近尤其是较低的物体受雷击的概率大大减小。同时，由于避雷针都与大地有良好的电气连接，使大地积存的电荷能量迅速与雷云中和。这样由雷击造成的过电压的时间大大缩短，雷击危害性就大大减弱。

2）避雷带

在房屋建筑雷电保护上，用扁平的金属带代替钢线接闪，称之为避雷带，它是由避雷线改进而来。在城市高大楼房上，使用避雷带比避雷针有较多的优点：它可以与楼房顶的装饰结合起来，可以与房屋的外形较好地配合，即美观又有很好的防雷效果。特别是大面积的建筑，它的保护范围大而有效，这是避雷针所无法比的。避雷带的制作，采用扁钢，截面面积不小于 48 mm^2，其厚度不应小于 4 mm。

3）避雷网

避雷网是指利用钢筋混凝土结构中的钢筋网作为雷电保护的方法，也叫作暗装避雷网。它是利用古典电学中法拉第笼的原理达到雷电保护目的的金属导电体网络。

2. 引下线

引下线是连接防雷接闪装置和接地装置的一段导线。其作用是将雷电流引入接地装置。

引下线可利用建筑物的钢梁、钢柱、消防梯等金属构件作为自然引下线，金属构件之间应电气贯通。当利用混凝土内钢筋、钢柱作为自然引下线并采用基础钢筋接地体时，不宜设置断接卡，但应在室外墙体上留出供测量用的测接地电阻孔洞及与引下线相连的测试点接头。采用埋于土壤中的人工接地体时应设断接卡，其上端应与连接板或钢柱焊接。连接板处宜有明显标志。

引下线应保证雷电流通过时不致熔化，一般用直径不小于 10 mm 的圆钢或截面不小于 80 mm^2 的扁钢制成。

3. 接 地

接地为防雷保护装置（避雷针、避雷线、避雷网）向大地泄放雷电流提供通道，让已经进入防雷系统的闪电电流顺利地流入大地，而不让雷电能量集中在防雷系统的某处，以免对被保护物体产生破坏作用。良好的接地才能有效地泄放雷电能量，降低引下线上的电压，避免发生反击。

（二）内部防雷设施

内部防雷主要是防感应雷，其措施有等电位连接、屏蔽保护隔离、合理布线和使用过电压保护器等。这些措施会减少雷电流在需要防雷的空间内所产生的电磁效应，防止雷电损坏建筑物内的电气设备或电子设备，这是外部防雷系统所无法保证的。

1. 等电位连接

接闪装置在接闪雷电时，引下线立即产生高电位，会对防雷系统周围尚处于地电位的导体产生旁侧闪络，并使其电位升高，进而对人员和设备构成危害。为了减少这种闪络危险，最简单的办法是采用均压环，将处于地电位的导体等电位连接起来，一直到接地装置。室内的金属设施、电气装置和电子设备，如果其与防雷系统的导体，特别是接闪装置的距离达不到规定的安全要求时，则应该用较粗的导线把它们与防雷系统进行等电位连接。这样在闪电电流通过时，室内的所有设施立即形成一个"等电位岛"，保证导电部件之间不产生有害的电位差，不发生旁侧闪络放电，以防止闪电电流入地造成的地电位升高所产生的反击。

1）等电位连接的意义

将分开的各金属物体直接用连接导体（称为等电位连接导体）或经电涌保护器连接到防雷装置（或接地装置）上，以减小雷电流引发的电位差。

2）实施等电位连接的位置

穿过防雷区界面的所有导电物、电气和电子系统的线路均应在界面处做等电位连接。

3）等电位连接实施

建筑物的等电位连接包括总等电位连接、建筑物顶设备（施）的等电位连接、机房或设备的局部等电位连接。如电子信息系统的机房，应设等电位连接网络。电气和电子设备的金属外壳、机柜、机架、金属管、槽、屏蔽线缆外层、信息设备防静电接地、安全保护接地、浪涌保护器 SPD 接地端均应以最短的距离与等电位连接网络的接地端连接。

为了彻底消除雷电引起的毁坏性的电位差，就特别需要实行等电位连接，电源线、信号线、金属管道等都要通过过压保护器进行等电位连接，各个内层保护区的界面处同样要依此进行局部等电位连接，并最后与等电位连接母排相连。

如图 7.5 所示，等电位连接网络一般分为 S 型和 M 型两种，前者适用于小范围内、设备集中、系统进出线位置集中的局部系统,而后者适用于占地面积大、工作频率高、设备分散、系统进出线分散的复杂系统。根据轨道交通的系统结构特点,大多数情况更适合使用 M 型等电位连接网络。通常的做法是在设备机房内地面设置密集的网格型金属连接网(使用薄铜带,更有利于高频脉冲电流的通过),并在多处与联合接地装置连接,需要等电位连接和接地的设备以最短的途径与铜带连接。

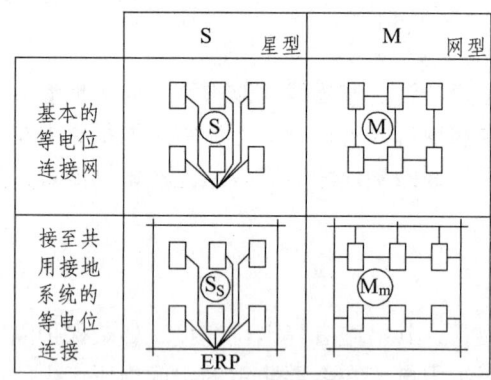

图 7.5 等电位连接图

2. 屏 蔽

屏蔽就是利用金属网、箔、壳或管子等导体把需要保护的对象包围起来,使雷电电磁脉冲波入侵的通道全部截断,阻挡、隔离、衰减加在电子设备上的雷电干扰和能量。屏蔽是防止雷电电磁脉冲辐射对电子设备影响的最有效方法。屏蔽材料主要是铁质材料,其次是铜铝,塑料管无效。

1)空间屏蔽

用于建筑物初级屏蔽。

2)机房屏蔽的方法

① 用厚度小于 1 mm 的薄钢板对墙面进行封闭式屏蔽,机房顶和地板下用铝合金材料屏蔽,实施六面屏蔽;门窗也要屏蔽。

② 用钢筋条做成网格式屏蔽,网格孔边长有 3 cm、10 cm、20 cm 等规格。全部网格接点均应焊接并接地。网格越大,衰减越小;网格越小,衰减越大。

3)设备屏蔽

设备屏蔽是后续防护区的屏蔽,如线缆屏蔽。屏蔽电缆是防雷电缆,电源线路、信号线路线缆应采用金属屏蔽线缆或套入铁管进行敷设,在室外埋地敷设进入建筑物,在楼内一般采用金属屏蔽槽垂直、水平敷设进入各个机房。铁管直径越大,管壁越厚,电阻越小,屏蔽效果越佳。但是,电缆屏蔽层存在电阻,皮、芯之间的磁通差别造成自感与互感不相等,以及电缆或金属管两端接地点间存在电位差,这就降低了屏蔽效果。雷电能量的 70% 经屏蔽层向大地泄放,仍有近 1/3 的能量进入电气、电子系统。

3. 接 地

接地就是让已经进入防雷系统的闪电电流顺利地流入大地,而不能让雷电能量集中在防雷系统的某处对被保护物体产生破坏作用。良好的接地才能有效地泄放雷电能量,降低引下线上的电压,避免发生反击。

一栋建筑物应将防雷接地、交流工作接地、直流工作接地、安全保护接地共用一组接地装置。共用接地系统指以一栋建筑物为单位，共用一组接地装置（与土壤接触）与等电位连接网格（与土壤不接触）两部分组成建筑物的共用接地系统。共用接地系统容易均衡建筑物内各部分的电位，降低接触电压和跨步电压，排除在不同金属部件之间产生闪络的可能，接地电阻更小。防雷接地与交流工作接地、直流工作接地、安全保护接地共用一组接地装置时，接地装置的接地电阻值必须按接入设备中要求最小值确定。应优先利用建筑物的自然接地体，当自然接地体达不到要求时应增加人工接地体。

共用接地装置应与总等电位接地端子板连接,通过接地干线引至楼层等电位接地端子板，由此引至设备机房的局部等电位接地端子板。局部等电位接地端子板应与机房内预留的主钢筋接地端子板连接。接地干线一般采用铜带，其截面面积不小于 16 mm^2。

4. 合理布线

合理布线是指电源线缆不能与信号线缆绑扎在一起或同用一个金属槽敷设，且二者也不能相距太远。也就是说，既要避免它们相互干扰，又要避免它们间构成较大的环路面积。否则环路中雷电感应过电压显著增加，容易造成设备损坏。

5. 浪涌（过电压）保护器 SPD

浪涌保护器（Surge Protection Devices，SPD），也称避雷器、过电压保护器、电涌保护器。其定义为：至少含有一个非线性元件，用于限制瞬态过电压和分流泄放电涌电流的器件。它是一种为各种电子设备、仪器仪表、通信线路提供安全防护的电子装置。当电气回路或者通信线路中因为外界的干扰突然产生尖峰电流或者电压时，浪涌保护器能在极短的时间内导通分流，从而避免浪涌对回路中其他设备的损害。

通过浪涌保护器进行防雷是现代防雷技术迅猛发展的重点，是保护各种电子设备或电气系统的关键措施。

1）浪涌保护器的特性

浪涌保护器的一个共同特性就是其阻抗在有浪涌电压出现时与没有浪涌电压出现时不同。正常电压下，它的阻抗很高，对电路的工作没有影响；当有很高的浪涌电压施加时，它的阻抗变得很低，将浪涌能量旁路掉，这样过电压保护元件可以迅速地将外来的冲击能量全部或部分泄放掉，不让其进入设备内部，达到保护的目的。其必须具备如下性能：

（1）能承受一定的冲击能量，尤其是在极其强大的雷电流作用下也不致损坏。

（2）能迅速地抑制瞬间过电压，且其残压应低于设备的安全值。

（3）对过电压的响应速度要快，在正常状态时是高阻抗，且从高（低）阻抗状态转到低（高）阻抗状态的时间极短。

（4）元件本身有高的可靠性和稳定性，能受多次冲击而性能不变。

2）浪涌保护器的基本元器件

浪涌保护器的类型和结构按不同的用途有所不同，但它至少应包含一个非线性电压限制元件。用于浪涌保护器的基本元器件有：气体放电管、压敏电阻、抑制二极管和扼流线圈等。

（1）气体放电管。

气体放电管由两个或数个带间隙的金属电极组成，采用充以氩气或氖气等惰性气体的玻璃管或陶瓷密闭封装。当放电管两极之间施加一定压力时，便在极间产生不均匀电场，在此电场作用下，管内气体开始游离。当外加电压增大到使极间场强超过气体的绝缘强度时，两极之间间隙将放电击穿，由原来的绝缘状态转化为导电状态。导通后放电管两极之间的电压维持在放电弧道所决定的残压水平，这种残压一般很低，从而使得与放电管并联的电子设备免受过电压的损坏。

早期的放电管是以玻璃作为管子的封装外壳，如图 7.6 所示，现已改用陶瓷作为封装外壳，如图 7.7 所示。放电管内充入电气性能稳定的惰性气体（如氩气和氖气等）。为了提高放电管的触发概率，在放电管内还有助触发剂。这种充气放电管有二极型的，也有三极型的。

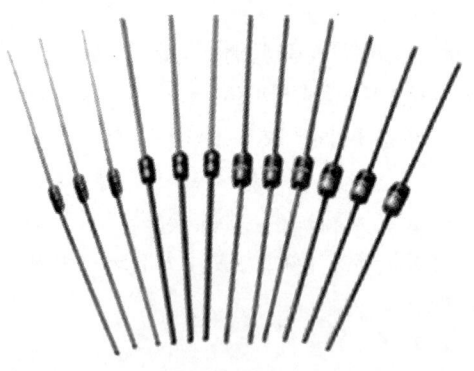

图 7.6　玻璃气体放电管

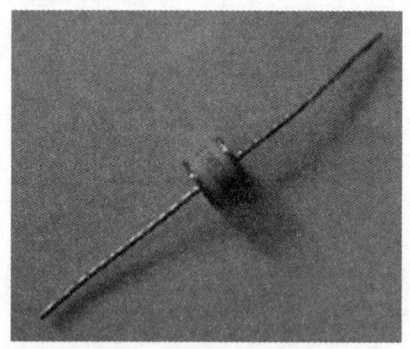

图 7.7　陶瓷气体放电管

陶瓷放电管在正常情况下不导电，当雷电到来，出现过电压时电极间很快被击穿，通过其放电，过电压消失后立即恢复正常状态。它用于信号设备防雷电路粗保护环节，具有通流容量大、残压较低等特点。按电极数分，它有二极放电管和三极放电管（相当于两个二极放电管串联）两种。其外形为圆柱形，有带引线和不带引线两种结构形式（有的还带有过热时短路的保护卡）。金属陶瓷三极管放电管与金属二极管放电管的主要区别是，其管内如果有一个电极放电，管子内部就产生了离子和电子，充满了管内空间，从而诱发其他电极放电，使放电变得更加顺利，使级间的放电时间差大大减小，最大限度地控制了两线间冲击电压的产生，提高了对设备的防护效果。其特点是对称性能好，冲击放电电压低，通流容量大，遮光性能好，极间电容小，绝缘电阻高。

在保护设计中，放电管的技术参数是选用放电管的依据。实际上，描述放电管电气特性的技术参数有许多项，且由于保护对象的不同，选用放电管的方法也不尽相同。这里从一般应用出发，介绍放电管的常用技术参数和经验选用方法。

① 直流放电电压：在上升陡度低于 100 V/s 的电压作用下，放电管开始放电的电压值称为其直流放电电压。由于放电具有分散性，所以直流放电电压是一个数值范围。

② 冲击放电电压：在具有规定上升陡度的暂态电压脉冲作用下，放电管开始放电的平均电压值称为其冲击放电电压。由于放电管的响应时间或动作时延与电压脉冲的上升陡度有关，对于不同的上升陡度，放电管的冲击放电电压是不相同的。一些制造厂通常是给出在上升陡度为 1 kV/μs 时的冲击放电电压值。实际上，出于一般应用的考虑，还应给出放电管在 100 V/μs、500 V/μs、1 kV/μs、5 kV/μs 和 10 kV/μs 等不同上升陡度下的冲击放电电压，以尽量包括在各种保护应用环境中可能遇到的暂态过电压上升陡度范围。

③ 工频耐受电流：放电管通过工频电流 5 次，使管子的直流放电电压及绝缘电阻无明显变化的最大电流称为其工频耐受电流。当应用于一些交流供电线路或易于受到供电线路感应

作用的通信线路时,应注意放电管的工频耐受问题。经验表明,感应工频电流较小,一般不大于 5 A,但其持续时间很长;供电线路上的过电流很大,可高达数百安培,但由于继电保护装置的动作,其持续时间很短,一般不超过 5 s。

④ 冲击耐受电流:将放电管通过规定波形和规定次数的脉冲电流,使其直流放电电压和绝缘电阻不会发生明显变化的最大值电流峰值称为管子的冲击耐受电流。这一参数总是在一定波形和一定通流次数下给出的,制造厂常给出在 8/20 μs 波形下通流 10 次的冲击耐受电流,也有的给出在 10/1000 μs 波形下通流 300 次的冲击耐受电流。

⑤ 绝缘电阻和极间电容:放电管的绝缘电阻很大,制造厂给出的该参数值一般为绝缘电阻的初始值,为数千兆欧。在放电管的不断使用过程中,绝缘电阻值将会降低。阻值的降低会造成在被保护系统正常运行时管子中泄漏电流的增大,也有可能产生噪声干扰。放电管的极间寄生电容很小,二极放电管的极间电容一般在 1~5 pF。极间电容值可以在很宽的频率范围内保持近似不变,且同型号放电管的极间电容值分散性很小。

放电管的优点是绝缘电阻大,极间电容很小,能承受很高的冲击电流(大于 20 kA、几十微秒)。对于电源中的重复浪涌脉冲,放电管可承受 500 A 峰值、10 μs 上升时间、1 000 μs 宽度的浪涌 50 次,其后寿命降低,起始放电电压逐渐变小(失效模式)

使用气体放电管的注意事项:

① 在交流电源电路的相线对保护地线、中线对保护地线单独使用气体放电管是不合适的。

② 在直流电源电路中应用时,如果两线间电压超过 15 V,不可以在两线间直接应用放电管。

③ 设置在普通交流线路上的放电管,要求它在线路正常运行电压及其允许的波动范围内不能动作,则它的直流放电电压应满足:$\min(U_{FDc})$ 大于 $1.8U_P$。其中,U_{FDc} 为直流击穿电压,$\min(U_{FDc})$ 表示直流击穿电压的最小值,U_P 为线路正常运行电压的峰值。

④ 陶瓷气体放电管因击穿电压误差较大,一般不并联使用。

(2)金属氧化物压敏电阻。

压敏电阻是一种用得最多的限压器件。压敏电阻有碳化硅压敏电阻和氧化锌(ZnO)压敏电阻。常用的是氧化锌压敏电阻,它主要是以氧化锌为原料,添加多种微量金属氧化物。它的外面包封环氧树脂(可添加颜料)。它相当于一个可变电阻,并联于电路中。当压敏电阻器两端所加电压低于标称额定电压时,压敏电阻器的电阻值接近无穷大,内部几乎无电流流过。当压敏电阻器两端电压略高于标称额定电压时,压敏电阻器将迅速击穿导通,并由高阻状态变为低阻状态,工作电流也急剧增大。当其两端电压低于标称额定电压时,压敏电阻器又能恢复为高阻状态。当压敏电阻器两端电压超过其最大限制电压时,压敏电阻器将完全击穿损害,无法再自行恢复。

① 氧化锌压敏电阻器。

氧化锌压敏电阻器是以氧化锌为主,添加氧化铋、氧化钴、氧化锰和氧化锑等金属氧化物经过充分混合后制造,经烧结后成型,如图 7.8 所示。在正常工作电压下,压敏电阻呈现高阻,只有微安级漏泄电流流过。当雷电流入侵时,压敏电阻变成低阻元件,过电压被抑制,起到了防过压作用。它可作为电子和电磁设备的防雷元件使用。

图 7.8 压敏电阻器

② 劣化指示氧化锌压敏电阻器。

劣化指示金属氧化物压敏电阻器除具有压敏电阻器的性能外，它的通流容量更大，并具有热熔断器和报警装置，使其在失效时能自动脱离使用线路，给出明显标志，并进行报警，具有免测试的特点。

劣化指示金属氧化物压敏电阻有三种工作状态：在正常工作电压下，压敏电阻呈现高阻状态，其保护模块显示绿色，表示工作正常；当受到雷电侵袭时，特性有所劣化，表现为漏电流增大；当漏电流继续增大时，压敏电阻功耗不断增大，自身发热，当所发热量大于热熔断器熔化所需热量时，热熔断器因受热而脱开，使压敏电阻器脱离所使用的线路，同时机械装置动作，防护模块窗口由显示绿色变为显示红色，表示发生故障。

压敏电阻的优点有：通流量大，最大可达 80 kA；响应速度较快，对于急速的电涌响应一般小于 10 ns；功耗小，正常工作状态下，漏电流为微安（μA）数量级；成本低。但压敏电阻可靠性较差，易老化，具有不可恢复性。

③ 压敏电阻器主要电气参数：

a. 起始动作电压：当压敏电阻器通以 1 mA 直流电流时，其两端的电压值。由于该电压值位于压敏电阻器伏安曲线击穿区域的始端，故称为起始动作电压，以 U_{1mA} 表示。

b. 标称电压：表示压敏电阻器系列产品的电压规格。该电压值为同一规格压敏电阻器起始动作电压 U_{1mA} 的中心值。

c. 漏泄电流：压敏电阻器两端施加规定的直流电压（75% U_{1mA}）时流过压敏电阻器的电流。

d. 残压：压敏电阻器通过放电电流时，其两端的电压称为残压。残压值由放电电流的峰值及波形而定，残压的大小用峰值来表示。

e. 冲击通流容量：压敏电阻器不发生实质性破坏而能通过规定次数、规定波形的最大限度的电流峰值。

（3）瞬变电压抑制器（TVS）。

瞬变电压抑制器又称瞬态抑制二极管，是一种齐纳二极管。它与普通稳压二极管相比，功率更大，响应速度快，保护性能好，但通流容量小。

当瞬态电压抑制器的工作电压低于瞬态电压抑制器的击穿电压时，瞬态电压抑制器呈现高阻状态，对跨接的电路没有影响。当雷电侵入出现过电压时，瞬态电压抑制器立即导通，能以纳秒级的速度将两极间的高阻抗变为低阻抗，将过电压限制到一定水平，起到了保护设备的作用。TVS 管可以吸收高达数千瓦的浪涌功率，然后就像气体放电管一样短路，把涌浪中的能量泄放掉，直至泄放电流低于维持电流（一般为 200 mA），TVS 管回复阻断状态。

TVS 管能有效地保护电子线路中的精密元器件，免受各种浪涌脉冲的损坏。它的优点是响应时间快（亚纳秒级）、瞬态功率大（千瓦级）、漏电流低、击穿电压偏差较易控制（5～600 V）、最大钳位电压比较准确、无损坏极限、体积小等。但 TVS 管的耐浪涌能力较气体放电管和压敏电阻差。其主要特性如下：

① 截止电压与反向漏电流：截止电压表示 TVS 管不导通的最高电压，在这个电压下有很小的反向漏电流。

② 击穿电压：表示 TVS 管反向导通的标志电压。

③ 最大反向脉冲峰值电流：在反向工作时，在规定的脉冲条件下，器件允许通过的最大

脉冲峰值电流，超过这个电流就有可能对 TVS 管造成永久性损伤。

④ 最大钳位电压：TVS 管流过脉冲电流时两端所呈现的电压。

⑤ 脉冲峰值功率：指最大反向脉冲峰值电流与最大钳位电压的乘积。

⑥ 稳态功率：TVS 管也可以作为稳压二极管用，这时要用稳态功率。

⑦ 极间电容：与压敏电阻一样，TVS 管的极间电容也较大，达数十皮法。

压敏电阻器应该在其额定的参数条件以内工作，否则有可能导致压敏电阻发热劣化甚至击穿的后果。压敏电阻的失效模式主要为短路，如果短路时间过长，会发生爆炸、起火，损坏周边的部件，也有可能出现开路。

（4）固体放电管 TSS。

固体放电管又叫半导体放电管，是一种新型的过压保护器。它是基于晶闸管原理的二端负阻器件。依靠 PN 结的击穿电流触发器件导通放电，可以流过很大的浪涌电流或脉冲电流。

半导体放电管的基本特性是：外加电压低于其不动作电压时，管子的漏电流极小，相当于断路；当外电压加大时，开始发生击穿（类似于二极管）；外电压进一步加大后，管子两端变成通态，相当于短路，可泄放大的电流；当外电压撤去后，管子可恢复断态，能重复使用且双向结构，可以泄放双向的过电压。

固体放电管的性能优于气体放电管，具有响应快、漏电小、性能稳定、重复电涌能力强、寿命长等一系列优点。

以上四种防雷器件的特性对比如表 7.2 所示。

表 7.2 防雷器材性能比较

器件	气体放电管	压敏电阻	TVS	TSS
漏电流	极小（pA级）	小（μA级）	小（μA级）	较小（μA级）
限制电压	低	低~中	低	低
通流容量	大（10 kA级）	大（1~10 kA 以上）	中（100 A 级）	低（10 A 级）
响应时间	中~慢（0.1~1 μs）	较快（<25 ns）	快（<1 ns）	快（<1 ns）
续流问题	有	无	无	有
极间电容	低（1 pF）	中~高（500 pF）	高（1 000 pF）	较低（50 pF）
正常使用寿命	较短（使用性能降低）	较短（使用性能降低）	长	长
成本	低~高	低	高	高
失效模式	开路	短路	短路	短路
主要应用	AC/通信系统初级保护	AC/低压控制系统	低压控制/通信系统	通信/数据/信号系统

上述防护器件中，气体放电管的特点是通流量大，但响应时间慢，冲击击穿电压高；TVS管的通流量小，响应时间最快，电压钳位特性最好；压敏电阻的特性介于这两者之间。当一个防护电路要求整体通流量大，能够实现精细保护的时候，往往需要将这几种防护器件配合起来实现比较理想的保护特性。但是这些防护器件不能简单地并联起来使用。例如：将通流量大的压敏电阻和通流量小的TVS管直接并联，在过电流的作用下，TVS管会先发生损坏，无法发挥压敏电阻通流量大的优势。因此，在几种防护器件配合使用的场合，往往需要电感、电阻、导线等在不同的防护元件之间进行配合。电感、电阻、电容、导线本身并不是保护器件，但在多个不同保护器件组合构成的防护电路中，可以起到配合的作用。

五、信号防雷元件维护

（一）维护要求

（1）防雷保安器应逐步实现免维护，并纳入微机监测；需要日常检查测试的，应由供货企业提供测试方法及测试要求，并在改造时提供必要的仪器、仪表和相应的备品。

（2）信号设备防雷设施维护分为周期性维护和日常性维护。

（3）周期性维护的周期为一年。有劣化指示和报警功能的防雷保安器实行故障修，其他防雷保安器等防雷设施应在每年的雷雨季节前进行一次检测。

（4）日常性维护应在每次雷击之后进行。雷电活动强烈的地区，应增加防雷装置的检查次数。

（5）检测外部防雷装置的电气连续性，若发现有脱焊、松动和锈蚀等，应进行相应的处理，特别是在接地测试点，应对地网接地电阻进行测量。

（6）测试电缆芯线绝缘时，应拔除防雷保安器，以免影响测试结果。

（7）检查避雷带（网）、引下线、避雷针的腐蚀情况及机械损伤，包括由雷击放电所造成的损伤。若有损伤，应及时修复；锈蚀部位超过截面1/3时，应更换。

（8）测试接地电阻，测试值大于规定时，应检查接地装置和土壤条件，找出变化原因，并采取有效措施进行整改。

（9）检测室内防雷设施和金属外壳、机架等电位连接的电气连续性，若发现连接处松动或断路，应及时修复。

（10）检查各类防雷保安器的运用质量，有故障指示、接触不良、漏电流过大、发热、绝缘不良、积尘等情况时应及时处理。

① 信号设备应对雷电感应电压进行防护，不考虑直接雷击设备的防护。

② 在有雷电活动的地区，交流电源的外线、电子设备、轨道检查装置、通信遥控等与外线连接的信号设备均必须设雷电防护装置。

③ 信号设备的雷电防护，应符合下列原则：

a. 防雷装置和被防护设备间的绝缘应匹配，将雷电感应过电压限制到被防护设备的冲击耐压水平以下。

b. 正常情况下，防雷装置不应影响被防护设备的工作，受雷电干扰时，应保证信号设备不得造成进路错误解锁、道岔错误转换、信号错误开放或显示较允许信号。

c. 采用多级防护时，各级防护元件应配置合理。

④ 信号设备防雷元件的安装应符合下列要求：

a. 外部防护用防雷元件，宜安装在线路终端。防雷元件与被防护设备之间的连接线应短，防雷电路的配线与其他配线应分开走线，不允许其他设备借用防雷设备的端子。

b. 防雷元件的安装应牢固可靠，并便于检测。

⑤ 防雷元件的选择应符合下列规定：

a. 放电管的直流点火电压应不低于回路工作电压的 2.5 倍。在冲击电压作用后，若不能可靠地切断续流时，应采取相应措施。

b. 单独使用氧化锌压敏电阻器时，其电压额定值的选择，在直流回路中应不低于工作电压的 2.0 倍，在交流回路中应不低于工作电压（有效值）的 2.2 倍。

⑥ 防雷组合单元的外壳，须采用阻燃材料。

⑦ 信号设备应根据不同地区雷暴日的数量，采用相应的防雷措施。

⑧ 防雷装置应集中设置。

⑨ 更换器件：按计划核对新换器件与原无误，将被换器件拆下，将新换器件在原位置，准确更换，端子紧固、安全可靠、配线正确，注意线头，件杂物不要落入箱内。

（二）管　理

（1）防雷保安器的供应企业应提供产品质量保证承诺和服务承诺。由于防雷保安器本身质量问题造成的设备故障和经济损失，由供应企业承担责任。

（2）防雷保安器保（质）修期不少于 5 年。

（3）防雷保安器的使用寿命应不少于 15 年。

（4）雷害发生后，应及时调查原因和雷害损失，会同设计、施工、维护等单位提出改进措施，并按规定填写雷害报表。

（5）防雷装置投入使用后，应建立管理制度，并指定专人负责。对防雷装置的设计、安装、隐蔽工程图纸资料，年检测试记录等，均应及时归档，妥善保管。

（6）综合防雷设施投入运用后，因防雷设施维护或管理不当造成的信号设备雷害故障列入责任事故，不得列入自然灾害。

（7）人员进入雷电综合防护的机房，严禁同时直接接触墙体（含屏蔽层、金属门窗、水暖管线等）与信号设备。需要接触信号设备时，必须（特别是在雷击正在发生时）采取穿绝缘胶鞋或在地面铺垫绝缘胶等绝缘措施。

（三）维护方法

1. 周期性维护

一般情况下，防雷装置的检修周期是在每年雷雨季节来临前进行一次全面的防雷设备巡查维护。每年雷雨季节前需将所有防雷元件测试、编号（按年月表规定时间）。对综合防雷接地电阻进行测试，对引下线、接地引入线、避雷网、避雷带进行防腐、防锈处理，重新油漆出新。检测内部防雷装置和设备（金属外壳、机架）等电位连接的电气连续性，若发现连接处松动或断路，应及时修复。

检查种类浪涌保护器的运行情况：有无接触不良、漏电流是否过大、是否发热、绝缘是否良好、积尘是否过多等，出现故障，应及时排除。

室外测试：不影响运行的情况下到机房找到接地箱，将接地母线断开，电缆线一端拉至室外，找到两个以上接地点为参考点，按伏安法将线接好，测试接地电阻，按表格填写数据。在要点规定时间内完成作业，并记录各类数据。接地电阻应小于 4Ω，数据不符合标准时应找出原因，提出整改意见。

室内测试：按机房内设备情况编好号码，制作机房平面图，以通信接地箱为参考点，按伏安法将线接好，按顺序测试接地电阻，按表格填写数据。将接地母线断开，电缆线一端拉至轨旁，找到四个接地点为参考点，测试接地电阻，按表格填写数据。接地电阻应小于 4Ω，数据不符合标准时应找出原因，提出整改意见。

雷雨季节中要加强外观巡视，发现异常应及时处理。在每年雷雨季节过后再进行一次全面的防雷设备巡查维护。

2. 防雷元件日常维护

每场雷雨过后需要对所有防雷元件进行检查（包括对电源防雷箱雷电计数器进行检查）。打开电源防雷箱、防雷柜对防雷元件进行检查，发现劣化的防雷元件需及时更换。更换时必须注意防雷元件标称型号相同，不同标称型号的防雷元件不能代替使用。同时做好检查和更换记录。电源防雷箱雷电计数器检查方法：按下电源防雷箱面板中央防雷计数器下方的按钮，计数器显示雷击次数。

机房巡检时，检查墙上的防雷箱及电源屏机架上的电源浪涌防护器和防雷元件的色标是否变色，如色标有变色要立刻上报，更换防雷元件。尤其在夏季雷暴多发期，要加强巡视，在有过雷雨后要立刻检修。

每月对防雷地线断接报警装置进行断接试验，确保状态良好。按试验要求，相连两站预先联系好，每月需断开防雷地线断接报警装置，测试站联电缆。

在电源屏检修时，检查电源屏的接地线连接是否牢固，接地箱内各接头是否牢固，接头是否假焊、漏焊、伤线，防雷元件是否完好。如有问题需加固或换线和换接头或防雷元件。冬季无雷雨时期可拆回检修。

雷雨时禁止触摸综合防雷接地设备和进行防雷元件测试。

任务二 接地装置的应用与维护

一、接地的原因

接地就是将电气设备的某些部位、电力系统的某点与大地相连，提供故障电流及雷电流的泄流通道，稳定电位，提供零电位参考点，以确保电力系统、电气设备的安全运行，同时确保电力系统运行人员及其他人员的人身安全。信号设备接地装置在信号设备的可靠运用中占有很重要的位置。

大地不同于金属，本身不是良导体，其电导率介于导体和绝缘体之间（与土壤中的水分和电解质成分有关）。但在静态情况下，大地各点的电位都是相等的，因此一般都将大地作为基准电位（零电位），平时所用的设备外壳通过接大地来保持与大地同电位。将大地作为基准电位是基于以下几个理由：

（1）实现设备的安全接地。

当设备不接地时，一旦电源线与机箱之间的绝缘层发生破损就会造成触电。设备接地后，外壳的对地电压为 0 V，即使电源线与外壳间的绝缘遭到破坏，也只有大电流流到地线，引起进线保险丝的烧断，对设备的操作人员不造成任何伤害，从而实现了对人员的安全保护。

（2）泄放掉因静电感应在机箱上所积蓄的电荷，从而避免了由于电荷积聚使机箱电位升高而造成的设备内部放电。

（3）提高设备工作的稳定性，防止设备在外界电磁环境作用下使设备对大地电位发生变化，造成电路工作不稳定。

将设备的外壳接地，设备就以大地为零参考电位，可以有效防止干扰的发生。所以，从设备安全、人员安全和设备可靠运行等多方面因素考虑，设备必须接大地。

二、接地装置

专门为接地而人为装设的接地体，称为人工接地体。兼作接地体用的直接与大地接触的各种金属构件、金属管道及建筑物的钢筋混凝土基础等，称为自然接地体。如图 7.9 所示，连接于接地体与电气设备接地部分之间的金属导线称为接地线，与接地体合称为接地装置。由若干接地体在大地中相互用接地线连接起来的一个整体，称为接地网。连接接地体与电气设备之间的金属导线，称为引接线。接地体和引接线合称为接地装置。

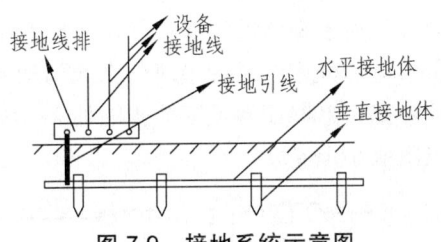

图 7.9 接地系统示意图

凡从带电体流入地下的电流即属于接地电流。接地电流有正常接地电流和故障接地电流。正常接地电流指正常工作时通过接地装置流入地下，借大地形成工作回路的电流；故障接地电流指系统发生故障时出现的接地电流。接地电流流入地下以后，就通过接地体向大地作半球形散开，这一接地电流就叫作流散电流，如图 7.10 所示。流散电流在土壤中遇到的全部电阻叫作流散电阻。接地电阻是接地体的流散电阻与接地线的电阻之和。接地线电阻一般很小，可以忽略不计。因此，可以认为流散电阻就是接地电阻。

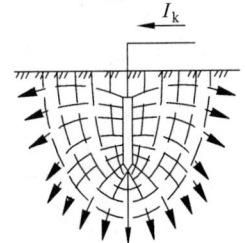

图 7.10 流散电流

对地电流通过接地体向大地作半球形流散。在距接地体越远的地方球面越大，所以流散电阻越小。一般认为在距离接地体 20 m 以上，电流就不再产生电压降了。或者说，至距离接地体 20 m 处，电压已降为零。电工技术中通常所说的"地"就是这里的地。通常所说的对地电压，即电气设备的接地部分，如接地外壳、接地线或接地体等与大地之间的电位差，称为接地的对地电压 U_d，也是指离接地体 20 m 以外的大地而言。简单说，对地电压就是带电体与电位为零的大地之间的电位差。

接触电压：接触电压是指设备的绝缘损坏时，在身体可同时触及的两部分之间出现的电位差。例如人在发生接地故障的设备旁边，手触及设备的金属外壳，则人手与脚之间所呈现的电位差，即为接触电压。接触电压通常按人体离开设备 0.8 m 考虑。

跨步电压：在电场作用范围内（以接地点为圆心，半径为 20 m 的圆周），双脚分开站立，则施加于两脚的电位不同而导致两脚间存在电位差，此电位差便称为跨步电压 U_k。人的跨步一般按 0.8 m 考虑。

三、接地的分类

（一）按接地作用分类

电力系统和电气设备的接地按其作用的不同，可分为工作接地、保护接地、防雷接地、重复接地和接零等。

1. 工作接地

在正常或事故情况下，为了保证电气设备可靠运行而必须在电力系统中某一点进行接地，称为工作接地，如图 7.11 所示。这种接地可直接接地或经特殊装置接地。采取工作接地可以减轻高压窜入低压的危险，减低低压某一相接地时的触电危险。

2. 保护接地

各种电气设备的金属外壳、线路的金属管、电缆的金属保护层、安装电气设备的金属支架等，由于导体的绝缘损坏而可能带电。为防止因绝缘损坏而遭受触电的危险，将与电气设备带电部分相绝缘的金属外壳或构架同接地体之间做良好的物理连接，称为保护接地，典型的是家用电器接地（三插头的地）。保护接地如图 7.12 所示。在一般低压系统中，保护接地电阻应小于 4 Ω。

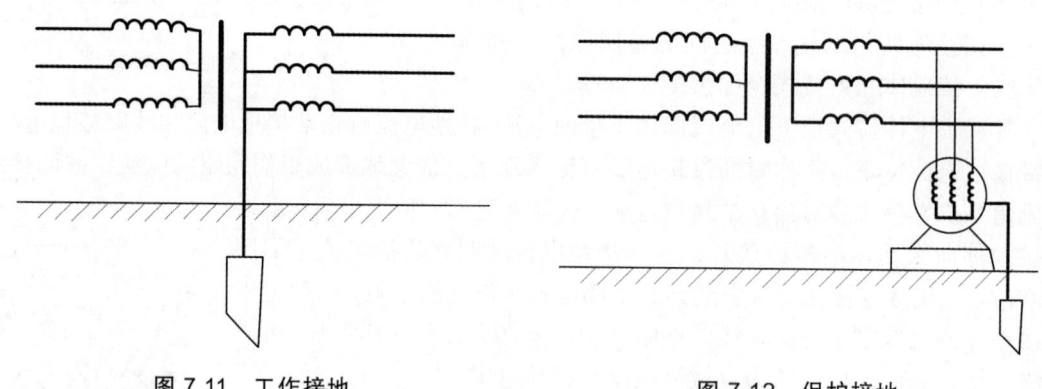

图 7.11 工作接地　　　　　　　图 7.12 保护接地

3. 防雷接地

为了防止电气设备和建筑物因遭受雷击而受损，将避雷针、避雷线、避雷器等防雷设备进行接地，称为防雷接地。而防雷接地系统中又可分为建筑物防雷和设备防雷。

建筑物防雷是为保护建筑物或天线不受雷击而专设的避雷针防雷接地装置，这是由建筑部门设计安装的。

设备防雷是为了防止雷击过电压对设备破坏需安装避雷器而埋设的防雷接地装置，如高压避雷器的下接线端汇接后接到接地装置。

4. 屏蔽接地

一方面为了防止外来电磁波的干扰和侵入，造成电子设备的误动作或通信质量的下降，另一方面为了防止电子设备产生的高频能量向外部泄放，而将线路的滤波器、变压器的静电屏蔽层、电缆的金属屏蔽等进行的接地。

为减少高层建筑竖井内垂直管道受雷电流感应所产生的感应电势，而将竖井混凝土壁内的钢筋予以接地，也属于屏蔽接地。

5. 防静电接地

静电是由于不同物质相互接触、分离、摩擦而产生的。这些静电将聚集在其相关的金属设备、管道、容器上形成高电位。静电电压可能高达数千伏，而电流却很小（微安级），当电阻小于 1MΩ 时就可能发生静电短路而泄放静电能量。静电放电的火花会引起该环境下的物质燃烧或爆炸，造成人员财产损失。静电电位的变化，会危及电子设备的安全可靠运行。在生产或电子设备工作中，在诸多环境里或场所下，要防止静电的危害，最主要方法就是接地。

6. 等电位接地

建筑物内人员所能接触到的具有金属外壳的设备或构件（如暖气、自来水管道），在常态下一般不会带电。但在漏电时，这些设备或构件的外露金属部分之间可产生电位差，人一旦接触就会有触电的危险。

为了防止出现这个电位差，用导体将这些金属部分相互连接起来成为等电位体并予以接地，称为等电位连接。医院的某些特殊的检查室、治疗室、手术室和病房中，病人所能接触到的金属部分（如床架、床灯、医疗电器等），不应有危险的电位差存在，因此要把这些金属部分相互连接起来成为等电位体并予以接地，也是一种等电位接地。

7. 重复接地

三相四线制的零线（或中性点）一处或多处经接地装置与大地再次可靠连接，称为重复接地。重复接地的作用：

（1）当系统中发生碰壳或短路时，可以降低零线的对地电压。

（2）当零线断线时，可降低事故的危险程度。

8. 保护接零

发电动机、变压器、电动机等电气设备的绕组中心以及电源的串联回路中有一点，它与外部各接线端间的电压的绝对值均相等，这一点称为中性点。当中性点接地时，该点称为零点。由零线引出的导线称为零线。

保护接零就是在中性点接地的系统中，将电气设备不带电的金属部分与零线做良好的金属连接。

（二）按接地制式分类

低压系统接地制式按配电系统和电气设备（包括信息系统）不同的接地组合来分类。按照 IEC 规定，低压系统接地制式一般由两个字母组成，必要时可加后续字母。因为 IEC 标准以法文作为正式文件，因此所用字母为相应法文文字的首字母。

低压系统接地制式有 TN-S、TN-C、TN-C-S、TT、IT 等五种。

第一个字母表示电源接地点对地的关系：T 表示直接接地，I 表示不接地（包括所有带电部分与地隔离）或通过阻抗与大地相连。

第二个字母表示电气设备的外露导电部分（如 DCS 的机柜）与地的关系：T 表示独立于电源接地点的直接接地，N 表示直接与电源系统接地点或与该点引出导体相连接。

后续字母表示中性线（N）与保护线（PE）之间的关系：C 表示中性线（N）与保护线（PE）

合并为 PEN 线；S 表示中性线与保护线分开；C-S 表示在电源侧为 PEN 线，从某点分开为 N 及 PE 线。

1. TN-C 系统

如图 7.13 所示，在 TN-C 系统中，保护线 PE 与中性线 N 合并为 PEN 线，在三相负荷不平衡时，PEN 线上有电流。因此所采用的保护装置要合适，当单相短路电流大于其整定电流的 1.5 倍时，即能迅速动作；为了保证在发生事故时有足够的单相短路电流，PEN 线要有足够大的导线截面。

这种系统有简单、经济的优点。但是当三相负载不平衡或有谐波电流时，PEN 线中有电流，其所产生的压降呈现在电气设备的外壳上，对敏感性的电子设备不利。

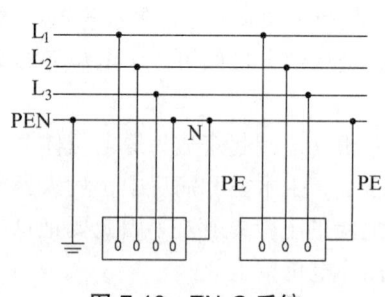

图 7.13　TN-C 系统

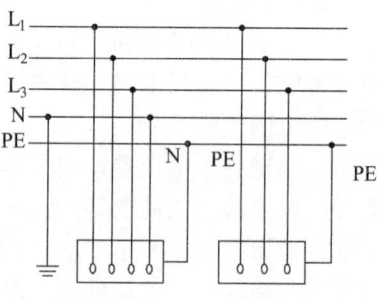

图 7.14　TN-S 系统

2. TN-S 系统

如图 7.14 所示，在 TN-S 系统中，保护线和中性线分开，用电设备外露可导电部分接到 PE 上。在正常工作时 PE 线上没有电流，因此设备的外露可导电部分不呈现对地电压。一旦发生一相带电部分与设备的外露可导电部分短接事故，由于 PE 线的电阻很小，将产生很大的短路电流使保护装置迅速切断电源。该方式比较安全，但费用高。该系统通常用于环境条件比较差的场所，也适用于数据处理、精密检测装置的供电系统。

3. TN-C-S 系统

如图 7.15 所示，在 TN-C-S 系统中，PEN 线自某点起分为保护线和中性线。共用部分的截面面积，铜芯不得小于 $10\ mm^2$，铝芯不得小于 $16\ mm^2$，如是电缆芯线则不得小于 $4\ mm^2$。

该系统用在环境条件较差的场所，要求 PE 线与 N 线分开后，不得再合并。

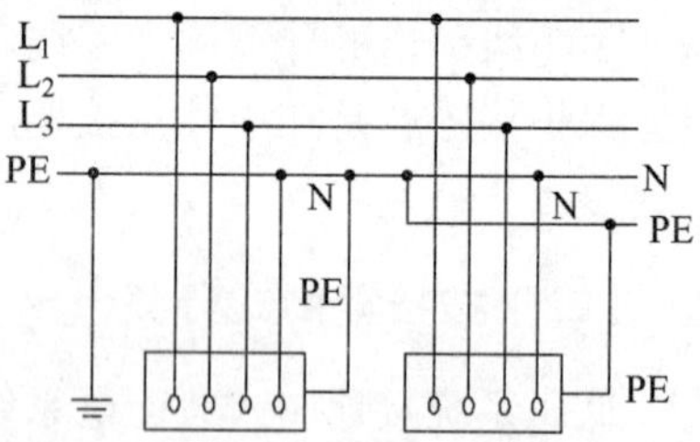

图 7.15　TN-C-S 系统

4. TT 系统

如图 7.16 所示，TT 系统必须有一个直接接地点，一般是变压器或发电动机的中性点。如果没有中性点，必须有一根相线接地。TT 系统内，电气设备的金属外壳单独接地，与电源在接地上无电气联系。其优点是避免发生故障时，将故障电压蔓延。

5. IT 系统

如图 7.17 所示，IT 系统的电源不接地或通过阻抗接地，电气设备的外露导电部分可直接接地或通过保护线接到接地体上。该系统没有配出中性线，适用于大型电厂的用电。

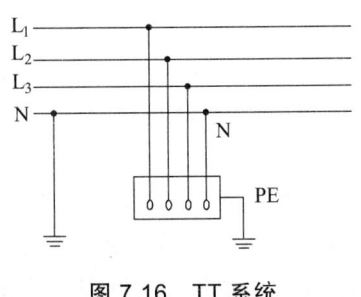

图 7.16 TT 系统

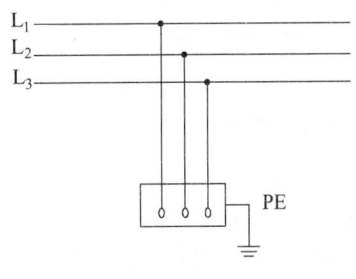

图 7.17 IT 系统

接地极按其布置方式可分为外引式接地极和环路式接地极。若按其形状,则有管形、带形和环形几种基本形式。

(三)按接地方法分类

接地按照系统接地方法可为分设接地和联合接地。

1. 分设接地

考虑到各接地系统(工作接地、保护接地)在电流入地时可能相互影响,传统做法是工作接地、保护接地、防雷接地等各种单设接地装置,并要求彼此相距 20 m 以上,称为分设接地系统。但是随着外界电磁场干扰日趋增大,分设接地系统的缺点日趋明显:

(1)侵入的雷浪涌电流在这些分离的接地之间产生电位差,使装置、设备产生过电压。

(2)由于外界电磁场干扰日趋增大,无法满足设备的电磁兼容标准的要求。

(3)接地装置数量过多,受场地限制易造成接地系统间相互干扰。

(4)配线复杂,施工困难。

2. 联合接地

在 20 世纪 90 年代开始,在国内外出现了联合接地系统。联合接地是指各种接地共用一组接地装置,接地电阻按其中最小值确定。联合接地的优点:

(1)地电位均衡,同层各地线系统电位大体相等,消除危及设备的电位差。

(2)公共接地母线为全局建立了基准零电位点。当发生地电位上升时,各处的地电位一齐上升,在任何时候,基本上不存在电位差。

(3)消除了地线系统的干扰。通常依据各种不同电特性设计出的多种地线系统,彼此间存在相互影响,而今采用一个接地系统之后,使地线系统做到了无干扰。

(4)电磁兼容性能变好。由于强、弱电,高频及低频电都等电位,又采用屏蔽设备及分支地线等方法,所以提高了电磁兼容性能。

四、接地装置

接地装置按接地体的安装分为自然接地体的利用和人工接地体装置。在设计和安装接地装置时,首先应充分利用自然接地体,以节约投资,节约钢材。自然接地体是用于其他目的,是与土壤保持紧密接触的金属导体。如果实地测量所利用的自然接地体电阻已能满足要求,而且这些自然接地体又满足热稳定条件,就不必再装设人工接地装置,否则应装设人工接地装置。对于大接地电流系统的发电厂和变电所则不论自然接地体的情况如何,仍应装设人工接地体。自然接地体至少应由两根导体在不同地点与接地网相连（线路杆塔除外）。

用来作为自然接地体的有：上下水的金属管道；与大地有可靠连接的建筑物和构筑物的金属结构；敷设于地下其数量不少于二根的电缆金属外皮及敷设于地下的非可燃可爆的各种金属管道；非绝缘的架空地线等；对于变配电所来说，可利用其建筑物钢筋混凝土基础作为自然接地体。

利用自然接地体时，一定要保证良好电气连接，在建筑物结构的结合处，除已焊接者外，凡用螺栓连接或其他连接的，都要采用跨接焊接，而且跨接线不得小于规定值。用来作为人工接地体的一般有钢管、角钢、扁钢和圆钢等钢材。如有化学腐蚀性的土壤中，则应采用镀锌钢材或铜质的接地体。人工接地体有垂直埋设和水平埋设两种基本结构形式，接地体宜垂直埋设，多岩石地区接地体可水平埋设。

在普通沙土壤地区，因地电位分布衰减较快，可以采用以棒形垂直接地体为主的棒带接地装置。垂直接地体常采用的规格有：直径为 48～60 mm 的钢管，管壁厚度不小于 3.5 mm，或直径为 19～25 mm 的圆棒，垂直接地体长度为 2～3 m。接地体的布置根据安全、技术要求，因地制宜安排，可以组成环形、放射形或单排布置。为了减小接地体相互间的散流屏蔽作用，相邻垂直接地体之间的距离不应小于 2.5～3 m，垂直接地体的顶部采用扁钢或直径圆钢相连，上端距地面不小于 0.6 m，通常取 0.6～0.8 m。

接地线是接地装置中的另一组成部分。在设计接地线中为节约有色金属、减少施工费用，应尽量选择自然导体作为接地线。只有当自然导体在运行中电气连续性不可靠或有发生危险的可能，以及阻抗较大不能满足接地要求时，才考虑采用人工接地线或增设辅助接地线，并应检验其热稳定及机械强度。

用来作为自然接地线的有：数量为两根的电缆的金属外皮，若只有一根，则应敷设辅助接地线；各种金属构件、金属管道、钢筋混凝土等，其全长应为完好电气通路。若金属构件、金属管道串联后作接地线时，应在其串接部位焊接金属跨接线。为连接可靠并有一定的机械强度，人工接地线一般采用钢质扁钢或圆钢接地线；只有当采用钢质线施工安装困难时，或移动式电气设备和三相四线制照明电缆的接地芯线，才可采用有色金属作为人工接地线，但铝线不能作为地下的接地线。

对于综合接地接入物必须进行单端接入，不能构成电流回路，尤其是对于电缆外壳、构筑物钢筋均应单端接入，不能形成通路，以免烧损设备、破坏绝缘及对构筑物强度产生影响。

为防止机械损坏及锈蚀情况，接地线要有足够大的尺寸。对于 1 000 V 以上的系统一般要根据单相短路电流校验其热稳定性。对于 1 000 V 以下中性点不接地系统，其接地干线的截面，根据载流量来说，不应小于相线中最大负荷相负荷的 50%；单独用电设备则不应小于其分支供电线容许负荷的 1/3。在任何情况下，钢质接地线的截面面积不大于 100 mm^2，铝质接地线则为 35 mm^2，铜质接地线则为 25 mm^2。接地线应该敷设在易于检查的地方，并须有防止机械损伤及防止化学作用的保护措施。从接地体或从接地体连接干线引出的接地干线应明设，并涂漆标明，一般涂上紫色；穿越楼板或墙壁时，应穿管保护；接地干线要支持牢固；若采用多股导线连接时，要采用接线耳。从接地干线敷设到用电设备的接地支线的距离越短越好。

构筑物内兼有接地功能（含连接）的结构钢筋和专用接地钢筋应满足：接触网短路电流

不大于 25 kA 时，钢筋截面面积不应小于 120 mm²（或直径不小于 14 mm）；接触网短路电流大于 25 kA 时，钢筋截面面积不应小于 200 mm²（或直径不小于 16 mm）。当构筑物内兼有接地功能（含连接）的结构钢筋的截面不满足要求时，可将相邻的两根钢筋并接使用而无须改变钢筋的间距（须总截面满足上述要求）或局部更换直径为 14 mm 或 16 mm 的钢筋。结构物内的接地钢筋之间要求可靠焊接，保证电气连接。

接地线相互之间及接地体之间的连接应采用焊接，并无虚焊。接地线与电气设备的连接方法可采用焊接或用螺栓连接。接地线与接地体之间的连接应采用焊接或压接，连接应牢固可靠。电气装置中的每一个接地元件，应采用单独的接地线与接地体或接地干线相连接。

信号接地装置安装应符合下列要求：

（1）接地装置宜采用镀锌钢材（钢管、圆钢、角钢）、铜板、石墨或符合设计要求的其他材质。

（2）接地体的埋深不得小于 700 mm，在冻土地带应埋于冻层以下。

（4）各种接地体距设备或建筑物不得小于 1 500 mm。

（5）接地体与引接线部分应焊接牢固，引接线露出地面部分应涂调和漆，地下部分应涂机械油，但接地体除外。

（6）在土壤电阻率较高，接地电阻难以达到标准时，应采用降阻剂或按设计方法安装接地体。

（7）接地体的引接线应采用双根镀锌铁线或扁钢、圆钢（盘条）、铜芯电缆，引线截面积符合设计要求。

五、城市轨道交通信号系统接地措施

对于城市轨道交通，接地与安全设计主要包括牵引变电所及降压变电所供电系统的工作接地，为保证人身安全和设备安全的保护接地，通信、信号等弱电系统的设备接地。各系统接地通过接地体、接地引出装置、强/弱电接地母排以及各系统接地端子排连接成一体，形成一个高低兼容、强弱电合一的综合接地系统，又称为综合接地装置。全线每座车站设置一个综合接地装置，接地电阻按接入设备中要求的最小值确定，同时满足接触电压和跨步电压的要求。

在轨道交通系统中，地下线路、车站结构采用钢筋混凝土浇筑而成，钢筋在施工中相互之间采用焊接或绑扎等工艺形成了良好的电气连接，金属网格密集，成为了电磁屏蔽效果非常好的"法拉第笼"结构，对外界空间的雷电电磁脉冲有非常理想的抵制效果。整体地下建筑、隧道等都通过相互连接的钢筋形成自然的接地体，有效地保证了系统接地符合接地阻值的需要，同时为各机房设备、现场设备提供了方便的接地途径。

地面站也会通过建筑的基础装置形成自然接地，并在地面建筑内设置等电位端子排。作为系统内安全保护和设备正常工作的重要基础组成部分，接地的金属材料一旦腐蚀或意外断开，将使局部接地受到影响，使系统的接地电阻值升高甚至造成悬浮化。为保证接地系统的可靠性，应在系统建设时对接地材料采取必要的防腐蚀措施，例如针对杂散电流的影响采取阴极保护措施，在接地距离系统设备较近的位置增设耐腐蚀能力强的新型接地材料和降阻防

腐材料，如近年新引入国内的镀铜钢接地产品和配套的长效防腐降阻剂（但在选用镀铜钢产品时应首先做好钢轨、系统钢结构等"阳极"材料的保护）。

（一）城市轨道交通信号系统接地要求

（1）应设工作地线、保护地线、屏蔽地线、安全地线和防雷地线等。

信号设备的机架（柜）、控制台、箱盒、信号机梯子等应设安全地线，防雷保安器应设防雷地线，安装防静电地板的机房应设防静电地线，微电子设备需要时可设置逻辑地线。上述地线均由共用接地系统的地网引出。

（2）室内信号设备的接地装置应构成网状（地网）。

（3）信号系统地线宜接入各系统共用的综合接地系统，也可采用分设接地方式。在综合接地系统中，建筑物及设备在贯通地线接入处的接地电阻不应大于 1 Ω。

（4）车辆基地内若未设综合接地系统或局部未设时，信号设备可分散接地。分散接地阻值不应大于 4 Ω。

（5）区间设备接地采用区间电缆支架 PE 接地，严禁用钢轨代替地线。电力、接触网等强电设备、设施接地连接线不得进入通信信号沟槽内。

（6）车载信号设备的地线应经过车辆接地装置接地。

（7）控制中心室内设备机柜、各类表示盘及其他设备的外壳分别采用截面面积不小于 10 mm^2 的多股铜芯绝缘软线引至地线端子，接地电阻小于 4 Ω。

（8）各车站设备室的 ATS 机柜外壳应采用截面面积不小于 10 mm^2 的多股铜芯绝缘软线引至设备室地线端子总接地板。

（9）室内控制台、电源屏、人工解锁按钮盘、各种机架（柜）等设备的外壳或架体，应采用不小于 6 mm^2 多股铜芯塑料软线分别接至公用安全接地装置。

（二）室内设备接地

对于室内设备接地（等同于建筑物接地），必须满足保护人员和设备安全，并满足信号的技术要求和安全要求。为实现这些要求，可安装一个基于建筑物接地系统的主接地和等电位接地系统。在这样的一个接地和等电位接地系统中，所有信号设备技术房都必须配备一个接线箱（GCB）。另外，此 GCB 是与主等电位接地系统（MEBS）相连的，如图 7.18 所示。按照防护要求，所有导电部件和设备都要与 GCB 的端子相连。这样，可能威胁人身安全的电位差就可以被消除。

等电位接地带的连接必须尽可能短。在有几个器件需要接地的地方，要使用第二条等电位接地母线。两个等电位接地带之间的连接要短。为防止由于机械原因造成电缆的损坏，推荐使用横截面面积为 16 mm^2 的接地连接电缆。

1. 联锁室内机柜和支架的接地

为确保与分布在联锁室内的机柜和支架的牢固的接地连接，必须使用横截面面积最小为 10 mm^2 的导线来接地。必须通过构造的办法，使用螺丝和垫圈，将机柜连接在一排内。如图 7.19 所示，所有机柜安装在一个绝缘的底座上，并且机架也是安装在绝缘底座上，终端架与墙壁绝缘。由于底座是绝缘的，与墙壁之间也是绝缘的，如果出现接地漏电的情况，进行漏电探测将会更容易。在电缆进入机柜的地方，将用接地线夹将其连到护套母线上。

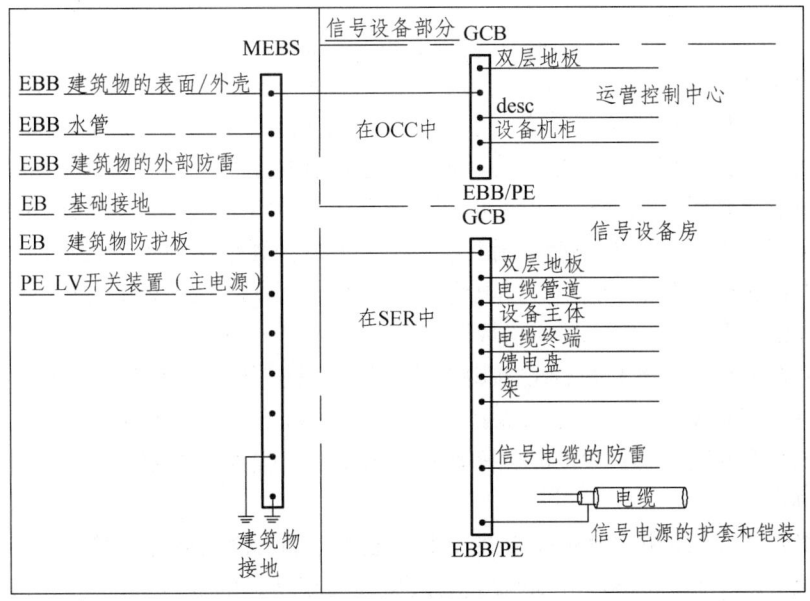

图 7.18 建筑物内信号设备的接地
EBB—接地母线；PE—保护接地

对于进入联锁室的所有室外电缆，必须进行电缆护套的接地。这些电缆护套要在电缆终端架处与接地母线（终端架）连接。通过将其连接到对应的 GCB 使其接地。

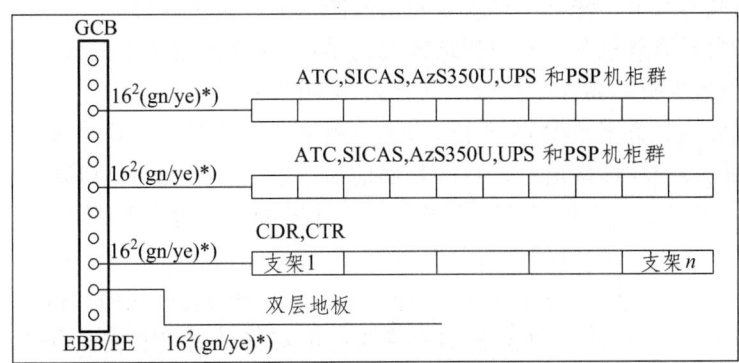

图 7.19 机柜和支架的接地

2. 控制室中设备的接地

控制室中的设备，例如，监视器、日志和故障打印机等等，都由一个 TN-S 系统供电，通过保护导线确保保护措施到位。

一般在系统的建设过程中，按设计在设备机房和现场设备处预留多个接地端子供设备接地，但往往没有设置完善的等电位连接网络，在雷击电磁脉冲侵入系统时，将会造成系统设备之间的电位差，从而击穿设备间的绝缘造成设备故障，影响系统设备的稳定运行。因此，作为现代防护重要技术核心的等电位连接是轨道交通设备保护中的重点，它同样对人员的人身安全保护起到重要作用。根据轨道交通的系统结构特点，大多数情况更适用于使用 M 型等电位连接网络。通常的做法是在设备机房内地面设置密集的网格型金属连接网（使用薄铜带，更有利于高频脉冲电流的通过），并在多处与联合接地装置连接，需要等电位连接和接地的设备以最短的途径与铜带连接。

（三）室外设备接地

车站综合接地系统的作用是同时满足牵引供电设备、车站机电设备、通信设备、信号设备、给排水管及其他非电气金属管道、金属构件等的接地要求。强电、弱电设备采用相互独立的接地引线，直接与接地体连接。城轨地下车站综合接地系统如图7.20所示。

（1）接地引出端子：地下车站设变电所设备接地引出线及弱电设备接地引出线。每组引上线包括三个引出端子，其中一个备用。接地引上线分为强电接地引上线（P1，P2，P3）与弱电接地引上线（P4，P5，P6）。通过电缆将接地引上线分别与强电接地母排（PCE）、弱电接地母排（WCE）连接。

（2）强电接地母排（PCE）：强电接地母排设在变电所内，方便变电所设备接地，缩短供电距离，减少电缆长度。

（3）弱电设备接地母排（WCE）：一般设在站台板下电缆井附近，弱电设备母排应尽可能靠近 P4~P6。

（4）金属管线接地母排（PSCE）：主要是将进出车站的金属管线与其连接，包括给/排水管、电缆桥架等。车站金属管线接地母排通过电缆与车站强电接地母排（PCE）连接。区间强弱电电缆支架上敷设有接地扁钢，强电电缆支架接地扁钢与 PCE 连接，弱电电缆支架与弱电接地母排（WCE）连接。区间弱电设备连接至弱电电缆支架接地扁钢；钢轨、接触网架空地线等与强电接地母排（PCE）连接。

综合接地网是通过将保护接地、工作接地和防雷接地整合在一起来降低接地网的电阻值，满足设备综合接地的要求，保证车站设备和信号的安全、正常运行。

接地网主要组成部分包括：水平接地体（铜排）、垂直接地体（铜管）、接地引出线（铜排、止水环）、引出线防护装置（非磁性钢管）、降阻剂。

接地网的规模依照各车站地质条件、岩土电阻率及车站结构形式等具体情况确定。人工接地网采用外缘闭合的环形接地网，目的是使地面的电位分布均匀，以降低接触电势和跨步电势。外缘各角做成圆弧形，圆弧的半径不应小于均压带间距的一半。均压带间距为 6~8 m，取外缘圆弧半径为 5 m。接地网应靠近变电所并与车站结构底板平行布置，敷设深度为车站结构底板垫层下不小于 0.8 m。若底板标高有变化，接地网与底板间应保持不小于 0.8 m 的相对位置关系。根据《工业与民用配电设计手册》中的规定，当接地装置由较多水平接地极或垂直接地极组成时，垂直接地极的间距不应小于其长度的 2 倍；水平接地极的间距不宜小于 5 m。地铁项目中目前所选垂直接地极采用长度为 2.5 m 的 $\phi50\times5$ 紫铜管，所以垂直接地极的间距不应小于 5 m。由于垂直接地极个数在一定范围内对接地网接地电阻值影响比较大，超过此数值，将对整个接地网接地电阻影响较小，所以要合理确定垂直接地极的个数。

地铁系统通常有轨道接地和建筑物接地两套接地配置。

轨道接地（TE），这是和整流器（回路系统 RS）的负极相连接，并且与道床/隧道结构之间绝缘的行车轨。

建筑物接地（SE），这是地铁车站混凝土地基下面的一个导电回路，以及与地铁车站的站台下主接地母线的连接，通过一条接地导线将每个地铁车站连接起来。

建筑物接地上的接地导线的安排必须使这些接地导线满足热应力的要求，这些热应力可能作为牵引系统的短路条件的产物而出现。隧道中的接地导线的横截面面积应当为 95 mm^2。

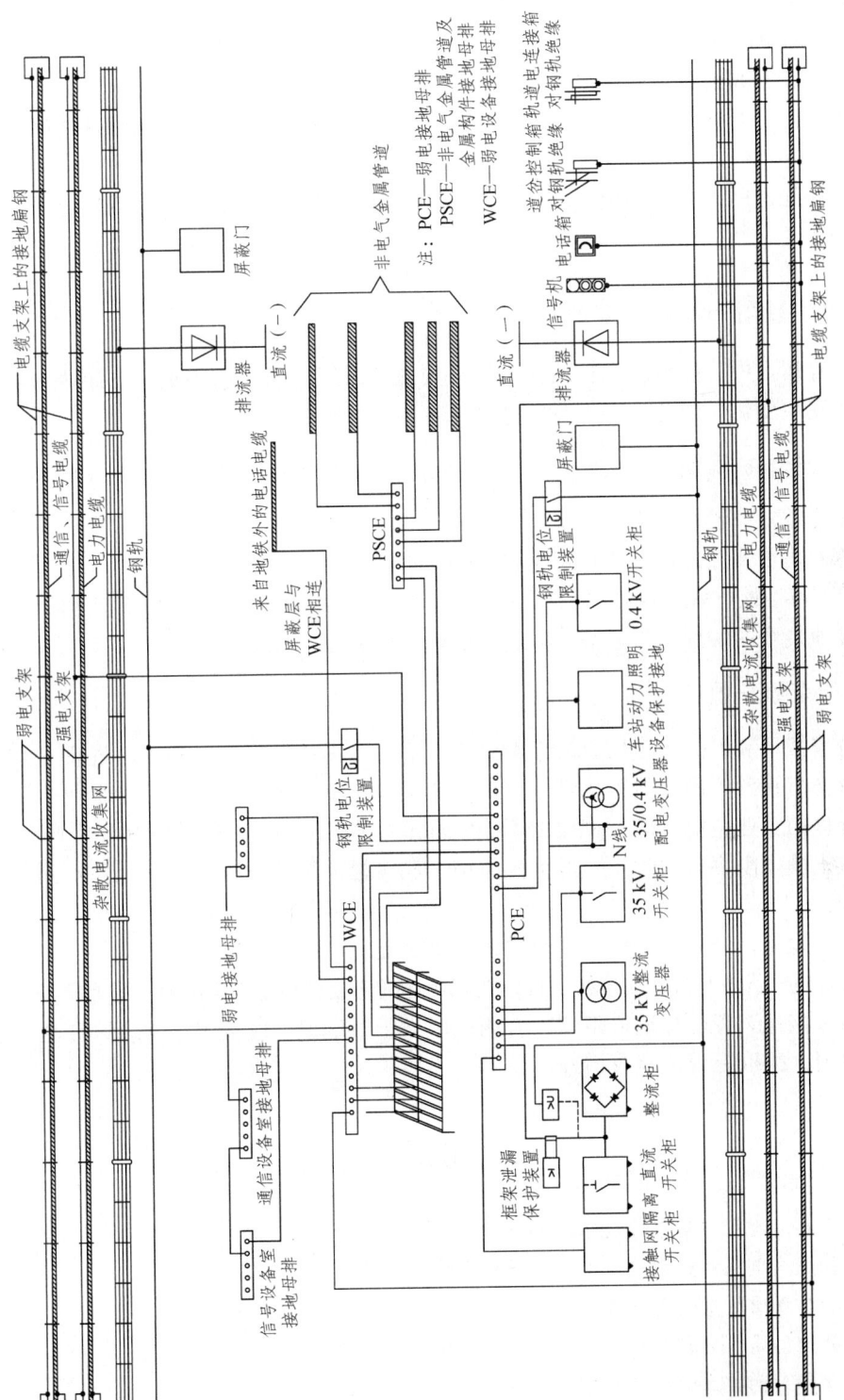

图 7.20 地下车站综合接地系统概念图

隧道内通常用钢筋混凝土或金属材料制造的钢筋和所有其他金属部件直通连接，以便：

（1）防止间接的接触；

（2）防止铁轨电压造成的危险；

（3）降低在有迷流时腐蚀的风险；

（4）要通过适当的设计和施工方法，防止行车轨和隧道钢筋其他钢制部件之间有金属传导连接。

对于有接触网的地方，必须采取措施，以防止如果接触网接触到轨道或轨道设备而造成危险。

六、接地装置的检查与维护

接地装置运行中，接地线和接地体会因外力破坏或腐蚀而损伤或断裂，接地电阻也会随土壤变化而发生变化，因此，必须对接地装置定期进行检查和试验。

（一）检查维护周期

（1）接地装置一般每年检查一次。

（2）各种防雷装置的接地装置每年在雷雨季前检查一次。

（3）对有腐蚀性土壤的接地装置，应根据运行情况一般每3~5年对地面下接地体检查一次。

（4）接地装置的接地电阻一般1~3年测量一次。

（二）检查维护项目

（1）检查接地装置的各连接点的接触是否良好，有无损伤、折断和腐蚀现象。

（2）对含有重酸、碱、盐等化学成分的土壤地带（一般可能为化工生产企业、药品生产企业及部分食品工业企业）应检查地面下500 mm以上部位的接地体的腐蚀程度。

（3）在土壤电阻率最大时（一般为雨季前）测量接地装置的接地电阻，并对测量结果进行分析比较。

（4）电气设备检修时，应检查接地线的连接情况。

（5）检查电气设备与接地线连接、接地线与接地网连接、接地线与接地干线连接是否完好。

（6）测试接地装置的接地电阻值，若测试值大于规定值，应检查接地装置和土壤条件，找出变化原因，采取有效的整改措施。

思考题

1. 什么是感应雷？它对信号设备有哪些危害？
2. 什么是纵向电压和横向电压？各有哪些危害？
3. 信号设备防雷一般有哪些规定？
4. 说明外部防雷和内部防雷的作用，各自采用的防护措施有哪些？
5. 浪涌保护器的基本元器件有哪些？分别有哪些优缺点？
6. 信号设备防雷元件维护有哪些要求？

7. 防雷元件的日常维护内容有哪些?
8. 电气设备的接地按其作用的不同,有哪几种接地方法?简述各自的作用。
9. 什么是分设接地?什么是联合接地?
10. 什么是城市轨道交通的综合接地装置?
11. 城市轨道交通综合接地有哪些要求?
12. 接地装置的维护检查内容有哪些?

项目八　认识联锁与闭塞

【岗位工作任务描述】

企业现场信号人员应明确信号设备之间的联锁关系，认知联锁设备的组成、作用及特点，了解信号闭塞的分类及有关概念，了解城市轨道交通列车自动运行控制过程，才能为正确维护联锁设备及其他信号设备打好基础。

【知识目标】

1. 理解信号设备之间的联锁关系；
2. 掌握联锁设备的组成、作用及特点；
3. 了解信号闭塞的分类；
4. 了解城市轨道交通列车自动运行控制过程。

【技能目标】

1. 能说出联锁的基本内容及基本要求；
2. 能说出继电联锁和计算机联锁的不同之处；
3. 能说出固定闭塞、准移动闭塞、移动闭塞的概念，并比较其不同之处；
4. 能说出列车自动控制系统由哪几个系统组成。

目前，城市轨道交通的信号系统通常由列车运行自动控制 ATC 系统（包括 ATP、ATO 及 ATS 三个子系统）和车辆基地信号控制系统两大部分组成，主要用于列车进路控制、行车调度指挥、信息管理和设备维护等方面，是一个高效的综合自动化系统。

在城市轨道交通信号系统中，联锁系统是其中一个重要的组成部分，主要用来保证列车运行与调车工作的安全和提高轨道交通列车的通行效率。下面主要介绍其有关内容。

任务一　认识联锁及联锁设备

一、联　锁

（一）联锁的概念

联锁是铁路信号保证行车安全的重要技术措施，是指信号设备与相关因素的制约关系。广义的联锁指各种信号设备与相关因素所存在的制约关系。狭义的联锁，即一般所说的联锁，专指车站信号设备之间的制约关系。为保证行车安全，联锁关系必须十分严密。

城市轨道交通正线和车辆基地内有许多用道岔连接着的线路。列车和调车车列从一架信号机开始，至同方向次一架信号机为止运行所经过的径路，称为进路。进路的方向是由道岔的位置所决定的，进路是由进路始端入口处的信号机防护的。建立进路时，为了保证行车安全，不仅要检查进路上有关区段空闲，道岔位置正确且锁闭，还要检查敌对进路的情况，当满足相应联锁条件后该进路的信号机才能够正常开放。信号开放后,被防护的进路将会被锁闭,即不准进路范围内道岔转换位置,敌对进路无法排列开放。这种在进路、道岔、列车检测设备和信号机之间存在的相互制约关系,称为联锁关系,简称联锁。

(二)联锁的基本要求

1. 防止建立敌对进路

信号开放前,必须检查其敌对信号处于关闭状态,信号开放后,应将其敌对信号锁闭在关闭状态,不允许办理与之相敌对的进路。因为如果敌对进路同时建立,就有可能造成列车相冲突的事故。

2. 进路上的有关道岔转换到相应位置并锁闭才能开放信号

在开放信号时及在信号开放过程中,必须连续检查进路上的道岔开通位置在与所办理进路相符合的位置,且被锁闭在规定位置。因为如果进路上道岔开通位置不正确,或者还能对其进行操纵,且能开放信号,就有可能出现列车进入异线或脱轨的危险。

3. 进路上各区段空闲时才能开放信号

因为如果进路上区段有车占用,却能开放信号,则会引起列车、调车车列与原停留车冲突。这是绝对不允许的。

(三)道岔、进路和信号机之间的基本联锁内容

1. 进路与道岔之间的联锁

道岔有定位和反位两个工作位置,进路则有锁闭和解锁两个状态。道岔位置正确,进路才能锁闭,进路解锁后,道岔才能改变其工作位置。这就是存在于道岔和进路之间的基本联锁关系。这种关系可用图表方式表达,如图8.1所示。

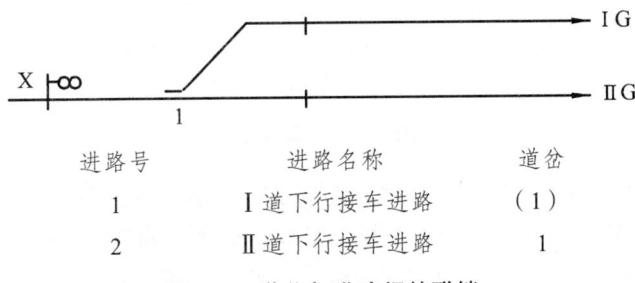

进路号	进路名称	道岔
1	Ⅰ道下行接车进路	(1)
2	Ⅱ道下行接车进路	1

图 8.1 道岔与进路间的联锁

在图中,进路1是指Ⅰ道下行接车进路,进路2是Ⅱ道下行接车进路。进路1要求道岔1在反位;进路2要求道岔1在定位。在表中,带括号的代表道岔在反位,不带括号的代表道岔在定位。表中的意义是,进路1与道岔1之间有反位锁闭关系,道岔1不在反位,进路1就不能锁闭,反过来,进路1锁闭后,把道岔1锁在反位位置上,不准许道岔1再变位。进路2与道岔1存在着定位锁闭关系,即道岔1不在定位,进路2就不能锁闭,反之当进路2锁闭以后,把道岔1锁在定位位置上,不准许道岔1再变位。

在建立进路时,不但需要对进路中相关的道岔进行锁闭,在某种情况下为了保证行车安全,还应将进路以外的有关道岔防护到规定位置上并进行锁闭,以免发生车辆冲撞事故。这种道岔称为防护道岔,如图8.2所示。

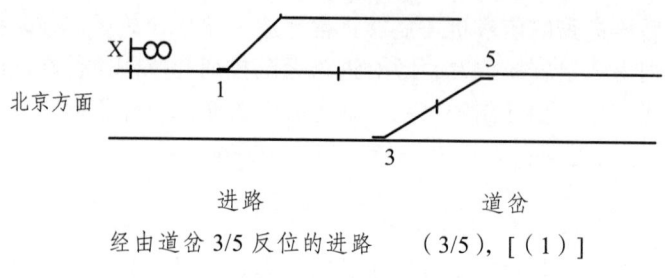

经由道岔 3/5 反位的进路　　（3/5），[（1）]

图 8.2　防护道岔

当排列经由道岔 3/5 反位的进路时，尽管道岔 1 不在该进路内，但仍要求道岔 1 处于反位，并给予锁闭，为的是防止道岔 1 处于定位时，一旦北京方面的下行列车在长大下坡道行驶失控，冒进下行进站信号机 X，造成在道岔 5 处侧面冲突。现场上我们称道岔 1 为防护道岔。防护道岔用中括号表示，此图中需把道岔 1 防护到反位，用"[(1)]"表示。若是定位防护，则用"[1]"表示。

另外，从道岔操纵方式的角度看，还有一种道岔叫作带动道岔。在电气集中车站，道岔的锁闭是按区段进行的。为了考虑平行作业的需要，排列进路时，还需要把某些不在进路内的道岔带动到规定位置，并对其实行锁闭，称该道岔为带动道岔，如图 8.3 所示。

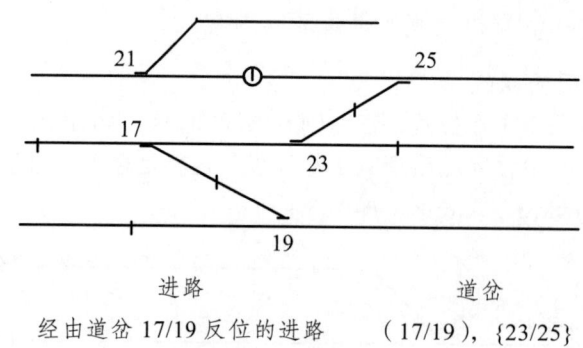

经由道岔 17/19 反位的进路　　（17/19），{23/25}

图 8.3　带动道岔

当排列经由道岔 17/19 反位的进路时，道岔 23/25 不在该进路内，但考虑平行作业，也需将其带动在定位。这是因为道岔 23/25 是一组双动道岔，而道岔 23 与道岔 17 又同属于一个道岔区段 17-23DG 内，假如道岔 23/25 被锁在反位时，不能再排列经道岔 25 定位的进路，影响了平行进路，降低了作业效率。现在，办理道岔 17/19 反位的进路时，将道岔 23/25 带动到定位位置再实行锁闭，这样就满足了平行作业的要求，提高了作业效率。带动道岔用大括号"{}"表示，此图中需把道岔 23/25 带动到定位，用"{23/25}"表示。若是带动到反位，则用"{(23/25)}"表示。

必须注意的是，防护道岔与带动道岔性质不同，虽然两者都是进路之外的道岔，但其含义不同，对其要求也不同，防护道岔是为了保证行车安全，对其必须进行联锁条件的检查，防护道岔不在防护位置，进路不能建立，信号不许开放。带动道岔是为了提高作业效率，能带动到规定位置就带动，带动不到（若它还被锁闭）也不影响进路的建立。即带动道岔位置不对，不影响信号的正常开放。

2. 道岔与信号机之间的联锁

进路是由信号机防护的,故道岔与进路之间的联锁也可以用道岔与信号机之间的联锁来描述,如图 8.4 所示。

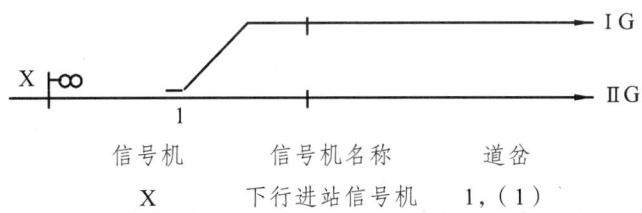

信号机	信号机名称	道岔
X	下行进站信号机	1,(1)

图 8.4 道岔与信号机的联锁

下行信号机 X 防护着两条进路:一条是 Ⅰ 道下行接车进路,要求道岔 1 在反位;另一条是 Ⅱ 道下行接车进路,要求道岔 1 在定位。因此信号机 X 与道岔 1 之间的联锁关系,既有定位锁闭关系,又有反位锁闭关系,叫作定反位锁闭,应记作"1,(1)"。

定反位锁闭意味着道岔 1 在定位时,允许信号机 X 开放,在反位时也允许信号机 X 开放,那么可否不采取锁闭措施呢?不是的,因为道岔除定位和反位以外,还有一种非工作状态,即不在定位又不在反位的状态,如道岔不密贴或被挤岔等,处于"四开"状态。即道岔在非工作状态,是不允许信号机开放的。

3. 进路与进路之间的联锁

进路与进路之间存在着两种不同性质的联锁关系:一是抵触进路,二是敌对进路。

1) 抵触进路

如果两条进路具有共用路段(有重叠部分),又都经由某一道岔,但该道岔的位置要求不相同,一条进路要求某一道岔在定位,而另一条进路要求该道岔在反位,一条进路建立后,另一条进路由于道岔位置要求不符合则不能建立,这类用道岔位置能够区分,不可能同时建立的两条进路称为抵触进路,如图 8.5 所示。

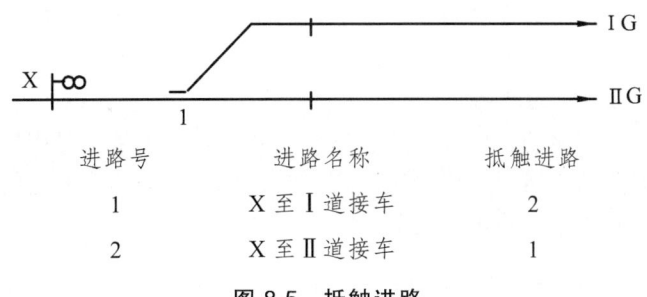

进路号	进路名称	抵触进路
1	X 至 Ⅰ 道接车	2
2	X 至 Ⅱ 道接车	1

图 8.5 抵触进路

下行接车进路有 2 条,即 X 至 Ⅰ 道接车与 X 至 Ⅱ 道接车。这 2 条进路因为要求道岔位置各不相同,且在同一时间只能建立起一条进路来。任何一条进路锁闭以后,在其未解锁以前,因为把有关道岔锁住了,不可能再建立另一条进路了。因此,这两条进路属于互相抵触的进路。

既然抵触进路不可能同时建立,也就避免了侧向撞车的可能。因此,在抵触进路之间就不需要采取锁闭措施。既然不需要采用锁闭措施的联锁内容,也就没有必要列在联锁表内。

2) 敌对进路

如果两条进路既有共用路段又对共用道岔位置的要求相同,同时建立则可能造成撞车事故，这种不可能借助道岔位置防止同时建立的两条进路叫敌对进路，如图8.6所示。

敌对关系的进路必须采取技术措施防止它们同时建立，从而保证不发生正面和尾部撞车事故。因此，对于任何一条进路，必须确切地判明它有哪些敌对进路，这是非常重要的。

下列进路规定为敌对进路，必须相互检查，不得同时开通。

（1）同一到发线上对向的接车进路与接车进路。如X至Ⅰ道接车与S至Ⅰ道接车进路，又称迎面敌对进路。

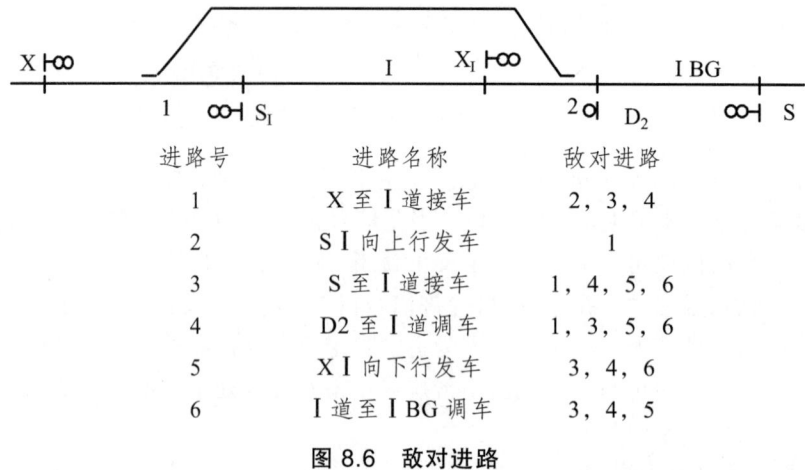

图8.6 敌对进路

（2）同一到发线上对向的接车进路与调车进路。如X至Ⅰ道接车与D2至Ⅰ道调车进路，也称迎面敌对进路。

（3）同一咽喉区对向重叠的接车进路与发车进路。如X至Ⅰ道接车与SⅠ向上行发车进路。

（4）同一咽喉区对向或顺向重叠的列车进路与调车进路。如S至Ⅰ道接车与Ⅰ道至ⅠBG调车（对向重叠）。S至Ⅰ道接车与D2至Ⅰ道调车（顺向重叠）。

（5）同一咽喉区对向重叠的调车进路。如D2至Ⅰ道调车与Ⅰ道至ⅠBG调车。

由此可见，敌对进路有如下特点：两条进路有重叠部分，而且不能以道岔的位置使它们区别开来。

4. 进路与信号机之间的联锁

因为信号机是防护进路的，所以进路与进路之间的联锁关系，可用进路与信号机之间的联锁关系来描述，如图8.7所示。因为进路较多时，用进路与信号机之间的联锁关系描述较明显，不需要从进路号码中查找进路名称。

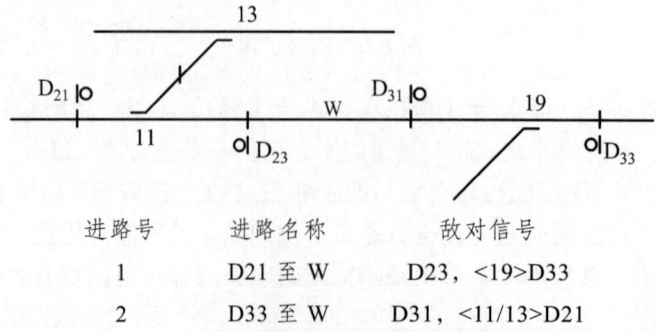

图8.7 进路与信号机间的联锁

进路 1 是从 D21 信号机至无岔区段 W 的调车进路，D23 信号机所防护的进路与上述进路为敌对进路，所以把 D23 列为进路 1 的敌对信号，在联锁进路 1 的敌对信号栏内记作"D23"。

D33 信号机防护着两条进路：一条经由道岔 19 反位，另一条经由道岔 19 定位至无岔区段 W，由于无岔区段一般较短，故禁止同时由两个方向向该无岔区段内调车。即 D21 至 W 的调车进路与 D33 至 W 的调车进路是敌对进路。但这两条敌对进路，只是在道岔 19 在定位时，才能构成，反之则构不成。这种有条件的敌对进路在进路 1 的敌对信号栏中记作"<19>D33"如图 7.7 所示。如果记作 "<(19)>D33"，则说明是反位条件。

同理，进路 2 与调车信号机 D21 也存在着条件敌对关系，所以在进路 2 的敌对信号栏内，记作"<11/13>D21"。

由此可见，建立一条进路时，用道岔位置无法区分，但又不允许同时开放的信号称为敌对信号。敌对信号也可理解为就是敌对进路的防护信号。检查了敌对信号未开放，也就防止了敌对进路的同时建立。

在较复杂的站场，建立一条进路时，进路之外的某一信号机，有些条件下不允许其开放，即为敌对信号；有时又允许其开放，即为非敌对信号。这样的信号称为有条件敌对信号。

5. 信号机与信号机之间的联锁

进路是由信号机防护的，进路与进路之间的联锁可以用信号机与信号机间的联锁关系来描述，如图 8.8 所示。

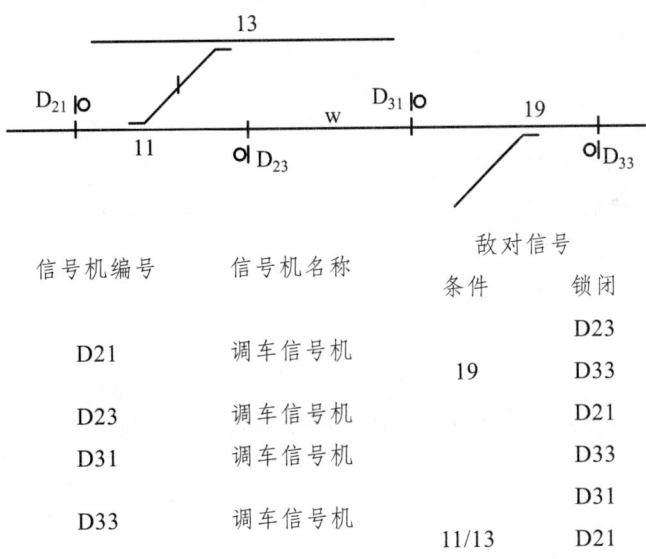

信号机编号	信号机名称	敌对信号 条件	敌对信号 锁闭
D21	调车信号机	19	D23 D33
D23	调车信号机		D21
D31	调车信号机		D33
D33	调车信号机	11/13	D31 D21

图 8.8 信号机与信号机间的联锁

每一条进路都有信号机防护，敌对信号机未关闭时，有关信号机不能开放。信号机开放后，其敌对信号不能开放，总之，凡属于敌对进路的信号机不能同时开放。

在图 8.8 中，D21 和 D33 是条件联锁，相应条件是道岔 11/13 定位和道岔 19 定位。

二、联锁设备

联锁设备是城市轨道交通的重要信号设备，用来在正线集中联锁站和车辆基地实现联锁关系，建立进路，控制道岔的转换和信号机的开放以及进路解锁，以保证行车安全。

联锁设备分为正线集中联锁站联锁设备和车辆段联锁设备。

城市轨道交通正线上的大多数车站仅有列车到达、停靠、上下乘客、出发等作业，没有调车作业。在车站线路设置方面也较简单，仅需两条运行线，无需配备其他线路。不设道岔，甚至也不设地面信号机，仅在少数需要折返作业的车站（如终点站、折返站等），或需进行其他调车作业的车站（如配置出入车辆基地线路的车站，联络线出岔处车站，设有渡线可供转线的车站等）才设有较多的线路、道岔和地面信号机，故联锁设备的监控对象远少于铁路车站的监控对象，联锁关系远没有铁路复杂，联锁条件也较为简单。目前的城市轨道交通信号系统中，正线上通常几个车站的联锁控制集于一站，称为正线集中联锁站，该站仅设置一套联锁设备，该联锁设备与传统的车站联锁在原理上相似，即在信号机、道岔和进路之间建立一定的相互制约关系，以保证列车在进路上的运行安全，不同之处在于正线的联锁设备通常与 ATC 设备结合在一起，该联锁设备接收车站值班员和 ATS 子系统的控制命令，用以实现车站及附近几个车站的集中联锁及车站进路的自动控制功能。此外还将联锁的有关状态信息传送至 ATP/ATO 子系统。联锁系统是 ATC 系统的基础，联锁功能设计的优劣直接影响 ATC 系统的行车安全、折返功能和行车间隔。

城市轨道交通的车辆基地类似于铁路区段站，要进行车辆检修、停放以及大量的列车编解、接发列车和频繁的调车作业。城市轨道交通的车辆基地线路较多，道岔较多，信号机也较多，一般独立采用一套联锁设备。用以实现车辆基地内建立进路、转换道岔、开放信号以及解锁进路等作业，实现道岔、信号、进路之间的联锁关系，保证行车安全，提高作业效率。并通过 ATS 车辆基地分机与行车指挥中心交换信息。

先进的车辆基地信号控制系统的特点是信号一体化，包括联锁系统、进路控制设备、接近通知、终端过走防护和车次号传输设备等。这些设备由局域网连接并经过光缆与调度中心相通。列车的整备、维修与运行相互衔接成一个整体，保证了城市轨道交通的高效率和低成本。

车辆基地内试车线设若干段与正线相同的 ATP 轨道电路和 ATO 地面设备，用于对车载 ATC 设备进行静、动态试验。

在车辆基地停车库，一般还设有日检/月检设备，用来对列车进行上线前的常规检测。

车辆基地联锁设备早期使用的是继电集中联锁，目前均采用计算机联锁。

（一）继电集中联锁

继电集中联锁是采用继电器电路实现联锁关系的，我国推广的继电联锁 6502 型电气集中电路几经改进和完善，被认为是继电器集中联锁中非常好的定型电路。原上海地铁 1 号线车辆基地（已改造成微机联锁）、原北京地铁 1 号线车辆段（已改造成微机联锁）、广州地铁 1 号线车辆基地等均采用 6502 电气集中联锁。

6502 大站电气集中主要设备分为室内设备和室外设备。

1. 6502 电气集中的室内外设备的组成及作用

6502 电气集中的室内外设备的组成如图 8.9 所示。

室内设备有：安装在行车室内的控制台和区段人工解锁按钮盘，在继电器室或电源室的电源屏，继电器室内的继电器组合及组合架，以及分线盘等设备。

室外设备有：指挥列车及调车车列运行的信号机（透镜式或 LED 色灯信号机），转换道岔的电动转撤机（或电液、电空转辙机），监督轨道上有无车占用的轨道电路，以及连接这些设备的电缆线路。

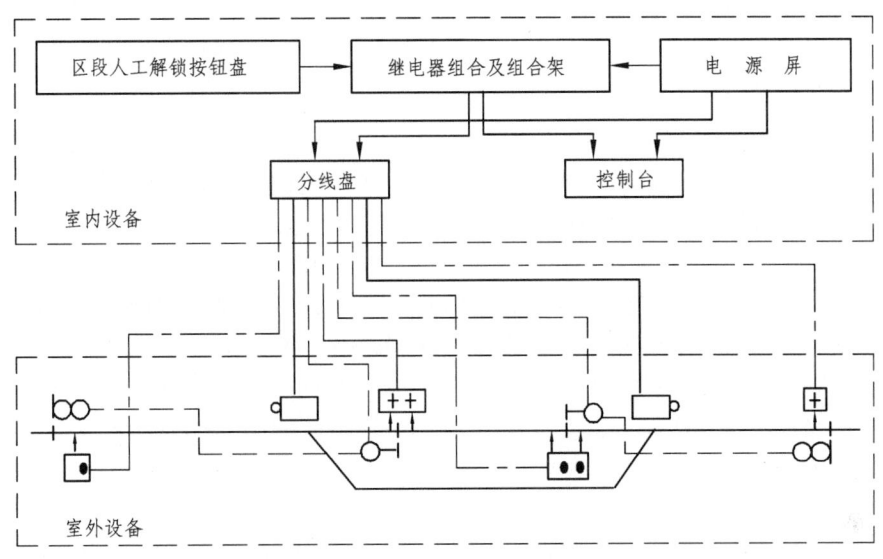

图 8.9　电气集中组成示意图

1）6502 电气集中室内设备的作用

（1）控制台。控制台如图 8.10 所示。控制台是值班员指挥列车运行和调车作业的控制中心。控制台由带有按钮及表示灯的单元块拼装而成，用光带单元（白光带和红光带）组成模拟站场线路图形。值班员利用控制台盘面上的按钮排列进路，达到转换道岔、开放信号和关闭信号的目的，并且通过控制台盘面上的表示灯监督室外道岔位置、线路占用情况及信号机的显示状态。控制台采用单元拼凑式，是为了便于生产和站场变更时的改建。

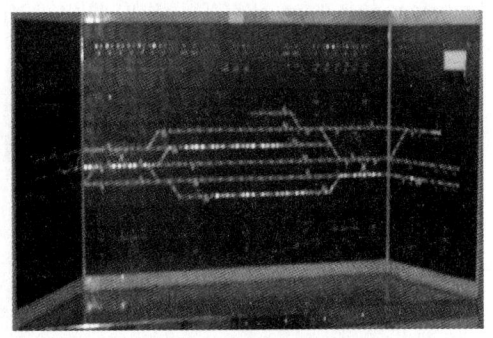

图 8.10　控制台实物图

图 8.11　继电器组合及组合架实物图

（2）继电器组合及组合架。继电器组合及组合架如图 8.11 所示。按照信号机、道岔和轨道电路为基本单元设计的几种继电器组成的定型电路称为继电器组合，简称组合。6502 电气集中联锁电路是按车站信号平面图，由若干个组合拼贴而成的，称为站场型网络，主要完成全站信号设备的联锁功能，执行对室外设备的控制和监督。继电器插在继电器组合中，组合安装在组合架上，组合架设置在继电器室，组合架上下分为 11 层，1~10 层安装继电器组合，每层安装一个继电器组合,每个组合可以安装十个继电器。

(3)电源屏。电源屏是电气集中的供电装置,能提供稳定、可靠、符合使用条件的各种交、直流电源及闪光电源。电源屏应根据车站的规模大小选用合适的容量。

(4)区段人工解锁按钮盘。区段人工解锁按钮盘是辅助设备,其上设有多个二位自复式带铅封的事故按钮,在更换继电器或停电后恢复设备时,用来使设备恢复到正常状态;道岔区段因故障不能正常解锁时,用它办理故障解锁;在用取消进路办法不能关闭信号的情况下,可用它关闭信号。

(5)分线盘。分线盘实现室内、外设备相互间的电气连接。分线盘设于继电器室。

2)6502电气集中室外设备的作用

(1)色灯/LED信号机。设置在各进路规定位置的固定信号机,如进段、出段、调车信号机等。其作用是指挥行车,保证行车安全。城市轨道交通车辆基地咽喉区及运用库内的调车信号机均采用矮型信号机,进、出段信号机根据需要可采用高柱信号机。

(2)电动转辙机。联锁区内的每组道岔都设置转辙机,其作用是:根据需要转换道岔到定位或反位;当道岔转到所需位置而且密贴后,实现锁闭,防止外力转换道岔;正确地反映道岔的实际位置,道岔尖轨与基本轨密贴后给出相应的表示;道岔被挤或因故处于"四开"位置时,及时给出报警及表示。

(3)轨道电路。车辆基地的咽喉区、运用库、检修库等线路,均应装设轨道电路,反映列车、调车车列的占用情况,当列车占用某区段时,该区段的表示光带亮红色。防护该进路的信号机也会因轨道电路呈"分路状态"而关闭。

(4)电缆线路。连接室内、外设备,是传送信息的通道。电缆分为信号电缆、道岔电缆、轨道电缆,均采用地下电缆方式布置。如图7.9所示,信号电缆用虚线表示,道岔电缆用实线表示,轨道电缆用点画线表示。

2. 6502电气集中的主要技术特征

(1)6502电气集中电路是由定型电路拼贴而成的。即以信号机、道岔和轨道电路区段为单元设计成定型的单元电路,称为继电器定型组合。将各种组合按站场形状拼贴起来即构成电路图。这种组合式电气集中具有设计简单、工厂预制、施工方便、便于维修等优点。

(2)6502电气集中采用双按钮进路式操作法,办理进路时,只需按压进路始、终端两个按钮,不论进路中有多少组道岔均能自动转换到进路所要求的位置并锁闭,防护该进路的信号机自动开放。这种操作方式简单,不易出错,也提高了效率。

(3)6502电气集中电路动作层次清晰,各网络线和继电器用途明确。

(4)6502电气集中电路采用逐段解锁制。当列车或调车车列进入进路,进路上的各区段逐段占用、逐段出清、逐段解锁。

(5)控制台上的各种显示清晰直观,有道岔位置表示灯、进路排列表示灯、进路按钮表示灯、信号复示器表示灯、光带表示灯等,用来监督办理进路时选择组电路和执行组电路动作层次是否正常及室外信号设备的状态。

3. 对6502电气集中的修改

上海地铁1号线正线道岔联锁区段采用6502电气集中设备。根据地铁行车作业的需要,采用美国GRS公司生产的控制台,并且在原6502电气集中的基础上,设计了与ATP子系统的接口电路,增加了新的功能,主要有:

（1）自动信号，用于自动排列进路。

（2）自动进路，用于正向连续通过的进路。

（3）区间封锁，禁止列车进入某区间，用于区间维修作业等。

（4）区间限速，限速为 45 km/h。

（5）站台紧急关闭，乘客不慎坠下站台时使用，通过安装在该站台侧的紧急关闭按钮向足够数量的轨道电路发零速度命令，使列车不能进入站台。

（6）扣车，控制列车停站时间。

（7）发车表示器，发车前 5 s 闪白光，发车时间到亮白色稳定光，列车出清站台后灭灯。

（二）计算机联锁

1. 对继电集中联锁的再认识

继电联锁系统是以安全型继电器为主要控制器件，用继电电路来实现信号道岔和进路之间的联锁关系。

其优点是：性能比较稳定，在保障铁路行车安全、提高效率起到了良好的作用。

其缺点是：

（1）功能不够完善，特别是人机对话功能贫乏，也比较难于增加或扩展其他功能。

（2）不便于和现代化的信息处理系统相连接。例如，用计算机实现的旅客向导系统、计算机辅助运输控制系统，调度集中系统不可能利用标准化的通信接口板、网卡与之相连。

（3）经济方面，大规模集成电路价格日趋下降而专用继电器价格相对稳定，使得大站的计算机联锁系统的价格低于电气集中联锁；与计算机联锁系统相比，电气集中联锁系统要使用更多的电缆；电气集中联锁占地面积大，标准化程度比计算机联锁系统低，维修量大等。

2. 计算机联锁的发展及使用情况

20 世纪 70 年代后期，随着微电子技术、计算机技术、信息技术、容错技术的发展，各国相继研究计算机联锁，用计算机的软硬件和其他一些电子、继电器件组成的具有"故障—安全"性能的实时控制系统来实现车站信号控制系统的联锁关系。计算机联锁系统的研制成功和推广使用使信号设备向数字化、网络化、综合化、智能化的方向发展。计算机联锁是信号联锁设备的发展方向，目前正取代继电集中联锁。

我国联锁技术的发展基本上遵循独立自主研发、生产及结合我国轨道交通特殊的运用需求，走技术引进再创新的道路。20 世纪 80 年代起铁道科学研究院、铁道部通信信号总公司研究设计院、北京交通大学等科学研究机构及院校相继展开了计算机联锁控制系统的研制工作。

1984 年，铁道部通信信号总公司研究设计院研制生产出的第一个车站计算机联锁控制系统成功应用于地方铁路，1989 年开始应用于国家铁路，20 世纪 90 年代予以推广。

目前通过铁道部技术鉴定的有：

铁道科学研究院通号所研制的 TYJL-Ⅱ型双机热备计算机联锁系统和 TYJL-TR9 型 3 取 2 容错计算机联锁系统。

通号总公司研究设计院研制的 DS6-11 型双机热备计算机联锁系统和 DS6-K5B 型 2 乘 2 取 2 计算机联锁系统。

北京交大微联公司的 JD-1A 型双机热备计算机联锁系统和 EI32-JD 型 2 乘 2 取 2 计算机联锁系统。

卡斯柯信号有限公司的 VPI 型双机热备计算机联锁系统和 ILOCK 型双机热备计算机联锁系统。

使用情况举例如下：

北京地铁 1 号线四惠车辆段、广州地铁 2 号线车辆段、深圳地铁车辆段、南京地铁 1 号线车辆段、重庆单轨交通、北京 13 号线正线车站以及车辆段等采用 TYJL-Ⅱ 型计算机联锁系统。上海地铁 2 号、3 号、4 号、5 号、6 号、8 号线车辆基地采用 VPI 型计算机联锁系统，10 号、12 号、13 号、16 号正线及车辆基地均采用 ILOCK 型计算机联锁系统。上海地铁 3 号线正线采用 VPI-2 型计算机联锁系统。大连快速轨道交通 3 号线正线采用 DS6-11 型计算机联锁系统。西安地铁 2 号线车辆段采用 DS6-K5B 型计算机联锁系统。

西安地铁 2 号线正线和上海地铁 2 号线正线采用安萨尔多美国 USSI 公司的 MicroLok Ⅱ 型计算机联锁系统。上海地铁 5 号线正线、广州地铁 1 号线和 2 号线正线、深圳地铁 1 号线正线、南京地铁 1 号线正线采用德国西门子公司的 SICAS（Siemens Computer Aided Signalling）型计算机联锁系统。上海地铁 6 号线、8 号线、9 号线正线采用上海贝尔阿尔卡特股份有限公司的 PMI 型计算机联锁。

3. 计算机联锁系统的优势

以计算机技术取代继电电路具有以下优势：

（1）减少了继电器检修工作量和系统设备维护工作量；减少了建筑使用面积。

（2）增加和完善了功能。计算机联锁系统的联锁功能更加完善，便于增加进路储存、自动选路等新功能，克服了 6502 电气集中联锁难以解决的问题。此外，还增加了较完善的系统自动测试和故障诊断功能。更加便于系统维护。

（3）进一步提高了可靠性和安全性。计算机联锁系统硬件采用高可靠性的工业控制机，并采用冗余设计，如双机热备、3 取 2、2 乘 2 取 2 等，可减少系统停机的概率，保证系统安全可靠地工作。软件设计采用不同版本的两套程序同时运行，比较结果，一致时才可输出，防止程序运行时发生错误。各种信息也采用冗余编码，在信息传输错误时防止产生错误结果。

（4）采用积木式的模块化软件和硬件结构，即以信号机、道岔、轨道电路为设计对象，根据站场形状选择不同数量的模块进行拼接，灵活性大，便于系统的设计和调试，也便于设备改造，并易实现故障控制、分析处理等功能。

（5）便于实现系统自动化管理。计算机联锁系统能与其他计算机信息化系统联网，提供各种信息交换，并协调工作，可实现行车管理现代化。

4. 计算机联锁系统的硬件结构

计算机联锁系统的硬件构成有控制台、电务维修机、联锁机、输入输出接口以及电源等组成。控制台是值班员办理行车作业的操作、表示设备，如图 8.12 所示。电务维修机记录现场设备和列车运行情况，便于系统管理和维修人员分析和查找故障。联锁机是核心，主要实现信号设备的联锁逻辑处理功能。联锁机放在联锁柜中，联锁柜是用来放置联锁机、驱动板、采集板等设备的机柜，联锁柜如图 8.13 所示。输入输出接口实现对现场信号设备的驱动和状态信息的采集。

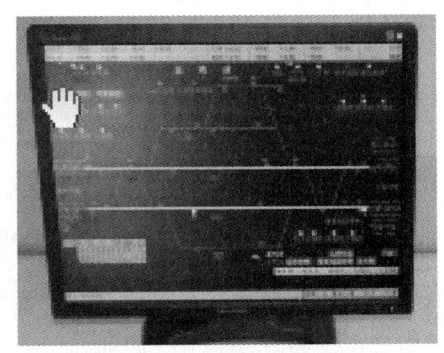
图 8.12 控制台实物图

图 8.13 联锁柜实物图

1）计算机联锁系统的层次结构

计算机联锁系统设备从功能方面划分，主要由操作表示层、联锁逻辑层、执行表示层、设备驱动层和现场设备层五层组成，如图 8.14 所示。

有的设备商将执行表示层和设备驱动层结合在一起，统称为执行表示层。

各层的主要功能如下：

（1）操作表示层是人机操作界面，接受操作员的操作指令并传给联锁逻辑层进行处理，并将设备工作状态和列车的运行情况给以表示。

（2）联锁逻辑层是系统的核心，主要进行联锁逻辑的运算处理。

（3）执行表示层是联锁逻辑层与设备驱动层之间的接口，其任务是分析、执行联锁逻辑层的命令，控制设备驱动层驱动现场设备，并采集设备驱动层的表示信号给联锁逻辑层。

（4）设备驱动层是现场设备的驱动设备，其功能是完成列车自动选路、列车自动跟踪、列车指示等功能。

（5）现场设备层主要指转辙机、信号机和轨道电路/计轴等。

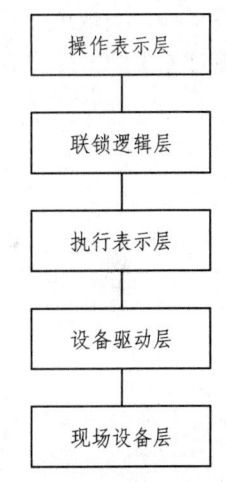
图 8.14 联锁系统结构

2）计算机联锁系统的冗余结构

在上述联锁逻辑层和执行表示层中，为了保证安全和提高设备可靠性，目前主要采用了双机热备系统、2 乘 2 取 2 系统和 3 取 2 系统的冗余结构。下面简要介绍其有关内容。

（1）双机热备系统。

双机热备系统的结构如图 8.15 所示，采用双套相互独立、结构相同的计算机系统同步并行工作，完成相同的功能，其中对外输出的一台称为主机，处于接替状态的另一台称为备机（假输出），双机互为热备，相互监测，通过比较器确定系统正常工作后，才能输出控制指令。如果一套系统发现自身出现故障时，就给出控制信号，自动切换到另一套系统上并给出故障报警和提示。

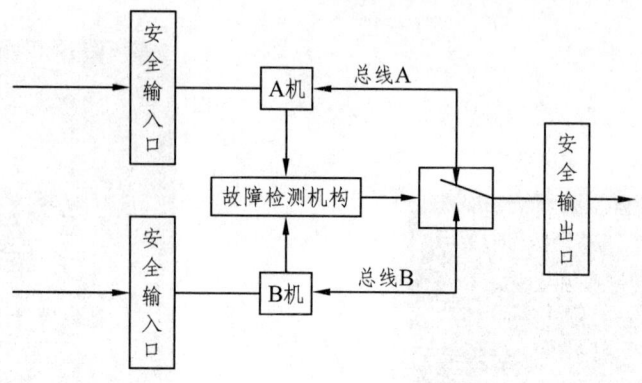

图 8.15 双机热备系统结构示意图

双机热备系统的优点是切换的快速性和工作的连续性。这种结构对故障的处理是通过控制切换开关的换位达到系统重组的目的,通过重组来提高系统的可靠性和可用性。

(2)2乘2取2系统。

2乘2取2系统的结构如图8.16所示,采用了四套计算机构成系统Ⅰ、系统Ⅱ两个系统,双系互为热备关系。双系中的每一单系均包括两套计算机实时校核工作,每一单系中必须两套计算机工作一致才能对外输出,实现整体系统的安全性,任一单系检出故障均可立即导向备系工作,实现全部系统的可靠性。这种结构通过"单系保证安全,双系提高可靠性"来实现整体系统的安全性和可靠性。

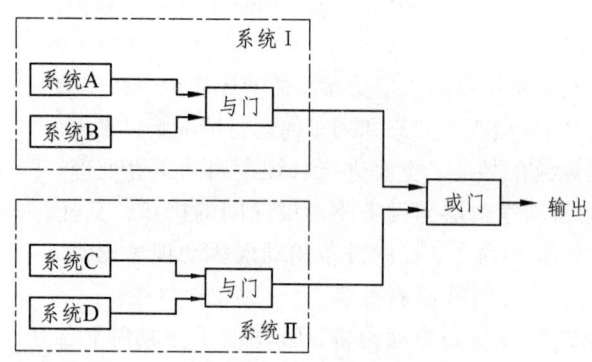

图 8.16 2乘2取2系统结构示意图

(3)3取2系统。

3取2系统的结构如图8.17所示。采用三套计算机系统同时工作,三套系统的性能相同

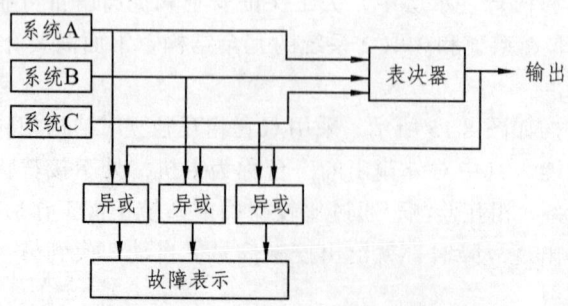

图 8.17 3取2系统结构示意图

并分别执行同一套程序，三套系统的输出交由表决器进行表决，只要三套系统的任何两套的输出是相同的，则表决器就有正确的输出。这种结构通过三个系统两两相互比较保证整体系统的安全性，通过屏蔽已发生故障的系统来保证整体系统的可靠性。

5. 计算机联锁系统的基本功能

计算机联锁系统能够完成 6502 电气集中联锁设备所能完成的全部功能。计算机联锁系统和继电联锁系统相比，功能更加强大。其基本功能如下：

（1）联锁控制功能。接收 ATS 或车站值班员的进路命令，进行联锁逻辑运算，实现对道岔、进路和信号机的控制。

（2）显示功能。人机界面灵活，显示内容丰富，能够提供非常直观、清晰、形象的各种显示。如站场形状显示、现场信号设备状态显示、按钮操作提示、系统的工作状态、故障报警显示等。

（3）记录储存和故障诊断功能。计算机联锁系统储存容量大，具有较强的记忆功能，不但能够及时地提供当前的信息显示，还能提供历史的信息。另外，还能够自动检测自身运行的状态，并及时给出报警提示，以便及时处理。

（4）可以与 ATS 控制中心自动化系统直接进行数据交换和信息传送，也可以灵活地与其他系统结合，以实现多网合一，节省设备。

6. 城市轨道交通的计算机联锁系统

城市轨道交通计算机联锁系统存在很多与传统铁路电气集中系统不同的特殊要求。如列车运行的三级控制、多列车进路、追踪进路、折返进路、联锁监控区、保护区段和侧面防护。

1）列车运行控制

城市轨道交通信号系统设计中，ATP 与计算机联锁系统功能的结合，使计算机联锁系统的功能更强大。

城市轨道交通列车进路由进路防护信号机防护，列车运行安全由 ATP 负责。

列车运行进路控制采用三级控制，即控制中心控制（ATS 自动控制）、远程控制终端控制和车站工作站控制。

控制中心集中控制全线的列车运行（不包括车辆基地内列车的运行控制）。该控制为全自动的列车监控模式，在该模式下，ATS 按照运行图，根据列车的车次号，结合列车的运行位置，发送排列进路的命令给联锁系统，自动排列进路。控制中心调度员也可以人工干预，人工排列和取消进路，达到对列车运行的调整。

在控制中心设备故障或控制中心与下级设备的通信线路故障时，系统自动转入远程控制终端控制的降级模式。此模式下，由司机在车上人工输入目的地码，通过列车上的车次号发送系统发出带有列车去向的车次号信息，车站 ATS 的远程终端单元接收到目的地码后，自动产生进路控制命令，联锁系统根据来自远程控制终端的进路命令排列进路。此时系统不具备列车运行自动调整功能。

在站级控制模式下，列车运行的进路由车站值班员工作站控制。站级控制时，列车进路的设定完全取决于值班员的意图。值班员选择通过联锁区的预期进路，联锁控制逻辑检查进路没有被占用，也没有建立进路，然后自动排列进路。

2）多列车进路

城市轨道交通运行间隔小，行车密度大，列车运行安全由 ATP 系统保护，所以在一条进路中允许出现多列列车在运行。如图 8.18 所示，S1→S2 为多列车进路，只要监控区空闲即可排列以 S1 为始端的进路，开放 S1。

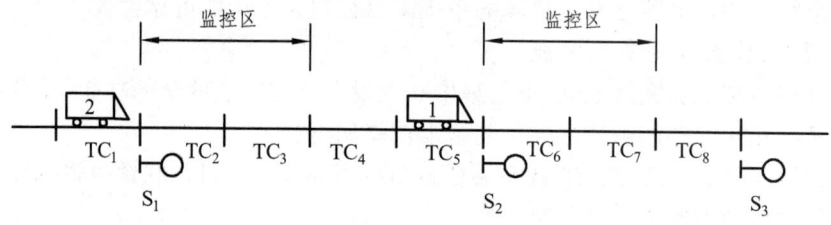

图 8.18　多列车进路示意图

对于多列车进路，当第 1 列车出清进路始端信号机后的监控区，可以排列第 2 条相同终端的进路。第 2 条进路排出，只有当第 2 列车通过后才能解锁。

多列车进路排出后，如果是进路中有列车运行，则人工取消进路时，只能取消最后一次排列的进路至前行列车所在位置的进路，其余进路由前行列车通过以后解锁。人工取消多列车进路的前提是：进路的第一个轨道电路必须空闲。

3）追踪进路

追踪进路为联锁系统本身的一种自动排列进路功能。列车接近信号机，占用触发区段（触发区段可能是信号机前方第 1 个接近区段，也可能是第 2 个接近区段）时，列车运行所要通过的进路自动排出。

如图 8.19 所示，S3、S4 具有追踪功能，TC_1、TC5 分别是以 S3、S4 为始端的进路的触发区段，列车占用 TC_1 时，S3→S4 进路自动排出，S3 开放。列车占用 TC5 时，S4→S5 进路自动排出，S4 开放。

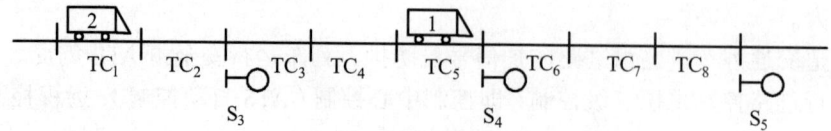

图 8.19　追踪进路示意图

4）折返进路

列车折返进路作为一般进路纳入进路表，通过列车自动选路排列。

5）联锁监控区域

在铁路中我们知道信号机开放要检查全部区段的空闲，但在装备准移动闭塞的城市轨道交通信号系统中，为了提高建立进路的效率，开放信号机前联锁设备不需检查全部区段空闲，只要检查一部分区段（称为联锁监控区段）空闲，进路便可排列，信号便可正常开放。联锁监控区段一般为信号机内方两个区段。列车通过这些区段后能自动将运行模式转为 ATP 监督人工驾驶模式或 ATO 自动驾驶模式。列车之间的追踪保护由 ATP 来实现。

进路设有监控区段时，只要监控区段空闲，进路防护信号机便可正常开放。

6）保护区段

为了保证列车的运行安全，避免列车由于某种原因不能在信号机前方停住而导致危及列车安全事故的发生，充分考虑了列车的制动距离及线路等因素，在停车点后设置了保护区段，即终端信号机后方的一至两个区段为保护区段。类似于铁路的延续进路。

进路可以带保护区段或不带保护区段排出。对于短进路，保护区段与进路同时建立；为了不妨碍其他列车运行，对于长进路，可以通过目的轨的占用来触发使保护区段延时设置。

7）侧面防护

列车进路侧面防护是保证其安全的运行路径，避免其他列车从侧面进入进路，与列车发生侧面冲突。

侧面防护的任务是通过转换、锁闭和检查邻近分歧道岔位置（需在侧面防护要求的保护位置上），使通向已排运行进路的所有路径均不能建立。如果侧面防护道岔实际位置与所要求的位置不一致时，则发出转换道岔的命令，当命令不能执行时（如道岔已锁闭），操作命令将被储存，直到达到要求的终端位置。否则通过取消或解锁该进路来取消操作命令。

侧面防护也可由位于进路需要侧面防护方向的主体信号机显示禁止信号来完成，即检查该架信号机的红灯灯丝是否正常，通过显示红色信号来确保。

道岔为一级侧面防护，信号机为二级侧面防护。排列进路是首先确定一级侧面防护，再确定二级侧面防护。没有一级侧面防护时，则将信号机作为侧面防护。

7. 正线计算机联锁系统的接口

1）系统内部接口

（1）联锁系统至ATS子系统接口。联锁系统响应来自ATS的命令，进行联锁逻辑运算，在满足安全的前提下，控制进路、道岔和信号机等设备，并将有关设备的状态信息提供给ATS。具体传输的信息为：从ATS至联锁系统传输进路请求、受限的人工进路请求、信号锁闭、信号引导请求（进站）、道岔定位/反位/锁闭请求等信息。从联锁系统至ATS传输信号状态（包括进路状态和信号闭塞状态）、道岔位置（包括锁闭）、屏蔽门打开/关闭、激活站台紧急停车按钮等信息。

（2）联锁系统至区域控制器接口。从联锁系统至区域控制器的表示信息包括每个道岔的位置、道岔锁闭、信号显示、屏蔽门、紧急停车按钮、现地控制盘、区间隔断门、自动折返按钮状态及到CBTC区域的入口闭塞等。从区域控制器至联锁系统的控制信息包括信号取消、进路取消、接近锁闭取消等。

（3）联锁系统至转辙机的接口。联锁系统可通过安全继电器与转辙机相连接。

（4）联锁系统至信号机的接口。联锁系统可通过安全继电器与信号机相连接。

（5）联锁系统至现地控制盘的接口。联锁系统可通过安全继电器与现地控制盘相连接。

（6）联锁系统至紧急停车按钮的接口。联锁系统可通过安全继电器与紧急停车按钮相连接。

（7）联锁系统至自动折返按钮的接口。联锁系统可通过安全继电器与自动折返按钮相连接。

（8）联锁系统至车辆基地的接口。正线联锁与车辆基地联锁在转换轨处接口，可通过继电电路实现接口。列车从车辆基地至转换轨的进路由车辆基地系统完成。正线系统和车辆基地系统共同接收进路请求，正线系统可以控制列车进入该进路。

（9）联锁系统至作业人员保护开关（部分无人驾驶线路）的接口。联锁系统通过安全继电器与作业人员保护开关相连接，与紧急停车按钮实现联动。

联锁系统至车辆基地的主要联锁关系包括：

① 不能同时向对方联锁区排列进路，并将本方排列进路的信息传送给对方。

② 如果本方的轨道电路作为另一方联锁区的进路的一部分，则必须传给另一方，以进行进路检查。

③ 如果本方进路包含另一方联锁区的轨道电路，则必须将本方进路的排列信息传送给另一方，并要求另一方排列出另一部分。

④ 列车入段时，车辆基地必须先排接车进路，正线车站才能排列入段进路，以减少对咽喉区的影响。

2）系统外部接口

（1）联锁系统至站台屏蔽门的接口。联锁系统通过安全继电器与站台屏蔽门相连接。

（2）联锁系统至防淹门的接口。联锁系统通过安全继电器与防淹门相连接，与防淹门实现以下信息的传递或控制：

防淹门状态信息：开门状态，非开状态；

防淹门请求信息：请求关门；联锁系统给出的同意信号：关门允许。

其基本联锁关系如下：

① 进路的排列应检查防淹门的状态，只有当防淹门在开门状态并且没有请求关门的情况下才能排列进路，否则不能排列进路。

② 根据计算的 ATP 保护区段的长度与防淹门的位置关系，如果防淹门在计算的保护区段内，则只有当防淹门在开门状态并且没有请求关门的情况下提供的保护区段才是有效的，列车才能进入站台停车。如果在计算的保护区段的外方，则保护区段无须考虑防淹门的状态。

③ 信号机开放信号后，收到了防淹门非开信号，信号机立即关闭并封锁信号。

④ 信号机开放信号后，接收到了来自防淹门的"请求关门"请求，联锁系统按以下步骤自动处理：首先，关闭并封锁始端信号机。其次，如果接近区段无车时，则立即取消进路；否则延时 30 s 取消进路。最后，检查隧道区域轨道电路是否有红光带，如没有红光带则立即给出"关门允许"信号；否则，联锁不给出"关门允许"信号，需要防淹门操作人员人工确认列车运行情况并依据有关操作规定人工关门。

（3）联锁系统至其他线路联络线接口。联锁系统可通过安全继电器与其他线路联络线相连接。

（4）联锁系统至 IBP 盘（应急控制盘）的接口。联锁系统通过安全继电器与应急控制盘 IBP 相连接，与 IBP 盘实现联动。

任务二　认识闭塞及其闭塞制式

一、信号闭塞的基本概念

两站之间的线路称为区间，列车在区间运行时，必须从列车的头部和尾部进行防护。为了保证行车安全和提高运输效率，利用信号设备把轨道线路人为地划分成若干个物理上或逻辑上的闭塞分区，要求组织列车在区间按照空间间隔制安全运行的技术方法称为闭塞。这里的空间间隔制就是前行列车和追踪列车之间必须保持一定安全距离的行车方法。

城市轨道交通列车运行自动控制系统，是依靠控制列车运行速度的方式来保证列车按照空间间隔制运行的。运行列车间必须保持的空间间隔，首先是满足制动距离的需要，同时还要考虑适当的安全余量和确认信号时间内的运行距离。列车间的追踪运行间隔越小，运输能力就越大。根据列车运行自动控制系统采取的不同控制模式会产生不同闭塞制式。

二、信号闭塞的分类

（一）轨道交通闭塞制式分类

轨道交通闭塞制式的分类如图 8.20 所示。

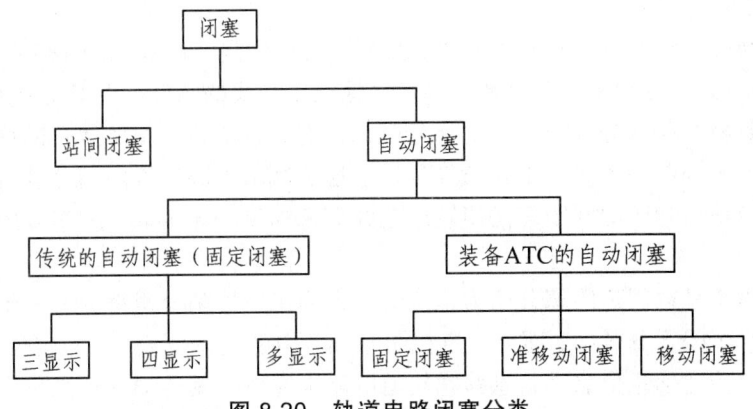

图 8.20　轨道电路闭塞分类

站间闭塞是最初的闭塞，即两站间只能运行一列车，其列车的空间间隔为一个站间。这种闭塞方式实现容易，缺点是闭塞空间大，列车运行效率低。

自动闭塞是根据列车运行及有关闭塞分区占用状态自动变换信号显示，司机凭信号行车的闭塞方式。采用自动闭塞时，需把站间划分为若干闭塞分区，各闭塞分区设有轨道电路（或计轴器），闭塞分区入口处装设通过信号机，可以凭通过信号机的显示行车，也可凭机车信号或列车控制的车载信号行车，在列车运行过程中自动变换信号的显示，自动完成闭塞作用，无需人工参与，故称为自动闭塞。

从保证列车运行而采取的技术手段角度来看，自动闭塞可分为两大类：传统的自动闭塞和装备 ATC 系统的自动闭塞。

传统的自动闭塞一般设地面通过信号机，装备有机车信号，保证列车按照空间间隔制运行的技术方法运行。它是用信号或凭证来实现的，属于固定闭塞的一种。目前，传统的自动闭塞一般适用于列车最高运行速度在 160 km/h 及以下，它可分为：三显示自动闭塞、四显示自动闭塞、多信息自动闭塞。

三显示自动闭塞就是通过信号机具有三种显示，能预告列车前方两个闭塞分区的状态，分两个速度等级，一个闭塞分区的长度满足从规定速度到零的制动距离。

四显示自动闭塞就是通过信号机具有四种显示，能预告列车前方三个闭塞分区的状态，分三个速度等级，两个闭塞分区的长度满足从规定速度到零的制动距离。

多信息自动闭塞也称多显示自动闭塞，是对四显示及以上自动闭塞的统称。多于四显示时，往往地面通过信号机不具备多显示的条件，而以机车信号显示为主。

（二）城市轨道交通闭塞制式

在城市轨道交通中，列车运行自动控制系统是依靠控制列车运行速度的方式来保证列车按照空间间隔制运行的，闭塞作用均由列车运行自动控制，故称为自动控制，由于采用了 ATC

系统，各个轨道电路区段，即闭塞分区均不设通过信号机，而由车载 ATP 系统予以显示。闭塞作用由 ATP 系统完成，没有铁路那样专门的闭塞设备。

城市轨道交通的闭塞为装备 ATC 系统的自动闭塞，按照 ATP/ATO 闭塞制式基本上可以分为三类，即固定闭塞式 ATC 系统、移动闭塞式 ATC 系统和介于两者之间的准移动闭塞式 ATC 系统。

1. 固定闭塞式 ATC 系统

固定闭塞属 20 世纪 80 年代技术水平，其列车运行间隔一般能达到 180 s。英国的西屋公司、美国的 GRS 公司分别用于北京地铁、上海地铁 1 号线的 ATP、ATO 系统属于此种类型。

固定闭塞是将线路划分为固定的闭塞分区，闭塞分区的长度按照运行的最长列车、满负载、最高速、最不利制动率等最不利条件设计。通过轨道电路判别闭塞分区占用情况，前、后列车的位置及前后列车的间距都是用轨道电路等来检测和表示的。列车以闭塞分区为最小行车间隔。

列车定位由于是以固定闭塞分区为单位的，即列车位置的分辨率为一个闭塞分区，系统只知道列车在哪个闭塞分区中，而不知道在闭塞分区中的具体位置（列车定位精度不高）。另外，地面向车上传递信息依靠多信息移频轨道电路来完成，其传输的信息量少，对应每个闭塞分区只能传输一个信息代码，即该区段所规定的最大速度码或入口/出口速度命令码，列车制动的起点和终点总是某一分区的边界，所以固定闭塞的速度控制模式必然是台阶式的。在这种制式中，需要向被控列车传送的只是代表少数几个速度级的速度码。这种控制模式只需获得轨道电路提供的限制速度信息即可完成列车超速防护控制，使列车由最高速度逐步降至零，其制动安全性由合理安排自动闭塞分区长度来保证。列车超速时由设备自动实施最大常用制动或紧急制动，使列车安全停车。

固定闭塞是通过轨道电路判别闭塞分区占用情况，并传输信息码，需要大量的轨旁设备，日常维护工作量较大，运营成本较高。另外，还存在以下缺点：

（1）轨道电路工作稳定性易受环境影响，如钢轨之间的道床漏泄阻抗变化、钢轨中的牵引电流干扰及钢轨下面的防迷流网的影响等。

（2）信息传输量小，对应每个闭塞分区只能传送一个信息代码。由轨道电路向列车传输信息，传输的信息量受钢轨传输介质频带限制及电化牵引回流的干扰，难以实现大信息量实时数据传输。

（3）利用轨道电路难以实现车对地的信息传输。

（4）固定闭塞分区长度是按最长列车、满负载、最高速度、最不利制动率等不利条件设计的，分区较长，且一个分区只能被一列车占用，不利于缩短列车运行间隔。

（5）列车定位的分辨率为一个固定闭塞分区，系统无法知道列车在闭塞分区内的具体位置，因此列车制动的起点和终点总在某一分区的边界。为充分保证安全，地铁 ATP 在两列车之间还增加一个防护区段（即双红灯区段防护），如图 8.21 所示。后续列车必须停在第二个红灯的外方，保证两列车之间至少间隔一个闭塞分区。这使得列车间的安全间隔较大，影响了线路的使用效率。

固定闭塞方式无法满足提高系统能力、安全性和互用性的要求，现已不适合城市轨道交通发展的要求。

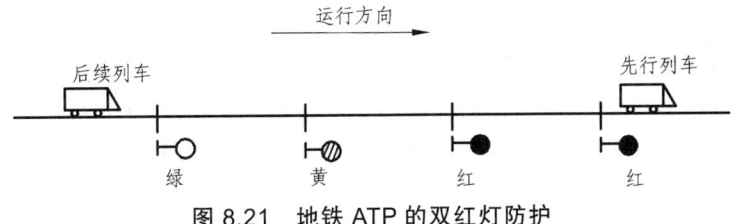

图 8.21 地铁 ATP 的双红灯防护

2. 准移动闭塞式 ATC 系统

准移动闭塞属 20 世纪 90 年代技术水平,其列车运行间隔一般能达到 90~120 s。德国西门子公司在广州地铁 1 号线使用的 LZB700M 系统、法国 ALSTOM 公司在上海地铁 3、4 号线和香港机场快速线(最高速度达 135 km/h)使用的 SACEM(ATP/ATO)系统均属于此种类型。

准移动闭塞的解释为"预先设定列车的安全追踪间隔距离,根据前方目标状态设定列车的可行车距离和运行速度,介于固定闭塞和移动闭塞之间的一种闭塞方式。"准移动闭塞对前、后列车的定位方式是不同的。前行列车的定位沿用固定闭塞的方式,而后续列车的定位则采用连续的或称为移动的方式。由于同时采用移动和固定两种定位方式,所以准移动闭塞的速度控制模式必然既具有无极(连续)的特点,又具有分级(台阶)的性质。若前行列车不动而后续列车前进时,其最大允许速度是连续变化的;而当前行列车前进,其尾部驶过固定区段的分界点时,后续列车的最大速度将按"台阶"跳跃跟随。因此,准移动闭塞是介于固定闭塞和移动闭塞之间的一种闭塞方式。

为了使后续列车能够根据自身测定的位置,实时计算其最大允许速度,数字编码轨道电路应向其列车提供前方线路的各种参数以及前行列车处在哪个区段上的信息。

准移动闭塞的追踪目标点是前行列车所占用闭塞分区的始端,留有一定的安全距离,而后续列车从最高速开始制动的计算点是根据目标距离、目标速度及列车本身的性能计算决定的。目标点相对固定,在同一闭塞分区内不依前行列车的走行而变化,而制动的起始点是随线路参数和列车本身性能不同而变化的。因此,准移动闭塞属于"可走行距离模式"。

准移动闭塞系统采用在传统轨道电路上叠加信息报文的方法,即用轨道电路检测列车占用/空闲和 ATP 信息传输合二为一。列车之间的追踪间隔和控制精度除取决于线路特性、停站时分、车辆参数外,还与 ATP/ATO 系统及轨道电路的特性(如轨道电路的最大和最小长度、传输信息量的内容及大小、轨道电路分界点的位置)等密切相关。

准移动闭塞系统在控制列车的安全间隔上比固定闭塞进了一步。它通过采用报文式轨道电路辅之环线或应答器来判断分区占用并传输信息,信息量大,可以告知后续列车可以继续前行的距离,允许后续列车根据这一距离合理地采取减速或制动,列车制动的起点可延伸至保证其安全制动的地点,从而改善列车速度控制,缩小列车安全间隔,提高线路利用效率。显然准移动闭塞追踪运行间隔要比固定闭塞小一些。但准移动闭塞中后续列车的最大目标制动点仍必须在先行列车占用分区的外方,因此它并没有完全突破轨道电路的限制。

3. 移动闭塞式 ATC 系统

固定闭塞与准移动闭塞两种列车控制模式均为基于轨道电路的 ATC 系统。其交通容量受到轨道区段划分的限制,ATC 系统很难在每小时 30 对列车的基础上有较大的突破。因此,列车运行间隔的进一步缩短和列车运行速度的提高都将受到限制。

随着计算机技术（Computer Technology）、通信技术（Communication Technology）、和控制技术（Control Technology）的飞跃发展，综合利用 3C 技术代替轨道电路构成新型系统已成为列车控制系统的发展方向，其核心是通信技术的应用，出现了"基于通信的列车控制系统（Communication Based Train Control，CBTC）"。这种系统主要由车载设备（移动设备）、轨旁设备、通信设备、控制中心组成。该系统是一个连续数据传输的自动控制系统，可利用高精度的列车定位（不依靠轨道电路），实现双向连续、大容量的车-地数据通信，能够执行列车自动防护（ATP）、列车自动运行（ATO）以及列车自动监控（ATS）。

近年来，国际上几家著名的信号系统制造商如加拿大阿尔卡特（现为泰雷兹 THALES）公司、法国的阿尔斯通公司、美国的通用电气公司、德国的西门子公司、英国的西屋公司、加拿大的庞巴迪公司等纷纷研究开发了基于通信的列车控制（CBTC）系统。这种 CBTC 系统运用移动闭塞技术能够安全、可靠地实现全功能、全方位的列车运行自动控制，并且确保列车以最小的运行间隔安全运行，它代表了当今世界城市轨道交通领域信号系统的一种发展趋势，也是近年来各大城市轨道交通领域认可的一种移动闭塞方式，目前国内各大城市新建线路均属于此种类型。

1）移动闭塞的基本概念

移动闭塞可解释为"列车安全追踪间隔距离不预先设定，而随列车的移动不断移动并变化的闭塞方式"，其特点是前、后两列车都采用移动的定位方式，不存在固定的闭塞分区，列车之间的安全追踪间距随着列车的运行而不断移动且变化，所以称为移动闭塞。移动闭塞的追踪目标点是前行列车的尾部，留有一定的安全距离。后续列车从最高速开始制动的计算点是根据目标距离、目标速度及列车本身的性能计算决定的。目标点是前行列车的尾部，与前行列车的走行和速度有关，是随时变化的，而制动的起始点是随线路参数和列车本身性能不同而变化的。

移动闭塞列车追踪运行间隔要比准移动闭塞更小一些。基于通信的移动闭塞不依靠轨道电路，它是采用交叉感应电缆环线、无线通信等方式实现车-地之间的通信。早期的移动闭塞系统大部分采用基于感应环线的技术，即通过在轨间布置感应环线（每隔一定距离交叉一次）来定位列车和实现车载计算机与车辆控制中心之间的连续通信。该技术可实现无人驾驶。现今大多数先进的移动闭塞系统已采用无线通信系统实现各子系统间的通信，构成基于无线通信技术的移动闭塞。

2）移动闭塞的基本原理

移动闭塞与固定闭塞的根本区别在于闭塞分区的形成方法不同，移动闭塞系统是一种区间不分割、根据连续检测先行列车位置和速度进行列车运行间隔控制的列车安全系统。

移动闭塞系统中车-地之间必须进行双向、可靠、连续的数据通信。列车不间断向轨旁设备传输其标识、位置、方向和速度，轨旁设备根据来自列车的信息计算、确定列车安全行车间隔，并将移动授权等信息动态更新发送给列车，列车根据接收到的运行权限和自身运行状态信息计算出列车运行的速度曲线，车载设备保证列车在该速度曲线下运行，ATO 子系统在 ATP 保护下，控制列车的牵引、巡航及惰行、制动。追踪列车之间实时保持着一个安全的追踪距离。列车安全间隔距离信息是根据最大允许车速、当前停车点位置、线路等信息计算出来的，信息被持续更新，以保证列车不间断地收到即时信息。

在无线移动闭塞系统中，其组成主要包括无线数据通信网、车载设备（包括无线电台、车载计算机和传感器、查询器等）、区域控制器和控制中心等。该系统一般考虑100%的无线信号冗余率进行轨旁基站布置，以消除在某个基站故障时可能出现的信号盲区。通过可靠的无线数据通信网，列车ATP车载设备不间断地向轨旁区域控制器传输其标识、位置、方向、车次、列车长度、实际速度、制动潜能和运行状态等信息，轨旁区域控制器接收来自ATS生成的动态临时限速指令和该控制区内每一列车发出的连续位置信息和列车运行其他信息，并据此确定列车的安全行车间隔，并通过无线传输方式向列车ATP车载设备动态更新发送移动授权指令，列车车载设备根据接收到的移动授权指令和自身的运行状态信息来确定允许速度执行、控制模式管理、移动授权以及其他有关的ATP和ATO功能。

基于移动闭塞的ATC系统的列车速度控制曲线如图8.22所示。

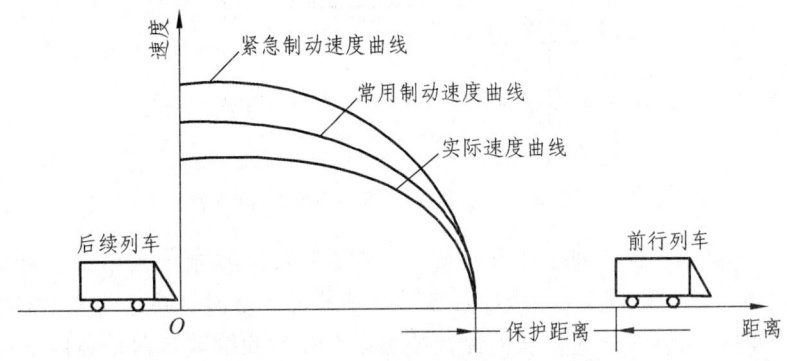

图8.22 移动闭塞速度控制曲线示意图

移动闭塞系统的速度曲线是连续的（称为连续式一次速度控制），不是阶梯形的。系统信息传递不依靠轨道电路，线路不用被固定划分成闭塞分区，列车间隔是按后续列车在当前速度下所需的制度距离，加上设定的保护距离（列车制动反应时间内驶过的距离）计算和控制的，列车间的间隔是动态的，并随着前一列车的移动而移动，制动的起始点和终点是动态的，前后列车追踪间隔确保不追尾。

移动闭塞与固定闭塞相比，列车运行间隔能够大大减小；与准移动闭塞相比，则具有更大的运用灵活性和更小的行车间隔，具备了更大运行调整能力，并能最大限度地提高区间通过能力。

3）移动闭塞信号系统的通信实现方式

基于CBTC的移动闭塞制式不依靠轨道电路检测列车位置，以及向车载设备传递信息，而是通过车-地之间连续、双向、高速的通信实现列车、车站、控制中心的信息交换，结合综合列车定位技术和列车控制技术完成列车速度控制。基于CBTC控制移动闭塞系统的组成和信息流程如图8.23所示。

基于CBTC的移动闭塞信号系统，车-地之间信息交换传输载体可采用以下主要方式：交叉感应电缆环线方式；裂缝波导管方式；无线空间天线方式；漏泄电缆方式。

4）移动闭塞的技术优势

（1）移动闭塞可以实现车-地之间连续、双向、高速、大容量、实时的数据信息交换，达到连续通信的目的，在真正意义上实现了列车运行的闭环控制，可实现实时遥控列车牵引曲线和停站时间。

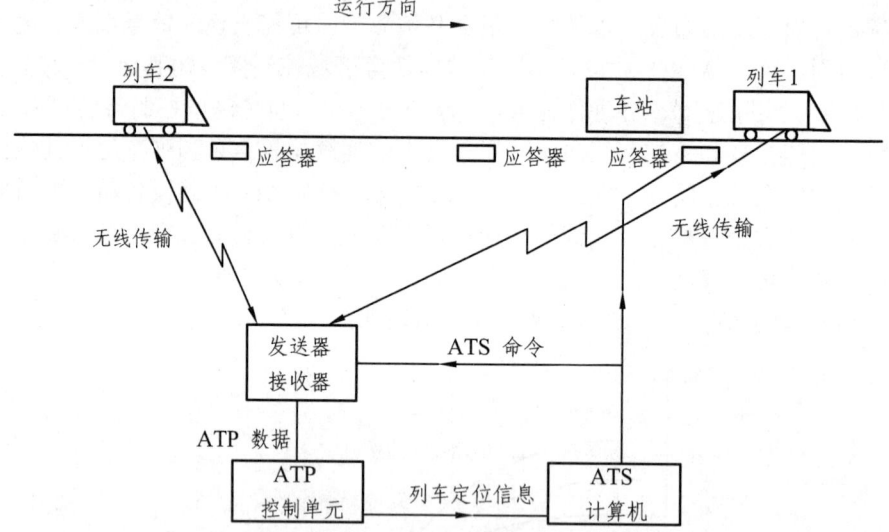

图 8.23 基于 CBTC 控制移动闭塞系统的组成和信息流程

(2)移动闭塞制式下后续列车的最大制动目标点可比准移动闭塞和固定闭塞更靠近先行列车,因此可以进一步缩短列车行车间隔,提高行车密度,使得地铁运营公司有条件实现"小编组,高密度"的行车组织模式。从而使系统可以在满足同等客运需求条件下减少旅客候车时间,缩小站台长度和空间,降低基建投资。

(3)由于信息传输独立于传统的列车检测设备(轨道电路、计轴),受外界各种物理因素干扰小,运行可靠,设备调试和维护成本将大大降低。

(4)由于系统采用模块化设计,核心部分采用软件实现,因此系统硬件设备数量大大低于固定闭塞或准移动闭塞,移动闭塞室外沿线设备数量有效减少,后期维护量小,可节省维护费用。此外,由于系统多由软件构成,可为以后的扩容、改造及设备升级节省大量资金。

(5)控制中心或任一车站均可遥测车载设备运行状态及故障信息,甚至可传输车载视频及音频信号,为实现无人驾驶准备条件。

(6)移动闭塞系统的安全关联计算机一般采用 3 取 2 或 2 乘 2 取 2 的冗余配置,系统通过"故障—安全"原则对软、硬件及系统进行量化和认证,可保证系统的可靠性、安全性和可用性。

(7)移动闭塞系统可通过对列车速度曲线的调整和控制,来达到最大程度减少不必要的制度、平衡全线加速(减速、停站时间等)来提供最佳服务,实现节能。通常在运行高峰期,系统可通过利用增加的列车间隔余量避免不必要的制动来节能;非高峰期则通过降低站间列车平均速度节能(这种情况可根据需要减少停站时间以保证列车全线运行时间)。

(8)无线移动闭塞的数据通信系统对所有的子系统透明,对通信数据的安全加密和接入防护等措施也可保证数据的安全。由于采用了开放的国际标准,可实现子系统间逻辑接口的标准化,便于实现路网的互联互通。也可使国内厂商从部分部件的国产化着手,逐步实现整个系统的国产化。

思考题

1. 什么是联锁？联锁的基本内容有哪些？
2. 联锁的基本要求是什么？
3. 什么是防护道岔和带动道岔？举例说明。
4. 什么是进路？什么是列车进路和调车进路？
5. 什么是抵触进路？什么是敌对进路？举例说明。
6. 简述 6502 电气集中室内、外设备的组成与作用。
7. 6502 电气集中有哪些主要技术特征？
8. 简述计算机联锁系统的组成与作用。
9. 计算机联锁有何优点？
10. 城市轨道交通计算机联锁系统与传统铁路电气集中系统有哪些不同的特殊要求？
11. 比较继电集中联锁与计算机联锁有哪些不同？
12. 分析双机热备系统、2 乘 2 取 2 系统和 3 取 2 系统冗余结构。
13. 什么是闭塞？什么是自动闭塞？什么是闭塞设备？
14. 什么是固定闭塞？什么是准移动闭塞？什么是移动闭塞？比较其不同之处。
15. 什么是 CBTC 技术？为什么说 CBTC 技术代表了城市轨道交通领域信号系统的一种发展趋势？
16. 移动闭塞的技术优势有哪些？
17. 移动闭塞信号系统车-地之间信息交换传输载体有哪几种？
18. 简述移动闭塞的工作原理。
19. 列车自动控制系统由哪几个系统组成？
20. 城市轨道交通列车自动运行控制包括哪几个过程？

参考文献

[1] 中华人民共和国住房和城乡建设部. GB 50157—2013 地铁设计规范[S]. 北京：中国建筑工业出版社，2014.
[2] 中华人民共和国建设部. GB/T 12758—2004 城市轨道交通信号系统通用技术条件[S]. 北京：中国标准出版社，2004.
[3] 中华人民共和国建设部. GB 50343—2004 建筑物电子信息系统防雷技术规范[S]. 北京：中国建筑工业出版社，2012.
[4] 林瑜筠. 城市轨道交通信号[M]. 北京：中国铁道出版社，2008.
[5] 林瑜筠. 铁路信号基础[M]. 北京：中国铁道出版社，2006.
[6] 刘晓娟，张雁鹏，汤自安. 城市轨道交通智能控制系统[M]. 北京：中国铁道出版社，2008.
[7] 何宗华，汪松滋，何其光. 城市轨道交通通信信号系统运行与维修[M]. 北京：中国建筑工业出版社，2007.
[8] 胡耀华. 信号继电器及检修（上册）[M]. 北京：中国铁道出版社，2002.
[9] 曾小清，王长林，张树京. 基于通信的轨道交通运行控制[M]. 上海：同济大学出版社，2007.
[10] 郎中棪，曾小清，姜季生. 轨道交通信号控制基础[M]. 上海：同济大学出版社，2006.
[11] 朱济龙，芦建明，陈超. 城市轨道交通信号基础[M]. 成都：西南交通大学出版社，2015.
[12] 铁道部人才服务中心. 信号工（车站与区间信号设备维修）[M]. 北京：中国铁道出版社，2008.
[13] 中华人民共和国铁道部. 铁路信号维护规则[M]. 北京：中国铁道出版社，2008.
[14] 沙斐，杨世武. 铁路信号电磁兼容技术[M]. 北京：中国铁道出版社，2010.
[15] 郭进，魏艳，刘利芳. 铁路信号基础设备[M]. 成都：西南交通大学出版社，2008.
[16] 高继祥. 铁路信号运营基础[M]. 北京：中国铁道出版社，1998.
[17] 铁路职工岗位培训教材编审委员会. 信号工[M]. 北京：中国铁道出版社，2010.
[18] 张凡. 城市轨道交通概论[M]. 成都：西南交通大学出版社，2008.